Abécédaire partiel, et partial, de la mondialisation

DES MÊMES AUTEURS

Ignacio Ramonet

Le *Chewing-gum des yeux*, A. Moreau, coll. « Textualité », Paris, 1980
Géopolitique du chaos, Galilée, coll. « L'espace critique », Paris, 1997 ; Gallimard, coll. « Folio actuel », Paris, 1999
La Tyrannie de la communication, Galilée, coll. « L'espace critique », Paris, 1999 ; Gallimard, coll. « Folio actuel », Paris, 2001
Marcos, la dignité rebelle, conversations avec le sous-commandant Marcos, Galilée, coll. « L'espace critique », Paris, 2001
Nouveaux pouvoirs, nouveaux maîtres du monde : un monde sans cap, Fides (Québec), coll. « Les grandes conférences », Montréal, 2001
Guerres du XXIe siècle : peurs et menaces nouvelles, Galilée, coll. « L'espace critique », Paris, 2002
Propagandes silencieuses : masses, télévision, cinéma, Galilée, coll. « L'espace critique », Paris, 2000 ; Gallimard, coll. « Folio actuel », Paris, 2002

Ramón Chao

Après Franco, l'Espagne, Stock, Paris, 1975
Le Lac de Côme, Balland, Paris, 1986 ; Terre de brume, coll. « Terres d'ailleurs. Caravelles », Rennes, 2003
La Maison des lauriers roses, Bourgois, Paris, 1989
Onetti, entretiens avec Juan Carlos Onetti, Plon, Paris, 1990
Un train de glace et de feu, La Différence, Paris, 1994, Actes Sud, coll. « Babel. Terres d'aventure », Arles, 1995 ; Plon, Paris, 2001
La Passion de Caroline Otero, Plon, Paris, 2002

Wożniak

I love Moscou, Le Cherche-Midi, coll. « La bibliothèque du dessinateur », Paris, 1987
Révolutions, Albin Michel, Paris, 1989

Ignacio Ramonet
Ramón Chao
Jacek Wožniak

Abécédaire partiel, et partial, de la mondialisation

Plon

ISBN 2-259-19982-8

Introduction

L'ambition de ce livre est modeste. Face à l'ouragan de la mondialisation, les auteurs aimeraient pointer les paramètres principaux qui caractérisent le phénomène dominant. Pour aider ainsi à mieux le comprendre et, le cas échéant, à mieux le critiquer ou le combattre. Ils partent d'un constat : nous sommes en train de vivre une seconde révolution capitaliste. La mondialisation libérale touche les moindres recoins de la planète, ignorant aussi bien l'indépendance des peuples que la diversité des régimes politiques.

La Terre connaît une nouvelle ère de conquête, comme lors des découvertes ou des colonisations. Mais, alors que les acteurs principaux des précédentes expansions étaient les Etats, cette fois ce sont des entreprises et des conglomérats, des groupes industriels et financiers privés qui entendent dominer le monde. Jamais les maîtres de la Terre n'ont été aussi peu nombreux, ni aussi puissants. Ces groupes sont situés dans la Triade – Etats-Unis, Europe, Japon –, la moitié d'entre eux sont basés aux Etats-Unis.

Cette concentration du capital et du pouvoir s'est formidablement accélérée au cours des vingt dernières années, sous l'effet des révolutions des technologies de l'information. Un nouveau bond en avant sera effectué à partir de ce début de millénaire, avec la maîtrise de nouvelles techniques génétiques de manipulation de la vie. La privatisation du génome humain et le brevetage généralisé du vivant ouvrent de nouvelles perspectives d'expansion au capitalisme. Une grande privatisation de tout ce qui touche à la vie et à la nature se prépare, favorisant l'apparition d'un pouvoir probablement plus absolu que tout ce qu'on a pu connaître dans l'histoire.

La mondialisation ne vise pas tant à conquérir des pays qu'à conquérir des marchés. La préoccupation de ce pouvoir moderne n'est pas la conquête de territoires comme lors des grandes invasions ou des périodes coloniales, mais la prise de possession des richesses.

Cette conquête s'accompagne de destructions impressionnantes. Des industries entières sont brutalement sinistrées, dans toutes les régions. Avec les souffrances sociales qui en résultent : chômage massif, sous-emploi, précarité, exclusion, surexploitation des hommes, des femmes, et – plus scandaleux encore – des enfants : 300 millions d'enfants sont exploités, dans des conditions d'une brutalité sans précédent.

La mondialisation, c'est aussi le pillage planétaire. Les grands groupes saccagent l'environnement avec des moyens démesurés ; ils tirent profit des richesses de la nature qui sont le bien commun de l'humanité, et le font sans frein et sans scrupule. Cela s'accompagne également d'une criminalité financière liée aux milieux d'affaires et aux grandes banques qui recyclent des sommes dépassant les 1 000 milliards d'euros par an, c'est-à-dire davantage que le produit national brut d'un tiers de l'humanité.

La marchandisation généralisée des mots et des choses, des corps et des esprits, de la nature et de la culture provoque une aggravation des inégalités. Nous savions que le fossé entre les riches et les pauvres s'était creusé au cours des deux décennies ultralibérales (1979-1999), mais comment imaginer qu'il l'était à ce point ? Car on découvre que « en 1960, les 20 % de la population mondiale vivant dans les pays les plus riches avaient un revenu 30 fois supérieur à celui des 20 % les plus pauvres. En 1995, leur revenu était 82 fois supérieur [1] ! ». Dans plus de 70 pays, le revenu par habitant est inférieur à ce qu'il était il y a vingt ans... A l'échelle planétaire, près de 3 milliards de personnes – la moitié de l'humanité – vivent avec moins de 2 euros par jour...

1. Cf. *Rapport mondial sur le développement humain 2003*, Programme des Nations unies pour le développement (PNUD), New York, septembre 2003.

L'abondance de biens atteint des niveaux sans précédent, mais le nombre de ceux qui n'ont pas de toit, pas de travail et pas assez à manger augmente sans cesse. Ainsi, sur les 4,5 milliards d'habitants que comptent les pays en voie de développement, près d'un tiers n'ont pas accès à l'eau potable. Un cinquième des enfants n'absorbent pas suffisamment de calories ou de protéines. Et quelque 2 milliards d'individus – le tiers de l'humanité – souffrent d'anémie.

Cette situation est-elle fatale ? Non. Selon les Nations unies, pour donner à toute la population du globe l'accès aux besoins de base (nourriture, eau potable, éducation, santé), il suffirait de prélever sur les 225 plus grosses fortunes du monde moins de 4 % de la richesse cumulée. Parvenir à la satisfaction universelle des besoins sanitaires et nutritionnels essentiels ne coûterait que 13 milliards d'euros, soit à peine ce que les habitants des Etats-Unis et de l'Union européenne dépensent, par an, en consommation de parfums...

A l'heure actuelle, les structures étatiques, de même que les structures sociales traditionnelles, sont balayées de façon désastreuse. Un peu partout, surtout dans les pays du Sud, l'Etat s'effondre. Des zones de non-droit, des entités chaotiques ingouvernables se développent, échappent à toute légalité, replongent dans un état de barbarie où seuls des groupes de pillards ou des bandes armées sont en mesure d'imposer leur loi, en rançonnant les populations civiles. Des dangers de types nouveaux apparaissent : crime organisé, réseaux mafieux, fanatismes religieux ou ethniques, spéculation financière, grande corruption, extension des nouvelles pandémies (sida, virus Ebola, Creutzfeldt-Jakob, SRAS, etc.), pollutions de forte intensité, dérèglements climatiques, effet de serre, désertification, prolifération nucléaire, etc.

L'un des responsables centraux de ces désordres est, sans aucun doute, la mondialisation libérale. C'est elle qui constitue la caractéristique principale du cycle historique dans lequel nous sommes entrés après la chute du mur de Berlin en novembre

1989 et la disparition de l'Union soviétique en décembre 1991. Sa puissance est si intense qu'elle nous contraint à redéfinir des concepts fondamentaux sur lesquels reposait l'édifice politique et démocratique bâti à la fin du XVIIIe siècle, des concepts comme Etat nation, souveraineté, frontière, indépendance, démocratie, Etat providence et citoyenneté.

Dans son actuelle phase ultralibérale, la mondialisation transforme tout ce qu'elle touche en marchandise ; elle désintègre les anciennes communautés et disperse les existences dans une « foule solitaire ».

La nouvelle hiérarchie des Etats qui se dessine dans le monde se fonde moins sur la puissance militaire pour le contrôle des matières premières que sur l'aptitude à maîtriser les changements technologiques en cours, et à dominer la sphère financière. Les Etats-Unis étant la seule puissance à posséder l'ensemble de ces caractéristiques.

Qu'est-ce donc que la mondialisation libérale ? C'est l'interdépendance de plus en plus étroite des économies de nombreux pays. Elle concerne surtout le secteur financier, parce que la liberté de circulation des flux financiers est totale, et fait que ce secteur domine, de loin, la sphère de l'économie. La mondialisation libérale agit comme une mécanique de tri permanent sous l'effet d'une concurrence généralisée. Il y a concurrence entre le capital et le travail. Et comme les capitaux circulent librement, alors que les êtres humains sont beaucoup moins mobiles, c'est le capital qui gagne.

Tout comme les grandes banques dictèrent, au XIXe siècle, leur attitude à de nombreux pays, ou comme les entreprises multinationales le firent entre les années 1960 et 1980, les fonds privés des marchés financiers tiennent désormais en leur pouvoir le destin de beaucoup de pays. Et, dans une certaine mesure, le sort économique du monde.

Les marchés financiers sont désormais en mesure de dicter leurs lois aux Etats. Dans ce nouveau paysage politico-économique, le global l'emporte sur le national, et l'entreprise privée sur l'Etat. Il n'y a plus, pour ainsi dire, de redistribution, et le seul acteur de développement, affirme la doctrine de la mondialisation, est l'entreprise privée, la seule reconnue comme compétitive à l'échelle internationale. Et donc la seule autour de laquelle tout, nous affirme-t-on, doit se réordonner.

Dans une économie mondialisée, ni le capital, ni le travail, ni les matières premières ne constituent, en eux-mêmes, le facteur économique déterminant. L'important, c'est la relation optimale entre ces trois facteurs. Pour établir cette relation, une firme ne tient compte ni des frontières ni des réglementations, mais seulement de l'exploitation intelligente qu'elle peut faire de l'information, de l'organisation du travail et de la révolution de la gestion. Cela entraîne souvent une fracture des solidarités au sein d'un même pays. On en arrive ainsi au divorce entre l'intérêt de l'entreprise et l'intérêt de la collectivité, entre la logique du marché et celle de la démocratie.

Les firmes globales ne se sentent, en la matière, nullement concernées ; elles sous-traitent et vendent dans le monde entier ; et revendiquent un caractère supranational qui leur permet d'agir avec une grande liberté puisqu'il n'existe pas, pour ainsi dire, d'institutions internationales à caractère politique ou juridique en mesure de réglementer efficacement leur comportement.

La mondialisation libérale constitue une immense rupture économique, politique et culturelle. Elle soumet les citoyens à un diktat unique : s'« adapter ». Abdiquer toute volonté pour mieux obéir aux injonctions anonymes des marchés. Elle constitue l'aboutissement ultime de l'économisme : construire un homme « mondial », vidé de culture, d'identité, de sens et de conscience de l'autre. Et imposer l'idéologie néolibérale à toute la planète.

Dans les démocraties actuelles, de plus en plus de citoyens libres se sentent englués par une sorte de visqueuse doctrine qui, insensiblement, enveloppe tout raisonnement rebelle, l'inhibe, le trouble, le paralyse et finit par l'étouffer. Cette doctrine, cette pensée unique, c'est l'idéologie néolibérale, la seule autorisée par une invisible et omniprésente police de la pensée.

Ce moderne dogmatisme représente les intérêts d'un ensemble de forces économiques, celles, en particulier, du capital international. Il a été, pour partie, formulé et défini dès 1944, à l'occasion des accords de Bretton Woods. Ses sources principales et les « gardiens de la doctrine » sont les grandes institutions économiques et monétaires – Banque mondiale, Fonds monétaire international (FMI), Organisation de coopération et de développement économique (OCDE), Organisation mondiale du commerce (OMC), Commission européenne, Banque centrale européenne, etc. – qui, par leurs financements, enrôlent au service de leurs idées, à travers toute la planète, de nombreux centres de recherche, des universités, des fondations, lesquels, à leur tour, affinent et répandent la « bonne parole ».

Celle-ci est reprise et reproduite par les principaux organes d'information économique. Un peu partout, des facultés de sciences économiques, des journalistes, des essayistes, des dirigeants politiques enfin, reprennent les principaux commandements de ces nouvelles Tables de la Loi et, par le relais des grands médias de masse, les répètent à satiété. Pariant avec perfidie sur le fait que, dans nos sociétés médiatiques, répétition vaut démonstration.

Le premier principe de l'idéologie néolibérale est d'autant plus fort qu'un marxiste distrait ne le renierait pas : l'économique l'emporte sur le politique. Au nom du « réalisme » et du « pragmatisme » – que les libéraux formulent de la manière suivante : « Le capitalisme ne peut s'effondrer, c'est l'état naturel de la société. La démocratie n'est pas l'état naturel de la société. Le marché oui. » –, l'économie est placée au poste de commandement. Une économie débarrassée de l'obstacle du social, sorte de « gangue » dont la lourdeur serait cause de régression et de crise.

Les autres concepts clés de l'idéologie néolibérale sont connus : le marché, dont « la main invisible corrige les aspérités et les dysfonctionnements du capitalisme », et tout particulièrement les marchés financiers dont « les signaux orientent et déterminent le mouvement général de l'économie » ; la concurrence et la compétitivité qui « stimulent et dynamisent les entreprises, les amenant à une permanente et bénéfique modernisation » ; le libre-échange sans rivages, « facteur de développement ininterrompu du commerce et donc des sociétés » ; la globalisation, aussi bien de la production manufacturière que des flux financiers ; la division internationale du travail qui « modère les revendications syndicales et abaisse les coûts salariaux » ; la monnaie forte, « facteur de stabilisation » ; la déréglementation ; la privatisation ; la libéralisation, etc. Toujours « moins d'Etat », un arbitrage constant en faveur des revenus du capital au détriment de ceux du travail. Et une indifférence à l'égard des coûts écologiques.

La répétition constante, dans tous les grands médias, de ce catéchisme par presque toutes les forces politiques, de droite comme de gauche, lui confère une telle force d'intimidation qu'il étouffe toute tentative de réflexion libre et rend difficile la résistance contre ce nouvel obscurantisme qu'est la pensée unique.

Le plus grave, dans cette mondialisation, c'est évidemment qu'elle condamne par avance – au nom du « réalisme » – toute velléité de résistance ou même de dissidence. Sont ainsi frappés d'opprobre ou définis comme « archaïques » tous sursauts républicains, toutes recherches d'alternatives, toutes tentatives de régulation démocratique, toutes critiques du marché.

La mondialisation libérale érige la compétition en seule force motrice : « Qu'on soit un individu, une entreprise ou un pays – a par exemple déclaré un jour, au forum de Davos, le patron de Nestlé –, l'important pour survivre dans ce monde, c'est d'être plus compétitif que son voisin. » Et malheur au gouvernement qui ne suivrait pas cette ligne : « Les marchés le sanctionneraient immédiatement – a averti M. Hans Tietmeyer, ancien président de la Bundesbank –, car les hommes politiques sont désormais sous le contrôle des marchés financiers. » Comme avait pu le constater, à Davos, le secrétaire général d'un grand syndicat français : « Les pouvoirs publics ne sont, au mieux, qu'un sous-traitant de l'entreprise. Le marché gouverne. Le gouvernement gère. »

C'est que le rôle de l'Etat, dans une économie globale, est inconfortable. Il ne contrôle plus les changes, ni les flux d'argent, d'informations, ou de marchandises. L'Etat n'est plus totalitaire, mais l'économie, à l'âge de la mondialisation libérale, tend de plus en plus à le devenir.

On appelait, dans les années 1930, « régimes totalitaires » ces régimes à parti unique qui n'admettaient aucune opposition organisée, négligeaient les droits de la personne humaine au nom de la raison d'Etat, et dans lesquels le pouvoir politique dirigeait souverainement la totalité des activités de la société dominée.

A ces régimes, de type fasciste, hitlérien ou stalinien, a succédé, en ce début de XXIe siècle, un autre type de totalitarisme, celui des « régimes globalitaires ». Dans nos sociétés déboussolées, les gens n'ignorent pas la puissance de ce nouveau totalitarisme. Selon une récente enquête d'opinion, 64 % des personnes interrogées estimaient que « ce sont les marchés financiers qui ont le plus de pouvoir aujourd'hui en France », devant « les hommes politiques » (52 %) et « les médias » (50 %).

La mondialisation libérale a tué le marché national qui est l'un des fondements du pouvoir de l'Etat nation. En l'annulant, elle a modifié le capitalisme national et diminué le rôle des pouvoirs publics. Les Etats n'ont plus les moyens de s'opposer aux marchés. Ils sont dépourvus de moyens pour freiner les flux formidables de capitaux, ou pour contrer l'action des marchés contre leurs intérêts et ceux de leurs citoyens. Les gouvernants acceptent, en général, de respecter les contraintes de politique économique imposées par des organismes mondiaux comme le Fonds monétaire international, la Banque mondiale, ou l'Organisation mondiale du commerce qui exercent une véritable dictature sur la politique des Etats.

En favorisant, au cours des deux dernières décennies, le libre flux de capitaux et les privatisations massives, des responsables politiques ont permis le transfert de décisions capitales (en matière d'investissement, d'emploi, de retraites, de santé, d'éducation, de culture, de protection de l'environnement) de la sphère publique à la sphère privée. C'est pourquoi, à l'heure actuelle déjà, sur les deux cents premières économies du monde, plus de la moitié ne sont pas des pays mais des entreprises.

Dans les années 1970, le nombre de sociétés multinationales n'excédait pas plusieurs centaines; aujourd'hui, leur nombre dépasse les 40 000... Et si l'on considère le chiffre d'affaires global des 200 principales entreprises de la planète, son montant représente plus du quart de l'activité économique mondiale; et pourtant, ces 200 firmes emploient moins de 0,75 % de la main-d'œuvre planétaire...

En raison des fusions, le nombre de firmes géantes dont le poids l'emporte parfois sur celui des Etats se multiplie. Le chiffre d'affaires de General Motors est supérieur au produit intérieur brut (PIB) du Danemark; celui d'ExxonMobil dépasse le PIB de l'Autriche. Chacune des 100 principales entreprises globales vend davantage que n'exporte chacun des 120 pays les plus pauvres. Et les 23 entreprises les plus puissantes du globe vendent plus que certains « géants » du Sud comme l'Inde, le Brésil, l'Indonésie ou le Mexique. Ces grandes firmes contrôlent à elles seules 70 % du commerce mondial...

Les dirigeants de ces entreprises, ainsi que ceux des grands groupes financiers et médiatiques, détiennent la réalité du pouvoir mondial et, par le biais de leurs puissants lobbies, pèsent de tout leur poids sur les décisions politiques. Ils confisquent à leur profit la démocratie.

Les acteurs principaux de l'économie financière (dont le volume est cinquante fois supérieur à celui de l'économie réelle), c'est-à-dire les principaux fonds de pension américains, britanniques et japonais, dominent les marchés financiers. Face à eux, le poids des Etats, quels qu'ils soient, devient presque négligeable.

De plus en plus de petits pays, qui ont massivement vendu leurs entreprises publiques et leurs richesses au secteur privé, sont devenus, de fait, la propriété de grands groupes globaux. Ceux-ci dominent des pans entiers de l'économie du Sud ; ils se servent des Etats locaux pour exercer des pressions au sein des forums internationaux (ONU, UNESCO, OMC, Banque mondiale, FMI) et obtenir les décisions politiques les plus favorables à la poursuite de leur domination globale.

Dans notre planète, le cinquième le plus riche de la population dispose de 80 % des ressources, tandis que le cinquième le plus pauvre ne dispose que de moins de 0,5 %... Fascinés par le court terme et le profit immédiat, les marchés sont incapables de prévoir le futur, d'anticiper l'avenir des hommes et de l'environnement, de planifier l'extension des villes, de réduire les inégalités, de soigner les fractures sociales ou culturelles.

Qui sont, en cette fin de siècle, les vrais maîtres du monde ? Ceux-ci ne constituent nullement, comme l'imaginent certains, une sorte d'état-major clandestin complotant dans l'ombre pour s'emparer du contrôle politique de la Terre. Il s'agit plutôt de forces œuvrant à leur guise grâce à la stricte application de la vulgate néolibérale. Qui obéissent à des mots d'ordre précis et dont le slogan totalitaire pourrait être : « Tous les pouvoirs aux marchés ! »

« Les marchés votent tous les jours, estimait le financier George Soros, avant de devenir lui-même un critique féroce de la mondialisation, ils forcent les gouvernements à adopter des mesures impopulaires certes, mais indispensables. Ce sont les marchés qui ont le sens de l'Etat. » Ce que constatait également M. Boutros Boutros-Ghali, ex-secrétaire général des Nations unies : « La réalité du pouvoir mondial échappe largement aux Etats. Tant il est vrai que la mondialisation implique l'émergence de nouveaux pouvoirs qui transcendent les structures étatiques. »

Dans ces circonstances, la question de l'aggiornamento démocratique, de la réforme de ce modèle, se pose de manière nouvelle. Et urgente. Une architecture politique conçue, pour l'essentiel, au cours de la seconde moitié du XVIIIe siècle, en Angleterre, aux Etats-Unis et en France sur la base des exemples antiques grec et romain, a nécessairement besoin d'une refondation. Certes, des modifications, parfois capitales (comme l'abolition de l'esclavage, la fin du suffrage censitaire, le vote des femmes), ont été apportées, mais chacun sent bien que le système est usé, qu'il tourne en rond et s'éloigne des préoccupations des citoyens.

Ceux-ci sont de plus en plus nombreux à réclamer une « démocratie radicale » dans laquelle non seulement les droits politiques seraient respectés, mais également les droits sociaux, les droits culturels et les droits économiques. Les citoyens ne peuvent plus intervenir efficacement, par leur vote, dans des domaines décisifs, désormais placés hors de leur portée. L'économie, notamment, est de plus en plus déconnectée du social, et ses décideurs refusent d'assumer les conséquences (chômage, paupérisation, exclusions, inégalités) provoquées par l'adoption du dogme de la mondialisation libérale.

Au sein de l'Union européenne, dans son fonctionnement ordinaire, la démocratie tourne souvent le dos aux fondements du contrat social et accepte l'apparition de presque 15 millions de chômeurs et de 40 millions de pauvres... Dans certains Etats « démocratiques » se construit, sous nos yeux, une société de rentiers, doublée d'une société d'exploités... Il se vérifie, de nouveau, que le capitalisme est compatible avec l'esclavage, alors que la démocratie suppose l'égalité de droits.

Est-il étonnant que de plus en plus de citoyens dénoncent cette démocratie comme une « imposture » ? Qu'ils la considèrent trahie et confisquée par un petit groupe de privilégiés ?

Le libéralisme, de son côté, ne semble pas recueillir la sympathie massive des citoyens. Appliquée avec une rigueur implacable au cours de la décennie 1980 au Royaume-Uni par Mme Margaret Thatcher, cette doctrine économico-politique a entraîné des désastres sociaux : aggravation des inégalités, augmentation du chômage, désindustrialisation, dégradation des services publics, délabrement des équipements collectifs... Tous ces problèmes, selon les prophètes de la mondialisation, devaient être automatiquement résolus par « la main invisible du marché » et par la croissance. Les meilleurs experts estimaient que, grâce à la déréglementation, à l'abolition du contrôle des changes, à la globalisation financière et à celle du commerce, l'expansion serait perpétuelle.

En fait, on a construit une société duale avec, d'un côté, un groupe de privilégiés, d'hyperactifs et, de l'autre, la foule innombrable des précaires, des chômeurs et des exclus. Même l'hyperpuissance militaire, à l'âge du néolibéralisme, ne garantit nullement à tous les citoyens un niveau de développement humain satisfaisant. Il y a, aux Etats-Unis, première puissance économique du monde, 32 millions de personnes dont l'espérance de vie est inférieure à soixante ans, 43 millions sans protection médicale, 46 millions vivant en dessous du seuil de pauvreté et 52 millions d'illettrés...

A l'échelle du monde, la pauvreté est la règle et l'aisance l'exception. Les inégalités sont devenues l'une des grandes caractéristiques structurelles de l'ère de la mondialisation. Et elles s'aggravent, éloignant toujours plus les riches des pauvres. Des estimations récentes montrent que les 225 plus grosses fortunes du monde représentent un total de plus de 1 000 milliards d'euros, soit l'équivalent du revenu annuel de 47 % des plus pauvres de la population mondiale (2,5 milliards de personnes). Des individus sont désormais plus riches que des Etats : le patrimoine des 15 personnes les plus fortunées dépasse le PIB total de l'ensemble de l'Afrique subsaharienne...

Malgré cela, on nous répète que la mondialisation est la seule voie de salut. Le marché dicte le vrai, le beau, le bien, le juste. Les « lois du marché » sont devenues la nouvelle Table à révérer : elles sont déterminées par la célèbre « main invisible » qui règle et ordonne toutes les transactions d'un monde interconnecté. S'écarter de ces lois serait, nous dit-on, s'acheminer fatalement vers la ruine et le dépérissement.

Les Etats se sont volontairement privés des armes permettant de freiner les flux de capitaux et de s'opposer à l'action des spéculateurs.

La mondialisation financière consacre la suprématie des forces du marché sur les politiques économiques. Désormais, ce sont les marchés qui décident si les politiques économiques nationales sont bonnes ou non. Les autorités ne peuvent plus grand-chose face à la puissance de la spéculation. Le Japon, par exemple, qui possède la plus importante réserve de devises du monde, plus de 200 milliards d'euros, ne pèse pas beaucoup face à la puissance de frappe financière des trois premiers fonds de pension américains – plus de 500 milliards d'euros.

La mondialisation a favorisé une gigantesque dilatation de la sphère financière : le montant des transactions sur le marché des changes (là où s'échangent les devises) a été multiplié par cinq depuis 1980 pour atteindre plus de 1 500 milliards d'euros par jour ! Le montant des transactions financières internationales est cinquante fois plus important que la valeur du commerce international portant sur les marchandises et les services. Le montant des actifs détenus par les investisseurs institutionnels (assurances, fonds de pension, etc.) dépasse les 25 000 milliards d'euros, soit plus que la totalité des richesses produites en une année par le monde entier. Plus de 60 % des actions cotées à la Bourse de Paris sont détenues par des investisseurs institutionnels, étrangers pour plus de la moitié.

Si un gouvernement démocratiquement élu souhaitait réaliser une politique favorable à la croissance et à l'emploi, quitte à rogner sur les profits et à tolérer un léger redémarrage de l'inflation, ces investisseurs sanctionneraient immédiatement le pays, soit en attaquant la monnaie, soit en vendant massivement les titres de ses entreprises. Cette réaction brutale provoquerait une crise financière et rendrait impossible l'application d'une politique démocratiquement souhaitée par les citoyens.

Ceux-ci multiplient les mobilisations contre les nouveaux pouvoirs, ils restent convaincus que, au fond, le but de la mondialisation libérale, en ces premières années du nouveau millénaire, c'est la destruction du collectif, l'appropriation par le marché et le privé des sphères publique et sociale. Et ils sont décidés à s'y opposer, comme on l'a vu, ces dernières années à Seattle, Gênes, Barcelone, Florence, Cancún, Porto Alegre et Paris-Saint-Denis.

Le phénomène de la mondialisation – et le laxisme des dirigeants politiques – a favorisé, au cours de la dernière décennie, la mise en place discrète d'une sorte d'exécutif planétaire, de gouvernement réel du monde dont le « Poker du Mal » est constitué par les quatre institutions suivantes : le FMI, la Banque mondiale, l'OCDE et l'OMC. Indifférent au débat démocratique et non soumis au suffrage universel, ce pouvoir informel pilote de fait la Terre et décide souverainement du destin de ses habitants. Sans que nul contre-pouvoir vienne corriger, amender ou repousser ses décisions. Car les contre-pouvoirs traditionnels dans les démocraties – Parlements, partis, médias – sont soit trop locaux, soit très complices. Aussi, pour faire contrepoids à cet exécutif planétaire, chacun sent confusément le besoin de mettre sur pied un contre-pouvoir mondial.

En reprenant le flambeau de la contestation internationale, les protestataires altermondialistes rassemblés au sein du Forum social mondial de Porto Alegre ont en quelque sorte posé la première pierre d'un nouvel espace de représentation mondiale, au sein duquel la société civile planétaire devrait occuper une place centrale.

Après avoir obtenu les droits politiques, puis les droits sociaux, les citoyens réclament, devant les ravages de la mondialisation libérale, une nouvelle génération de droits, cette fois collectifs : droit à la paix, droit à une nature préservée, droit à la ville, droit à l'information, droit à l'enfance, droit au développement des peuples... Il est désormais inconcevable que cette société civile naissante ne soit pas mieux associée aux prochaines grandes négociations internationales où seraient discutés les problèmes liés à l'environnement, à la santé, à la suprématie financière, à l'humanitaire, à la diversité culturelle, aux manipulations génétiques, etc.

Car il faut maintenant songer à construire un futur différent. Plus question de se contenter d'un monde où n'existent que deux statuts : le zéro et l'infini. Cinq milliards de personnes vivant dans le besoin extrême, tandis que quelques millions de privilégiés vivent dans l'opulence.

Il est temps d'admettre qu'un autre monde est possible. Et fonder une nouvelle économie, plus solidaire, basée sur le principe du développement durable et plaçant l'être humain au cœur des préoccupations. Chaque Etat doit prendre le risque de prélever une partie des richesses des gagnants de la mondialisation pour les redistribuer aux perdants. En commençant par désarmer le pouvoir financier. Le démantèlement de l'actuelle architecture financière exige une taxation significative des revenus du capital et tout particulièrement des transactions spéculatives sur les marchés des changes par le biais de la taxe Tobin.

Professeur à l'université de Yale, aux Etats-Unis, James Tobin fut l'un des conseillers du président John Kennedy et reçut le prix Nobel d'économie en 1981. Il a proposé, dès les années 1970, la création d'une taxe internationale uniforme de 0,1 % sur les transactions en devises. Cette taxe serait extrêmement dissuasive pour les spéculateurs sur le court terme qui effectuent de nombreux aller-retour par jour, d'une monnaie à l'autre. La taxe Tobin limiterait les fluctuations des taux de change, ce qui autoriserait les gouvernements à pratiquer des taux d'intérêt un peu plus faibles que les taux internationaux avec des conséquences positives sur la croissance et l'emploi.

Avec le fonds constitué grâce aux recettes de cette taxe, qui pourrait être géré par les Nations unies, et qui est estimé à environ 200 milliards d'euros par an, il serait possible de financer des programmes sociaux, éducationnels et écologiques en direction des plus démunis de nos concitoyens de la planète. Il suffirait, selon les Nations unies, de 10 % de cette somme pour

« dispenser des soins élémentaires à tous, vacciner tous les enfants, éliminer les formes graves et réduire les plus bénignes de malnutrition, et approvisionner tout le monde en eau potable ». Avec seulement 5 % de ce même montant on pourrait « offrir un ensemble de services élémentaires de planification familiale à tous les couples qui souhaitent en bénéficier et pour stabiliser la population mondiale en l'an 2015 ». Enfin, avec à peine 3 % de ces 200 milliards d'euros on parviendrait « à réduire de moitié l'analphabétisme des adultes, rendre l'enseignement primaire universel, et donner aux femmes des pays pauvres un niveau d'éducation élevé ».

Qu'est-ce qu'on attend alors pour instaurer, à l'échelle planétaire, une taxe Tobin ?

Il convient également de boycotter et supprimer les paradis fiscaux, paradis des mafias, zones où règne le secret bancaire et qui servent à dissimuler les malversations et les fruits des délits de la criminalité financière.

Il faut imaginer une nouvelle distribution du travail et des revenus dans une économie plurielle dans laquelle le marché occupera seulement une partie de la place, avec un secteur solidaire et un temps libéré de plus en plus important.

Etablir un revenu de base inconditionnel pour tous, octroyé à tout individu, dès sa naissance, sans aucune condition de statut familial ou professionnel. Le principe, révolutionnaire, étant que l'on aurait droit à ce revenu d'existence parce qu'on existe, et non pour exister. L'instauration de ce revenu repose sur l'idée que la capacité productive d'une société est le résultat de tout le savoir scientifique et technique accumulé par les générations passées. Aussi, les fruits de ce patrimoine commun doivent-ils profiter à l'ensemble des individus, sous la forme d'un revenu de base inconditionnel. Celui-ci pourrait s'étendre à toute l'humanité, car d'ores et déjà, le produit mondial équitablement réparti suffirait à assurer une vie confortable à l'ensemble des habitants de la planète.

A cet égard, il faut redonner toute leur place aux pays pauvres du Sud, en mettant fin aux politiques d'ajustement structurel ; en annulant une grande partie de leur dette publique ; en augmentant l'aide au développement et en acceptant que celui-ci n'adopte pas le modèle du Nord, écologiquement insoutenable ; promouvoir des économies autocentrées ; défendre les échanges équitables ; investir massivement dans les écoles, les logements et la santé ; favoriser l'accès à l'eau potable des 1,5 milliard de personnes qui en sont privées ; établir, notamment au Nord, des clauses de protection sociale et environnementale sur les produits importés, qui garantissent des conditions de travail décentes aux salariés du Sud, ainsi que la protection des milieux naturels.

A ce programme largement évoqué dans ce livre, les auteurs aimeraient ajouter d'autres urgences : l'émancipation de la femme à l'échelle planétaire, le principe de précaution contre toutes les manipulations génétiques, le bannissement des pavillons de complaisance dans le transport maritime, etc. Utopies ! diront les fanatiques de la mondialisation. Peut-être mais pour tous les altermondialistes, ces utopies sont devenues objectifs concrets à conquérir en ce siècle qui commence. Comment cela s'appelle-t-il, ce moment où un autre monde devient possible ? Cela a un très beau nom. Cela s'appelle l'aurore.

A

Actualité de l'état du monde : Tous les Etats sont entraînés dans la dynamique de la mondialisation * [1]. Derrière cette expression de « mondialisation de l'économie », et son corollaire plus direct de « victoire du marché », se cache un mode de fonctionnement et de domination politique et sociale du capitalisme.

C'est au cours du dernier quart du XXe siècle que le monde a connu un triomphe sans partage du libéralisme *. A l'issue de la Seconde Guerre mondiale, les économies des pays belligérants du Nord étaient complètement détruites. Le sous-emploi s'était généralisé. Une première vague de chômage massif s'était déjà manifestée lors de la crise mondiale de 1929. Pour la combattre, Franklin Roosevelt lança, aux Etats-Unis, la politique du New Deal, un vaste ensemble de grands travaux d'infrastructures économiques et sociales. Etudiant les effets de la grande

1. Les astérisques renvoient aux autres entrées du livre.

crise, John Maynard Keynes mit au point, en 1936, une thérapeutique imparable fondée sur l'intervention directe de l'Etat : accroissement de la masse monétaire; taux d'intérêt élevés; déficit budgétaire; grands travaux impulsés par les pouvoirs publics. Professé depuis le milieu du XVIIIe siècle, le libéralisme économique en prend alors un sacré coup. Les années 1960 vont ainsi connaître l'âge d'or du keynésianisme.

Les partisans du libéralisme ne tardent pas à préparer leur contre-attaque. Au début des années 1970, les économies occidentales replongent dans une crise profonde. Cette fois, un phénomène nouveau fait son apparition : la coexistence de l'inflation généralisée et de la stagnation économique (*stagflation*), considérée comme l'un des effets pervers de la médecine keynésienne. De plus, vers 1973, l'économie mondiale reçoit de plein fouet le choc de l'effondrement du régime des changes fixes établi à Bretton Woods * en 1944, et celui de la première crise pétrolière (le prix du pétrole quadruple, passant de 3 à 12 dollars le baril). Accélérée au tournant de la décennie 1970-1980 par le recyclage des pétrodollars, qui facilite le financement des déficits budgétaires, la vague libérale envahit la planète. Elle part du Chili de Pinochet et de l'Amérique de Ronald Reagan, submerge la Grande-Bretagne de Margaret Thatcher, gagne le reste de l'Europe, s'étend au Japon, puis aux pays émergents, dans les années 1990.

Dans la seconde moitié des années 1990, le modèle libéral commence à être contesté; l'exemple des Etats-Unis inspire de nombreux militants. On peut voir les effets de contagion traverser l'Atlantique en passant par Barcelone.

Depuis la conférence de l'OMC * à Seattle, en décembre 1999, des milliers de personnes ont manifesté dans le monde entier contre les dérives de la mondialisation. Et on assiste à une situation inconnue où les protestations sont marquées par de nouvelles formes d'action. Entre autres, pour éviter toute personnalisation, la première ligne est composée de militants choisis parce qu'ils sont des « anonymes », mais aussi parce qu'ils intègrent toutes les composantes de la société, tous les âges et tous les secteurs sociaux.

Dans un tel contexte, toute manifestation antimondialisation est perçue, par un nombre croissant de dirigeants des Etats-Unis et par la plupart de leurs « alliés », comme une opposition au système capitaliste mondial lui-même ; et dans la mesure où Washington est la puissance régulatrice de ce dernier, comme une opposition aux Etats-Unis et à leurs alliés. Il n'en fallait pas plus pour que le Pentagone et d'autres secteurs des Etats-Unis élaborent et répandent la théorie de la nature « génétiquement » violente de l'opposition à la mondialisation. Selon cette théorie, puisque les contestataires s'en prennent au système mondial en place, à ses règles, à ses institutions et à ses gouvernements légitimement élus, ils s'en prennent par voie de conséquence à la démocratie. Ce sont donc nécessairement des violents, de réels criminels contre l'ordre démocratique, en un mot, les véritables nouveaux barbares de l'ère globale.

L'acharnement des gouvernements contre les opposants à la mondialisation libérale s'explique par l'ampleur croissante de son rejet par l'opinion publique. D'où la tentative de caractériser les contestataires comme génétiquement violents. A la manière de l'URSS, où les dissidents étaient considérés comme des malades mentaux.

Point n'est besoin de démontrer l'indécence de cette accusation. Ce qui est extrêmement dangereux et préoccupant, c'est qu'elle semble acceptée par la majorité des responsables politiques occidentaux et par nombre de dirigeants de pays en voie de développement.

On ne saurait mieux mettre en évidence la fracture que la mondialisation a renforcée entre, d'une part, les « seigneurs » de la puissance mondiale et leurs vassaux, et, d'autre part, les peuples dominés et exclus. Comme s'ils ne vivaient pas sur la même planète... Diagnostic confirmé par le *Financial Times* lui-même lorsque, dressant les bilans respectifs des deux forums mondiaux simultanés (l'un « économique », l'autre « social »), il évoque effectivement l'existence de deux planètes, celle de Davos * et celle de Porto Alegre – la première sur le déclin et l'autre sur une orbite ascendante –, et n'exclut pas leur collision...

Les actions spectaculaires par lesquelles s'est parfois traduite la contestation ne doivent pas conduire à sous-estimer l'importance des autres formes de réponse plus profondes menées par les mouvements sociaux et les syndicats aussi bien au sud qu'au nord : paysans indiens en lutte contre la biopiraterie de Monsanto *, Mouvement des sans-terre * au Brésil, Marche mondiale des femmes, communautés indigènes, luttes contre les privatisations en Amérique latine, contre les licenciements de convenance boursière, pour la défense des travailleurs menacés par les délocalisations d'entreprises, etc. Sans compter les actions des grandes Organisations non gouvernementales (ONG *) – Greenpeace *, Amnesty International, Oxfam, Médecins sans frontières, etc. – et des multiples associations pour le commerce équitable *, pour la finance éthique, pour l'annulation de la dette * extérieure du tiers-monde, pour la taxation de la spéculation financière, pour l'accès aux soins et aux médicaments, etc.

Jusqu'au milieu des années 1990, les manifestations contre les « Tables de la Loi » du capitalisme de marché se sont rarement transformées en conflits violents entre la police et les manifestants. En revanche, depuis quelques années, les affrontements sont devenus une sorte de scénario que l'on dirait écrit à l'avance. De façon rituelle, les forces de l'ordre des villes où va se tenir le grand rendez-vous transforment les lieux de passage et de travail des participants officiels en zones de haute sécurité, sous le contrôle de milliers de policiers antiémeutes, et pratiquent une sorte de surenchère préventive. Elles prennent des mesures draconiennes d'interdiction d'accès aux périmètres ainsi protégés,

voire aux villes elles-mêmes, comme ce fut le cas à Québec et, de manière encore plus caricaturale, à Gênes et à Evian.

Or, immanquablement, l'effet redouté – ne devrait-on plutôt dire attendu et voulu ? – est au rendez-vous : les affrontements ont lieu, et la répression est de plus en plus dure, particulièrement à Prague, à Nice, à Québec, à Göteborg, à Barcelone, jusqu'à faire un mort et plus de six cents blessés à Gênes en 2001...

Les témoignages de brutalité, même de sévices, sur des manifestants ayant recours à des formes non violentes de désobéissance civile – alors que la police laisse faire les groupuscules de casseurs professionnels – sont particulièrement accablants. Au point que de nombreux représentants d'ONG admettent avoir perdu leur « virginité démocratique », c'est-à-dire leur croyance dans la possibilité de lutter démocratiquement dans des pays dits démocratiques.

Pourquoi un tel durcissement de la part des autorités, conduisant à la réduction, voire à la suspension – même temporaire ou locale –, du droit de manifester ? Comment expliquer que des militants de milliers d'organisations du monde entier, expression de traditions pacifistes ou tiers-mondistes, d'engagements écologiques, d'idéaux religieux et éthiques divers, et qui luttent depuis longtemps pour un monde plus juste, plus solidaire, plus démocratique, plus respectueux de l'environnement, soient devenus des « indésirables » aux yeux des gouvernements et soient traités comme des hordes d'envahisseurs, casseurs, dévastateurs ? Il y a, semble-t-il, deux raisons principales.

La première est liée aux succès obtenus par les mouvements d'opposition à la mondialisation : mise en échec, en octobre 1998, du projet d'Accord multilatéral sur l'investissement (AMI *) ; en décembre 1999, fiasco du Cycle du millénaire de l'OMC à Seattle ; en septembre 2003, échec de la conférence de Cancún. Pour les dirigeants des pays développés, il s'agit de deux défaites hautement symboliques, car elles affectent deux piliers de cette mondialisation-là : les « libertés » de la finance et du commerce. La défaite de l'AMI a été d'autant plus cuisante qu'elle résulte de la décision du gouvernement d'un pays phare du capitalisme, la France, sous la pression, précisément, de manifestations populaires. La débâcle de Seattle a également constitué un événement intolérable : elle a montré au grand jour que la majorité des gouvernements des pays dits « en voie de développement » partageaient nombre de critiques des opposants du Nord à la mondialisation actuelle. Et c'est grâce à l'action de ce que l'on a appelé par la suite « le peuple de Seattle » que ces gouvernements ont eu, enfin, le courage de dire « non » à la poursuite de négociations auxquelles, par faiblesse, ils se seraient autrement résignés.

La victoire de Seattle et celle contre l'AMI ont discrédité, sur le plan éthique, les principes fondateurs et les pratiques des « seigneurs du capital » et des marchands. En revanche, elles ont rendu tout à fait crédibles les luttes en faveur d'une « autre mondialisation ». Inacceptable pour les pouvoirs en place, un tel résultat est devenu un facteur puissant de la radicalisation de leur politique de répression de la contestation pacifique. Ne pouvant réduire cette dernière à une agitation « folklorique », se trouvant dans l'impossibilité de reconnaître les responsabilités des forces de l'ordre dans l'explosion de la violence, Gênes constituera désormais une étude de cas de la provocation policière. Enfin, incapables (et pour cause) de démontrer que l'opposition à la mondialisation actuelle est « scientifiquement » non fondée, il ne leur restait qu'une solution : criminaliser les contestataires. Ce faisant, ils espèrent légitimer leur propre violence et délégitimer l'action d'une large partie des mouvements sociaux et des ONG dont, par ailleurs, ils tentent de remettre en question la représentativité.

La seconde raison est liée à un aspect central et spécifique de la

mondialisation : l'affirmation des Etats-Unis comme seule puissance hégémonique sur les plans militaire, technologique, économique, politique et culturel. Symbole du capitalisme global contemporain, les Etats-Unis sont les porteurs d'une logique d'empire et d'un ordre planétaire englobant, sous leur houlette, les situations, les problèmes et les perspectives des différentes sociétés du monde.

Les luttes ont mis en évidence que la mondialisation de ces vingt ou trente dernières années a été et demeure avant tout le résultat de la puissance militaire et économique américaine, ainsi que des changements socio-économiques et culturels produits par les Etats-Unis, qui se sont ensuite répandus, à des degrés différents et sous des formes diverses selon les pays (Chine comprise), dans l'ensemble du monde. Cette mondialisation consiste principalement en une américanisation idéologique, technologique, militaire et économique de la société planétaire contemporaine. Il n'a pas fallu attendre l'effondrement de l'Union soviétique pour s'apercevoir que la mondialisation des marchés, des capitaux, de la production, de la consommation, etc., était un « produit » des Etats-Unis grâce, notamment, à la présence mondiale de l'US Army, de l'US Navy et de l'US Air Force. Cette présence a ouvert la voie royale à la « mondialisation » de Coca-Cola, d'IBM, de Levi's, de Walt Disney *, de Ford, de GM, d'ITT, de McDonald's * et, plus près de nous, de Microsoft, d'Intel, de Cisco, d'AOL-Time Warner, de Citicorp, de Wal-Mart, de Fidelity...

La phase qui s'est engagée avec les évolutions conservatrices américaine et anglaise des années 1970 trouve son point d'internationalisation avec l'effondrement de l'URSS, l'accroissement des politiques d'ajustement structurel et la pensée unique. La primauté du marché désigne une nouvelle période de l'économie mondiale.

Aux accords de Bretton Woods, fondés sur un arrangement entre nations pour protéger de manière négociée les marchés dans les économies non planifiées, succède le « consensus de Washington * ». Ce credo, généralement nommé néolibéral, contraint les Etats à redéfinir leur aire d'intervention, voire leur importance. Une suprématie totale est accordée au marché ; l'Etat voit ses fonctions régaliennes réduites au minimum. L'essentiel des biens publics doit donc être fourni par le marché...

Dans la phase globale, les entreprises ne sont plus soumises au fractionnement des marchés, et les stratégies deviennent de ce fait planétaires. Firme réseau ou firme globale, quelque chose a changé dans la nature des entreprises, dans leur mode de fonctionnement et dans leur « gouvernance * ». C'est désormais l'actionnaire qui est privilégié, ainsi que la rémunération des titres, plus que la cohérence entre la technostructure et le capital social. Celui-ci représente l'ensemble des salariés ou la fonction de couverture des besoins nationaux.

Le terme « marché » sert à désigner la propriété privée des moyens de production. La possession d'actifs patrimoniaux commande l'appropriation sur une grande échelle de richesses créées par autrui, une économie tournée vers les objectifs de rentabilité et de compétitivité et dans laquelle seules les demandes monétaires solvables sont reconnues. Les fusions-acquisitions des dernières années ont poussé le processus de concentration à des niveaux qui paraissaient impossibles il y a à peine vingt ans.

Les investisseurs institutionnels sont les maîtres du capitalisme contemporain, mais ils préfèrent la discrétion. Alors que les gestionnaires des fonds de placement restent dans l'ombre, les groupes industriels, aux côtés des gouvernements, sont en première ligne dans la lutte contre les classes et les couches qu'il faut exploiter. Il y a des raisons essentielles à cela. C'est sur la diffusion mondiale de leurs produits (Coca-Cola, Nike, McDonald's...) que repose la domination du capitalisme

dans l'ordre si décisif de l'« imaginaire » et de ce « capital symbolique » dont la victoire favorise des dominations autrement contraignantes.

Le monde a payé très cher le passage du témoin de l'Angleterre à l'Amérique. Ce n'est que dans la vulgate néolibérale que l'Etat est « extérieur au marché ». Il faut récuser les représentations qui voudraient que la mondialisation soit un développement naturel. Mais le triomphe du « marché » nécessitait les interventions politiques répétées des instances des Etats capitalistes les plus puissants, les Etats-Unis comme les autres pays du G7/G8 *. Grâce à des mesures dont le point de départ remonte à la « révolution conservatrice » de Margaret Thatcher et de Ronald Reagan des années 1979-1981, le capital a réussi à faire sauter la plupart des freins et des garde-fous qui ont corseté et canalisé son activité dans les pays industrialisés. La place décisive occupée par la monnaie dans le mode de production capitaliste a donné à la libéralisation et à la déréglementation financières un caractère et des conséquences stratégiques. C'est ainsi que la « révolution conservatrice » s'est répandue à travers l'Europe continentale et le Japon. En France, les réformes du marché financier et de la régulation bancaire de 1984 à 1986, sous les ministères de Pierre Bérégovoy et d'Edouard Balladur, ont ouvert la voie à la domination des marchés financiers.

Sans l'aide active des Etats, le FMI * et les investisseurs financiers institutionnels ne seraient pas parvenus aux positions de supériorité qu'ils occupent aujourd'hui. Ils ne s'y maintiendraient pas si aisément non plus. Leur très grande liberté d'action sur le plan domestique et leur presque totale mobilité au niveau international sont les fruits de nombreuses mesures législatives et réglementaires de démantèlement des institutions existantes et de mise en place de nouvelles institutions. La présentation politique de ces mesures a exigé le détournement du terme « réforme », mot maintenant vidé de son sens original. Des traités décisifs ont dû aussi être rédigés et ratifiés (pour n'en citer que les plus marquants, le traité de Maastricht, le « consensus de Washington », l'Accord de libre-échange nord-américain [ALENA *], et le traité de Marrakech de 1994, qui institue l'OMC).

A LIRE : Michel Chossudovsky, *La Mondialisation de la pauvreté*, Le Serpent à plumes, Paris, 2003 ; *La Mondialisation*, sous la direction de Grahame Thompson, Erès, Paris, 1999, *Revue internationale des sciences sociales*, n° 160.

ADPIC : Aspects des droits de propriété intellectuelle qui touchent au commerce. En anglais TRIPS.

Il s'agit, selon l'OMC *, du plus large accord existant sur la propriété intellectuelle *. Il dépasse de loin les conventions de Paris (sur la protection de la propriété industrielle) ou de Berne (sur la défense des œuvres littéraires et artistiques) qu'il incorpore et étend. Il couvre le copyright, les artistes, les producteurs de disques et les émissions de radio et de télévision (*broadcasting*), les marques et les brevets, les indications géographiques et les appellations d'origine, les dessins industriels, secrets de fabrication, données de recherche, circuits intégrés, et les « informations non communiquées ». C'est cet accord qui protège aussi les droits de propriété des firmes pharmaceutiques sur les médicaments et qui interdit aux gouvernements du Sud d'en faire fabriquer et distribuer chez eux des copies, y compris en période d'urgence médicale (la pandémie du sida * en Afrique, par exemple).

L'ADPIC lie les pays membres de l'OMC. Il leur impose de délivrer des brevets de vingt ans au moins pour toute invention de produit ou procédé pharmaceutique qui satisferait aux critères classiques de nouveauté, d'inventivité et d'utilité. Les pays en développement n'ayant pas encore de protection par brevet pour les produits pharmaceutiques bénéficient d'un délai jusqu'en 2005 pour se mettre en conformité avec cet accord. On a fait état de l'avancée que constitue cet accord en ce qui concerne l'accès aux médicaments. Mais pour ceux qui n'en produisent pas et voudraient en importer ? L'accord obtenu à l'OMC à la veille de la conférence de Cancún est, à cet égard, très loin de donner les garanties nécessaires.

D'autres projets controversés de l'ADPIC concernent la durée de protection accordée par les brevets (vingt ans, ce qui généralise le système américain à la planète entière) et surtout la possibilité du brevetage du vivant. Les semences, les micro-organismes et les processus microbiologiques sont explicitement brevetables ; les pays membres « peuvent » exclure du droit de brevet les plantes et les animaux – ce qui veut dire en clair qu'ils peuvent aussi ne pas les exclure. Les plantes et les animaux deviennent ainsi brevetables partout, sauf si le pays propose un système *sui generis* pour protéger les variétés végétales.

Le redoutable article 27.3.b sert aussi à protéger les OGM * et les semences obtenues par les transnationales de l'agribusiness. Plus injuste encore pour les pays du Sud, où se trouvent les grandes réserves de la biodiversité, est la « biopiraterie ». De nombreuses entreprises transnationales pharmaceutiques ou chimiques y envoient des équipes de recherche qui prélèvent des échantillons servant ultérieurement à leurs spécialités, sans que le pays d'origine reçoive quelque compensation que ce soit.

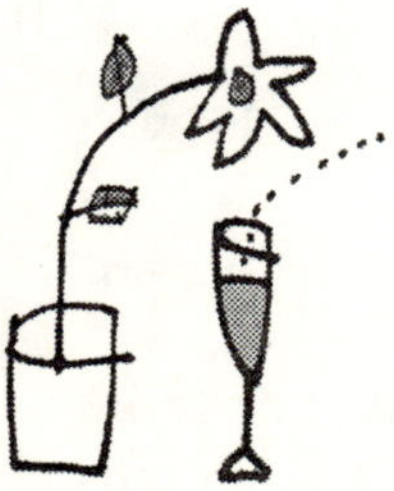

Le millénaire quinoa des populations andines est devenu l'un des symboles de cette spoliation : plus qu'une simple plante vivrière, élément essentiel d'un patrimoine vivant, il est devenu, par un tour de passe-passe biotechnologique, propriété privée nord-américaine.

Le quinoa est une plante typique de l'Altiplano, cet immense plateau d'altitude aride, mais nourri de lumière, de vents, d'esprits, dans la cordillère des Andes. On le consomme en soupe, en grillant ses grains pour les moudre et obtenir une farine dont on confectionne la *chicha,* boisson populaire fermentée qui, comme la coca, remplit trois fonctions précises d'ordre social, magico-religieux et médicinal.

Cela n'avait pas échappé aux Américains, premiers consommateurs étrangers de quinoa. En 1994, ils décident d'envoyer leurs experts agronomes se former dans ce petit pays andin où les connaissances circulent librement, généreusement partagées entre gens d'un savoir millénaire et hôtes étrangers désireux d'apprendre... ou désireux de prendre, de s'approprier gratuitement les ressources locales, de faire main basse sur la vie d'autrui pour en retirer du profit, tels Duane Johnson et Sarah Ward, « chercheurs » en agronomie de l'université du Colorado (Etats-Unis). Flairant la bonne affaire, ils s'en emparent et y apposent leur marque de propriété privée : brevet n° 5304 718. Quinoa *made in* Etats-Unis.

Stupeur mêlée d'indignation lorsque se dévoile l'ampleur du désastre et qu'il apparaît que la mainmise étrangère ne se limite pas à cette seule variété, mais s'étend également aux quarante-trois différentes variétés traditionnelles cultivées par des millions de paysans disséminés sur tout l'arc andin, de la Colombie au Chili.

Une autre histoire de brevetage qui tourne à la rapine, celle-ci en Afrique : en 1995, l'université du Wisconsin dépose quatre brevets sur la *brazzein*, protéine ultrasucrée que des chercheurs ont isolée d'une plante poussant au Gabon. Depuis, cette université accorde des licences d'exploitation à plusieurs sociétés biotechnologiques qui vont tenter d'introduire dans des fruits et des légumes un gène produisant la *brazzein* afin d'obtenir des aliments au goût sucré, mais moins riches en calories. De gros bénéfices sont à la clé. Sauf pour les paysans gabonais qui ne toucheront pas un centime de l'exploitation de cette plante. Ils en connaissaient les propriétés de longue date, ils l'ont toujours utilisée et, par leur mode de vie et leurs pratiques culturales, ils ont contribué à l'entretenir de génération en génération.

Mais qui sont ces « pirates », ces « voleurs » ? La réponse se trouve dans une récente note de la Commission européenne à propos des ADPIC : « Il faut s'attendre, peut-on y lire, à une résistance de la part d'un certain nombre de pays en développement membres de l'Organisation mondiale du commerce. Ils considèrent que la protection fournie par la Convention internationale pour les nouvelles variétés de plantes bénéficie trop aux propriétaires et ne prend pas en compte les besoins des agriculteurs traditionnels. »

Cette même note conclut en évoquant un « problème stratégique ». « Les pays en développement vont résister à l'engagement de négociations substantielles sur la protection de la propriété intellectuelle. Ils pourraient même lancer un débat sur la relation entre les ADPIC et d'autres aspects comme la concurrence, l'environnement, et son impact sur la santé et le bien-être. Il faut résister à une telle tentative pour préserver les intérêts de toutes les parties. » Chaque année, des brevets sont déposés par des entreprises ou des universités des pays du Nord sur des plantes cultivées ou utilisées dans les pays du Sud. Sans l'accord des parties concernées ni aucune contrepartie. C'est pour mettre fin à ce biopiratage que la commission scientifique, technique et de recherche de l'Organisation de l'unité africaine (OUA) vient de rédiger une « loi modèle » sur « la protection des droits des communautés locales, des agriculteurs et des obtenteurs et sur les règles d'accès aux ressources biologiques ».

Cette législation met en place un système approprié d'accès aux ressources biologiques, aux connaissances et technologies, sous réserve d'un consentement informé préalable de l'Etat et des communautés locales concernées, ainsi que des « mécanismes en vue d'un partage juste et équitable » des avantages tirés de l'utilisation commerciale de ces ressources.

Les pays du Sud ont déjà fait de nombreuses fois l'amère expérience de cette libéralisation imposée par la Banque mondiale * et le FMI * en échange de prêts : augmentation des tarifs, couverture géographique et qualité du service inégales, exclusion des services de santé d'une partie de la population... Dans ce cadre précis, ils vont devenir un réservoir de main-d'œuvre pour les pays riches mais avec des droits et des salaires moindres (au travers du mode 3 de l'Accord qui concerne la présence commerciale d'une filiale de firme étrangère). Alors que le droit d'asile se fait de plus en plus restrictif, on va assister à des déplacements de salariés pour une période donnée, au bon vouloir des entreprises transnationales. Pour les pays du Nord, les conséquences seront aussi désastreuses : le secteur public va être condamné à pratiquer les mêmes tarifs que les entreprises privées sous peine de devoir payer des compensations à la firme d'un autre pays membre (là encore dans le cadre du mode 3 de libéralisation). On voit donc toute la précarisation de l'emploi et la détérioration des services fournis que cela peut entraîner. Les entreprises publiques vont se retrouver à gérer les services les moins rentables économiquement : nul doute dans ce cas que les gouvernements (de droite comme de gauche) préféreront alors privatiser plutôt que d'avoir à subir des mesures de rétorsion devant le tribunal de commerce qu'est l'OMC.

Avant la réunion de Seattle, le groupe africain de l'OMC, à Doha, avait proposé de sérieuses modifications de ces accords. Il souhaitait exclure de la brevetabilité les plantes, animaux, micro-organismes, processus microbiologiques et « tous autres organismes vivants et leurs parties », protéger les « innovations des communautés autochtones » et « préserver les pratiques agricoles traditionnelles y compris le droit de conserver et d'échanger les semences ». D'une manière générale, les Africains proposaient d'aligner l'ADPIC sur la convention sur la biodiversité adoptée à la conférence de Rio en 1992. Ils n'ont pas été entendus, mais les questions qu'ils ont soulevées demeurent d'actualité. Rien n'est réglé, la déclaration se bornant à donner instruction au Conseil des ADPIC de « trouver une solution rapide à ce problème ». On peut faire confiance aux firmes pharmaceutiques américaines et suisses pour ne pas lâcher prise. Il reste que cette déclaration constituait un point positif de Doha, le seul même, pour les pays du Sud.

A LIRE : Vandana Shiva, *La Biopiraterie, ou le Pillage de la nature et de la connaissance*, Alias, Paris, 2002.
Rosemary J. Coombe, *The Cultural Life of Intellectual Properties : Autorship, Appropriation and the Law*, Duke University Press, Durham, 1998.

AGCS : L'Accord général sur le commerce des services de l'Organisation mondiale du commerce (OMC *) représente une menace grave. La complexité et l'opacité des négociations ont longtemps exclu tout débat, mais cette situation est heureusement en train de changer grâce à des citoyens qui, partout en Europe et dans le monde, s'élèvent contre cette alliance démocraticide.

Il ne s'agit pas d'un contrat définitif, mais d'un cadre qui prévoit « des séries de négociations successives... en vue d'élever progressivement le niveau de libéralisation ». L'orientation politique de l'AGCS est ainsi clairement fixée, et personne ne peut prédire les conséquences de son processus.

Le commerce mondial des services est en expansion rapide, atteignant, en 2001, 1 440 milliards d'euros. Ce chiffre d'affaires revient surtout aux entreprises transnationales (ETN) européennes et américaines, avec les japonaises loin derrière. Elles se réjouissent toutes de soumettre aux règles de l'AGCS de nouvelles activités lucratives. La place importante des ETN européennes et la puissance organisée des lobbies expliquent l'acharnement de la Commission européenne, qui a des relations privilégiées avec les grandes entreprises de services, à défendre l'AGCS.

L'un des grands problèmes de l'AGCS, comme cela avait été le cas dans le cadre de l'Accord multilatéral sur l'investissement (AMI *), c'est le manque de transparence : les parlementaires n'ont pas accès à l'information sur les négociations en cours au sein de l'Union européenne. Pascal Lamy, commissaire européen au commerce, entretient un savant flou artistique dès qu'il s'agit d'informer les citoyens sur les tenants et les aboutissants de cet accord. De ce fait, seules les ONG * contribuent par leur travail à l'information et à la sensibilisation des citoyens sur ce sujet.

Les 160 secteurs dits de services représentent un tiers du commerce mondial (1 340 milliards d'euros de chiffre d'affaires) et incluent des secteurs stratégiques sur les plans commercial et technologique, comme les télécommunications et l'énergie, la santé et l'instruction, la recherche et les transports, les services bancaires et même l'éducation. N'en sont exclus que les services « fournis dans l'exercice des pouvoirs régaliens », tels que l'armée, la justice et les banques centrales. Le gâteau est bien trop gros, notamment en ce qui concerne l'éducation, secteur essentiel de notre vie : aux yeux d'un investisseur en quête de placements, il représente un budget annuel mondial de 1 000 milliards d'euros, un secteur lourd de 50 millions de travailleurs et, par-dessus tout, un milliard de clients potentiels entre élèves et étudiants.

Grâce à la campagne internationale mise en œuvre depuis deux ans, les dangers liés à cet Accord sont aujourd'hui connus du grand public : il sert en premier lieu les intérêts des entreprises transnationales qui comptent tirer profit de la braderie des services publics. Ces entreprises s'approprient de plus en plus vite le contrôle d'une part croissante de l'économie globale. Les chiffres de l'OCDE * indiquent que, chaque année, des biens d'une valeur de plus de 150 milliards d'euros sont transférés du secteur public au secteur privé. L'évolution du domaine des télécommunications le montre clairement : les monopoles d'Etat ont été démantelés, mais les télécommunications sont soumises à une concentration internationale croissante.

La décision d'étendre aux services la libéralisation d'échanges internationaux qui portait auparavant sur les seules marchandises remonte à 1994. Signé en avril de 1994, l'AGCS incluait déjà l'enseignement dans la liste des services à libéraliser. Pour demeurer hors de portée de cet accord, le système d'éducation d'un pays devait être totalement financé et administré par l'Etat, ce qui n'est plus le cas nulle part.

Cette nouvelle étape de libéralisation qui se prépare dans les services est très grave. Elle vise, d'une part, la mondialisation de la logique de marché, la mise en concurrence planétaire, et, de l'autre, l'extension dans chaque pays du champ du marché à des activités qui y échappent largement, comme l'éducation et la santé. Ces biens et services ne sont pas des marchandises comme les autres. Ils ne relèvent donc pas des règles du commerce et se situent hors du champ des compétences de l'OMC. La reconnaissance de leur caractère de première nécessité va de pair avec l'établissement de nouveaux droits : droit à la vie, à la sécurité de l'humanité et à l'égalité d'accès de tous et de toutes. Leur impact social, économique et écologique justifie pleinement leur organisation par la puissance publique et rend légitime l'intervention des salariés, des usagers, des associations, des peuples sur leur gestion et leur finalité. Seule l'invention d'un modèle social mondial – où les services et les entreprises publics sont profondément démocratisés, largement développés et coopératifs – est en mesure de faire progresser une lutte efficace contre les inégalités, le partage des ressources, des savoirs et des savoir-faire, de fonder les relations internationales sur les solidarités, de permettre le dépassement des ravages de la guerre économique et de la guerre tout court, d'envisager un avenir commun pour l'humanité. Il s'agit de garantir – à tous les êtres humains – la possibilité de bénéficier de ces services essentiels tout en s'inscrivant dans une perspective de développement durable * de la planète. Cela suppose d'extraire ces activités de la sphère marchande et de recourir à un mode de régulation radicalement différent autour de la notion de biens publics et de celle de critères d'efficacité sociale. La production des biens et des services publics ne saurait être générée par le marché, livrée aux multinationales, à l'accumulation financière capitaliste au détriment de milliards d'êtres humains. Le pouvoir financier et politique des lobbies des services est-il si fort pour empêcher un débat et une confrontation publics ? Il semblerait que la population européenne (et l'Angleterre en est un bon exemple) soit très sceptique sur le rôle de régulateur social du marché, et ait expérimenté à ses dépens les coûts (économiques et sociaux) des privatisations. Les 45 millions d'Américains sans couverture sociale sont un avertissement clair de ce que signifient des services non plus sociaux mais commerciaux, dont l'offre est régulée principalement (voire uniquement) par les critères de rentabilité d'entreprises privées.

A LIRE : Susan George/Attac, *Remettre l'OMC à sa place*, Mille et Une Nuits, Paris, 2001.

ALCA : Area de libre comercio de las Américas. En français, Zone de libre-échange des Amériques (ZLEA *). Négociations discrètement menées pour mettre en place une zone de libre-échange panaméricaine. L'objectif stratégique des Etats-Unis est de former le plus grand marché du monde, mais surtout d'asseoir leur hégémonie sur le continent. En tant que partie d'une stratégie de contrôle direct économique, politique et militaire des Etats-Unis dans la région latino-américaine, cet accord vise à détruire l'appareil étatique en déréglant les secteurs tels que l'éducation, la santé, l'accès aux services sanitaires (eau, énergie). En les privatisant, il ren-

drait vulnérables les couches sociales les plus pauvres. La négociation pour la construction de l'ALCA, amorcée à Miami par 34 pays (mais excluant Cuba) en 1994, a été confirmée à Santiago du Chili en 1998. Elle devrait être achevée en 2005. Washington estime que l'ALCA ouvrira une nouvelle ère de coopération en rapprochant, pour la première fois, les deux hémisphères autour d'un projet commun.

C'est au nom de l'établissement d'une « bonne gouvernance * régionale », prônée par les institutions financières internationales, que Washington propose de démanteler les barrières commerciales dans l'ensemble du continent. En fait, il s'agit de conforter un projet économique planétaire, dont l'Amérique latine n'est qu'un des éléments, afin de faire progresser un programme commercial plus adapté aux firmes multinationales.

Une fois mis en place, ce gigantesque marché pourrait faire des Amériques « un espace économique totalement ouvert à la libre circulation des marchandises et des capitaux, et donner à cet espace le cadre normatif d'un nouveau modèle d'intégration ». Pourtant, l'expérience du Mexique depuis l'Accord de libre-échange nord-américain (ALENA *) montre que l'ouverture commerciale vis-à-vis d'un pays ayant un niveau de développement très supérieur provoque une désindustrialisation, la liquidation de pans entiers de l'agriculture traditionnelle et un accroissement des inégalités sociales. Etant entendu, par ailleurs, qu'il ne saurait être question de la libre circulation des personnes.

A LIRE : Centre tricontinental, *Les Dessous de l'ALCA. Points de vue du Sud*, Louvain-la-Neuve, 2003, distribué en France par L'Harmattan.

ALENA : Accord de libre-échange nord-américain. Cet accord établit une zone de libre-échange de 360 millions d'habitants, censée servir de modèle à l'intégration continentale. Il est entré en vigueur en 1994 et prévoit de supprimer les barrières douanières entre les Etats-Unis, le Mexique et le Canada enquinze ans, mais seulement pour les marchandises : pas question que les personnes circulent comme elles le veulent entre ces trois territoires.

L'accord a été ratifié par le Congrès américain en novembre 1993, malgré de très vives oppositions. Celles-ci faisaient valoir les risques attachés à une telle association réunissant notamment la première puissance mondiale et des pays du tiers-monde (exploitation incontrôlée des hommes et de la nature, flux migratoires, etc.). L'ALENA impose déjà des contraintes beaucoup plus fortes que celles de l'OMC * à ses membres : en vertu de son chapitre XI, les investisseurs, désormais dotés du statut de sujets de droit international jusque-là réservé aux Etats, peuvent poursuivre directement les gouvernements. Ainsi, lorsque l'un d'entre eux s'estime victime d'une discrimination, il peut entamer des poursuites contre les pouvoirs publics au titre de l'obligation de traitement national.

Un enjeu, parmi d'autres, permet de comprendre la logique à l'œuvre derrière cette négociation : l'eau *. Cet élément essentiel à la pérennité des écosystèmes, tout autant qu'à la survie de l'espèce humaine elle-même, risque fort d'y être transformé en simple marchandise. Il se trouve que le Canada a de l'eau en abondance et, tôt ou tard, il devra inévitablement la « partager » avec ses voisins, affirme le responsable de la compagnie californienne Sun Belt.

L'ALENA comporte par ailleurs un chapitre sur les services, avec une liste d'exceptions où l'eau n'apparaît pas. En ce sens, les services de distribution et d'assainissement seraient aussi couverts, et la clause du traitement national s'appliquerait, comme le spécifie l'article 1202, qui, selon certains juristes, comprendrait également le droit de dispenser ces services au-delà des frontières.

A LIRE : John R. Macarthur Jr., *The Selling of Free Trade : NAFTA, Washington and the Subversion of American Democracy*, Hill and Wang, New York, 2000.

Allende, Salvador (1908-1973) *:* Le premier dirigeant latino-américain à tenter une transition vers le socialisme par les voies légales se heurte à l'opposition déterminée des Etats-Unis, devenant ainsi la première victime historique de la mondialisation * libérale. Parlementaire depuis 1945, il est élu président de la République chilienne le 4 septembre 1970, à sa quatrième tentative. A la tête d'un gouvernement d'unité populaire, il établit des relations diplomatiques avec les pays communistes et manifeste ostensiblement son amitié à Fidel Castro,

tout en conduisant une politique extérieure modérée. En appliquant son programme de réformes (nationalisation des entreprises et distribution des revenus), il lèse les groupes étrangers, surtout américains, qui ont de gros intérêts au Chili. Ainsi, à la suite de la nationalisation des mines de cuivre en juillet 1971, Allende annonce que les sociétés américaines ne seront pas indemnisées, en raison des « bénéfices excessifs » réalisés depuis le début de leur exploitation. Par mesure de rétorsion, les Américains exercent des pressions pour imposer un embargo sur le cuivre et décident, le 3 février 1972, de geler les discussions concernant un moratoire sur la dette extérieure chilienne (plus de 3 milliards de dollars). De plus, la Banque mondiale *, où l'influence américaine est prépondérante, suspend ses prêts au Chili. Si les manœuvres américaines ont pour but de maintenir une position économique dominante au Chili, elles révèlent aussi le refus des Etats-Unis de voir un régime socialiste associé aux communistes s'implanter sur le continent sud-américain. De retour de Cuba et d'URSS, Allende s'arrête à Washington, le 20 décembre 1972, afin de négocier, en vain, l'indemnisation des sociétés nationalisées. Le pays est au bord de la faillite et menacé par la guerre civile. L'action des grandes compagnies américaines en liaison avec la CIA, contribue à la dégradation de la situation intérieure chilienne. Le putsch dirigé par le général Pinochet aboutit au renversement d'Allende par l'armée chilienne, à son suicide le 11 septembre 1973, et à une sanglante dictature militaire qui a duré dix-sept ans.

A LIRE : Antoine Blanca, *Salvador Allende*, Brunoleprince, Paris, 2003.
Pierre Kalfon, *Allende : 1970-1973*, Atlantica, Paris, 1998.

Alliance pour le progrès : Initiative majeure de la politique extérieure de Kennedy, l'Alliance pour le progrès est créée à la conférence interaméricaine de Punta del Este (Uruguay) en août 1961. Son programme d'assistance à long terme vise à favoriser la croissance économique, la modernisation sociale et la démocratisation en Amérique latine. Développé comme un antidote à la révolution menée par Fidel Castro, le projet s'engage à investir plus de 20 milliards de dollars en capitaux publics et privés sur dix ans, appelle les pays d'Amérique latine à distribuer la richesse plus équitablement, à investir dans l'éducation et la santé, à réformer le système politique et à entraîner des forces pour combattre les guérillas communistes.
Le continent n'enregistrant qu'une croissance annuelle de 1,5 %, contre les 2,5 % attendus, le programme échoue à transformer le continent, confronté par ailleurs à ses propres contradictions : les réformes économiques, agraires, sociales entrent en conflit avec les intérêts des milieux d'affaires américains dont l'anticommunisme virulent favorise la répression, même des réformateurs, et s'oppose à la démocratisation désirée. Sous la

présidence de Lyndon Johnson, fonds et mystique entourant le programme déclinent. L'administration se tourne alors vers la simple gestion des crises par la force, comme lors de l'invasion de la République dominicaine en 1965.

Al-Qaida, réseau mondial du terrorisme : Al-Qaida est l'abréviation en arabe de l'Armée islamique pour la libération des Lieux saints. Le militant islamiste Ben Laden *, formé par les Américains, semble bien être le seul capable d'orchestrer, avec l'aide de divers groupes non directement affiliés à son organisation mais sympathisants, des attaques telles que celle du 11 septembre 2001 contre les Etats-Unis.

Quatre spécialistes du terrorisme ont publié, dans le mensuel britannique *Jane's Intelligence Review*, la structure de l'organisation de Oussama Ben Laden, « Al-Qaida ». Elle fut créée en 1988. Le Saoudien, désigné comme « l'émir Ben Laden », en est l'épine dorsale. Il dispose d'un « conseil consultatif », le Majlis al-Choura. Un comité militaire est chargé d'opérations spéciales pour le compte de Ben Laden lui-même et de ses commandants. L'organisation rassemblerait quelque 3 000 à 5 000 adhérents dans le monde entier, dont beaucoup ont combattu aux côtés des talibans contre l'opposition afghane. Ils sont désignés sous le nom de la Brigade 055.

Cette organisation terroriste désigne par « Lieux saints » l'Arabie Saoudite, où sont installées des bases américaines, la Palestine et Jérusalem qu'elle considère aux mains du peuple juif, et en général tout pays musulman influencé d'une façon ou d'une autre par le monde occidental. Al-Qaida est la plus grande des organisations terroristes islamistes, et elle bénéficie d'une énorme quantité d'argent pour financer ses projets.

De l'avis de tous les experts, les réseaux financiers n'obéissent à aucune organisation rationnelle telle qu'on peut en concevoir en Occident. Jouant de l'absence de toute comptabilité publique ou

privée dans des pays comme l'Arabie Saoudite, mais aussi de l'opacité cultivée par les milieux d'affaires occidentaux qui veulent conserver, aux marges du marché, des mécanismes de financement aveugles ou des places offshore très discrètes, les terroristes se sont bâti des nébuleuses financières complexes où les porosités entre systèmes légal et illégal sont permanentes.
L'acte criminel du 11 septembre révèle à la fois, chez ses auteurs, une cruauté fantastique et un très haut degré de sophistication. Ils ont voulu frapper fort, frapper au cœur et frapper les esprits. Et ont recherché à produire au moins trois types d'effets : des dégâts matériels, un impact symbolique et un grand choc médiatique.
Les résultats sont bien connus : anéantissement de 4 000 vies humaines environ, des deux tours du World Trade Center, d'une aile du Pentagone et, probablement, si le quatrième avion ne s'était pas écrasé en Pennsylvanie, de la Maison Blanche. Mais ces destructions ne constituaient pas, de toute évidence, l'objectif principal. Car alors les avions auraient visé, par exemple, des centrales nucléaires ou des barrages, et auraient provoqué des dévastations apocalyptiques et des dizaines de milliers de morts...

Le deuxième objectif était de frapper les imaginations en avilissant, en offensant et en dégradant les signes principaux de la grandeur des Etats-Unis, les symboles de son hégémonie impériale en matière économique (le World Trade Center), militaire (le Pentagone) et politique (la Maison Blanche).
Moins remarqué que les deux précédents, le troisième objectif était d'ordre médiatique. Par une sorte de coup d'Etat télévisuel, Oussama Ben Laden, cerveau présumé de l'agression, a cherché à occuper les écrans, à y imposer ses images, les scènes de son œuvre de destruction. Il a pris ainsi le contrôle, au grand dam de l'administration américaine, de

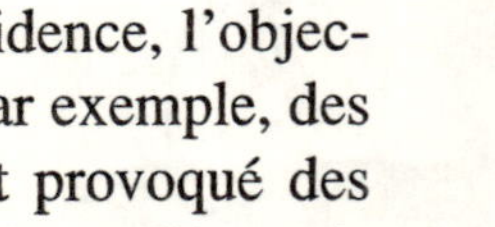

tous les écrans de télévision des Etats-Unis (et, au-delà, du monde entier). Il a pu de la sorte dévoiler, démontrer l'insolite vulnérabilité américaine, exhiber au sein des foyers sa propre puissance maléfique, et mettre lui-même en scène la chorégraphie de son crime.

Ben Laden invente ainsi un terrorisme de type nouveau, global dans son organisation, mais aussi dans sa portée et ses objectifs. Il ne revendique rien de très précis. Ni l'indépendance d'un territoire, ni des concessions politiques concrètes, ni l'instauration d'un type particulier de régime. Cette nouvelle forme de terreur se manifeste comme une sorte de châtiment ou de punition contre un « comportement général », sans plus de précision, des Etats-Unis et, plus largement, des pays occidentaux.

Une autre leçon de l'après-11 septembre, c'est que la mondialisation * continue et s'affirme comme la principale caractéristique du monde contemporain. Mais la crise actuelle a révélé sa vulnérabilité. C'est pourquoi les Etats-Unis soutiennent qu'il est urgent de mettre en place ce qu'on pourrait appeler l'appareil de sécurité de la mondialisation.

Le monde a connu des villes-Etat (Athènes, Venise), des régions-Etat à l'époque féodale, et des nations-Etat au cours des XIXe et XXe siècles, mais avec la mondialisation on voit maintenant apparaître le réseau-Etat, voire même l'individu-Etat dont Ben Laden est le premier exemple évident. Même si, pour l'instant, ce dernier nécessite – comme un bernard-l'ermite a besoin d'une coquille vide – un Etat vide (la Somalie hier, l'Afghanistan hier et sans doute demain) pour l'investir et le mettre tout entier au service de ses ambitions.

La mondialisation favorise cela, comme elle encouragera demain l'apparition d'entreprises-Etat qui, à la manière de Ben Laden, investiront un Etat creux, vide, déstructuré, en proie au désordre endémique, pour l'utiliser à leur guise. A cet égard aussi, Ben Laden aura été en quelque sorte un terrifiant précurseur.

On parlait depuis longtemps de la nébuleuse islamiste, voire d'une internationale islamiste. Certes, il y a une solidarité islamique « terroriste ». Ainsi, dans les années 1980, des centaines de jeunes islamistes algériens se sont entraînés en Afghanistan et au Pakistan. En Algérie, on les avait d'ailleurs surnommés « les Afghans » et ils ont constitué le gros des troupes du Groupe islamique armé (GIA), le mouvement islamiste algérien le plus radical. Si les pays occidentaux sont souvent les cibles des islamistes, il y a cependant quelques variantes. Ainsi, le GIA ne s'est jamais attaqué en Algérie à des intérêts américains.

La structure horizontale de Al-Qaida est composée d'un conglomérat de 24 groupes opérant en réseau. Elle a une dimension mondiale, étant présente au travers de groupes terroristes indépendants basés en Algérie, Egypte, Maroc, Turquie, Jordanie, Tadjikistan, Syrie et 31 autres pays. Al-Qaida, à cet égard, est une organisation parfaitement adaptée à l'âge de la mondialisation avec ses ramifications multi-nationales, ses réseaux financiers, ses connexions médiatiques et communicationnelles, ses filières d'approvisionnement, ses pôles humanitaires, ses relais de propagande, ses filiales et sous-filiales sans chef d'orchestre. Ou tout au plus clandestin, même s'il existe une collaboration due notamment aux stages de formation communs dans des camps de Libye ou du Moyen-Orient, le Liban ayant longtemps servi de plaque tournante. Chaque commanditaire, par exemple Damas ou Téhéran, a ses groupes clients, Amal, le Djihad islamique, le Hezbollah, le Hamas ou le Front de libération de la Palestine, qui s'opposent, d'ailleurs, ou se subdivisent, au point qu'il est parfois difficile de les suivre.

Le Saoudien dispose, toujours selon le mensuel *Jane's*, de financements provenant d'Etats tels que le Soudan, l'Iran et l'Afghanistan, d'un réseau de mécènes arabes très religieux, ainsi que d'un réseau d'organisations caritatives musulmanes. Les fonds transitent principalement par des banques arabes dans le Golfe. Le beau-frère de Ben Laden, lui-même basé dans cette région, orchestrerait les transferts de fonds et les investissements réalisés par l'organisation dans certains pays : île Maurice, Singapour, Malaisie et Philippines. Sans parler de la fortune personnelle du Saoudien, estimée entre 311 et 333,3 millions d'euros (2 à 2,2 milliards de francs).

Selon les auteurs de ce rapport, Ben Laden dirige un certain nombre d'opérations et d'attaques terroristes. L'élite d'Al-Qaida est constituée de cadres égyptiens, algériens et yéménites expérimentés. D'autres opérations terroristes seraient « sous-traitées » par des groupes terroristes locaux, selon le principe que Christopher Aaron, rédacteur en chef de la revue *Jane's* à Londres, appelle la « répartition des tâches ». Il souligne l'« esprit de corps » animant ces hommes qui ont en commun d'avoir combattu en Afghanistan.

« Les islamistes, note un spécialiste proche-oriental de ces questions, s'appuient sur des " agents dormants " qui peuvent attendre des années avant d'être " activés ". Ils ont sans doute, ajoute-t-il, une carte de séjour américaine en règle et vivent depuis un certain temps sur le territoire américain ou en Europe. » C'était le cas de Ramzi Youssef, le coordonnateur de l'attentat du World Trade Center. Arrêté le 7 février 1995 au Pakistan, alors âgé de vingt-sept ans et porteur d'un passeport pakistanais, il se trouvait dans une maison louée par le réseau Ben Laden, dont il était proche. Selon des informations de l'époque, il était en train de mettre au point une attaque du siège de la CIA « par un avion chargé d'explosifs ». Ramzi Youssef aurait aussi travaillé sur un projet consistant à faire exploser simultanément deux Boeing 747 approchant de Hongkong.

L'idéologie proclamée par le Saoudien est en revanche plus floue : un antiaméricanisme élargi à de l'antioccidentalisme, et qui relève davantage du panislamisme que du panarabisme. Ses références sont exclusivement religieuses, Oussama Ben Laden étant considéré dans le monde islamique comme le seul leader capable de s'opposer au « grand Satan », l'Amérique. Dans son discours du 7 octobre 2002, diffusé par la chaîne qatarie Al-Jazira, Oussama Ben Laden évoque avant tout autre argument le fait que la « nation islamique subit, depuis quatre-vingts ans, humiliation et mépris ». Ce disant, il fait référence non à la Palestine ou à l'Irak, mais à... la suppression du califat par Atatürk en 1924. Et de poursuivre : « L'Amérique ne vivra pas en paix avant que la paix ne règne en Palestine [entendez par là tant que Jérusalem n'est pas libérée] et que toute l'armée des infidèles ne quitte la terre de Mahomet [l'Arabie Saoudite] ». Il n'établit, en revanche, aucun lien avec des situations politiques locales, comme la levée de l'embargo sur l'Irak ou la situation en Algérie... Cette religiosité débouche sur un millénarisme qui imprègne les discours du chef d'Al-Qaida et réduit le politique à la portion congrue. Dans les « Etudes militaires du Jihad contre les tyrans », document de deux cents pages environ trouvé en Grande-Bretagne en mai 2000, il est dit que « le martyre [...] permet la réalisation de la religion d'Allah tout-puissant sur terre ». Comme dans tous les discours de sectes, le religieux recouvre le politique et le rend inutile, en annonçant une réalisation rapide du paradis sur terre.

Tous les attentats attribués à Al-Qaida ont exigé le sacrifice d'un ou plusieurs hommes, les attaques d'août 1998 contre les ambassades américaines d'Afrique de l'Est comme celle d'octobre 2000 contre l'*USS Cole*. On retrouve cette nécessité de la mort du croyant ou du combattant comme passage privilégié vers le paradis dans les suicides collectifs de sectes (Guyana, Temple solaire), la sanction de la trahison à l'égard de la secte politique (Armée rouge japonaise ou Tigres tamouls) ou religieuse (secte japonaise Aum). Et les victimes innocentes apparaissent comme la condition inévitable de la réalisation de cet objectif millénariste.

A LIRE : Rohan Gunaratna, *Al-Qaida. Au cœur du premier réseau terroriste mondial*, Autrement, Paris, 2002.

Olivier Roy, « La fin de l'islam politique », *Esprit*, août-septembre 2001.

François Heisbourg, *Hyperterrorisme : la nouvelle guerre*, Odile Jacob, Paris, 2001.

Jean Baudrillard, « L'esprit du terrorisme », *Le Monde*, 3 novembre 2001.

Ignacio Ramonet, *Géopolitique du chaos*, Gallimard, coll. « Folio Actuel », n° 67, Paris, 1999.

Altermondialisation : A l'origine appelé « antimondialisation », le mouvement social et civique est progressivement devenu « altermondialiste ». Une manière d'affirmer, dans le droit fil du slogan « un autre monde est possible », que des alternatives à la mondialisation * néolibérale sont possibles à construire, ici et maintenant.

Postuler qu'il est possible de tracer des alternatives à la mondialisation capitaliste, cela suppose de clarifier ce qui est inacceptable dans l'actuel mode de développement.

Quels sont donc les principaux reproches qu'on peut lui adresser ?

– Il porte à un niveau rarement atteint les inégalités sociales.

– Il met en péril l'équilibre écologique de la planète.

– Il valorise les seules activités marchandes et monétaires.

– Il marchandise l'ensemble des aspects de la vie humaine et porte atteinte aux biens communs de l'humanité.

Cette faillite totale – et les périls majeurs dont elle est porteuse – nous impose de changer de regard sur ce qui constitue les bases de l'activité économique.

Trois voies se dessinent pour tracer une rupture, claire mais réaliste, avec le mode de développement actuel.

La première consiste à constater – et à concrétiser – le fait qu'il est d'autres manières de « faire économie » que la seule forme marchande et monétaire. Voilà un siècle, l'essor des coopératives et des mutuelles a constitué une première réponse au besoin d'incarner les valeurs de démocratie et de solidarité au cœur de l'économie. Depuis vingt ans, l'émergence des diverses formes d'économie solidaire * tente de répondre à des besoins sociaux que le marché seul ne peut satisfaire. Fertiles au nord comme au sud, ces formes d'organisation montrent qu'économie ne rime pas fatalement avec surexploitation, spéculation, licenciements...

Ce n'est pas un hasard si le gouvernement de Jean-Pierre Raffarin, dans le droit fil d'un Reagan ou d'une Thatcher, s'attaque frontalement, non seulement aux services publics, mais aussi à ce secteur de l'économie sociale et solidaire. Pour ces orthodoxes du néolibéralisme, il convient de séparer nettement ce qui ressortit à l'économie – laquelle ne peut être que marchande – de ce qui relève de l'action sociale et caritative – sous forme associative le plus souvent.

Le développement durable * constitue la deuxième piste alternative. Car le mode de développement actuel mène à l'épuisement des ressources humaines et de celles de la nature. George W. Bush n'a-t-il pas tout résumé en expliquant, au sujet du refus américain de ratifier le protocole de Kyoto * sur la réduction des gaz à effet de serre : « Trop cher pour l'économie américaine ! »

Il faut sortir de cette logique productiviste qui a longtemps marqué la pensée économique de gauche. « Lorsque, en produisant, le système productif s'autodétruit – en ruinant le milieu naturel qui le porte comme il porte toute vie –, apparaît la question des comportements qui permettent d'assurer un développement durable », souligne René Passet. Participent de cette démarche toutes les initiatives qui visent à remettre l'économie au service des fondamentaux écologiques.

Face aux inégalités scandaleuses entre le Sud et le Nord, la solidarité internationale représente une troisième piste. Les démarches de commerce équitable * – qui donnent aux producteurs du Sud des conditions de travail et d'existence bien supérieures à celles imposées par le commerce capitaliste – témoignent de cette volonté. Plus globalement, la construction d'un monde solidaire suppose de remanier les règles du jeu international (en commençant par réformer radicalement les institutions financières internationales). Enfin, il faut mettre en place une « gouvernance * » démocratique mondiale afin de fournir un contrepoids politique à l'économie mondialisée.

Economie sociale et solidaire, développement durable, solidarité internationale : ces trois pistes restent encore portées par des acteurs cloisonnés, segmentés. C'est pourtant dans leur conjonction qu'elles pourraient trouver leur pleine capacité transformatrice et leur sens politique.

Il nous faut sortir d'une économie qui n'a de nouvelle que le nom et ne fait que plaquer les vieux mécanismes du capitalisme industriel sur une réalité qui n'a plus rien à voir. Il nous faut remettre l'économie au service des fondamentaux anthropologiques et écologiques.

Face à nos « sociétés de marché » – des sociétés dans lesquelles tous les rapports sociaux sont inféodés à l'économique et où toute l'économie est ramenée à l'économie de marché –, il s'agit de mettre en œuvre une double alternative :

– alternative à l'économie de marché, en incarnant dans les actes une économie plurielle;

– mais aussi alternative à l'économisme dominant qui imprègne nos sociétés.

Vaste défi, et qui se heurte à un problème de taille : la marchandisation progressive de tous les aspects de la vie humaine. Malgré Seattle, Porto Alegre ou Annemasse, cette logique, tel un rouleau compresseur, continue sa marche en avant. Si le sentiment d'impuissance politique s'est développé à ce point, ces dernières années, c'est sans doute parce que chacun sent bien qu'on ne peut pas proposer de solution crédible si l'on ne sait pas comment s'opposer à cette marchandisation systématique. L'enjeu, aujourd'hui, est bien de bâtir un réformisme anti-marchandisation.

A LIRE : Philippe Merlant, René Passet et Jacques Robin, *Sortir de l'économisme. Une alternative au capitalisme néo-libéral*, Editions de l'Atelier, 2003.

Bernard Cassen, *Tout a commencé à Porto Alegre*, Mille et Une Nuits, Paris, 2003.

AMI : Accord multilatéral sur l'investissement. Discuté en grand secret, en 1998, au sein de l'OCDE *, ce projet mort-né, s'il avait été adopté, aurait accordé aux multinationales qui investissent dans les pays étrangers les mêmes droits qu'aux entreprises locales. « L'émergence de groupes d'activistes risque d'affaiblir l'ordre public, les institutions légales et le processus démocratique. [...] Il faudrait établir des règles pour clarifier la légitimité de ces organisations non gouvernementales activistes qui proclament représenter les intérêts de larges secteurs de la société civile. » Dans son agressivité, cette déclaration, adoptée à Genève en septembre 1998 par 450 dirigeants de multinationales, traduit le ressentiment du monde des affaires à l'égard de nouvelles formes de contestation et de leur efficacité. La menace ne manque pas de cynisme, sortie d'une réunion organisée par la Chambre de commerce internationale, lobby mondial des multinationales et véritable association d'activistes du *big business*, présidée par l'un des plus durs d'entre eux : Helmut O. Maucher, patron de Nestlé, également président de la table ronde européenne des industriels (connue sous son sigle anglais ERT, European Round Table of Industrialists), ainsi que de l'annuel Forum économique mondial * de Davos *. Deux groupes aussi efficaces pour affaiblir les institutions légales que dépourvus de la moindre légitimité démocratique.

C'est que les négociations sur l'AMI, menées pendant trois ans par l'OCDE, venaient d'être suspendues. Les mouvements associatifs qui, dans de nombreux pays, et en particulier en France, s'étaient mobilisés pour en empêcher la signature et alerter l'opinion publique, ont remporté une incontestable victoire. L'expérience a confirmé l'opaque collusion des milieux d'affaires et des instances gouvernementales. Elle a aussi révélé l'efficacité de nouvelles stratégies de lutte sociale, adaptées à la mondialisation *, et du recours systématique à Internet.

APEC : Le Forum de coopération économique Asie-Pacifique a été créé en 1994 par 18 pays : Australie, Brunei, Canada, Chili, Chine, Corée du Sud, Etats-Unis, Hongkong, Indonésie, Japon, Malaisie, Mexique, Nouvelle-Zélande, Papouasie-Nouvelle Guinée, Philippines, Singapour, Taiwan et Thaïlande. Ce forum sert de lieu de discussion entre ces pays afin de mettre sur pied, d'ici 2020, la plus importante zone de libre circulation de biens du monde. L'APEC, en plus de diminuer à long terme la concurrence entre les Etats-Unis et le Japon, est également porteur de visées politiques.

A CONSULTER : http://www.apecsec.org.sg

Attac : Association pour la taxation des transactions financières pour l'aide aux citoyens. Les politologues sont unanimes : Attac est sans conteste l'« objet » politique le plus novateur de ces deux dernières décennies. Et pas seulement en France. Ce n'est pourtant ni un parti, ni un syndicat, ni une campagne d'opinion. La définition qui « colle » le plus à son profil est celle qu'en a donnée Bernard Cassen, premier président de l'association (1998-2002) et aujourd'hui responsable de ses relations internationales : un mouvement d'éducation populaire tourné vers l'action. Mais quelle action ?

La déclinaison du sigle Attac – Association pour la taxation des transactions financières pour l'aide aux citoyens – ne répond pas complètement à la question, ce qui s'explique par l'histoire, et même la petite histoire, de ce sigle lui-même. On sait qu'il fut imaginé par le directeur du *Monde diplomatique*, Ignacio Ramonet, qui, en conclusion de son éditorial de décembre 1997, « Désarmer les marchés », proposait aux lecteurs du mensuel que se constitue une association de lutte contre la dictature de la finance, qui porterait le nom d'Attac. Dans ce texte, les deux « T » renvoyaient à « taxe Tobin * », c'est-à-dire à l'idée, avancée dans les années 1970 par le prix Nobel américain d'économie James Tobin (décédé en 2002), de taxer les opérations spéculatives sur les devises afin de lutter contre l'instabilité des marchés des changes, elle-même nuisible au commerce mondial.

Si, malgré la notoriété de son auteur, cette proposition fut immédiatement enterrée par la presse financière et les gouvernements, elle fut reprise par certains auteurs (et par *Le Monde diplomatique*) qui lui trouvaient une vertu supplémentaire, non envisagée par Tobin : celle de constituer une sorte d'impôt mondial de solidarité et un facteur de redistribution de la richesse. Le produit de cette taxe (se situant entre quelques dizaines et quelques centaines de milliards d'euros) pourrait, en effet, être utilisé pour répondre à quelques-uns des besoins les plus criants (éducation, santé, accès à l'eau *, au logement, etc.) des pays en développement. Donc la taxe Tobin était un des outils, mais ni le seul ni même le plus important, pour lutter contre les inégalités engendrées et aggravées par la mondialisation * libérale. Afin de conserver le sigle Attac, sans le réduire à une modalité particulière, les deux « T » devinrent « taxation des transactions financières » dans les statuts de l'association, tels qu'ils furent déposés après sa création le 3 juin 1998.

Décembre 1997-juin 1998 : six mois pendant lesquels le projet Attac avança comme une traînée de poudre. Des milliers de lecteurs et un nombre significatif d'organisations (notamment syndicales) manifestèrent leur soutien à la proposition d'Ignacio Ramonet, sommant en quelque sorte *Le Monde diplomatique* de concrétiser lui-même l'idée qu'il avait lancée, ce qui conduisit un autre membre de l'équipe du journal, Bernard Cassen, à se charger de cette tâche. La gestation d'Attac se produisit au moment où se menait, en France et dans quelques autres pays, le combat contre le projet scélérat d'Accord multilatéral sur l'investissement (AMI *) concocté au sein de l'Organisation de coopération et de développement économiques (OCDE *). Attac incorpora tout naturellement à ses missions le combat contre les trois « libertés » liberticides de la mondialisation libérale : la « liberté » de l'investissement (symbolisée par l'AMI) ; la « liberté » de circulation des capitaux (à contrecarrer avec le « grain de sable » de la taxe Tobin) et le « libre-échange », dont l'Organisation mondiale du commerce (OMC *) est le puissant instrument.

Combat, certes, mais – c'est ce qui fait la spécificité d'Attac – également formulation de propositions alternatives. Pas seulement une posture du « contre », mais affirmation qu'« un autre monde est possible », titre d'un article du *Monde diplomatique* de mai 1998, devenu la devise de l'association et, plus tard, celle du Forum social mondial * de Porto Alegre. Pour un mouvement qui, dans sa conception même, mettait en avant la surdétermination des politiques nationales par les grands flux planétaires – de capitaux, d'investissements, d'échanges de biens et de services – échappant à tout contrôle démocratique, il aurait été paradoxal qu'il n'acquière pas lui-même une dimension internationale. C'est effectivement ce qui se produisit, et de manière naturelle. L'Attac créée en juin 1998 se voulait, pour des raisons pratiques, seulement française. Le relais fut aussitôt pris, d'abord dans les pays francophones où *Le Monde diplomatique* a une forte diffusion (Belgique et Suisse), puis dans le reste de l'Europe, en Afrique, dans les Amériques et au Japon. Au total, il existe actuellement une cinquantaine d'Attac qui constituent l'un des plus efficaces et originaux réseaux altermondialistes, pour employer le terme positif maintenant généralement accepté. Les structures Attac des quatre continents ont le même drapeau rouge et blanc, avec le même logo (un pourcentage, qui renvoie à la taxe Tobin) et une plate-forme commune. En liaison électronique permanente, elles se réunissent physiquement au moins une fois l'an et, pour celles d'Europe, pratiquement tous les deux mois.

Au sein de ce réseau, Attac France occupe une place un peu spéciale, à la fois parce qu'elle a été la première à se créer et parce qu'elle est aussi la plus importante en termes d'effectifs et d'impact sur la vie publique. Mais rien ne dit qu'Attac Allemagne ou Attac Suède ne feront pas mieux à l'avenir... L'association compte environ 30 000 membres (personnes physiques ou morales), dont une bonne partie se retrouvent pour agir dans le cadre de quelque 250 comités locaux. Au fil des années, Attac a considérablement élargi son champ d'intervention. Elle est évidemment présente sur ses « fondamentaux » que sont les trois « libertés » citées plus haut, mais elle les a approfondis, par exemple dans son combat contre les Organismes génétiquement modifiés (OGM *) et, dans la période récente, contre les « réformes » des retraites et de l'éducation, dans sa dénonciation de la dérive libérale de l'Union européenne, etc.

Attac est considérée comme l'organisation altermondialiste par excellence. Alors que cette dimension n'est en effet que l'une des vocations d'autres structures (en particulier syndicales), elle constitue la seule raison d'être de l'association. D'où son poids particulier dans les réseaux nationaux et européens luttant contre le libéralisme * sous toutes ses formes. D'où aussi la place qu'elle a prise dans le paysage citoyen en France. Cette place tient essentiellement à deux facteurs : d'une part, sa capacité de produire et faire partager des analyses et des mises en perspective globales qui éclairent des combats apparemment sectoriels (on l'a vu pour les retraites) ; d'autre part, le dynamisme de ses adhérents et de ses comités locaux.

Pour Attac, cependant, les luttes, les mobilisations, les Forums en tout genre sont aussi des moyens au service d'une ambition beaucoup plus importante : ni plus ni moins que de libérer les esprits du virus libéral afin qu'ils recommencent à penser librement et qu'ils se réapproprient leur propre avenir. En apparence anodin, le mot d'ordre « un autre monde est possible » est presque révolutionnaire puisqu'il signale que, contrairement à ce que répètent à l'envi dirigeants de la droite ou se réclamant de la gauche, il est possible de faire advenir un autre monde, et pas seulement de s'« adapter » à celui, profondément injuste, dans lequel nous vivons. Pour qu'il advienne et se maintienne, encore faut-il qu'existe un terreau culturel rompant avec l'hégémonie que les libéraux ont mis plusieurs décennies à construire. Tel est l'objectif poursuivi par les multiples actions d'éducation populaire d'Attac : rencontres-débats, université d'été, publication de livres, brochures, tracts, etc. Un travail de fourmi, moins spectaculaire que les manifestations (dont d'ailleurs Attac est toujours partie prenante, voire co-organisatrice), mais plus efficace encore.

On comprend que cette configuration suscite la perplexité, notamment au sein des partis politiques, souvent sidérés par la capacité d'Attac à remplir les salles partout en France. Evidemment Attac « fait » de la politique, mais pas sur le registre des structures partisanes avec lesquelles elle dialogue d'ailleurs très volontiers. Non pas pour négocier quoi que ce soit, mais pour expliquer ses positions et demander une clarification de celles de ses interlocuteurs, ce à quoi ils répugnent le plus souvent. Si Attac ne saurait participer à quelque opération d'ingénierie, de « refondation » ou de « reconstruction », elle vise cependant ouvertement à modifier les termes du débat politique, à être ce « mouvement qui déplace les lignes » dont parlait le poète.

A LIRE : *Attac au Zénith*, sous la direction de Bernard Cassen, Mille et Une Nuits, Paris, 2002.
Tout sur Attac 2002, sous la direction de Bernard Cassen, Mille et Une Nuits, Paris, 2002.
Attac, 6, rue Pinel, 75013 Paris. Tél. : 01-53-60-92-40. Fax : 01-53-60-40-72. E-mail : attac@attac.org Site Internet : http://france.attac.org

Axe du Mal : Le 29 janvier 2002, pendant la guerre d'Afghanistan qui suivit les attentats du 11 septembre, George W. Bush utilisa pour la première fois la dénomination « Axe du Mal ». Le président américain désignait ainsi un pivot imaginaire constitué par l'Irak, l'Iran et la Corée du Nord. Trois pays qu'il accuse de vouloir se procurer des armes de destruction massive ainsi que d'abriter et de protéger des organisations terroristes hostiles au monde occidental et aux Etats-Unis.

Nous considérons, quant à nous, qu'il existe un autre axe du mal, tricéphale aussi. Les citoyens doivent savoir que la mondialisation * libérale attaque désormais les sociétés sur trois fronts. Central, parce qu'il concerne l'humanité dans son ensemble, le premier front est celui de l'économie. Il demeure placé sous la conduite de ce qu'il faut vraiment appeler l'« Axe du Mal », constitué par le FMI *, la Banque mondiale * et l'OMC *. Cet axe maléfique continue d'imposer au monde la dictature du mar-

ché, la prééminence du secteur privé, le culte du profit, et de provoquer, dans l'ensemble de la planète, de terrifiants dégâts : hyperfaillite frauduleuse d'Enron *, crise monétaire en Turquie, effondrement calamiteux de l'Argentine, dévastations écologiques partout...

Et les Conférences internationales sur le financement du développement, qui se succèdent, aggravent le désastre général en martelant chaque fois que le secteur privé doit devenir le principal acteur du développement du Sud. Il est scandaleux que les chefs d'Etat et de gouvernement, en particulier ceux de l'Union européenne, refusent d'adopter, en faveur du développement, les indispensables mesures qui, seules, peuvent sauver de la misère les deux tiers de l'humanité.

On peut en retenir dix : annuler totalement la dette des pays pauvres ; mettre en place un système de règlement généreux, juste et équitable de la dette des pays du Sud ; définir des garanties pour que les futurs financements soient engagés dans des conditions satisfaisantes et utilisés en faveur du développement durable * ; obtenir des pays riches qu'ils s'engagent à consacrer au moins 0,7 % de leur richesse au financement du développement ; rééquilibrer les termes de l'échange entre le Nord et le Sud ; garantir la souveraineté alimentaire dans chaque pays ; contrôler les mouvements irrationnels de capitaux ; interdire le secret bancaire ; déclarer hors-la-loi les paradis fiscaux ; et mettre en place enfin une taxation internationale des transactions financières.

Le deuxième front, clandestin, silencieux, invisible, est celui de l'idéologie. Avec la collaboration active d'universités, de prestigieux instituts de recherche (Heritage Foundation, American Enterprise Institute, Cato Institute), de grands médias (CNN, *The Financial Times, The Wall Street Journal, The Economist*, imités en France et ailleurs par une foule de journalistes asservis), une véritable industrie de la persuasion a été mise en place afin de convaincre la planète que la mondialisation libérale apporterait enfin le bonheur universel. En s'appuyant sur le pouvoir de l'information, des idéologues ont ainsi construit, avec la passive complicité des dominés, ce qu'on pourrait appeler un délicieux despotisme.

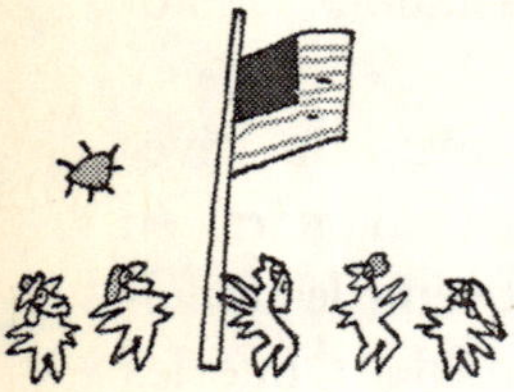

Cette manipulation a été relancée, après le 11 septembre, avec la création par le Pentagone d'un très orwellien Bureau d'influence stratégique (BIS), chargé de diffuser de fausses informations pour « influencer les opinions publiques et les dirigeants politiques aussi bien dans les pays amis que dans les Etats ennemis ». Comme dans les années les plus sombres du maccarthysme et de la guerre froide, une sorte de ministère de la désinformation et de la propagande a donc été mis sur pied, chargé d'établir, comme dans les dictatures ubuesques, la vérité officielle. La ficelle était si grosse que le Bureau en question a dû être officiellement fermé.

Le troisième front, inexistant jusqu'à présent, est militaire. Il a été ouvert au lendemain du traumatisme du 11 septembre 2001. Et vise à doter la mondialisation libérale d'un appareil de sécurité en bonne et due forme. Un moment tentés de confier cette tâche à l'Organisation du traité de l'Atlantique nord (OTAN), les Etats-Unis ont décidé d'assumer seuls cette mission et de se doter de moyens considérables pour l'exercer avec la plus impressionnante efficacité. Les guerres en Afghanistan contre le régime des talibans et contre le réseau Al-Qaida * ont convaincu Washington qu'il est inutile, pour des missions de cette envergure, de demander une collaboration militaire autre que minimale à ses principaux alliés stratégiques, Royaume-Uni et France, ou même à l'OTAN.

Cette attitude de mépris a été confirmée lors de l'attaque et de l'occupation de l'Irak. Les protestations des chancelleries européennes n'ont nullement impressionné l'administration américaine. La fonction des vassaux est de s'incliner, et l'Amérique aspire désormais à exercer une domination politique absolue. « Les Etats-Unis sont en quelque sorte le premier Etat protomondial, constate William Pfaff. Ils ont la capacité de prendre la tête d'une version moderne de l'empire universel, un empire spontané dont les membres se soumettent volontairement à son autorité. »

Cet empire aspire à réaliser dans les faits la mondialisation libérale. Tous les opposants, tous les dissidents et tous les résistants doivent maintenant savoir qu'ils seront combattus sur ces trois fronts : économique, idéologique et militaire. Et que le temps du respect des droits humains semble révolu, comme le prouve l'établissement de ce scandaleux « bagne tropical » à Guantanamo où plusieurs Européens sont séquestrés dans des cages... L'Axe du Mal (FMI, Banque mondiale, OMC) dissimulait son vrai visage. On le connaît à présent.

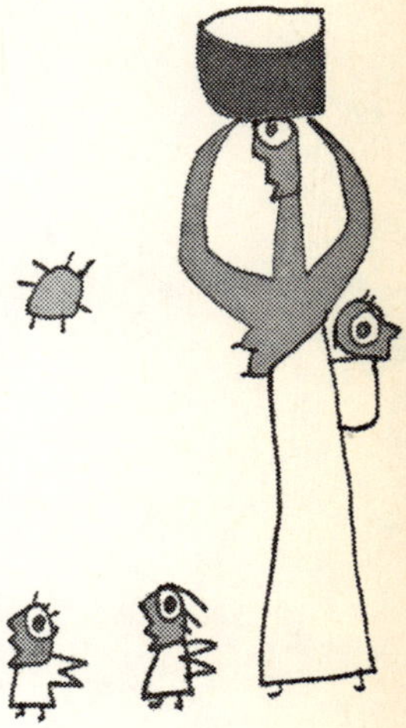

A LIRE : « Projet de conclusions et décisions de la Conférence internationale sur le financement du développement », Nations unies, assemblée générale, 30 janvier 2002, document A / AC.257 / L.13.

Ignacio Ramonet, *Propagandes silencieuses*, Gallimard, coll. « Folio actuel », n° 98, Paris, 2002, et *Guerres du XXIe siècle*, Galilée, Paris, 2002.

B

Banque mondiale : La Seconde Guerre mondiale tire à sa fin. Les principaux alliés envisagent divers moyens pour diriger les relations monétaires internationales. Les représentants des nations adoptent les statuts du Fonds monétaire international (FMI *), l'institution chargée de surveiller le système monétaire international et de favoriser l'élimination des restrictions de change applicables au commerce des biens et des services et à leur stabilité.
Organisation intergouvernementale ouverte en principe à tout Etat sans distinction de régime, à condition qu'il adhère au FMI, la Banque mondiale comptait, en 1995, 178 Etats membres, tout en reconnaissant elle-même son caractère « occidental » dû à l'influence prépondérante des Etats-Unis.
Entre la Banque mondiale et Wall Street, l'alliance est, bien entendu, stratégique. La Banque a d'ailleurs sauvé à maintes reprises certains instituts financiers imprudemment engagés dans

des opérations de spéculation ici ou là sur d'autres continents. Dans sa pratique quotidienne, elle fonctionne selon des critères strictement bancaires. Sa charte exclut expressément toute conditionnalité politique ou autre. Sa pratique est néanmoins surdéterminée par un concept totalisant d'origine non bancaire, et idéologique celui-là : le « Consensus de Washington * ».
En termes de technique bancaire, cet organisme est partout le « prêteur en dernier ressort », celui qui se trouve en situation d'imposer au débiteur les conditions de son choix. Qui d'autre que lui serait prêt à concéder le moindre crédit au Tchad, au Honduras, au Malawi, à la Corée du Nord ou à l'Afghanistan ?

La Banque mondiale a connu son âge d'or de la fin des années 1960 au début des années 1980. Ancien secrétaire à la Défense des présidents John F. Kennedy et Lyndon B. Johnson, Robert McNamara la dirigea de 1968 à 1981. Sous sa présidence, le volume annuel des prêts passa de 1 milliard à 13 milliards de dollars, le personnel fut multiplié par 4 et le budget administratif par 3,5. Avec l'aide de son trésorier, McNamara parvint à lever sur les différents marchés nationaux de capitaux près de 100 milliards de dollars d'emprunts. Ironie de l'histoire : une grande partie de cette somme avait été obtenue auprès des banquiers suisses, ceux-là mêmes qui abritent l'essentiel des capitaux en fuite provenant des nababs, des dictateurs et des classes parasitaires d'Afrique, d'Asie et d'Amérique latine.
Du temps de McNamara, la théorie préférée de la Banque était celle de la « croissance ». Croissance = progrès = développement = bonheur pour tous. Vint une première vague de contestation, portée notamment en 1972 par le Club de Rome *, sur le thème : « La croissance illimitée détruit la planète. » Les théoriciens de la Banque réagirent au quart de tour : « Comme vous avez raison, estimés érudits ! La Banque mondiale vous approuve ! Désormais, elle mettra en œuvre le “ développement intégré ”. »

Autrement dit, elle ne prendra plus seulement en compte la croissance du produit intérieur brut d'un pays : elle examinera aussi les conséquences produites par cette croissance sur d'autres secteurs de la société. Voici les questions que la Banque entreprit alors de se poser : la croissance est-elle équilibrée ? Quelles conséquences produit-elle sur la distribution intérieure des revenus ? Une trop rapide croissance de la consommation énergétique d'un pays ne risque-t-elle pas d'affecter les réserves énergétiques de la planète ? Etc.
Selon le politologue américain Jerry Mander, « McNamara a tué plus d'êtres humains à la tête de la Banque mondiale que lorsque, en tant que secrétaire à la Défense des Etats-Unis, il était préposé aux massacres du Vietnam ». Jerry Mander dessine ainsi le portrait du président : « Honteux du rôle qu'il avait joué pendant la guerre du Vietnam, il voulut se racheter en volant au secours des pauvres du tiers-monde. Il se mit à l'ouvrage en bon technocrate, avec l'arrogance d'un authentique croyant. »
McNamara explique dans son livre, *Avec le recul : la tragédie du Vietnam et ses leçons* : « J'ai toujours pensé que plus une question est importante, moins nombreux doivent être ceux qui prennent les décisions... » Faisant confiance aux chiffres, il pousse les pays du tiers-monde à accepter les conditions attachées aux prêts de la Banque mondiale et à transformer leur économie traditionnelle afin de maximaliser la spécialisation économique et le commerce mondial. Ceux qui s'y refusent sont abandonnés à leur sort. « Sur ses instances, ajoute Jerry Mander, de nombreux pays n'eurent d'autre choix que de passer sous les fourches caudines de la Banque. McNamara ne détruisait plus les villages pour les sauver, mais des économies entières. Le tiers-monde se retrouve maintenant avec des grands barrages envasés, des routes qui tombent en ruine et ne mènent nulle part, des immeubles de bureaux vides, des forêts et des campagnes ravagées, des dettes monstrueuses qu'il ne pourra jamais rembourser. »

D'autres rapports critiques contre le capitalisme débridé sont alors publiés, notamment ceux de groupes de chercheurs présidés respectivement par Gro Harlem Brundtland et par Willy Brandt. Ces critiques s'adressent à l'« économisme » de la Banque.

Nouvelle étape de la contestation : le mouvement écologiste prend de l'ampleur et gagne de l'influence partout en Europe, en Amérique du Nord. Pour développer les forces de production d'une société, disent les écologistes, il ne suffit pas d'avoir l'œil fixé sur les indicateurs classiques, ni même sur les fameux paramètres du développement humain. Il faut aussi prévoir sur le long terme les effets des interventions dites de développement, notamment sur l'environnement. Les idéologues de la Banque sentent immédiatement le vent tourner. Désormais, ils seront les partisans farouches du développement durable *.

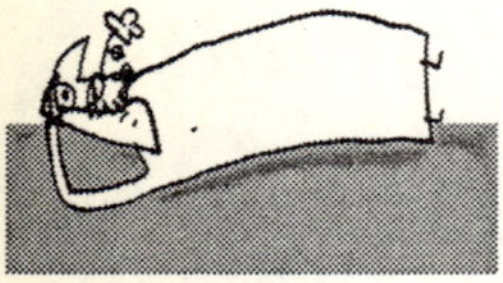

A LIRE : Laurence Boisson de Chazournes, « Banque mondiale et développement social », *in* Pierre de Senarclens, *Maîtriser la mondialisation,* Presses de la Fondation nationale des sciences politiques, Paris, 2001.

Ben Laden, Oussama : Génie du mal ou moderne Dr Mabuse pour les uns, Oussama Ben Laden a pu apparaître aux yeux de millions de personnes, à travers, notamment, le monde arabo-musulman, comme un héros après les attentats criminels du 11 septembre 2001. Plus même qu'un héros, comme un messie, « celui qui, désigné et envoyé par Dieu, vient délivrer l'humanité du mal »...

S'il ne saurait se poser en dieu, Oussama Ben Laden peut implicitement s'identifier au Prophète en exil, à Saladin chassant les croisés ou à Hassan ben Sabah, le « Vieux de la montagne », chef de la secte des Assassins. Son idéologie repose par ailleurs sur le confort intellectuel d'un racisme sans états d'âme. Les ennemis sont « les croisés et les juifs », « les hypocrites et les mécréants », comme le dit la fatwa lancée en 1998 en soutien à cheikh Oman Abdoul Rahman, condamné pour le premier attentat contre le World Trade Center. Celle-ci exhorte « tout musulman à tuer des citoyens américains, qu'ils soient militaires ou civils ».

Comme l'avait fait le militant américain d'extrême droite Timothy McVeigh, auteur de l'attentat d'Oklahoma City (168 morts) en avril 1995, Ben Laden a manipulé les nouvelles techniques de l'information à son avantage. L'un et l'autre ont compris que les faibles possèdent des capacités d'action, ignorées par les grands Etats du fait de leur aveuglement, aux conséquences immenses.

Depuis qu'un dispositif technique global permet de diffuser des images en direct sur l'ensemble de la planète, on savait que tout était prêt pour l'apparition d'un « messianisme médiatique ». La mort de la princesse Diana, en particulier, nous avait appris que les médias, beaucoup plus nombreux qu'auparavant, sont en fait plus unifiés et plus uniformisés que jamais. Et que tout cela allait être un jour mis à profit par une sorte de prophète électronique.

Ben Laden est le premier. Par le biais de son odieuse agression du 11 septembre 2001, il a eu accès à tous les écrans du monde et a pu délivrer son message planétaire.

Milliardaire de quarante-sept ans au moment des attentats du 11 septembre, originaire d'Arabie Saoudite (les autorités saoudiennes lui ont retiré sa nationalité en 1994), Ben Laden est un leader islamiste redouté. Fils d'une famille richissime (le magazine américain *Forbes* le présentait comme l'une des plus grandes fortunes de la planète, sans que cette version soit contestée), ses proches le décrivent comme quelqu'un d'intègre et comme un croyant emporté.

En 1979, il s'engage en Afghanistan aux côtés des militants islamistes. A l'époque, Ben Laden est soutenu et « formé » par les... Etats-Unis ! et devient agent américain. Installé en Afghanistan où il est protégé par le régime taliban, Ben Laden semble avoir organisé un réseau terroriste mondial dont les acteurs sont formés dans des « centres d'entraînement » spéciaux. Lors de la guerre du Golfe, il se retourne contre ses « amis » et commence sa lutte anti-américaine. Déjà en 1998 il est soupçonné d'avoir commandité et dirigé les attentats contre les ambassades américaines en Tanzanie et au Kenya qui avaient fait 257 morts.

Chef du réseau Al-Qaida *, ses proches l'appellent le « cheikh Oussama » ou « émir Ben Laden » car ses connaissances religieuses ne lui permettent pas de prétendre à un statut de docteur de la foi. Mais, dans les cassettes qu'il a fait parvenir à la chaîne Al-Jazira, il n'hésite pas à se placer devant une grotte, en référence à Mahomet chassé de La Mecque. Sur fond de caverne afghane, l'autoportrait d'un homme au regard étrangement doux... Du jour au lendemain, cette image a fait de lui, inconnu à la veille du 11 septembre 2001, la personne la plus célèbre du monde. Et qui n'hésite pas à inventer un terrorisme de type nouveau. Chacun comprend qu'avec lui on a désormais affaire à un terrorisme global. Global dans son organisation, mais aussi dans sa portée et ses objectifs. Et qui ne revendique rien de très précis. Ni l'indépendance d'un territoire, ni des concessions politiques concrètes, ni l'instauration d'un type particulier de régime. Même l'agression du 11 septembre n'a toujours pas été officiellement revendiquée. Cette nouvelle forme de terreur se manifeste comme une sorte de châtiment ou de punition contre un « comportement général », sans plus de précision, des Etats-Unis, et plus largement des pays occidentaux.

Aussi bien le président George W. Bush, parlant – avant de se rétracter – de « croisade », que Ben Laden ont décrit cet affrontement en termes de choc de civilisations, voire de guerre de religion : « Le monde s'est scindé en deux camps, affirme Ben Laden, un sous la bannière de la croix, comme l'a dit le chef des mécréants Bush, et l'autre sous la bannière de l'islam. »

George W. Bush ne s'attendait sans doute pas à l'arme religieuse, lui qui sait si bien la manier. Le président américain ne cessait pas de parler de Dieu. A un journaliste qui lui demandait quel était son philosophe favori, n'a-t-il pas répondu : « Jésus-Christ, parce qu'il a sauvé mon cœur » ? Mais cette surprenante religiosité est vieille comme l'Amérique. L'esprit de religion – disait Tocqueville – s'est toujours mêlé à l'« esprit de liberté », pour une raison simple : aucune religion ne s'est opposée à la révolution américaine. La religion produisait de la morale, et la morale était bonne pour l'ordre politique.

Ben Laden a commis pourtant deux fautes d'interprétation. Il croyait qu'en détruisant les tours du World Trade Center, le nombril du capitalisme, il s'écroulerait. Et il n'a pas compris qu'en frappant ce lieu symbolique, véritable microcosme de l'Amérique multiculturelle, où cohabitent toutes les professions, les nationalités et les classes sociales, il touchait l'Amérique tout entière, provoquant ainsi un immense sursaut patriotique et un soutien massif à un président mal élu.

A LIRE : Jean-Charles Brisard et Guillaume Dasquié, *Ben Laden : la vérité interdite*, Gallimard, Paris, 2002.

Arundathi Roy, *Ben Laden, secret de famille de l'Amérique*, Gallimard, Paris, 2001.

Yossef Bodansky, *Bin Laden : The Man Who Declared War on America*, Prima Publishing, New York, 2001.

Black Blocs : Depuis Seattle et les manifestations contre l'OMC *, fin 1999, des « Black Blocs » sont présents dans toutes les manifestations altermondialisation * qu'ils tentent de radicaliser en y intégrant la violence. Mais le Black Bloc n'a pas été inventé à Seattle. Ce mouvement était connu pour ses batailles de rue avec la police, où il opposait une alternative radicale aux mouvements existants. En fait, il s'agit d'une tactique, semblable à la désobéissance civile. Il n'y a jamais eu un groupe unique, mais une vaste constellation de personnes, d'organisations et de collectifs, appartenant à la mouvance libertaire au sens large et revendiquant une pratique radicale. On peut dire qu'un Black Bloc n'est qu'un regroupement temporaire d'anarchistes, qui représente un imprévu dans une manifestation. L'essence d'un Black Bloc change d'une action à l'autre, mais les objectifs principaux sont d'assurer la solidarité face à un Etat policier répressif et faire passer le message critique anarchiste au sujet de l'événement en cause ce jour-là. L'une des tactiques consiste à occuper certaines rues pour créer une TAZ (zone autonome temporaire) et s'attaquer à tous les symboles du capitalisme. « Nous considérons que la destruction de la propriété n'est pas un geste violent, à moins que cela ne détruise des vies ou cause des blessures. La propriété privée – en particulier celle des entreprises – est elle-même infiniment plus violente », expliquaient-ils après Seattle.

On n'*est* donc pas du Black Bloc, on *constitue* un Black Bloc. Et ce sont en fait leurs actions, toujours marquées par un haut niveau de combativité, de fluidité et de solidarité, qui rendent les BB visibles et singuliers. Ces garçons – et ces filles –, très jeunes, n'ont pas de parti. Ils se définissent comme « un ensemble d'individus ou de groupes qui se rassemblent de façon spontanée ou organisée à l'occasion d'actions politiques ». On n'entre pas dans une « organisation Black Bloc » comme on veut. Ils entreprennent des actions variées, y compris des destructions. Le Black Bloc qui a défilé à Seattle pendant les manifestations anti-OMC du 30 novembre 2000 est celui qui a déclenché la surveillance nationale des Black Blocs.

L'usage des masques et des passe-montagnes leur sert à conserver l'anonymat, les protégeant ainsi de la répression. « Ce n'est pas du romantisme, expliquent-ils dans un de leurs textes, Big Brother nous observe ! » Et l'enquête judiciaire ouverte après les

événements dans le but d'inculper certaines des personnes arrêtées sur la base des tatouages visibles dans les films est là pour nous montrer qu'il ne s'agit pas d'une précaution superflue.
Il y avait de nombreux Black Blocs dans des manifestations pendant la décennie 1990. L'un des plus importants fut celui de 1999 pour « Millions for Mumia » à Philadelphie, avec environ 1 500 à 2 000 participants. C'était un bon exemple d'un Black Bloc non violent dont le but ce jour-là était de montrer sa solidarité avec Mumia Abu-Jamal et de rappeler aux gauchistes qu'ils ne devaient pas les sous-estimer (en fait, plusieurs articles de la presse de gauche suite à « Millions for Mumia » ont totalement fait l'impasse sur la présence anarchiste à cette manifestation).
Apparus dans les médias à peu près à l'époque de la guerre du Golfe, les Black Blocs s'inspirent des mouvements des Autonomes en Allemagne de la décennie 1980. En fait c'est la police allemande qui leur a octroyé ce label « Black Blocs », le noir étant la couleur de l'anarchisme. Beaucoup d'entre eux vont jusqu'à porter du noir, ce qui, paradoxalement, leur permet de rester anonymes.

A CONSULTER : http://www.indymedia.org; http://france.indymedia.org; http://belgium.indymedia.org; http://www.samizdat.net; http://www.alternet.org

Bové, José : Militant paysan, José Bové n'a jamais quitté les chemins de la non-violence active, qui sans jamais s'en prendre aux hommes, rectifie l'usage des biens et fait de lui un réformiste radical.

Libertaire et pragmatique, avec un goût prononcé pour l'action subversive symbolique, José Bové est devenu au fil des luttes paysannes, notamment celle pour l'accès à la terre et celle contre les Organismes génétiquement modifiés (OGM *), un leader de la lutte altermondialiste.
Joseph Bové est né à Talence (Gironde) le 11 juin 1953, d'un père luxembourgeois, Josy, ingénieur agronome, et d'une mère

française, Colette, professeur de sciences naturelles, qui deviendront tous les deux chercheurs à l'Institut national de la recherche agronomique (INRA). La petite enfance de Joseph Bové se passe pour partie aux Etats-Unis, en Californie, où ses parents approfondissent leurs études, à l'université de Berkeley, de 1956 à 1959. Epoque où le petit « José » fréquente la maternelle du lieu ; il s'y initie au bilinguisme, qu'il développe à son retour en France dans une école primaire parisienne. A son retour, la famille s'est installée à Paris, puis à Versailles, à proximité du centre INRA où les parents travaillent... et agrandissent la famille. José devient l'aîné de trois garçons. Pédagogues, les parents éveillent les enfants à la nature, *via* la pratique du camping, les marches, la découverte des parcs naturels. Après le collège public de Marly-le-Roi, J. Bové se retrouve en pension dans un lycée catholique sous contrat, à Athis-Mons (diocèse de Versailles). L'ébrouement de Mai 68 touche le lycée par ricochet : le diocèse préfère fermer l'établissement plutôt que de risquer une contamination par la rue ! Cela donne le temps au jeune Bové de fouiner dans les librairies pour nourrir sa curiosité et son questionnement sur le monde.

La lecture des anarchistes du XIXe siècle le tient à l'écart des systèmes de pensée autoritaire inspirés par le marxisme. La polarisation de ses copains sur les révolutions chinoise ou cubaine l'incite à réfléchir sur la libération de l'Inde sous la houlette du pacifique mais radical Mohandas Gandhi. Suivront les découvertes de Martin Luther King et d'Henry David Thoreau.

Malgré une exclusion pour dissertation « provocatrice », sa scolarité mène J. Bové au baccalauréat B, obtenu avec mention, à Paris, en 1971.

Entre-temps, les parents ont pris des responsabilités dans l'antenne bordelaise de l'INRA. J. Bové va habiter à Bordeaux. Une très brève apparition en fac de philosophie et, parallèlement, un début de classe préparatoire en hypokhâgne persuadent le petit-fils d'horticulteur luxembourgeois que l'essentiel est moins dans la contrainte théorique d'une pensée révolutionnaire que dans la cohérence entre ce que l'on pense et ce que l'on vit. Il trouve la société trop militarisée, réfute le « parapluie nucléaire », abandonne les études, vit de petits boulots et se consacre au militantisme antimilitariste. Il colle des affiches avec les militants du Mouvement pour le désarmement, la paix et la liberté ; il défend les objecteurs de conscience et les insoumis contre l'acharnement des tribunaux militaires à vouloir leur faire passer la vie en prison. C'est dans ce milieu pacifiste qu'il rencontre Alice Monier, qui sera pendant vingt-neuf ans sa compagne, et la mère de leurs deux filles (nées en 1975 et en 1978). Toujours dans ces réseaux chrétiens et libertaires non violents, J. Bové rencontre Jacques Ellul, éminent philosophe et théologien protestant, professeur à Sciences-Po Bordeaux. Jacques Ellul théorise brillamment la façon dont l'économie et l'Etat sont victimes de la technique. Son analyse de la logique qui conduit à l'autonomie de la technique et la façon dont elle commande à la société mène J. Bové et ses amis à une radicalité différente de celle des mouvements d'extrême gauche. Ces derniers s'enferment dans les logiques de conquête du pouvoir pendant que J. Bové remet déjà en cause le productivisme, fils de la technique, et la société de consommation, mère de l'asservissement volontaire. A la logique de pouvoir de l'extrême gauche, José oppose celle du contre-pouvoir. Il est de ceux, rares, qui tous les vendredis assistent aux procès du Tribunal permanent des forces armées de Bordeaux, pour aider les prévenus et faire des fiches sur tous les procès : un travail phénoménal qui aide les avocats et jeunes magistrats militants contre ce tribunal d'exception.

Ce réseau antimilitariste est des premiers mobilisés contre le projet d'extension du camp militaire du Larzac *. J. Bové et ses copains créent un « comité Larzac », pour soutenir la lutte des paysans contre l'armée. A Pâques 1972, Lanza del Vasto, apôtre de la non-violence et chef spirituel de la Communauté de l'Arche, installée sur le Larzac, jeûne pendant quinze jours pour unir les paysans sur le plateau : ils font serment de ne jamais vendre à l'armée. Le soutien national s'appuie sur ce serment, ce rapport à la terre, lieu de travail et de vie. Dès la première manifestation des 103 paysans menacés d'expulsion, à l'extérieur du Larzac, à Rodez le 14 juillet 1972, le groupe de Bordeaux fait partie du service d'ordre non violent. Le Larzac s'inscrit alors dans les préoccupations majeures du couple Bové-Monier.

A l'approche de sa convocation au service militaire, J. Bové se déclare objecteur de conscience. Ce statut lui est refusé en 1974 : en attendant le résultat de l'appel devant le Conseil d'Etat, il opte pour le maquis et se cache près d'un an sous la figure d'un ouvrier agricole dans une ferme agrobiologique landaise, où il transforme le lait de vache en beurre et yaourts. Métier appris auprès des paysans pyrénéens pendant les stages volontaires où, avec sa compagne, ils font leurs premiers pas d'ouvriers agricoles ans les fermes de haute montagne de la vallée d'Aspe puis du Pays basque. Région où ils projettent de s'installer comme agriculteurs biologiques.

Sur le Larzac, lors d'une réunion à l'Hospitalet, à Pâques 1973, J. Bové croise pour la première fois Bernard Lambert. Le leader des Paysans-Travailleurs est venu proposer l'idée d'un rassemblement de tous les paysans de France et des mouvements sociaux sur le plateau, pour soutenir la lutte contre l'extension du camp militaire.

Les rassemblements sur le Larzac, en 1973 et 1974 (« des moutons pas des canons », « le blé fait vivre les armes font mourir »), voient converger l'ensemble de la contestation sociale de l'époque (paysans, ouvriers en grève, objecteurs, prisonniers, féministes, régionalistes, etc.). On y retrouve J. Bové participant à la construction de la bergerie de la Blaquière, symbole de la résistance du Larzac face à l'armée.

Hiver 1975 : afin de ne pas laisser 1 000 hectares d'un seul tenant vides de tout occupant, les paysans du Larzac décident d'installer des squatters dans les fermes achetées par l'armée, comme autant de verrous face au projet militaire. Aux yeux des Bové-Monier, le Larzac représente la cohérence : l'aspiration à vivre dans une ferme et la lutte antimilitariste. Ils se portent volontaires et s'installent, dans le plus grand dénuement, en février 1976, à Montredon, en lisière du camp militaire, dans la maison où ils vivront pendant vingt-quatre ans. Au départ, il n'y a ni route, ni eau, ni électricité, ni téléphone. Aucune banque ne prête à des fermiers squatters de l'armée. Ils démarrent une exploitation aux allures de survie, sur laquelle ils prouvent leurs qualités professionnelles. Une agriculture de résistance, complétée par les petits boulots de maçonnerie que J. Bové trouve à faire aux alentours.

En juin 1976, J. Bové est l'une des 21 personnes qui pénètrent dans le camp militaire de La Cavalerie et s'emparent des documents attestant des ventes de terrains. Trois semaines de prison. On le retrouve en 1977, au volant d'un des 90 tracteurs qui entrent jusqu'au milieu du champ de tir militaire, avec sur chacun de leurs garde-boue un soldat contestataire en cagoule, délégué par les « comités de soldats ».

En arrivant au pouvoir, en 1981, la gauche donne raison aux dix années de lutte des paysans du Larzac. Mais, sous la pression de la Fédération nationale des syndicats d'exploitants agricoles (FNSEA), elle abandonne l'idée des offices fonciers. Avec le cabinet d'Edith Cresson, alors ministre de l'Agriculture, les paysans du Larzac, dont J. Bové qui a rejoint la Confédération nationale des syndicats de travailleurs paysans, gardent l'esprit des offices pour mettre sur pied les règles d'usage des terres libérées par l'armée. Ils inventent un cadre juridique de gestion collective des terres qui favorise l'installation de nouvelles exploitations, plus que l'agrandissement des fermes existantes. Au dire de Bernard Lambert « le Larzac, devient le laboratoire foncier de la France ». Comme ses camarades producteurs de lait de brebis, et avec eux, J. Bové lutte, avec succès, pour la maîtrise et une répartition plus équitable de la production de roquefort.

La ferme de J. Bové est jumelée à une ferme voisine pour former un Groupe agricole d'exploitation en commun de 5 associés.

Aujourd'hui, le Gaec est diversifié en production de lait de brebis et en viande. Une partie du lait est livrée aux Caves de Roquefort, l'autre est transformée sur place en fromages. La viande des brebis, vaches et cochons est vendue directement sur les marchés, sans intermédiaire, *via* un Groupement d'intérêt économique, le GIE des Grands Causses, qui regroupe 12 fermes.

La réussite économique du Larzac, pérennisée aujourd'hui par une seconde génération de paysans, prouve, à l'inverse des théories dominantes, qu'en développant le social les paysans ont créé de l'économie.

Dès lors, le « plateau du Larzac » entend pratiquer un « retour de solidarité » avec les mouvements qui l'ont soutenu et avec toutes les luttes du monde qui pratiquent une résistance non violente. Amérindiens, paysans japonais, kanaks, palestiniens, fermiers américains, latino-américains, indiens... trouvent dans le Larzac un porte-voix de leurs luttes et un espace d'échange d'expériences.

En 1984, J. Bové est de ceux qui organisent une rencontre avec les indépendantistes kanaks ; elle débouchera sur un voyage en Kanaky d'une délégation du plateau pour populariser les méthodes de lutte non violentes.

De 1987 à 1991, J. Bové siège au secrétariat national, l'organe de direction de la jeune Confédération paysanne * ; il est réélu au Comité national (le parlement du syndicat) jusqu'en 1997. Puis, conformément aux statuts, il cédera sa place après dix ans de responsabilités nationales.

Avec son compère François Dufour, paysan normand confédéré, il pousse, en 1992, la Confédération paysanne à être des membres fondateurs de Via Campesina *, l'Internationale paysanne qui entend s'opposer à la libéralisation des échanges agroalimentaires que cherche à imposer l'Organisation mondiale du commerce (OMC *).

Sympathisant de Greenpeace * depuis 1974, le paysan de Montredon participe avec d'autres Larzaciens à la campagne de 1995 contre la reprise des essais nucléaires décidée par Jacques Chirac, président de la République. Il est un des membres de l'équipe du *Rainbow Warrior* qui débarque à Mururoa. Le lendemain du premier tir nucléaire, J. Bové et trois autres paysans du Larzac manifestent avec les syndicalistes polynésiens qui bloquent l'aéroport de Papeete. Les 4 Larzaciens seront inculpés avec 59 Polynésiens.

En pleine crise de l'encéphalopathie spongiforme bovine, en 1996, le gouvernement français cache l'importance des importations de farines animales britanniques sous embargo : un groupe de paysans de la CP, dont J. Bové, envahit le service central des douanes à Toulouse et dérobe les documents statistiques qui prouvent des importations illégales de farines anglaises de 1988 à 1996. La CP porte plainte et remet les documents saisis à un juge d'instruction; plainte sans suite à ce jour.

En 1997, J. Bové fait partie de la première action française contre les organismes génétiquement modifiés, à Nérac, dans le Lot-et-Garonne. On le retrouve régulièrement dans ce combat contre le brevetage du vivant et contre les risques de pollution génétique; ainsi de la destruction (en 1999) de plants de riz transgénique produits par un établissement public de recherches, le CIRAD. Ces actions lui valent, en 2002, une condamnation à dix mois de prison ferme plus quatre mois avec sursis.

En 1999, pour répliquer au refus européen d'importer les viandes hormonées, les Etats-Unis surtaxent à 100 % une partie de leurs importations européennes, dont le roquefort. Pour protester contre ces mesures de rétorsion, la Confédération paysanne de l'Aveyron mobilise paysans et consommateurs contre la malbouffe aux hormones et démonte symboliquement un fast-food McDonald's *, en construction à la périphérie de Millau. Avec l'impact planétaire que l'on sait. Pour cette action, dix paysans sont condamnés, dont J. Bové qui écope de la plus forte peine : trois mois de prison ferme, qu'il purge en 2002.

En 2001, alors que, dans l'indifférence des institutions internationales, les violences redoublent au Proche-Orient, J. Bové est des altermondialistes qui mettent sur pied la « Campagne civile internationale pour la protection du peuple palestinien » : en accord avec des associations israéliennes et palestiniennes, des volontaires internationaux de la société civile s'organisent en mission d'interposition non violente entre l'armée israélienne et les civils palestiniens. J. Bové retrouve la Palestine lors de la 11e mission, en mars-avril 2002. Il entend rejoindre des paysans palestiniens pour célébrer avec eux la Journée de la Terre. Les circonstances en décident autrement. L'armée israélienne assiège alors le QG du président palestinien, Yasser Arafat. A la demande des médecins de l'hôpital de Ramallah, les militants pacifistes réussissent à franchir le barrage militaire pour porter médicaments et trousses de chirurgie au palais présidentiel, déjà très endommagé par les tirs de canon. En jouant volontairement les boucliers humains, les « internationaux » empêchent, par la portée médiatique de leur présence, l'assaut qui aurait pu coûter la vie au président. Le paysan a démontré que le pot de terre est plus fort que le pot de fer.
Elu secrétaire national et porte-parole international depuis 2000, J Bové représente la Confédération paysanne dans tous ses engagements internationaux et participe à la réflexion des réseaux altermondialistes.

A LIRE : José Bové, *La Révolte d'un paysan*, Editions Golias, 2000, 238 p.
José Bové et François Dufour, *Le monde n'est pas une marchandise : des paysans contre la malbouffe*, Entretiens avec Gilles Luneau, La Découverte, 2000, 228 p.

Bretton Woods : Pour les Etats-Unis, vrais vainqueurs de la Seconde Guerre mondiale – à laquelle ils se sont incorporés bien tard –, la paix, en 1945, doit servir à renforcer leur domination... La fin prochaine du conflit pose en termes d'urgence la relance des échanges internationaux et la reconstruction des économies détruites. Deux conditions devaient être impérativement remplies pour les Américains : l'existence d'un système monétaire stable, qui assurerait la reprise et la progression des échanges, et la remise en marche des économies durement touchées par le conflit, notamment celles d'Europe occidentale.

De cette vision découlent les accords pris en juillet 1944 à Bretton Woods (New Hampshire, Etats-Unis), lors d'une conférence qui réunit des experts économiques (dont Keynes) et des chefs d'Etat ou de gouvernement alliés. Le FMI * et la Banque mondiale *, aujourd'hui largement discrédités, sont issus de cette conférence, vivement souhaitée par les Etats-Unis. Quarante-quatre pays y étaient présents; l'URSS, sollicitée, ne participera qu'aux travaux préparatoires mais non à la conférence elle-même. Quant à la France, elle sera représentée, au titre du Comité français de libération nationale d'Alger, par une délégation dirigée par son commissaire aux Finances, Pierre Mendès France. Ils ont tous mis en place les institutions destinées à prévenir les crises économiques, comme celle des années 1930.

L'outil principal de ce changement sera la déréglementation. Son credo reposait sur la certitude que les lois de la science économique sont universelles. En conséquence, il était exclu d'admettre, comme par le passé, qu'il pût y avoir une analyse spécifique des économies en développement ou des économies en transition vers l'économie de marché. Les lois néolibérales ne peuvent admettre une autre vérité que celle du marché.

En 1945, le système monétaire international a pour centre naturel les Etats-Unis qui produisent la moitié de la richesse mondiale; leur monnaie, le dollar, est équivalente à l'or (35 dollars l'once). Cette position centrale leur impose de veiller à ce que leur monnaie ne soit pas attaquée (si elle l'est, ses détenteurs l'échangent contre de l'or et précipitent sa chute).

Le 15 août 1971, le président des Etats-Unis suspend la convertibilité du dollar en or et, en même temps, procède à une quasidévaluation. Cet acte représente une première victoire de la finance concentrée et ouvre la voie aux mesures plus radicales de libéralisation et de déréglementation financières entreprises à partir de 1979. Par ce geste historique, la liberté de manœuvre monétaire des Etats-Unis est rétablie, mettant fin à l'« indifférence bienveillante » (*benign neglect*) qui doit guider la puissance gardienne d'un ordre monétaire.

C'est dans ce climat d'euphorie que de nouvelles équipes prennent le pouvoir en Grande-Bretagne et aux Etats-Unis. Ce sont elles qui vont faire la « révolution conservatrice ». Margaret Thatcher entre au 10 Downing Street avec un programme économique qui affiche un néolibéralisme agressif, doublé d'un anti-keynésianisme. Elle commence à affirmer sa détermination en écrasant une grande grève de mineurs dont les syndicats étaient porteurs d'une longue tradition en faveur de l'intervention économique et sociale de l'Etat. A partir de là, la page était tournée. Il devenait possible de déréglementer l'économie et d'entreprendre une série de privatisations qui vont expulser les entreprises publiques des « hauteurs dominantes » de l'économie – selon la formule de Beveridge, un disciple de Keynes et le père du *Welfare State*, l'Etat providence.

Cette situation est encore renforcée par la croissance très rapide de la dette publique américaine à partir de 1980-1982. Les Etats-Unis montrent qu'ils sont le seul pays capable de contracter une dette publique très élevée sans subir immédiatement la « sanction des marchés ». Encore mieux, ils peuvent donner aux bons du Trésor américain le statut d'actifs financiers qui représente la « valeur refuge » par excellence. Dans les années 1990, ils imposent aux pays d'Asie orientale une dérégulation généralisée de leurs mar-chés financiers. A travers le FMI et les autres

institutions de Bretton Woods, ils forcent ces pays à adopter un modèle économique néolibéral exigé par le capital américain en contrepartie de ses investissements. Cette stratégie, et non le « capitalisme de connivence » ou une « mauvaise gouvernance * », comme on l'a souvent entendu dire, est la raison fondamentale de la grave crise asiatique de 1997. Elle engendre un effondrement qui précipite une part importante des classes moyennes dans la pauvreté, alors que les investisseurs occidentaux, eux, sont tirés d'affaire. Ce « laisser-faire » américain à l'égard de ses anciens alliés sud-coréens ou thaïlandais, par exemple, aurait été inconcevable pendant la guerre froide, puisque l'Union soviétique n'aurait pas manqué d'en tirer parti.

A LIRE : *New World Coming – American Security in the 21st Century*, Publications du Congrès, Washington DC, 1999.
Philip S. Golub, « Rêves d'Empire de l'administration américaine », *Le Monde diplomatique*, juillet 2001.

Chao, Manu : Le leader de l'ex-Mano Negra, un des groupes les plus énergiques de la scène alternative française des années 1980-1990, est devenu, à son corps défendant, l'un des symboles les plus spectaculaires de l'altermondialisation *. Il a grandi à Sèvres, pas très loin des usines Renault, entre des copains, fils d'ouvriers portugais et arméniens, fous de foot et têtes brûlées. Son adolescence a été dédiée au rock'n'roll version 1950 – Chuck Berry, Gene Vincent... Puis, Manu peu à peu redécouvre ses racines ibériques et glisse quelques flamencos dans le répertoire de Joint de Culasse, Les Hot Pants, Los Carayos, puis la Mano Negra, un groupe de légende du rock indépendant français, creuset d'un métissage latino-rock-reggae-raï qui fonctionnait comme une communauté anarchiste espagnole en 1936, un kibboutz de pionniers, un laboratoire égalitaire et individualiste où toutes les sensibilités devaient pouvoir s'exprimer.

Après un succès incommensurable avec son groupe, il décide en 1998 de se consacrer à sa carrière solo en sortant *Clandestino*, un album haut en couleur dans lequel on ressent les bases de la Mano avec une grosse influence sud-américaine, le tout merveilleusement orchestré et interprété. Il remporte la Victoire de la Musique du meilleur album de Musique du monde *.
Sa musique depuis Joint de Culasse et Mano Negra jusqu'à son actuelle carrière en solitaire suppose une hybridité de styles traditionnels et de formes nouvelles qu'il a expérimentée depuis tout petit à une époque de mondialisations et d'exodes massifs. Mais ce mélange n'est ni un pastiche ni une accumulation de références sonores décousues. Il suppose une déconstruction du logocentrisme musical, de l'étroitesse d'esprit autoritaire dans l'art ; et surtout la perte d'un unique sens patriarcal et absolutiste de la culture et de la vie. C'est ce que l'on peut percevoir dans sa chanson « Infinita tristeza » de son dernier disque *Próxima estación : Esperanza*, lorsqu'il reproduit des fragments d'un dialogue entre une mère et sa petite fille pendant un cours d'éducation sexuelle pour enfants afin, inévitablement, de critiquer la famille catholique traditionnelle oppressive et machiste.

Dans des déclarations du 23 mai 2001, Manu Chao reconnaît son admiration pour le EZLN (Armée zapatiste de libération nationale), pour le monde zapatiste du sous-commandant Marcos *, d'où est née son idée politique d'altermondialisation la plus claire. Sa dette envers le projet politique zapatiste atteint un point tel que, dans une interview du 4 mai 2001 publiée dans *El País*, il admet ne soutenir fermement que ce type de guérilla, à l'exclusion de toute autre : « Je ne défends que le EZLN, les zapatistes, alors qu'on croit que moi, j'appuie n'importe quelle guérilla d'Amérique latine ; c'est tout le contraire, même pas en rêve. Je vais en Colombie, et je n'y comprends rien ; aucun message clair ne me parvient comme celui du Chiapas. J'entends les militants du mouvement

des Sans-Terre * brésiliens et je m'identifie à eux. Mais... le Sentier lumineux, très peu pour moi. »
A Prague, en septembre 2000, lors des manifestations contre le sommet du FMI *, ses chansons ont servi d'hymnes aux jeunes. A Mexico, sur la place du Zócalo, son concert gratuit réunit 150 000 personnes qui ont acclamé de la même voix le sous-commandant Marcos et le rocker franco-galicien de la banlieue parisienne. En Argentine, sa popularité a même fait grincer quelques dents : « Pour qui se prend-il, ce Français aux poses de gamin des rues et aux seize cartes de crédit qui vient nous faire la morale ? » a vitupéré Fito Paez, chanteur argentin que l'on croyait internationaliste.
Illusion d'optique. Manu Chao n'est pas candidat à la statue du Commandeur. Il a juste accepté d'être membre fondateur honorifique d'Attac *. Mais à ceux qui voudraient lui confier la tâche éreintante de devenir le José Bové * de la musique, porte-parole à temps plein qui ne serait plus maître de ses jours, il oppose une réserve polie et lucide : « Sans arrêt, les gens exigent de moi des réponses politiques. Je leur explique, je suis comme vous, perdu dans le siècle, je cherche toujours la tombe de Don Quichotte. Ici ou là, je vois des petites lumières, des points de fièvre, des endroits qui résistent, comme au Chiapas... J'en parle, je le chante, un peu, faut pas non plus que ça me prenne la tête... »
Inutile de chercher un manifeste dans ses disques. Son engagement à lui passe moins par les mots que par les actes. Ayant accepté, de devenir membre fondateur honorifique d'Attac, il quitte Virgin quand cette multinationale se met à « dégraisser ». Mais, dit-il, « quand un type m'interpelle en me demandant comment on fait la révolution, je lui dis : commence par faire le ménage autour de toi, mec, tu es sûr que tu traites bien ta femme ?... Méfie-toi des grands discours qui se terminent mal, commence par faire la révolu-

tion dans ton quartier avec des projets concrets que tu pourras réaliser ».

Lors d'une tournée en Amérique latine, Manu Chao applique sa méthode d'agit-prop artistique. Dans chaque ville traversée, il repère un combat, un mouvement, une expérience locale inédite... C'est ce lieu-là qu'il choisit pour tenir sa conférence de presse.

« Les journalistes viennent pour m'interviewer mais, avant, ils se font un peu ambiancer par les militants du coin... Et j'ai eu de la chance, j'ai vraiment été servi par l'histoire tout au long du chemin... » En Bolivie, il arrive pendant les luttes contre la hausse du prix de l'eau. Des barricades sont érigées dans tout le pays. A Mexico, il joue lors des grandes grèves des étudiants de l'Université nationale autonome de Mexico (UNAM). En Uruguay, il tient conférence de presse à Cabo Polonio, un site naturel menacé par des promoteurs immobiliers, des écologistes sont barricadés dans des maisons pour empêcher les bulldozers de passer à l'œuvre. Au Chiapas, il croise, à La Realidad, les journalistes à qui Marcos vient de déclarer qu'il allait marcher sur Mexico...

A LIRE : Alexandre Robecchi, *Manu Chao. Musique et liberté*, Plon, 10/18, 2003.
Souâd Belhaddad, *Manu Chao et la Mano Negra*, Librio, 2003.
Marco Mathieu, *In viaggio con Manu Chao* (en italien) Feltrinelli, 2003.
Ramón Chao, *Un train de glace et de feu. La Mano Negra en Colombie*, Plon, 2001.
DVD : *Babylonia en guagua*.

Chávez, Hugo : Ce lieutenant-colonel de parachutistes tenta par un coup d'Etat au Venezuela, en février 1992, de mettre un terme à trente années d'hégémonie des partis Action démocratique (AD, social-démocrate) et COPEI (démocrate-chrétien). Ceux-ci avaient alors, dans ce pays producteur de pétrole, entraîné 80 % des Vénézuéliens au-dessous

du seuil de pauvreté. Emprisonné puis libéré, le rebelle accède démocratiquement au pouvoir en décembre 1998 (56,4 % des voix), tirant parti du discrédit des groupes jusqu'alors dominants et de la corruption de la classe politique. Approuvée par référendum en décembre 1999, une profonde réforme de la Constitution précède sa réélection, le 30 juillet 2000, lors des « méga-élections » (présidentielles, législatives, et élections des gouverneurs des Etats), dans des conditions tout aussi incontestables (59 %). En somme, Chávez a triomphé et le Venezuela, pacifiquement, changé de mains.

Depuis, le gouvernement mène une révolution atypique : « Elle n'est ni socialiste ni communiste, car dans le cadre du capitalisme, mais radicale et induisant de profonds changements de structure économique », explique le ministre de la Présidence, Rafael Vargas. Provoquant de forts boutons de fièvre à Washington, Caracas entend également promouvoir une politique pétrolière permettant de maintenir les prix du brut au-dessus de 22 dollars le baril, à travers la revitalisation de l'Organisation des pays exportateurs de pétrole (OPEP). Et multiplie les déclarations contre la mondialisation * néolibérale et en faveur d'un monde multipolaire, en opposition avec la prétention hégémonique des Etats-Unis. Son peu d'empressement à épouser la « lutte antiterroriste », en particulier contre les guérillas colombiennes, ses accords militaires avec la Chine et la Russie, ses bonnes relations avec Cuba, son discours altermondialiste et sa révolution font chaque jour un peu plus grincer des dents. Le 6 février 2002, le secrétaire d'Etat américain, Colin Powell, met en doute, devant le Sénat, « que Chávez croie réellement à la démocratie » et critique ses visites « à des gouvernants hostiles aux Etats-Unis et suspectés de soutenir le terrorisme, comme Saddam Hussein ou Mouammar Kadhafi ». A partir du 11 avril 2002, l'opposition de droite (en fait patrons, propriétaires terriens et médias) décrète une grève générale illimitée. A 13 heures, à l'ouest de la ville, au palais présidentiel de Miraflores, l'inquiétude monte. Le reste du pays est calme, mais le chef des syndicats corrompus, Carlos Ortega, relayé par la télévision, vient d'appeler à marcher sur Miraflores. C'est une conspiration qui va déboucher sur un coup d'Etat.

Nommé le 12 avril à la présidence, le patron des patrons, M. Carmona, dissout l'Assemblée nationale, tous les corps constitués, destitue les gouverneurs et les maires issus des urnes. Doté de tous les pouvoirs, il peut entendre le porte-parole de la Maison Blanche, Ari Fleischer, féliciter l'armée et la police vénézuéliennes « pour avoir refusé de tirer contre les manifestants pacifiques ».

La suite est connue. Se rendant sans résistance pour éviter un bain de sang, M. Chávez n'avait pas démissionné. Le 13 avril, ses partisans, par centaines de milliers, occupent les rues et les places de tout le pays. Dans l'après-midi, sa garde d'honneur réinvestit Miraflores et aide quelques ministres à réoccuper le bureau présidentiel.

Emportés par leur penchant naturel pour la propagande, les médias avaient confondu le peuple virtuel et le peuple réel qui ramena en moins de quarante-huit heures M. Chávez au pouvoir. Leur repentance a été de courte durée. Avec une férocité redoublée, profitant d'une insolite impunité, les médias vénézuéliens poursuivent, à coups de mensonges et d'intox, la plus grande opération de déstabilisation jamais menée contre un gouvernement démocratique. Dans l'indifférence générale, ils veulent cette fois réussir le crime parfait... Mais la quatrième grève nationale déclenchée par l'opposition le 10 décembre 2002 – la plus longue de l'histoire du pays puisqu'elle dura près de deux mois – s'est soldée à nouveau par un échec. Et le plan de réformes lancé par M. Chávez – remise de titres de propriété aux habitants des bidonvilles, réforme agraire, programme d'alphabétisation, droits des indigènes, etc. – suit son cours.

A LIRE : Frédérique Langue, *Histoire du Venezuela de la conquête à nos jours*, L'Harmattan, Paris, 1999 ; et *Hugo Chávez et le Venezuela. Une action politique au pays de Bolívar*, L'Harmattan, Paris, 2002.

Ignacio Ramonet, « Chávez », et Pablo Aiquel, « Un président " bolivarien " pour le Venezuela », *Le Monde diplomatique*, respectivement octobre 1999 et novembre 2000.

Chili : « Au Chili, l'économie de marché est devenue inextricablement liée à la politique des camps de concentration », écrivait dès 1980 la très sérieuse *Quaterly Economic Review*.

Le succès de ce modèle a été tel que l'élève fait toujours figure de meilleur élève de la classe. Certes, il n'y a pas eu de camps de concentration au Chili, en revanche, ce pays a eu la « chance » bien avant tout autre pays latino-américain de profiter des recettes néolibérales de l'école de Chicago. Elles ont été administrées dès 1973 à une population qu'il fallait guérir au plus vite de sa « détestable » propension à adopter des idéologies étrangères – il faut lire ici « socialistes –, car les thèses de Milton Friedman, l'économiste bien connu de l'école de Chicago, ne paraissaient, curieusement, ni idéologiques ni étrangères aux capitalistes et militaires chiliens. Et ces recettes ont fait du Chili le « jaguar » de l'Amérique latine, version locale des « tigres » du Sud-Est asiatique.

Quinze années d'application du modèle, sous la dictature, ont bouleversé l'économie, la société et le territoire chiliens : démantèlement des entreprises publiques, ouverture aux capitaux étrangers ; restructurations complètes qui donnent le pouvoir à des groupes puissants. L'économie « s'ouvre » vers l'extérieur, des exportations plus volumineuses et plus diversifiées tirent la croissance, le revenu moyen s'accroît.

Si le « miracle » est bien incontestable, l'envers du prodige ne l'est pas moins : la pauvreté et l'extrême pauvreté ont fait une montée fulgurante, l'environnement dans son ensemble – forêts

et sols, ressources marines, eaux et atmosphère – a été mis à mal, le territoire désarticulé.
Contrairement à une idée reçue, profondément ancrée et largement relayée par les médias, le succès économique n'est pas le produit de la politique des « années Pinochet ». La prétendue bonne gestion du dictateur, conseillé à partir de 1975 par les « Chicago Boy's », a provoqué une crise profonde en 1982. Ses conséquences se font encore sentir.
L'application du néolibéralisme a conduit à la privatisation de pans entiers de l'économie chilienne : télécommunications, énergie, transport, assurances, banques, médias sont maintenant détenus, pour la plupart, par des capitaux étrangers, essentiellement américains. Des chiffres récents montrent que les soins de santé se sont dégradés pour 80 % des Chiliens, 56 % des travailleurs sont précarisés, et seulement 25 % des travailleurs toucheront une retraite.
Près de douze années ont passé depuis que les gouvernements de concertation, unis en priorité par leur opposition à la dictature, ont conquis le pouvoir, *via* un plébiscite et des élections : ils promettaient au pays de corriger ces dérives.
Mais tout se passe, depuis lors, comme si ces partis au pouvoir – dont beaucoup avaient œuvré auparavant à la construction d'un Chili plus juste socialement – avaient été subjugués par l'idéologie du marché. Les faits sont accablants.

Le nouveau régime a continué de privatiser à tout-va, avec peut-être un peu plus d'hypocrisie dans les méthodes et dans les justifications, telles celles du président Frei expliquant dans son message présidentiel du 21 mai 1997 qu'il fallait privatiser dans le but de donner à l'Etat des ressources pour lutter contre la pauvreté. Le bilan est donc impressionnant : transports aérien et maritime, ports, électricité, services sanitaires, gisements miniers nouvellement découverts, autoroutes, médias, tout a été privatisé. Ce qui reste d'entreprises et de services publics est sur la sellette, comme l'Entreprise nationale du pétrole (ENAP), la Corporation du cuivre (CODELCO), qui est encore la première entreprise mondiale pour l'extraction de ce minerai, la Poste, les chemins de fer... Et la Banque mondiale * estimait dans son « Rapport sur le financement du développement » 2001 qu'à propos des privatisations il y aura encore « de bonnes années » au Chili ! Le pays aura reculé de cent cinquante années, et pourra devenir la « première république transnationale du monde », estime José Cademartori, qui fut un des ministres de l'Economie de Salvador Allende.

Plusieurs organisations ont tenté de réagir en décembre 2002 au nouveau traité de libre-échange signé entre les Etats-Unis et leur pays, les précédents accords n'ayant pas permis au Chili de développer ses exportations (notamment de matières premières comme le bois ou le cuivre). Il n'y a pas de libre-échange possible entre des économies absolument inégales. De tels traités n'ont pour but que d'assurer, de pérenniser les flux de capitaux américains.

Le danger de ces traités (qui préfigurent la mise en place de la ZLEA *) réside dans l'impossibilité pour les pays de faire marche arrière : un gouvernement qui souhaiterait mettre en place une nouvelle politique économique n'aurait pas les moyens juridiques de le faire, une fois le traité signé, ce sont les grandes instances internationales (FMI *, Banque mondiale *, OMC *...) qui les régissent.

On est porté à croire, que le seul espoir pour le Chili viendrait de la révolte d'une minorité (comme en son temps celle des Indiens du Chiapas au Mexique) : celle des Mapuches, peuple indien, revendiquant ses terres et luttant contre les grandes entreprises forestières.

A LIRE : Eduardo Castillo, *11 septembre 1973, trente ans après*, Le Serpent à plumes, Paris, 2003.

Philippe Grenier, *Des tyrannosaures dans le paradis*, Editions L'Atalante, Paris, 2003.

A VOIR : Documentaire de Carmen Castillo, *Les Murs de Santiago*, Arte, 1983.

Chomsky, Noam : « Par le pouvoir, l'étendue, l'originalité et l'influence de sa pensée, Noam Chomsky est peut-être l'intellectuel vivant le plus important [...] mais comment peut-il écrire des choses aussi terribles sur la politique étrangère américaine ? » s'étonne le *New York Times*.

Né à Philadelphie (Pennsylvanie) le 7 décembre 1928, Chomsky est un linguiste éminent, auteur et philosophe politique de réputation internationale. Professeur de linguistique au Massachusetts Institute of Technology (MIT), membre de l'Académie américaine des arts et des sciences, membre de l'Académie nationale des sciences, il s'est vu décerner des grades honorifiques d'universités diverses de par le monde. Et le Japon lui remettait le prix des sciences fondamentales qui, du point de vue de son prestige et de sa valeur (350 000 dollars), s'apparente au prix Nobel.

Ses parents, juifs de petite bourgeoisie, enseignaient à l'école hébraïque. Ils l'inscrivent avant l'âge de deux ans dans une école progressiste expérimentale, où il reste jusqu'à douze ans. Dans le New York des années 1930, en vertu d'un programme d'aide aux personnes handicapées, on confie à l'oncle de Chomsky un kiosque à journaux derrière la sortie de la station de métro de la 72e Rue et de Broadway. Le kiosque, qui ne rapporte rien, est un salon où circulent les idées radicales, où le jeune Noam peut travailler le soir et prendre part à ces riches échanges intellectuels. « C'est là que j'ai fait mon éducation politique », déclare-t-il. Il est surtout connu pour ses travaux dans le domaine de la linguistique (*Le Langage et la pensée* étant l'un de ses ouvrages fondamentaux), mais on oublie trop souvent qu'il fut aussi l'auteur de *L'Amérique et les nouveaux*

mandarins. Ce livre, publié en pleine guerre du Vietnam, allait le propulser dans le camp des libertaires, des anarchistes, des gauchistes, des révolutionnaires, des cryptomarxistes. Chomsky a toujours conspué l'hégémonie de l'Empire américain sur le reste du monde, mis à nu les connexions entre les affaires et la guerre. Son aura aux Etats-Unis et à l'étranger est toujours considérable depuis vingt ans; nul autre intellectuel dans le monde n'exerce une aussi grande influence sur les esprits de tous les contestataires.

A LIRE (ouvrages récents de Noam Chomsky disponibles en français) : *L'An 501. La conquête continue*, Ecosociété, Montréal, 1995; EPO, Bruxelles, 1995.

Les Dessous de la politique de l'Oncle Sam, Le Temps des cerises, Paris, 1996.

Responsabilités des intellectuels, Agone éditeur, Marseille, 1998.

Le Nouvel Humanisme militaire, Page Deux, Lausanne, 2000.

Elections 2000, Sulliver, Arles, 2001.

La Conférence d'Albuquerque, Allia, Paris, 2001.

De la guerre comme politique étrangère des Etats-Unis, Agone éditeur, Marseille, 2001.

11/9, autopsie des terrorismes, Le Serpent à plumes, Paris, 2001.

Club de Rome : « Il y a deux histoires : l'histoire officielle, menteuse, puis l'histoire secrète, où sont les véritables causes des événements. » « Le monde est gouverné par de tout autres personnages que ne se l'imaginent ceux dont l'œil ne plonge pas dans les coulisses. » Les constatations de Disraeli et de Balzac (respectivement) illustrent l'esprit et les activités de cette association internationale fondée le 8 avril 1968 lors d'une réunion à Rome.

Présidé par l'Italien Aurelio Peccei, le Club regroupait alors des membres de l'establishment international de vingt-cinq pays, soit une cinquantaine de personnes, occupant des postes importants : un recteur d'université allemande, un directeur de l'OCDE *, un vice-président d'Olivetti, un conseiller du gouvernement japonais...

A la base de cette association se trouvait un club supranational fondé sur une initiative du prince Bernhard des Pays-Bas en mai 1954 dans l'Hôtel de Bilderberg à Osterbeek. L'idée était de réunir des membres de l'OTAN pour harmoniser la politique internationale des Alliés. L'adhésion au Club de Rome (dit aussi « Groupe de Bilderberg ») se fait strictement par cooptation et ses membres ont interdiction de parler ouvertement des débats et des décisions qui y sont prises. Le groupe est essentiellement composé de personnalités du monde des affaires et de la politique, sélectionnées en fonction de leur « mérite ». La plupart viennent de pays occidentaux – les Européens représentent environ les deux tiers des membres. Bien que l'organisation interne du Club de Rome demeure secrète, on sait qu'il existe un « comité de pilotage » composé de quelques membres permanents qui parrainent et soutiennent la carrière de quelques personnalités triées sur le volet.

Depuis la création du Club, les conférences se tiennent tous les ans dans un pays différent, la plupart du temps en Europe. Un hôtel de luxe à l'écart des centres urbains est retenu à cet effet et occupé pendant plusieurs jours. Les discussions se déroulent à huis clos, sous haute protection. Une confidentialité totale est exigée des participants. Aucune conférence de presse n'est donnée à la fin des débats.

Cette confidentialité partagée par la presse alimente le défi que pose ce « forum » à la démocratie. Il est probable que les gourous du Club de Rome entendent conjurer le discrédit que pourrait jeter sur les institutions démocratiques l'existence au vu et au su des citoyens d'un type de forum aussi original, ce qui n'est pas signe d'une conscience tranquille dans le fond. Ulf Bjereld, professeur de sciences politiques à Göteborg, résume ainsi la situation : « Des gens de pouvoir élaborent des consensus derrière des portes closes sur des enjeux politiques d'actualité. »

Des décisions politiques officielles peuvent être conditionnées ou prédéterminées par des ententes dont nous ignorons, en raison du secret qui les entoure, les véritables tenants et promoteurs.

En mai 1973, le Club aurait décidé d'augmenter le prix du pétrole de 400 %. Henry Kissinger, membre du Club, aurait alors – selon l'écrivain F. William Engdahl – orchestré la guerre du Kippour opposant Israël à l'Egypte et à la Syrie en octobre. Protégé par le milliardaire David Rockefeller (membre fondateur), Kissinger négocia une paix favorable pour l'Egypte qui récupéra des puits de pétrole. L'objectif principal de cette stratégie était de s'assurer que les milliards de pétrodollars des puits arabes seraient investis dans des banques de Londres et de New York. Cela devait permettre de stabiliser le dollar qui, n'étant plus indexé sur l'étalon-or depuis 1970, était alors menacé d'une brusque dévaluation.

Aujourd'hui, le Club regroupe à peu près deux cents personnes issues de l'élite industrielle et économique des Etats-Unis, du Japon et de l'Europe. Il a pour but d'accélérer le processus de mise en place d'un gouvernement mondial unique. Ces décisions seront habilement retransmises aux peuples par l'intermédiaire de ses membres qui ont la mainmise sur les plus grands organismes médiatiques de la planète. Cependant, le 14 septembre 1994, David Rockefeller mit en garde les personnes présentes au conseil économique des Nations unies : « L'occasion que nous avons actuellement d'établir un ordre véritablement paisible et interdépendant du monde ne durera pas. Déjà il y a des forces puissantes au travail qui menacent de détruire tous nos espoirs. »

Le président du Club est un ancien secrétaire général de l'OTAN (1984-1988), lord Carrington. Les plus suspectés d'appartenir ou d'avoir appartenu à cette organisation sont George Bush, Zbigniew Brzezinski, William Clinton, Henry

Kissinger, et beaucoup d'autres... Un comité consultatif composé d'une commission de direction (avec 24 Européens et 15 Américains) décide des personnes à inviter à leurs rencontres. Cependant toutes les personnes présentes ne sont pas des initiés, elles peuvent être aussi seulement des représentants d'un groupement d'intérêts ou d'autres personnes. Les initiés, eux, ont des buts dont les membres de ces clubs n'ont aucune idée... Leurs objectifs, à l'image du Club de Rome, sont l'institution d'un gouvernement mondial et d'une armée globale sous le couvert de l'ONU.

A LIRE : Groupe d'études et de recherches sur les mondialisations, *Dictionnaire critique de la mondialisation*, Le Pré-aux-Clercs, 2002.
Renata Adler, *Private Capacity*, Public Affairs, Boulder, 2002.
Gary Allen, *The Rockefeller File*, Buccaneer Books, New York, 1999 ; et *None Dares Call It Conspiracy*, Buccaneer Books, New York, 1990.
Club de Rome, Alexander King et Bertrand Schneider, *Questions de survie. La révolution mondiale a commencé*, Calmann-Lévy, Paris, 1991.
Philippe Braillard, *L'Imposture du Club de Rome*, PUF, Paris, 1982.

CNUCED : Contrairement à ce que pourrait laisser croire sa dénomination, la Conférence des Nations unies sur le commerce et le développement est une organisation internationale à part entière de la famille des Nations unies. Le terme « conférence » désigne aussi bien l'institution que le forum d'information et de négociation qu'elle tient tous les quatre ans. La CNUCED est née du désir des pays en développement de voir leurs intérêts mieux pris en compte dans les institutions ou forums internationaux à caractère économique : Banque mondiale *, FMI *, OMC *. Sa principale finalité est d'instaurer des relations commerciales plus équitables entre le Nord et le Sud et de favoriser les échanges Sud-Sud, en bref de concilier commerce international et développe-

ment. Les conditions sévères auxquelles le FMI soumet l'octroi de ses prêts – et qui lui ont déjà valu la réputation de « gendarme » économique – seraient élargies à une nouvelle exigence : une plus grande ouverture des marchés, en particulier ceux des pays en voie de développement.

Un « pacte libéral », formule adaptée de l'ancien « pacte colonial », semble bien, pour le moment, fournir la recette miracle qui permettrait, selon les partisans de l'ultralibéralisme, de sortir le monde de la crise. Or le libéralisme *, on ne le sait que trop, est, en économie, l'arme des forts. Aurait-on choisi de faire l'impasse sur les conséquences d'une récession durable parmi les peuples pauvres ? Bien des exemples ont cependant montré que la révolte ou les révolutions inspirées par la misère coïncident rarement avec les intérêts politiques des Etats les plus riches.

A partir des années 1980, la mondialisation *, sous l'aspect, notamment, du libre-échangisme débridé, a progressivement réduit à néant les quelques avantages commerciaux dont bénéficiaient les pays du Sud. Dans le grand jeu de la mondialisation, le Zimbabwe et Haïti sont réputés faire jeu égal avec les Etats-Unis et le Japon !

La CNUCED en est réduite à publier des documents d'une tonalité critique de bonne compagnie et, pour survivre, à se couler progressivement dans l'idéologie de l'OMC. Ses conférences constituent un exemple de ce tête-à-queue idéologique : c'est une organisation vouée au développement qui a elle-même légitimé la baisse de l'aide publique des pays riches aux pays déshérités et préconisé le recours au secteur privé pour faire disparaître la grande pauvreté !

A LIRE : *Les pays les moins avancés – Rapport 2002 : Echapper au piège de la pauvreté*, CNUCED, Genève, 2002 (disponible en texte intégral : http://www.unctad.org/

Jean-Philippe Thérien, *Une voix pour le Sud. Le discours de la CNUCED*, L'Harmattan, Paris, 1990.

Commerce équitable : Commençons par différencier deux grandes tendances : le commerce éthique et le commerce équitable. Le premier repose sur des critères moraux : la non-exploitation des enfants, la liberté syndicale, le refus de l'esclavage, le respect de l'environnement *...

Le commerce équitable, quant à lui, consiste à établir une relation entre le producteur et le distributeur dans laquelle tout le monde est gagnant. Il est fondé sur des règles telles que l'aide à la création de coopératives et des prix minimaux fixes. En échange, les producteurs garantissent qualité et respect des délais. Disons qu'une société peut faire du commerce éthique sans faire de l'équitable, ou l'inverse : une entreprise peut respecter ces engagements (particulièrement si elle est basée dans un pays occidental où la loi interdit de telles pratiques), tout en ayant pour fournisseur ou prestataire des sociétés peu scrupuleuses.

Le mouvement est parti des Pays-Bas. Acheter « équitable » est un acte de solidarité avec des familles de l'autre bout du monde qui vivent dans le plus grand dénuement. La prise de conscience du fait que l'écart entre pays riches et pays pauvres ne fait que s'accentuer est un facteur déterminant. Le commerce international laissé à la seule main du marché libéral ne permet pas en effet aux paysans ou aux artisans du Sud de vivre dignement de leur travail : pour accroître leur compétitivité, les multinationales qui contrôlent, par exemple, les marchés mondiaux du café et de la banane, tirent sans cesse les prix d'achat vers le bas. Ce à quoi s'ajoute l'effet hautement déstabilisateur de la spéculation sur les matières premières. Pour y remédier, à leur échelle, des militants ont commencé à organiser leurs propres filières d'importation dès la fin des années 1960.

Développé depuis plusieurs années par différentes associations dans le monde et en particulier en Europe, le commerce équitable obéit à des principes élémentaires simples. Il concerne essentiellement les produits alimentaires (café, cacao, bananes...) et artisanaux issus du tiers-monde. La célèbre formule « la justice, pas la charité » guide ses principes :

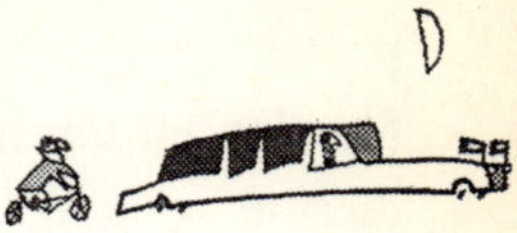

– les produits sont achetés directement aux producteurs, généralement regroupés en coopératives ;
– le prix d'achat est honnêtement déterminé ;
– des systèmes de préfinancement des récoltes sont mis en place, ce qui évite l'endettement coûteux auprès des usuriers ;
– les relations contractuelles sont durables, sur la base de contrats de partenariat à part entière et à long terme ;
– les producteurs s'engagent sur la qualité des produits ;
– les bénéfices sont affectés par la coopérative elle-même suivant des principes démocratiques, et servent à financer le développement local.

Si tout se passe bien, le commerce équitable a de beaux jours devant lui... Les optimistes soulignent qu'il ne représente encore qu'une part infinitésimale des échanges internationaux. Les Pays-Bas ont une large avance puisque, avec un chiffre d'affaires de 71,5 millions d'euros pour le commerce équitable, ils ne sont distancés que par l'Allemagne (101 millions). La France est très en retard, avec 9,7 millions, contre 16,1 millions pour l'Italie, 51 millions pour la Suisse et 70 millions pour le Royaume-Uni. Ces montants restent faibles en regard du potentiel. Le café équitable, sans doute le produit phare, représente seulement 3 % des ventes en Suisse et au Luxembourg, les deux pays où sa percée a été la plus importante. Mais le concept est « porteur » et répond à des critères précis et exigeants, difficilement compatibles avec le développement à grande échelle auquel il est appelé.

Les consommateurs occidentaux sont tous prêts à aider directement les producteurs du Sud en achetant « équitable ». C'est-à-dire en consommant des produits alimentaires ou artisanaux pour lesquels ils ont la garantie qu'une juste rémunération a été versée au producteur. Ce prix doit prendre en compte ses besoins et ceux de sa famille, en termes de formation, de santé, de protection sociale, etc. Les importateurs s'engagent aussi à verser un acompte et à privilégier des relations commerciales durables avec les producteurs. Pour l'heure, en Europe, le commerce équitable représenterait un chiffre d'affaires de 373 millions d'euros [1], et l'on estime que 800 000 producteurs d'Afrique, d'Asie et d'Amérique latine bénéficient de ce système.

A LIRE : Nico Roozen et Frans Van der Hoff, *L'Aventure du commerce équitable*, Jean-Claude Lattès, Paris, 2002.

J. J. Salomon, « Europe-Etats-Unis : progrès technique et myopie des économistes », *Futuribles*, Paris, n° 211, juillet-août 1996.

Eric Bidet, *L'Economie sociale*, Le Monde Editions, Paris, 1997.

1. On compte en France de nombreuses associations de commerce équitable, regroupées en une plate-forme nationale. Les principales sont : Artisans du Monde, Agir Ici, Artisanat SEL, Max Havelaar. Elles établissent entre elles les critères du commerce équitable. Voici quelques coordonnées :

Artisans du Monde. Tél. : 01 49 29 95 15.

Agir Ici. Tél. : 01 40 35 07 00. Informaphone (24h/24) : 01 40 38 39 00. E-mail : agirici@globenet.org.

Collectif *Libère tes Fringues*. C/o Fédération Artisans du Monde. Tél. : 01 42 43 16 57.

Max Havelaar France. L'un des principaux labels européens, très bien implanté aux Pays-Bas et en Suisse, notamment. Tél. en France : 01 42 87 70 21. E-mail : mhavelaar@aol.com Vente et renseignements : 0 801 86 53 83 (numéro Azur).

Equal Exchange. Coopérative qui travaille pour développer le commerce équitable du café avec les petits producteurs des pays du Sud. Tél. : 00 1 617 830 0303. www.equalexchange.com.

Confédération paysanne : Née en avril 1987 de la fusion de la Confédération nationale des syndicats de travailleurs paysans (CNSTP), de la Fédération nationale des syndicats paysans (FNSP) et de deux syndicats départementaux (Seine-Maritime et Finistère) en rupture avec la puissante Fédération nationale des syndicats d'exploitants agricoles (FNSEA), la Confédération paysanne a pris pour devise : « Pour l'agriculture paysanne et la défense de ses travailleurs. » Les Confédérés sont alors implantés dans plus de 70 départements. Elle incarne une rupture franche avec le syndicalisme traditionnel, tant sur la question corporatiste que sur le modèle agronomique.

La Confédération paysanne puise ses racines dans les luttes de la petite et moyenne paysannerie qui depuis le milieu des années 1950 conteste à la fois le modèle de modernisation de l'agriculture imposé au pays et l'hégémonie de la FNSEA, le syndicat unique, fondé en 1946, sur le mythe de l'Unité paysanne et sur les structures de la Corporation paysanne du gouvernement de Vichy, à peine démantelées à la Libération.
La modernisation de l'agriculture a été portée principalement par les jeunes agriculteurs, en particulier ceux fédérés par la Jeunesse agricole catholique (JAC) et organisés syndicalement par le Centre national des jeunes agriculteurs (CNJA), affilié à la FNSEA.

Dans les années 1960-1970, la contestation des effets sociaux de cette modernisation (élimination des petits paysans, inégalité de la répartition des aides publiques et des fruits de la croissance) alimente une bataille de courants au sein de la FNSEA. Une partie des syndiqués, notamment des jeunes, engage une « réflexion action » sur les inégalités entre agriculteurs et leur accroissement sous la Politique agricole commune. Cette réflexion souligne les différences d'intérêts entre petits et gros paysans. Elle met à mal le mythe syndical de l'Unité paysanne défendu par les associations de grandes cultures (blé, betterave) qui tiennent le pouvoir à la FNSEA. En 1967, puis pendant le mouvement de Mai 68, des mouvements unitaires ouvriers-paysans renforcent chez les paysans l'idée du sort commun avec les autres couches sociales défavorisées.

Le 21 juillet 1969, à Nantes, Bernard Lambert, paysan de Loire-Atlantique, interpelle au nom de la Fédération régionale de l'Ouest de la FNSEA Sicco Mansholt, commissaire européen à l'Agriculture, pour dénoncer le sort fait aux petits éleveurs des régions excentrées de l'Europe, engagés dans la modernisation ; et pour revendiquer une politique de maîtrise et de répartition des productions agricoles.

En avril 1970, Bernard Lambert publie *Les Paysans dans la lutte des classes* et se rapproche des jeunes contestataires de la tendance Paysans-Travailleurs (PT) du CNJA, fortement influencée par les idées de Mai 1968. A l'occasion des deux congrès successifs de 1970 et 1971, cette tendance sera sur le point d'obtenir la majorité. En mai 1972, sur fond de grève de livraison du lait, le courant Paysans-Travailleurs tient son premier congrès, celui de la rupture définitive avec le CNJA et la FNSEA.

L'année d'après, les Paysans-Travailleurs appellent le pays à soutenir les 103 paysans du Larzac menacés par l'extension d'un camp militaire. PT participe au grand rassemblement d'août 1973 qui voit la jonction avec les ouvriers en grève de Lip (Besançon). Ouvriers qui ont repris, en autogestion, la production et la vente des montres qu'ils fabriquent. Ce rassemblement symbolise l'unité ouvriers-paysans-intellectuels que les Paysans-Travailleurs, un peu partout en France, chercheront à exprimer durant les années 1970, à l'occasion de grèves ouvrières (Joint Français, Batignoles, Garnier, etc.) et des rencontres avec les philosophes, écrivains, géographes, historiens, scientifiques.

Pendant ces années 1970, PT anime de nombreuses luttes foncières dans l'ouest de la France (occupations de fermes vides pour installer des jeunes, maintien de fermiers expulsés) et doit faire face à une répression importante (violences, emprisonnements, saisies). Ses critiques de la politique d'endettement et du rôle du Crédit Agricole lancent les premières actions et les bases d'un mouvement de défense des agriculteurs en difficulté.
PT va multiplier les soutiens aux grèves ouvrières (livraisons de denrées, manifestations communes). Cette ouverture aux autres mouvements sociaux et l'apparition d'un souci environnemental conduisent PT à se joindre au mouvement contre l'implantation des centrales nucléaires qui secoue les années 1975-1980.
Parallèlement, une opposition interne à la FNSEA, sur des analyses proches de PT, se constitue en « Interpaysanne », animée notamment par la FDSEA de Loire-Atlantique. Dans beaucoup de départements, des paysans se regroupent en petits noyaux d'opposition à la FNSEA.

En septembre 1980, Paysans-Travailleurs, Bernard Lambert en tête, dénonce l'utilisation obligatoire d'hormones interdites dans les élevages de veaux de boucherie. Hormones imposées par la coopérative agricole. Cette révélation provoque un boycott du veau par les consommateurs et marque, chez les paysans, le début d'une critique du productivisme en agriculture et d'une réflexion sur le modèle agronomique dominant.
A son arrivée au pouvoir, en 1981, le gouvernement de gauche reconnaît la pluralité syndicale en agriculture. Cette liberté se traduit par la création de deux syndicats : la CNSTP (Confédération nationale des syndicats de travailleurs paysans) qui regroupe autour de Paysans-Travailleurs des groupes et syndicats départementaux en rupture avec la FNSEA et le CNJA ; de leur côté, l'Interpaysanne et des CDJA « non alignés » lancent la FNSP (Fédération nationale des syndicats paysans), fortement implantée dans quelques départements (44, 29, 53, 42, 63, 31).

En 1983, les élections professionnelles aux Chambres d'agriculture confirment l'existence d'un courant syndical autonome de la FNSEA, dépassant 15 % d'audience, réparti par moitié entre CNSTP et FNSP. La dynamique d'union de ces deux mouvements mettra quatre ans à se concrétiser dans la Confédération paysanne (CP).

A partir des années 1990, la CP milite clairement contre la logique libérale et propose une autre Politique agricole commune. Sa vision est rassemblée dans la « Charte de l'agriculture paysanne » qui entend être au service de la société plus qu'à celui des entreprises agro-alimentaires. Les grandes règles en sont : la répartition des volumes de production pour permettre au plus grand nombre de jeunes d'accéder au métier, y compris des jeunes citadins ; la défense de la vie rurale par la multiplication des partenariats avec les autres activités ; la qualité des produits ; la transparence des achats, de la production, de la transformation et de la vente des produits agricoles ; des prix rémunérateurs plutôt que des primes ; le maximum d'autonomie dans le fonctionnement des fermes ; le maintien de la diversité végétale et animale ; la solidarité des paysans au niveau mondial ; le respect de la nature et des animaux.

Les alertes alimentaires récentes (ESB, métaux lourds, listérias, hormones de croissance, pollutions par les nitrates, maladies imputables aux pesticides...) ont conduit la CP à prendre des initiatives spectatuculaires pour informer l'opinion publique. Deux exemples :

– la destruction de semences transgéniques à Nérac (47), en décembre 1997, sera le point de départ de la mobilisation française contre les essais en plein air d'organismes génétiquement modifiés et les dangers liberticides du brevetage du vivant,

– en 1999, le démontage symbolique d'un restaurant McDonald's en construction, à Millau (12), pour protester contre l'iniquité des règles de l'Organisation mondiale du commerce

(OMC *), sera le départ d'une mobilisation internationale contre les orientations libérales de l'OMC qui portera les représentants de la CP en tête de la manifestation de Seattle (Etats-Unis) en novembre 1999. Le retentissement de cette action donnera à José Bové *, paysan confédéré du Larzac *, le moyen et l'espace d'une pédagogie de la globalisation économique et financière.

Malgré une répression importante (paysans condamnés, peines de prison, fortes amendes), la Confédération paysanne n'a cessé de croître en influence et en représentation professionnelle. En février 1995, elle a franchi les 20 % de représentation ; en janvier 2001, elle atteignait en moyenne 28 % de suffrages aux élections professionnelles et remportait la majorité dans quatre départements. Et ce malgré l'importante érosion démographique des paysans qu'elle défend, premières victimes de l'élimination économique orchestrée par la libéralisation des marchés agricoles. D'où l'importance de sa politique de mobilisation des citoyens sur la souveraineté alimentaire.

A LIRE : Confédération paysanne/Attac, *Changeons de politique agricole*, Mille et Une Nuits, Paris, 2002.
José Bové et François Dufour, *Le monde n'est pas une marchandise. Des paysans contre la malbouffe*, La Découverte, Paris, 2000.

Consensus de Washington : Ensemble d'accords informels conclus tout au long des années 1980-1990 entre les principales sociétés transcontinentales, les banques de Wall Street, la Federal Bank américaine et les organismes financiers internationaux, avec comme maître d'œuvre les Etats-Unis.
Ce « consensus » politico-économique est le fruit d'une réflexion théorique élaborée au début des années 1970, en réaction à l'orthodoxie keynéso-classique. Celle-ci dominait la macroéconomie depuis les années 1950 et avait, selon ses opposants, fait faillite.
L'expression a été utilisée pour la première fois en 1990 par l'économiste américain John Williamson. Elle visait à souligner

les points communs à toutes les réformes prescrites jusque-là comme remèdes aux difficultés monétaires des pays d'Amérique latine et susceptibles d'être transposées ailleurs :

discipline budgétaire et réforme fiscale, réduction des dépenses publiques ; libéralisation des échanges et des marchés financiers, privatisations et, de manière plus générale, dérégulation : la formule reflétait une sorte de « convergence universelle entre les doctrines et les politiques économiques », une opinion unanime partagée par tous les économistes, universitaires ou praticiens...

Pour ses détracteurs, ce consensus incarne la mauvaise doctrine, tout autant que l'école des « Chicago Boy's » dont il est d'ailleurs issu, ou que les « ayatollahs » du FMI *, accusés de vouloir exporter partout leur « fanatisme néolibéral ». Pour ses avocats, au contraire, il est un mode de pensée capitaliste qui a fait ses preuves et qui, chute du mur de Berlin aidant, a fini par avoir raison de l'économie étatisée, sa rivale idéologique, après avoir terrassé les derniers keynésiens, ses adversaires académiques.

Il s'agit d'un curieux mélange de théories économiques longtemps inspirées des thèses monétaristes de Milton Friedman et de réseaux d'influence politiques chargés de les propager et de les appliquer. Jusqu'à les ériger en pensée obligatoire – grâce à l'imprimatur du FMI et de la Banque mondiale * – et en devoir de gouverner, lorsque Ronald Reagan d'abord, et Margaret Thatcher ensuite, optent pour ces nouvelles Tables de la Loi économiques.

« Durant les années Kennedy, la Banque mondiale vivait à plein le schéma keynésien. La crise de la dette et l'arrivée de Reagan ont changé la donne, rappelle Yves Dezalay, directeur de recherches au CNRS. L'institution a été reprise en main, et la gestion de cette crise, inspirée par Wall Street et par le Département d'Etat américain, a été confiée au FMI et à la Banque mondiale. C'est à partir de là que s'est constituée cette étroite relation entre les cercles de pouvoir politique et économique qui a prévalu. C'est également à partir de cette période que les économistes américains se sont convertis au consensus de Washington. »

Au fil des ans, les *money doctors* anglo-saxons ont conforté leur conviction. Et leur pouvoir. Jusqu'à ce qu'interviennent deux changements majeurs : une mutation à l'intérieur même du consensus, et une remise en cause venue d'ailleurs. Sans renier l'idéologie d'ensemble, de nouvelles idées sont apparues. « Sur la bonne gouvernance *, sur la nécessité de mettre un peu d'équité sociale dans l'orthodoxie libérale afin d'en préserver les acquis », souligne Yves Dezalay. Dans le même temps, la crise asiatique de 1997 a été un électrochoc. Des économistes ont admis que l'on était allé trop loin sur la voie de la libéralisation. « On commence à entendre, y compris à Washington, que le marché libre n'est plus nécessairement le roi ; le nouveau consensus vise, au contraire, à mettre en place des mécanismes protecteurs », souligne un familier de Washington.

Mais le grand tournant est apparu quelques mois après la crise asiatique, quand a été médiatisée une querelle entre Joseph Stiglitz, qui était alors un remuant économiste en chef de la Banque mondiale, et le tandem constitué, au FMI, par son homologue Michael Mussa et Stanley Fischer, le numéro deux du Fonds.

Dans une communication remarquée (*More instruments and broader goals : Moving towards the Post-Washington Consensus*), prononcée le 7 janvier 1998, Joseph Stiglitz lançait un pavé dans la mare en dénonçant un certain nombre d'idées reçues, fermement défendues par ses collègues du FMI.

Depuis, d'autres économistes du « consensus » ont tourné casaque, ce qui fait dire à certains observateurs que cette page de la pensée unique est définitivement tournée.

« Le consensus de Washington n'existe plus. Il est mort en 1998, affirme par exemple Jacques Sapir, directeur d'études à l'Ecole des hautes études en sciences sociales. La véritable question maintenant est de savoir par quoi le remplacer... Là aussi il faut recréer une base d'accord minimale entre les économistes, rebâtir un concept moins doctrinaire. » C'est-à-dire, après la phase de repentance, une refondation qui permettra peut-être d'assurer une meilleure présence des économistes européens sur l'estrade.

A LIRE : *Beyond the Washington Consensus,* de Shahid Javed Burki et Guillermo Perry, Banque mondiale, 1998, 158 p., diffusé comme toutes les publications de la Banque mondiale par les éditions Eska, 48, rue Gay-Lussac, 75005 Paris, tél. : 01 55 42 73 08.
World Development Indicators, Banque mondiale, rapport annuel, 1999.

Corruption : *Enveloppes rouges* en Chine, *bakchich* dans les pays arabes, *matabiche* en Afrique centrale, *payola* aux Philippines, *mordida* en Amérique latine, ou tout prosaïquement pots-de-vin en France, les mots pour désigner la chose sont innombrables. Mais comment la définir ? Pour Daniel Bertosa, le procureur de Genève, il s'agit, « techniquement, de l'acte qui consiste à promettre ou à offrir un avantage à un agent public, fonctionnaire, ministre, dirigeant d'une entreprise publique, de telle sorte que celui-ci viole les devoirs qu'il a à l'égard de la collectivité publique qu'il représente. Le corrupteur actif est celui qui promet l'avantage ou qui le verse. Le corrompu est l'agent public qui trahit ses devoirs. Il y a lien entre la promesse d'un avantage et la trahison des devoirs ».

La corruption publique est aussi ancienne que l'Etat. Au Ve siècle avant J.-C., Platon s'en préoccupait déjà dans les *Lois*. Deux siècles plus tard, le réformateur politique indien Kautiliya distinguait quarante tentations susceptibles de pervertir les fonctionnaires. Pourtant, par deux traits au moins, la situation actuelle est sans précédent : les affaires surgissent sous toutes les latitudes, et la société civile * s'en accommode difficilement. En une année à peine, deux présidents en exercice

– Joseph Estrada aux Philippines et Alberto Fujimori au Pérou – ont été contraints à la démission, alors qu'un ancien président – l'Argentin Carlos Menem – était mis en examen.

Dans le commerce international, la pratique est aussi ancienne, et pour tout dire banale depuis l'invention du troc. Samuel Pepys, Premier lord de l'Amirauté britannique (1633-1703), considérait qu'un pot-de-vin n'en était pas un dès lors qu'il était discrètement glissé « sous la table ». Cette conception n'a pas véritablement changé. La corruption reste une donnée économique parmi d'autres dans les échanges internationaux, même si le phénomène s'est aggravé depuis la décolonisation dans les années 1960. Le commerce international s'est inscrit, durant des décennies, dans le cadre des rapports Est-Ouest. Chaque camp cherche à fidéliser ses clients pour les empêcher de passer à l'adversaire. La chute du mur de Berlin et l'ouverture au monde des anciens pays communistes et de leurs satellites ont changé la donne. Le commerce international est devenu une foire d'empoigne marquée par les seuls intérêts économiques, notamment dans les domaines de l'armement et du bâtiment.

A l'Est et dans les anciens pays communistes, les grands chantiers, les marchés industriels sont devenus prétextes à d'énormes commissions. Tous les secteurs dépendant de la commande publique – de l'armement au pétrole, de l'énergie aux transports, du bâtiment et travaux publics (BTP) à l'installation de l'eau *, voire aux équipements médicaux et paramédicaux – ont été soumis à une véritable dîme. Au point que les industriels eux-mêmes commencent à trouver que le jeu de la corruption n'en vaut plus la chandelle.

Jusqu'au milieu des années 1990, la corruption dans les transactions internationales restait un sujet tabou. Dans des organismes comme le FMI * ou la Banque mondiale *, on ne l'évoquait que par son initiale (« the C word ») pour s'en plaindre et déplorer son inévitabilité quasi culturelle dans certains pays. Mais en fait rien ne bougeait : les « propriétaires » de la Banque et du FMI sont des Etats et ont comme clients des Etats.

Les milieux économiques pressent ainsi les organisations internationales de juguler la corruption. Loin d'avoir adopté une conduite morale, les entreprises présentes sur les marchés internationaux déplorent la fièvre inflationniste qui touche les pots-de-vin. « La libéralisation des économies a multiplié les commissions. Le phénomène a été peu remarqué, observe Rob Jenkins, professeur de sciences politiques à l'université de Londres. Avec la privatisation du secteur public, les repreneurs potentiels se battent à qui mieux mieux pour graisser la patte des élus ou des fonctionnaires. De plus, à chaque nouvelle réforme, les entreprises qui veulent peser sur la définition des nouvelles règles ou simplement les connaître à l'avance sont amenées à payer, sans garantie de résultats. Je l'ai constaté partout où j'ai étudié les réformes économiques, en Inde, en Afrique du Sud ou en Ouganda. Par une ironie du sort, au début des années 1980, le FMI et la Banque mondiale promettaient que leurs programmes de libéralisation, en réduisant le pouvoir des bureaucraties, allaient supprimer les sources de corruption. »

Prenant habilement appui sur l'indignation que suscite la corruption, la diplomatie américaine la canalise au service des intérêts de ses grands groupes nationaux en désarmant leurs concurrents commerciaux, mais en utilisant contre eux les moyens de pression dont elle est la seule à disposer. L'Australien James Wolfensohn, président de la Banque mondiale, abordait en 1996 ce sujet, jusque-là tabou au sein de l'institution. Parlant d'un véritable « cancer », il dénonçait un « affront fait aux plus pauvres, qui détourne l'argent vers les plus riches ».

Au-delà des discours moralisateurs, l'objectif est de faire de la lutte contre des pratiques délictueuses le fer de lance d'un projet beaucoup plus vaste : l'imposition de leur modèle aux pays en voie de développement ou en « transition ».

Chiffrer la corruption constitue par ailleurs une gageure et une tentation irrésistible. Son montant est difficile à évaluer, mais il semble avoir augmenté récemment, et la mondialisation * n'y est pas étrangère : l'intensification des échanges, l'impact des programmes de développement coûteux sur des décideurs sans tradition qui découvrent la valeur des actes politiques et administratifs, la circulation sans obstacle de l'argent facile ont probablement joué un rôle amplificateur. Patrick Moulette, secrétaire général du GAFI (Groupe d'action financière internationale), l'affirme : « Il n'y a aucune base financière pour mesurer l'ampleur de ce phénomène illégal. Tous les chiffres sont fantaisistes et ne reposent sur aucun critère scientifique. » Néanmoins, les documents du GAFI mentionnent l'estimation du FMI, soit un chiffre annuel de 80 milliards d'euros. Par comparaison, l'ensemble des capitaux de la criminalité atteindrait, selon les mêmes sources, 500 à 1 500 milliards d'euros, soit 2 à 5 % du produit mondial brut.

Les vagues de corruption obéissent à des raisons diverses, mais elles sont nourries par une même dynamique : celle de la mondialisation des échanges. Après vingt ans d'accélération des transactions financières, sous l'effet des déréglementations et du développement des communications électroniques, les capitaux issus d'activités criminelles constituent une source d'instabilité politique et financière. Or l'argent de la corruption et celui de la mafia vont de pair. « Les deux formes de délinquance s'appuient l'une sur l'autre, dissimulent et recyclent de la même façon leur profits, explique Daniel Dommel, président pour la France de l'ONG * Transparency International. De plus, pour maintenir leurs activités occultes, les mafias ont recours à la corruption, et celle-ci affaiblit les défenses institutionnelles contre le crime organisé. »

Des études de cas donnent une idée assez précise du phénomène. L'une d'entre elles a été réalisée à Milan avant et après l'opéra-

tion « Mani Pulite » (Mains propres). Sur l'ensemble des travaux budgétés par la ville, l'enquête des juges a abouti à une réduction de 30 à 40 % des dépenses prévues.
Pour leurs activités, les mafias disposent d'un refuge imprenable : le secret bancaire. Pendant l'été 1998, par exemple, pour enrayer la chute du rouble, le FMI prêta dix milliards de dollars à la Russie. Interrogé en novembre par la BBC, Benjamin Sokolov, responsable des commissaires aux comptes russes, déclarait : « Nous avons enquêté sur certains des fonds prêtés par le FMI et je dois reconnaître que plusieurs milliards de dollars n'ont pas été affectés aux programmes prévus. Une partie de ces sommes a tout simplement été volée et placée sur des comptes secrets dans des paradis fiscaux *. »
Alors même que les Européens légalisaient la corruption dans le commerce international, les Etats-Unis s'engageaient, du moins théoriquement, dans la direction inverse. Adopté en 1977 après le scandale Lockheed, le Federal Corrupt Practices Act (FCPA) incriminait tout acte de corruption d'un officiel étranger. En réalité, comme l'explique le chœur des industriels concurrents, les Etats-Unis ont continué ces pratiques par le biais de filiales installées dans des paradis fiscaux. En fait, le gouvernement américain aide les exportations en favorisant l'installation des entreprises dans ces paradis fiscaux à hauteur de 2,5 milliards d'euros de subventions annuelles. Ces filiales subventionnées, baptisées Foreign Sales Corporations (FSC), sont la base du système occulte de versement de commissions à l'étranger.

Ces prises de position coïncidaient avec le début d'une série de discussions au sein de l'OCDE *, à l'initiative des Etats-Unis, visant à préparer un projet de convention réprimant la corruption d'agents étrangers. Le 10 décembre 1997, lors d'une réunion des ministres des pays membres de l'OCDE, vingt et un pays signent l'accord. Reste à le faire ratifier par les Parlements des pays signataires. Cela n'allait pas être une mince affaire. Pour la France, les pots-de-vin ont atteint des niveaux trop élevés. Suffisamment en tout cas pour mettre en danger, sinon les entreprises exportatrices, en tout cas leurs marges. Les commissions ont franchi depuis plusieurs années des sommets. Jusqu'aux altitudes atteintes par l'armement où la corruption est la règle parce qu'il s'agit de commandes énormes de 100, 200, 500 millions d'euros, ou même beaucoup plus. Les commissions qui, dans les pays développés, tournent autour de 5 % à 6 %, peuvent alors atteindre 20 % à 30 %, parfois 40 %. Malgré cela, les milieux industriels européens en général et français en particulier (notamment dans l'armement) se montrent très hostiles à la convention. Ils estiment que ce texte est une manœuvre de Washington pour déstabiliser les exportations européennes.

A LIRE : Pierre Abramovici, « Les jeux dispendieux de la corruption mondiale », *Le Monde diplomatique,* novembre 2000.

« La Corruption internationale », actes du colloque organisé en 1998 par *Le Nouvel Observateur,* Maisonneuve et Larose, Paris, 1999.

D

Davos : Petite station touristique suisse où, depuis 1980, le Forum économique mondial * réunit tout ce que le monde compte de puissants et d'hommes d'affaires. Le triomphe des idées libérales au tournant des années 1980 a aussi attiré ministres et chefs d'Etat à ce rendez-vous. En 2003, le groupe déménage et quitte ses hôtes suisses, lassés de voir leur ville assiégée par les manifestants, pour s'installer à New York. Il doit revenir à son lieu d'origine en 2004.

La tentation est forte de jauger le rapport des forces entre Davos et le Forum social mondial * de Porto Alegre, la manifestation brésilienne ayant été créée en réaction à la réunion traditionnelle du début de l'année, en Suisse, des « maîtres du monde ».

Les deux opérations ne sont pas de même nature. Davos est une opération commerciale. Porto Alegre une manifestation politique. Dans la petite station des Grisons, une entreprise privée, le WEF (Work Economic Forum), animée comme toutes par le profit, propose, contre argent comptant, à un petit millier de responsables de grandes entreprises, un stage de recyclage sur l'état du monde, avec, dans bien des domaines – scientifique, économique ou politique – les meilleurs spécialistes de la planète.

Pour les Bill Gates (Microsoft), Bertrand Collomb (Lafarge) et autres, Davos est aussi un extraordinaire centre de *networking*. Ces clients n'y viennent pas pour refaire le monde, mais pour y faire des affaires. Le messianisme du bon Dr Schwab, fondateur du WEF qui proclame vouloir, avec son entreprise, « améliorer l'état du monde », ne les intéresse que très secondairement. Rien à voir donc avec Porto Alegre, un forum initié en janvier 2001 par plusieurs organisations non gouvernementales – dont, pour la France, l'association Attac * –, et qui a réuni, pendant trois ans, dans cette grande cité tenue par le Parti des travailleurs brésilien, plusieurs dizaines de milliers de personnes.

Davos et Porto Alegre ne jouent donc pas sur le même terrain. Les pèlerins de Davos sont perçus comme les adorateurs d'une mondialisation * libérale sans entrave, ceux de Porto Alegre comme les défenseurs inconditionnels d'une mondialisation à « visage humain » ; les premiers sont considérés comme promondialisation, les seconds comme les « alter ». Si l'on s'en tient à cette opposition, on ne peut que constater que, depuis trois ans, les seconds ont marqué des points. Depuis 2001, en effet, la mondialisation économique a connu un net coup de froid. Les indices d'un ralentissement, voire d'un recul de l'intégration économique mondiale sont multiples. Pour apprécier la réalité de l'intégration de l'économie mondiale, le mensuel américain *Foreign Policy* calcule, chaque année, un « indice de la mondialisation » qui intègre tous les éléments, économiques ou non, qui la définissent. Dans leur étude datée de janvier 2003, les auteurs de ce travail ont ainsi relevé un déclin de l'intégration sur le strict plan économique. Ils soulignent cependant que, « grâce à l'intensification continue des liaisons politiques, sociales et technologiques dans le monde », leur indice global indique toujours une poursuite du processus « malgré une volatilité » !

A LIRE : « Les nouvelles Tables de la Loi », *Le Monde diplomatique*, octobre 1995.

L'Autre Davos (sous la direction de François Houtart et François Polet), L'Harmattan, Paris, 2000.
« Qui gouverne l'économie mondiale ? » *Alternatives économiques*, hors-série n° 47, janvier 2001.
Luc Boltanski et Eve Chiapello, *Le Nouvel Esprit du capitalisme*, Gallimard, Paris, 1999.
Lewis Lapham, *The Agony of Mammon : The Imperial Global Economy Explains Itself to the Membership in Davos, Switzerland*, Verso Books, New York, 1998.

Dette : Le 19 juin 1999, le Groupe des 7 (G7 *), réuni à Cologne, a décidé l'annulation d'une partie de la dette des Etats les plus pauvres. Une mesure en trompe l'œil qui ne met pas fin au scandale d'emprunts dont les pays du Sud ont déjà remboursé plus de quatre fois le capital. En effet, les conditions d'application de cette décision en réduisent considérablement la portée : au mieux, seuls 2 % de la dette totale du tiers-monde seront effacés.

L'endettement mondial est devenu en quelques années un des phénomènes les plus marquants de la santé du monde. La dette extérieure des pays en voie de développement, en trente ans, a été multipliée par 35 ; celle des pays industrialisés par 10.

Peu après la chute du mur de Berlin, il est apparu que le passage d'un système de planification centralisée à un système de marché nécessitait un effort d'ajustement et de restructuration considérable, et que des apports en capitaux et une assistance technique seraient nécessaires. Une institution a été créée, la Banque européenne pour la reconstruction et le développement, et mis en place le Groupe des 24, un mécanisme de coordination des aides bilatérales. La Banque mondiale *, le FMI * et les agences des Nations unies ont étendu leurs activités de financement et de conseil aux pays en transition.

L'idée qu'une thérapie de choc permettrait un passage rapide d'un système de gestion de l'économie à un autre s'est révélée fausse, en ce sens que créer tout un nouvel ensemble d'institu-

tions prend du temps, et qu'il faut plus de temps encore pour que celles-ci fonctionnent efficacement. La proposition d'un « plan Marshall » n'a pas pris corps; au contraire, les prêts du FMI, extrêmement utiles pour rétablir les équilibres macroéconomiques, ont toujours été conditionnés par l'adoption de politiques rigoureuses négociées avec le Fonds. Après six ans, les progrès sont inégaux, mais la libéralisation des prix et des échanges, la liberté d'entreprendre sont globalement assurées.
L'inflation est ramenée à des niveaux gérables, les monnaies sont stabilisées. Cependant, les restructurations de l'appareil productif sont encore loin d'être achevées, et les institutions financières, dont les banques, encore trop peu développées pour répondre de façon saine aux besoins des investisseurs.
Contrairement aux idées reçues, le pays le plus endetté n'est pas « en voie de développement » : il s'agit des Etats-Unis, dont la dette publique s'élève fin 2002 à 7 300 milliards de dollars, alors que celle de tous les PVD (Pays en voie de développement) réunis (où vit 85 % de la population mondiale) est de 1 600 milliards de dollars, soit plus de quatre fois moins.

Le niveau d'endettement mondial est resté acceptable jusqu'au début des années 1980, quand soudainement la Réserve fédérale américaine a relevé les taux d'intérêt. On peut dater le renversement de situation d'août 1982, lorsque le Mexique a annoncé la suspension de ses remboursements.
L'actuelle crise ne se concentre pas sur une région particulière. Le commerce international est intégré, les marchés financiers sont en liaison permanente. En conséquence, c'est un phénomène d'accumulation de la dette qui « réglemente » l'économie mondiale en étranglant les institutions nationales.
Cette crise est de la sorte bien plus complexe que celle de l'entre-deux-guerres, et plus lourde de conséquences sociales et d'implications géopolitiques. La dette extérieure du monde en

développement atteint les 1 900 milliards d'euros; des pays entiers sont déstabilisés en raison de l'écroulement de leur monnaie nationale, des tensions sociales, des conflits ethniques, des guerres civiles qui s'ensuivent. Dans les pays membres de l'OCDE * aussi, l'endettement atteint des sommets : il est supérieur à 13 000 milliards d'euros. Et le remboursement de la dette aboutit à son aggravation par... la création de dettes nouvelles. Aux Etats-Unis – le pays de loin le plus atteint –, la dette publique a quintuplé sous les règnes de Ronald Reagan et George Bush.

Les contraintes imposées par le FMI et la Banque mondiale ont conduit les Etats emprunteurs à mener des politiques néolibérales sans garde-fous, sacrifiant des pans entiers de leurs services publics (santé, éducation, transports), et ce, avec le seul objectif de pouvoir rembourser à court terme leurs dettes.
Aujourd'hui, la situation de la dette des PVD doit être analysée en termes de transfert net : la différence entre les montants remboursés et les nouveaux prêts obtenus est négative, ce qui signifie qu'en valeur absolue les PVD ont remboursé beaucoup plus qu'ils n'ont obtenu en prêt (entre 1983 et 2001 cette différence est de plus de 368 milliards d'euros).
Une des véritables avancées des débats menés à Porto Alegre concerne l'allègement du fardeau de cette dette. Les créanciers que sont le FMI et la Banque mondiale n'ont pas l'habitude d'annuler les dettes, pourtant ils ont été amenés à « faire un geste » en juin 1999, au sommet du G7 * à Cologne, en annulant 100 milliards d'euros de la dette des pays les plus pauvres de la planète.
On doit notamment « ce geste » à la pression du « Jubilé 2000 », coalition de mouvements issus de la gauche anglaise d'obédience catholique. Ce réseau milite depuis plusieurs années pour une annulation simple de la dette des pays du Sud, et il a recueilli plus de 24 millions de signatures.

D'une manière générale, les mouvements citoyens ont permis de faire connaître le fonctionnement drastique des institutions telles que le FMI ou la Banque mondiale, de faire la lumière sur les paradoxes de pays en voie de développement qui se surendettent pour rembourser des dettes antérieures, sur les montants « symboliques » : le remboursement des seuls intérêts pour ces pays les plus endettés dépasse souvent les dépenses consacrées à la santé ou l'éducation.

Aujourd'hui, 41 pays considérés comme les plus endettés traînent un passif de 210 milliards d'euros, alors que, selon le PNUD (Programme des Nations unies pour le développement), 80 milliards seulement par an pendant dix ans suffiraient à assurer la satisfaction des besoins fondamentaux.

Depuis longtemps, des voix s'élèvent pour qu'il soit mis fin à l'absurdité de la dette des pays les plus pauvres. Ces pays consacrent plus d'argent au remboursement de leur dette qu'aux dépenses d'éducation ou de santé, et ce fardeau leur interdit tout décollage. Il serait donc plus juste, mais aussi plus efficace, d'effacer cette ardoise. Une telle proposition était jusque-là sacrilège, car contraire à une règle numéro un des affaires : la parole doit être honorée.

Il y a un précédent notoire. En 1914, en pleine révolution conduite par Emiliano Zapata et Pancho Villa, le Mexique suspend totalement le paiement de sa dette extérieure. Pays alors le plus endetté du continent à l'égard de son voisin du Nord, il ne va rembourser, entre 1914 et 1942, que des sommes tout à fait symboliques avec pour seule fin de calmer le jeu. De longues négociations avec un consortium de créanciers dirigé par un des directeurs de la banque américaine Morgan sont menées entre 1922 et 1942 (vingt ans !). Entre-temps, en 1938, le président Lázaro Cárdenas a nationalisé sans indemnisation l'industrie pétrolière qui était aux mains des entreprises américaines.

Cette mesure bénéfique pour la population a évidemment soulevé les protestations des créanciers. Mais, au bout du compte, la ténacité du Mexique paie : en 1942, les créanciers renoncent à plus de 90 % de la valeur de leurs créances et acceptent des indemnités légères pour les entreprises qui leur ont été soustraites.

D'autres pays, comme le Brésil, la Bolivie et l'Equateur, ont également suspendu (totalement ou partiellement) les paiements à partir de 1931. Dans le cas du Brésil, la pause sélective dans les remboursements a duré jusqu'en 1943, année au cours de laquelle un accord permet de réduire la dette de 30 %. L'Equateur, lui, interrompt les paiements de 1931 aux années 1950. La suspension du paiement de la dette décrétée par l'Argentine en décembre 2001, après que les mobilisations populaires eurent entraîné la démission du président De la Rúa, est donc loin de constituer une première. Depuis que la plupart des pays d'Amérique latine ont accédé à l'indépendance au début du XIXe siècle, plusieurs dizaines de suspensions ont eu lieu au cours des quatre grandes crises de la dette.

Le 26 novembre 2001, Anne Krueger, numéro deux du FMI désignée par l'administration Bush, avait annoncé que cet organisme envisageait de mettre en place une procédure permettant aux pays en difficulté de paiement de suspendre ceux-ci pour une période prolongée. Cela pourrait, dans certains cas, éviter l'éclatement d'une crise en forçant des créanciers privés à renoncer à une partie de leurs prétentions, rendant ainsi soutenable le fardeau de la dette.

Pour le FMI, il s'agit de discipliner les créanciers privés pour échapper aux crises comme celles qui ont éclaté au Mexique en 1994, en Asie du Sud-Est en 1997, en Russie en 1998 et plus récemment en Turquie et en Argentine. Mme Krueger précisait néanmoins qu'il faudrait deux à trois ans de discussions au sein du FMI pour mettre en place une telle procédure. L'éclatement

d'une crise majeure en Argentine a donc pris celui-ci de court. Du côté du FMI et des créanciers en général, il ne s'agit cependant que d'accorder un répit.

Contrairement à une idée dominante, le Fonds monétaire international ne vient pas en aide aux pays endettés de manière généreuse : il fait payer au prix fort ses interventions. Selon la Banque mondiale, entre 1980 et décembre 2000, il a mis 71,3 milliards de dollars à disposition des pays latino-américains, et ceux-ci lui ont remboursé 86,7 milliards. Le FMI a donc gagné 15,4 milliards.

Entre 1982 et 2000, l'Amérique latine a remboursé 1 450 milliards de dollars à ses créanciers, soit plus de quatre fois le volume total de sa dette de 1982.

Depuis août 1982 et la suspension provisoire du remboursement de la dette mexicaine, ils ont très bien tiré profit de la situation. Les interruptions de paiement ont toutes duré moins de un an et elles n'ont jamais été décidées de manière concertée par plusieurs pays. En conséquence, les créanciers privés ont pu faire des affaires juteuses, et le FMI a réussi chaque fois à se faire rembourser avec intérêts les sommes qu'il a mises à disposition des débiteurs afin que ceux-ci honorent leurs engagements internationaux et poursuivent ou reprennent les remboursements.

L'idée a commencé à être prise au sérieux lorsque les Eglises s'en sont mêlées. Partie de Grande-Bretagne, une vaste campagne internationale a été menée par la coordination « Jubilé 2000 », derrière les chanteurs de rock irlandais Bono (de U2) ou Bob Geldof. Le pape Jean Paul II * a soutenu la campagne. Pour faire passer leur message, les animateurs de Jubilé 2000 n'hésitent pas à rappeler quelques vérités simples. Il faudrait 6 milliards de dollars pour assurer l'éducation des enfants du tiers-monde, soit 2 milliards de moins que ce que dépensent les Américains en produits de beauté chaque année.

Finalement, en juin 1999, à Cologne, les responsables des sept pays les plus riches du monde (G7) ont annoncé qu'ils effaceraient une partie de la dette bilatérale et multilatérale des pays les plus pauvres et les plus endettés. Soit une remise de 70 milliards d'euros, qui profitera à environ 36 pays.

A LIRE : Damien Millet et Eric Toussaint, *50 questions, 50 réponses sur la dette, le FMI et la Banque mondiale*, Comité pour l'annulation de la dette du tiers-monde (CADTM) et Syllepse, Bruxelles et Paris, 2002.
Alternative Sud, vol. IX, 2-3, « Raisons et déraisons de la dette. Le point de vue du Sud », Centre tricontinental et L'Harmattan, Louvain-la-Neuve et Paris, 2002.
Maurice Lemoine, *La Dette, roman de la paysannerie brésilienne*, L'Atalante, Nantes, 2001.

Développement durable : Evidemment, les P-DG et les financiers n'ont plus le temps de lire les classiques. Autrement, dans les dialogues platoniciens ils auraient trouvé une véritable leçon d'économie. « Ma plus grande satisfaction, dit Céphale, serait que, à

l'heure de ma mort, je puisse laisser à mes enfants un héritage avec les biens que je possède, et un peu supérieur à celui que j'ai reçu. » Le Sommet de la Terre * de Rio ne pouvait dire mieux. Du 3 au 14 juin 1992, se réunissaient à Rio de Janeiro les représentants de 178 pays (dont 117 chefs d'Etat) et plus de 20 000 participants. Se pose alors la question du développement durable (*sustainable development)*, selon l'expression mise à la mode en 1987 par le « Rapport Brundtland », qui assurerait aux générations futures des potentialités de vie au moins égales à celles qui existent aujourd'hui. Le développement durable y a été défini comme un système économique répondant « aux besoins du présent sans compromettre la capacité des générations futures à répondre à leurs propres besoins ». C'est un concept d'origine politique, qui dépasse le seul constat de la nécessaire prise en compte, au niveau des politiques publiques, des exigences de la protection de l'environnement *.
Cette notion de développement durable avait émergé aux Etats-Unis au début des années 1980, à la faveur du tournant politique pris par la majorité des composantes du mouvement écologiste.

Reconnaissant la légitimité du développement économique * et social, celui-ci a cherché à concilier les exigences de ce développement avec celles de la protection des ressources et des milieux naturels. Aux objectifs écologiques et économiques initiaux se sont ajoutés à Rio des objectifs sociaux, politiques et géopolitiques, voire culturels. Cet élargissement multiplie les points de vue possibles sur la notion de durabilité.

Depuis une quinzaine d'années, des intellectuels et des chercheurs ne cessent de militer pour que les entreprises ne pensent pas qu'au profit à court terme et intègrent dans leur stratégie des préoccupations environnementales et sociétales. Jusqu'à présent, ces revendications sont restées sans réponse. Seules des situations de crise ont poussé les sociétés à réviser leurs comportements. Le pétrolier Shell admet que l'exécution de neuf Nigérians qui s'étaient opposés à un projet d'implantation du groupe dans leur pays en 1995 a « servi de catalyseur » pour changer d'attitude. Depuis, l'entreprise s'est engagée publiquement dans une démarche de développement durable. La situation est similaire pour l'américain Nike. C'est une vaste campagne médiatique qui a dénoncé les mauvaises conditions de travail des salariés de ses sous-traitants dans certains pays asiatiques et latino-américains. Depuis, le groupe d'articles de sport a mis en place un large programme avec la Banque mondiale * pour aider et améliorer les conditions de vie de ces salariés.

Les entreprises se rendraient-elles compte qu'elles ont négligé l'avis des pays émergents ? « Les événements du 11 septembre 2001 nous montrent que les gens qui n'ont rien à perdre sont capables de tout pour se faire écouter », analyse le gestionnaire des risques d'un groupe industriel mondial. Depuis les attentats aux Etats-Unis, les cabinets anglo-saxons de gestion de risques Kroll et Control Risk Group avouent faire des enquêtes pour le compte de groupes qui veulent savoir comment ils sont perçus dans ces pays. « Les sociétés françaises craignent d'apparaître comme des organisations occidentales qui imposent leur point de vue », explique Xavier Guilhou, directeur de Eurogroup Institute à Paris, qui conseille les grands groupes sur leur stratégie. « On ne peut plus gérer les entreprises avec un procédé uniforme à l'anglo-saxonne, estime-t-il. Les directions régionales qui s'occupent du Proche-Orient en étant basées à Londres ou à Paris commencent à être physiquement rapprochées des marchés locaux. » En Asie, au Proche-Orient et dans les pays de l'Est, ce consultant préconise à ses sociétés clientes de s'organiser « de telle manière qu'elles puissent avoir un niveau de renseignements très élaboré sur leur environnement ». Cela passe par l'utilisation « de management local et non de managers certes " internationaux " mais sans âme ».

Des considérations éthiques émergent. « Nous savons très bien que, dans certains pays en développement, la majorité de l'argent que nous versons localement va directement sur des comptes secrets en Suisse, confie le cadre dirigeant d'un groupe industriel. C'est le paradoxe humain. Il faut peut-être que des choses épouvantables arrivent pour nous faire réfléchir. » Des interrogations dont a également été témoin M. Guilhou : « Plusieurs entreprises implantées en Afrique ou en Asie du Sud-Est savent qu'en faisant des concessions elles favorisent des logiques de corruption. La nouvelle tendance des entreprises est de contourner les instances dirigeantes des pays et d'aider, avec des associations, le développement local, comme le fait l'américain General Food. Après trois décennies durant lesquelles les multinationales se sont développées en utilisant sans trop d'états d'âme les pays émergents et leurs ressources, les événements du 11 septembre 2001 seraient-ils en train d'accélérer leur prise de conscience ? »

La mobilisation internationale en faveur de l'environnement est plus ancienne qu'on ne le pense. En témoignent la signature, dès le début des années 1970, de conventions sous l'égide des Nations unies sur les zones humides d'importance internationale ; la création de Greenpeace *, en 1971 ; la tenue en 1972 à Stockholm de la première conférence internationale consacrée à l'environnement ; et le combat contre le commerce des espèces menacées de la faune et de la flore, en 1973. La décennie 1970 a introduit le principe d'écodéveloppement qui s'attache déjà à concilier croissance et préservation des ressources naturelles.

A LIRE : Amartya Sen, *L'économie est une science morale,* La Découverte, 1999.

Patrick Mundler, *Economie du développement, les théories, les expériences, les perspectives*, Hachette, 1995.

Elsa Assidon, *Les Théories économiques du développement*, La Découverte, 1992.

Développement économique : Le concept de développement économique et social n'est apparu dans la littérature économique qu'après la Seconde Guerre mondiale. Il a pour origine une interrogation sur les causes et les modalités de la révolution industrielle au Japon et dans les pays occidentaux, révolution qui s'est accompagnée d'un écart sans précédent entre le niveau de vie moyen des pays riches et celui des pays pauvres. Il doit son succès au contexte de la guerre froide, qui a fait du développement un enjeu politique, renforcé par l'accession des pays colonisés à l'indépendance.

En 1961, l'Assemblée générale des Nations unies lance l'idée d'une « décennie de développement ». Les années 1960 doivent être un moment crucial pour aider les pays du tiers-monde à sortir de la pauvreté et rattraper les pays développés.

Dans l'optique de ses promoteurs, le développement suppose bien sûr d'abord la croissance économique, mesurée par l'évolution du PNB. Plus généralement, on conçoit le développement comme une transformation sociale et culturelle très globale : celle de sociétés traditionnelles en sociétés industrielles et modernes.

Concrètement, il s'agit de faire passer les pays sous-développés de l'hémisphère Sud – l'Afrique, l'Amérique latine et l'Asie – à l'état de sociétés modernes. Un défi majeur pour l'humanité est lancé.

Les pays au développement industriel tardif, qui tout au long du XIXe siècle parvinrent à surmonter leur retard, mettent en évidence certaines conditions nécessaires à cette réussite. Les pays qui se sont développés avec succès au cours du XIXe siècle, comme les Etats-Unis, l'Allemagne, le Japon, le Danemark ou la Suède, puis, dans la seconde moitié du XXe siècle, le Japon, la Corée du Sud ou Taiwan, ont une puissance, des territoires, des populations, des ressources naturelles, des marchés intérieurs très différents ainsi qu'un retard variable face aux pays leaders à leur décollage. A ces différences s'ajoutent les contextes particuliers de deux phases distinctes de la mondialisation *.

Quelle stratégie de développement adopter ? Comment réaliser ce grand programme historique ? Au milieu des années 1980, au sein des instances internationales (FMI *, Banque mondiale *), une nouvelle stratégie globale est adoptée : elle vise à diminuer la dette, l'inflation, le poids de l'Etat. C'est le « consensus de Washington * ». Il subordonne tout nouveau crédit à l'adoption de programmes d'« ajustement structurel », dont les principes sont les suivants : baisse des dépenses publiques et de l'inflation, libéralisation des prix, restriction monétaire, ouverture des économies vers l'extérieur.

Malgré leurs divergences, les pays développés présentent des caractéristiques communes. Il est en effet possible d'observer chez chacun d'eux une stabilité du cadre institutionnel, l'existence d'élites ambitieuses et la prédominance d'idées économiques hétérodoxes. Il faut y ajouter le respect du droit de propriété et la tendance à la réduction des coûts de transaction, dans des Etats capables d'impulser les transformations nécessaires et de s'appuyer sur l'initiative privée ; mais aussi l'existence de sociétés intégrées au mécanisme de croissance et de transformation. Dans le champ économique, ces pays développés ont démontré leur capacité à produire suffisamment d'épargne intérieure pour accroître et transformer leur capacité productive. Ils ont également généré des avantages comparatifs fondés sur l'incorporation des changements techniques et ont atteint un équilibre macroéconomique sur le long terme, grâce à des paiements extérieurs soutenus principalement par leur capacité exportatrice.

Faut-il s'appuyer sur le marché ou sur l'Etat ? Faut-il favoriser un développement autocentré en comptant sur ses propres forces, ou s'ouvrir sur l'extérieur ? Partant de présupposés très différents concernant les causes du sous-développement et les moyens de s'en sortir, plusieurs approches vont se partager le marché des idées. Chacune aura son heure de gloire et ses déconvenues.

Les années 1960 ont été dominées par une vision moderniste et keynésienne du développement. Grâce à une action volontariste de l'Etat, le financement des institutions internationales (comme la Banque mondiale), l'exportation des techniques et l'éducation des masses doivent donner une impulsion décisive pour lancer une dynamique. Il s'agit de stimuler des pôles de croissance, favoriser l'industrie en s'appuyant sur des filières porteuses. Ce développement à marche forcée suppose, selon certains économistes, un déséquilibre sectoriel (Albert O. Hirschman) et le dualisme entre secteur moderne et traditionnel (Arthur W. Lewis). Il s'agit de casser le « cercle vicieux de la pauvreté » (théorisé par Ragnar Nurkse).

L'époque du développement fut aussi celle de la décolonisation. Des économistes tiers-mondistes vont mettre en évidence les effets de la domination exercée par les pays capitalistes développés. En Amérique latine, les économistes Raul Prebish et Celso Furtado notent les effets de la dépendance (d'où le nom d'« école de la dépendance ») exercée par le Nord sur les pays du Sud. Des auteurs marxistes comme Samir Amin et Arghiri Emmanuel soulignent qu'il existe un « échange inégal » dans le commerce entre le Nord et le Sud, et que le premier contribue à léser systématiquement ce dernier. Cette vision conduit à prôner un développement autocentré, basé sur la substitution d'importation et une forte intervention publique. Les politiques d'inspiration marxiste sont plus radicales : elles visent à un découplage et favorisent un développement endogène appuyé sur la nationalisation de la production et la réforme agraire (collectivisation ou redistribution des terres).

Vers le milieu des années 1980, après deux décennies de développement, force est de constater un échec relatif des stratégies adoptées. L'inflation et une dette énorme pèsent lourdement sur les économies d'Afrique et d'Amérique latine. Les emprunts réalisés n'ont pas eu l'effet escompté. En Afrique, les prêts ont souvent servi à alimenter des « éléphants blancs » : de grands projets de barrages, d'équipements électriques ou d'usines modernes qui n'ont jamais fonctionné.

A LIRE : Helena Norberg-Hodge, *Quand le développement crée la pauvreté*, Fayard, Paris, 2002.

Serge Latouche, *Déraison de la raison économique*, Albin Michel, Paris, 2001.

Firouzeh Nahavandi, *Stigmate. Introduction à l'étude des pays dits en voie de développement*, Bruylant, Bruxelles, 2001.

François Partant, *La Fin du développement*, Actes Sud, Arles, 1997.

Gilbert Rist, *Le Développement. Histoire d'une croyance occidentale*, Presses de Sciences-Po, Paris, 1996.

Diversité culturelle : Il n'est pas possible de fermer les yeux sur l'histoire de l'humanité et sur le caractère autochtone des civilisations et des cultures. La pluralité des civilisations est un fait historique. Un monde dans lequel les frontières sont de moins en moins importantes ne porte pas nécessairement à la coopération et à l'intégration. Il peut entraîner une perte d'identité, une perte de sécurité humaine, culturelle et sociale, ce qui est source d'intolérance, de rejet, de révolte et de conflit.

Il convient de rappeler que, la mondialisation *, c'est avant tout la loi de l'économie qui s'impose (ou tente de s'imposer) à toutes les autres activités, sans discussion de frontières, de nature et de qualité. C'est un primat absolu et sans partage qui ne se conçoit, du point de vue de l'économie, que sous la forme d'une domination, que ce soit sous une figure « amicale » ou brutale. Il est donc inutile d'entretenir la moindre illusion sur le fait que cela puisse contribuer, sans contrainte extérieure, à préserver, encourager et développer la diversité – que cette diversité soit sociale, éducative ou culturelle.

En fait, l'économie globalisante n'a qu'un modèle à proposer à la culture et à l'éducation : celui de leur industrialisation, dont les principes et les modes de fonctionnement sont comparables, sinon identiques, quels que soient les secteurs concernés : l'Université, l'enseignement professionnel, le cinéma, les musées, le livre, les spectacles vivants, la musique. Cette économie n'a à proposer à la culture et à l'éducation que ce qu'elle nomme « bonne gestion », et qui n'est en réalité que la bonne gestion des intérêts qu'elle défend – la gestion financière « optimisée » des investissements dont elle assume la charge « en bon père de famille », en chef de ce foyer qu'est redevenu le « globe », dont tout dépend, auquel tout doit revenir.

La mondialisation a ceci de particulier que tout peut devenir commerce, la culture y compris. En imposant des règles marchandes sur ce secteur, elle conduit bien évidemment à une standardisation de la consommation des biens culturels. L'omniprésence de la musique et du cinéma américains dans le monde est, à ce titre, des plus frappantes. En vérité, la mondialisation ne peut apporter que de la gestion, et une gestion « pour compte de tiers » – le tiers en question n'étant ni le citoyen, ni l'Etat, ni l'intérêt général.

La seconde moitié du siècle dernier a marqué la fin de l'eurocentrisme dans l'évolution de la civilisation humaine. Toutefois, il semble qu'aucun enseignement n'ait été tiré de tout ce que l'eurocentrisme a provoqué dans le monde pendant cinq cents ans. C'est pourquoi il semble urgent de trouver des leviers et des méthodes capables d'intensifier le dialogue entre les civilisations afin de prévenir les risques de conflits qui pourraient être bien plus durs que la confrontation du temps de la guerre froide.
L'OMC * a récemment décidé d'élargir son champ d'intervention aux biens culturels. Dans le cadre des négociations de Doha fin 2002, quelques Etats membres de l'organisation ont choisi de libéraliser leur industrie culturelle. Ils restent cependant minoritaires (22 sur 144 pays), et une petite révolution semble en marche, qui devrait élargir le fameux concept d'exception culturelle.
Dans un précieux petit ouvrage, Serge Regourd fait le point sur la notion souvent mal maîtrisée d'« exception culturelle » : il s'agit, en fait, d'une simple dérogation, provisoire, et pour le seul secteur de l'audiovisuel, aux principes libre-échangistes de l'Organisation mondiale du commerce. Malgré ces limites, la notion a une efficience juridique dont ne dispose pas celle qui est maintenant avancée pour la remplacer : la diversité culturelle. On comprend mieux que tant de grands patrons de groupes médiatiques se déclarent

hostiles à la première et enthousiastes de la seconde... Il n'y a qu'une voie pour protéger réellement la diversité culturelle : exclure complètement les échanges culturels, au sens le plus large, et aussi la santé, l'éducation, du champ de compétences et des disciplines de l'OMC, et forger un nouvel instrument juridique international pour les réguler.

Les biens culturels ne sont pas des produits comme les autres, position récurrente de l'Union européenne, farouchement défendue par la France contre les Etats-Unis.

La France souhaitait que le mandat de négociation de la Commission européenne exclue explicitement la culture du cycle de négociations commerciales de l'OMC à Seattle en novembre 1999, mais la Grande-Bretagne, les Pays-Bas et la Suède refusèrent cette proposition en faisant valoir que l'Union européenne ne pouvait, à la fois, exiger que le Seattle Round concerne des sujets que les Américains ne souhaitaient pas aborder (la concurrence, l'environnement *, le transport maritime *) et exclure la culture. La France obtint le durcissement d'un projet de mandat de la présidence de l'Union au sujet de la « diversité culturelle », mais omettant de faire référence aux « acquis » de l'Uruguay Round en 1993 et ouvrant ainsi la voie à d'éventuelles « offres de libéralisation » de la part de l'Union européenne. Le mandat, finalement approuvé par les Quinze, disposait que « l'Union veillera à garantir la possibilité pour la Communauté et ses Etats membres de préserver et développer leur capacité à définir et mettre en œuvre leurs politiques culturelles et audiovisuelles pour la préservation de leur diversité culturelle ». Les Quinze se fixaient ainsi pour objectif de pouvoir continuer à subventionner la production de films européens sur fonds publics et à imposer aux télévisions des Etats membres des quotas de diffusion d'œuvres européennes.

En février 2003 se sont déroulées à Paris les rencontres internationales des organisations professionnelles de la culture. Les participants regroupant plus de 35 pays ont exhorté les autres pays du monde à faire bloc autour du projet de « Traité sur la diversité culturelle ». Le traité prévoyait que les signataires « s'opposent à la libéralisation des échanges et des biens dans le domaine de la culture, tout en s'engageant à promouvoir la circulation des œuvres artistiques d'un pays à l'autre, à soutenir activement la création artistique et à faire œuvre de solidarité envers les pays en voie de développement », projet plus altermondialiste qu'antimondialiste. Pour dénoncer l'« impérialisme culturel américain », on s'appuie sur des faits : la machine hollywoodienne, CNN, les séries télévisées (de *X Files* à *Friends),* les chaînes de fiction et de divertissement du satellite, les musiques américaines (jazz, rock, rap, techno, etc.). On évoque aussi les intentions de Washington en matière de *soft power*, concept selon lequel la connaissance et la culture sont un pouvoir, un pouvoir de séduction des cœurs et des esprits qui vaut bien celui des armes. Le combat s'anime donc aussi dans le domaine culturel depuis l'empoignade de l'Uruguay Round (1993-1994) sur l'exception culturelle et l'échec de la tentative de libéraliser le secteur de la culture lors de la négociation de l'AMI * qui s'est tenue entre 1995 et 1998 dans le cadre de l'OCDE *. Depuis, la perspective d'un marché mondialisé de la culture, traitant celle-ci à l'instar d'une marchandise comme les autres, a suscité de nombreuses réactions : refus de négocier la libéralisation des services audiovisuels lors du sommet de l'OMC organisé à Seattle en 1999 ; inclusion des biens culturels dans l'Accord de libre-échange nord-américain (ALENA *) pour les sortir du lot ; dispositif européen

avec la directive Télévision sans frontières et le programme Media (dispositif de soutien financier aux productions européennes).
« Les pays ont le droit et le devoir de mener les politiques culturelles de leur choix, hors de toute contrainte extérieure, dans le respect des Droits de l'homme et de la liberté d'expression », selon la déclaration de l'UNESCO en novembre 2001 sur la diversité culturelle.
La France, le Canada, la Corée, l'Australie, la Nouvelle-Zélande, le Chili, l'Argentine et le Mexique forment une première coalition qui espère pouvoir inscrire ce traité sous l'égide de l'UNESCO, afin de lui donner un caractère international et contraignant, et vise une ratification du traité en 2005.

A LIRE : Edward Said, *Culture et Impérialisme*, Fayard, Paris, 2001.
Christian Ruby, *L'Etat esthétique. Essai sur l'instrumentalisation de la culture et des arts*, Castells et Labor, Paris et Bruxelles, 2000.
Carlos Pardo, « Hollywood contre la diversité culturelle », *Le Monde diplomatique*, mai 2000.
Joëlle Farchy, *La Fin de l'exception culturelle ?* CNRS Editions, Paris, 1999.
Jean-Pierre Warnier, *La Mondialisation de la culture*, La Découverte, Paris, 1999.
Jean-Michel Djian, *La Politique culturelle*, Le Monde Editions, Paris, 1996.
Serge Regourd, *L'Exception culturelle*, PUF, « Que sais-je ? » Paris, 2002.

Drogue : Parmi les multiples griefs que l'on peut faire au néolibéralisme triomphant, nous ne devons pas oublier la toxicomanie, due à la montée en puissance de la production et à la consommation mondiale de drogues. Pour comprendre quels sont les liens existant entre ce courant économique mondialisé et le fléau de la toxicomanie, il faut se rappeler que les substances psychotropes à l'origine de celle-ci sont des marchandises soumises aux mêmes lois et

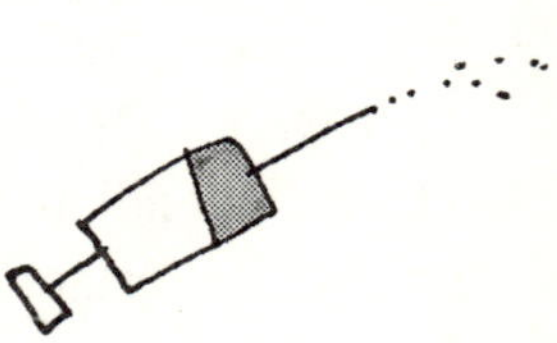

mêmes mécanismes économiques que n'importe quel autre produit commercial. Or le néolibéralisme, étape exacerbée du capitalisme moderne, a réussi à rendre commercialisables pratiquement tous les produits et toutes les ressources naturelles de la planète grâce à une impitoyable mise en concurrence commerciale entre diverses régions et nations du monde. Ainsi, bien des produits locaux appartenant aux pharmacopées locales, ou ayant une valeur liturgique ou magico-religieuse, sont devenus des marchandises soumises aux mécanismes internationaux de l'offre et de la demande.

Comme tous biens et marchandises échangés de par le monde, les substances psychotropes d'origine végétale – de loin les plus nombreuses et les plus utilisées – suivent l'itinéraire classique : production, transformation, transport-distribution et consommation. A ces quatre phases, il faudrait ajouter celles de la capitalisation et de l'investissement, bien qu'elles ne concernent pas les produits en tant que tels, mais plutôt leurs profits économiques.

Ces produits qu'on appelle drogues sont en réalité des substances chimiques (principes actifs) capables d'agir sur le système nerveux central et modifier ainsi le comportement des consommateurs. Ces principes actifs se trouvent en quantités infinitésimales dans des plantes réparties dans différentes régions du monde. La plupart de ces végétaux poussent dans des pays pauvres de l'espace intertropical. Tel est le cas du cocaïer (*Erythroxylon coca*), espèce endémique des pays andins, ou du pavot (*Papaver somniferum*), originaire de la Méditerranée orientale et de l'Asie Mineure. En revanche, le cannabis (*Cannabis sativa*) est une plante présente sur pratiquement toute la surface de la Terre, mais cultivée de façon commerciale surtout dans le tiers-monde. Justement, dans le contexte concurrentiel mis en place par la mondialisation * néolibérale, ces régions mal développées (Asie centrale, Bolivie, Maroc, Mexique, Pérou, etc.) sont faiblement industrialisées et pratiquent une agriculture peu mécanisée et à productivité réduite, et sont absolument incapables de disputer les marchés internationaux aux économies du Nord. Sauf pour les biens que les pays industrialisés ne produisent pas, comme certaines denrées agricoles d'origine tropicale parmi lesquelles se trouvent les drogues. En économie cela s'appelle des avantages comparatifs, et c'est bien de cela qu'il s'agit quand on parle de production et d'exportation illicites de drogues à partir du tiers-monde.

De même que la production d'oranges est récoltée et que celles-ci sont pressées, leur jus filtré, mis en bouteille et les bouteilles étiquetées, empaquetées et exportées par bateau, les « plantes à drogue », une fois récoltées, sont traitées et soumises à une transformation agro-industrielle. Celle-ci sert à extraire les principes actifs qui constituent la « partie noble » du végétal, grâce à une triple opération destinée à isoler, concentrer et purifier le psychotrope.

Cette étape permet aux paysans ou aux ruraux des pays producteurs d'avoir un emploi et d'ajouter de la valeur « travail » à des matières premières d'origine agricole. Il est évident que la domination économique du Nord, qui marginalise complètement les pays pauvres du commerce international, qui empêche les investissements productifs de s'y faire et qui pratique des crédits usuraires, constitue le premier facteur qui pousse les populations rurales des pays mal développés vers des activités productives interdites, seules à même de leur fournir du travail.

Comme tout produit destiné à un marché, le circuit commercial de la drogue va du producteur au consommateur. Le producteur se trouvant au sud et la clientèle solvable au nord, c'est bien dans ce sens qu'est fait le transport de la drogue. Les logiques commerciales capitalistes sont ici respectées à la lettre. Cela à une nuance près, car s'agissant d'un produit illégal, la distribution producteur-consommateur doit se faire de manière clandestine, ce qui constitue du trafic. En fin de compte, on a bien affaire ici à du commerce international.

Mais quelle est la relation entre mondialisation néolibérale et trafic ? Elle est très étroite, lorsqu'on sait que la clé de voûte de la mondialisation capitaliste est représentée par la libéralisation des échanges commerciaux. Pour atteindre cet objectif, les Etats-Unis ont travaillé des années durant jusqu'à obtenir la signature des accords du GATT *, ce qui en 1995 a ouvert la voie à la création de l'Organisation mondiale du commerce (OMC *). En résumant, on pourrait dire que le but essentiel des accords du GATT était la baisse généralisée des tarifs douaniers pour ainsi faire disparaître les barrières qui entravent le commerce international. Mais réduire les droits de douane et baisser les taxes aux frontières veut dire aussi anéantir la protection commerciale des pays peu compétitifs ou des nations aux productions faiblement concurrentielles. Les accords du GATT équivalaient donc à ouvrir les vannes qui séparent l'étang des requins de celui des sardines, tout en disant : que le meilleur gagne !

La signature des accords du GATT et surtout la mise en place de l'OMC ont constitué de véritables coups de fouet pour le commerce international, activité qui n'a pas cessé de progresser depuis huit ans. Qui dit augmentation des échanges commerciaux et diminution des entraves aux frontières dit forcément augmentation de la perméabilité aux trafics. Si en plus nous prenons en considération que la doctrine néolibérale a contribué au démantèlement des structures étatiques chargées des frontières et des douanes, alors le lien reliant trafics et néolibéralisme globalisant est plus qu'évident.

Pour finir avec ce chapitre, il faudrait ajouter que le néolibéralisme a exacerbé l'appât du gain et a placé le profit au centre de l'activité humaine. La mise en avant de ces principes par toutes les institutions internationales (FMI * Banque mondiale *, BID – Banque interaméricaine de développement...) a été un facteur déterminant dans l'augmentation des cas de détournements de fonds, de commissions occultes et de corruption *, aussi bien au niveau de l'administration publique que des entreprises privées. La clientèle solvable se trouve dans les pays industrialisés, et le trafic doit en assurer l'approvisionnement jusqu'au cœur de leurs villes. S'agissant de produits illégaux, sévèrement contrôlés et faisant l'objet d'énormes intérêts commerciaux, le trafic de drogue est souvent lié à la criminalité et à l'existence de bandes organisées. Nombre de substances interdites sont consommées par des populations marginales et désocialisées, ce qui renforce l'aspect délictuel de leur usage. En même temps, le caractère souterrain de la vente et de la consommation ne fait qu'augmenter les risques sociosanitaires de ces pratiques.

Alors, quel est le lien avec le néolibéralisme triomphant de ces vingt dernières années? Un des objectifs de ce courant économique né entre la fin des années 1960 et le début des années 1970 a été de pousser au désengagement économique de l'Etat. Ce retrait s'est soldé par l'abandon d'un bon nombre de plans à vocation sociale et par la réduction, voire la disparition, des financements destinés au logement, à la santé et à l'éducation, etc.

Cette politique appliquée aux pays du tiers-monde par le truchement des Plans d'ajustement structurels (PAS) imposés par le Fonds monétaire international a eu comme conséquence immédiate de fragiliser la situation des populations les plus démunies et d'amener à la misère des secteurs vivant déjà dans la pauvreté.

D'un point de vue sociologique, il faut rappeler que le libéralisme * a toujours privilégié l'individu par rapport au collectif et que cela a beaucoup contribué à fragiliser les structures communautaires et familiales qui traditionnellement protégeaient les secteurs les plus marginalisés. Nous avons affaire ici à la partie la plus clandestine, secrète et rentable de l'« industrie » de la drogue.

Une fois débitée par petites doses et payée en petites coupures, la drogue est à l'origine d'énormes sommes d'argent qui doivent être « légalisées ». Cela consiste à faire passer ces fonds des circuits clandestins vers des activités légales, telles que le tourisme, la promotion immobilière, la Bourse et bien d'autres. Cette tâche est la spécialité de banques et d'institutions financières travaillant en toute légalité et ayant pignon sur rue dans tous les grands pays industrialisés. Tous les ans, des milliards de dollars sont ainsi « blanchis » et réinjectés dans l'économie légale, toujours à la recherche de nouveaux capitaux et assoiffée d'investissements rentables.

L'ouverture des frontières aux flux financiers que le néolibéralisme a appelée de ses vœux a été l'un des principaux leviers utilisés par les « blanchisseurs ». Toutefois il y en a bien d'autres : la vente des bons du Trésor créés par certains gouvernements, les privatisations d'entreprises d'Etat, le rachat par des banques et des particuliers des dettes privées et publiques... toutes mesures ouvrant une voie royale aux profits rapportés par la drogue et les toxicomanies.

Chaque étape de la chaîne de la drogue – production, transformation, distribution et consommation – a été stimulée et renforcée par les mesures créées et prises par le libéralisme triomphant. Ainsi, cette doctrine qui s'est approprié des commandes économiques mondiales depuis la fin des années 1970 constitue l'un des facteurs majeurs de la montée en flèche de la production de drogue (les cultures illicites étant les seules rentables pour beaucoup de pays pauvres) ; de la transformation sur place (l'une des rares activités créant de la valeur ajoutée et donnant de l'emploi) ; du trafic (grâce aux avantages commerciaux créés par l'OMC) ; et de la consommation (beaucoup de ceux qui sont devenus des consommateurs ayant été appauvris, marginalisés et désocialisés par la rigueur budgétaire prônée par les néolibéraux).

A LIRE : Jean-François Boyer, *La Guerre perdue contre la drogue*, La Découverte, Paris, 2001.

Alain Labrousse, *Drogues : un marché de dupes*, Alternatives, Paris, 2000.

Observatoire géopolitique des drogues, *Atlas mondial des drogues*, PUF, Paris, 1997.

Eau : « Les ressources naturelles sont inépuisables. » C'est ainsi que Jean-Baptiste Say imaginait les rapports du capitalisme et de la nature. Une phrase qui aurait pu être inscrite au frontispice de la Compagnie générale des eaux, créée en 1854, au moment où le père du libéralisme la prononce. Avec un siècle d'avance, la France fait gérer son eau gratuite par des compagnies privées.
« La pénurie d'eau est le plus grand danger pesant sur la planète », répond M. Koïchiro Matsuura, directeur général de l'UNESCO. De tous les désastres qui menacent la Terre et qui ont été largement évoqués lors du Sommet de Johannesburg en 2002, l'eau constituera un motif de tensions sociales, économiques, politiques et sans doute militaires qui pourraient devenir un jour gravissimes.

Or bleu, pétrole doré, huile rose. Suivant les lieux et les époques, les qualificatifs et métaphores n'ont jamais manqué pour tenter de décrire l'un des quatre éléments universels d'Empédocle, avec la terre, l'air et le feu.

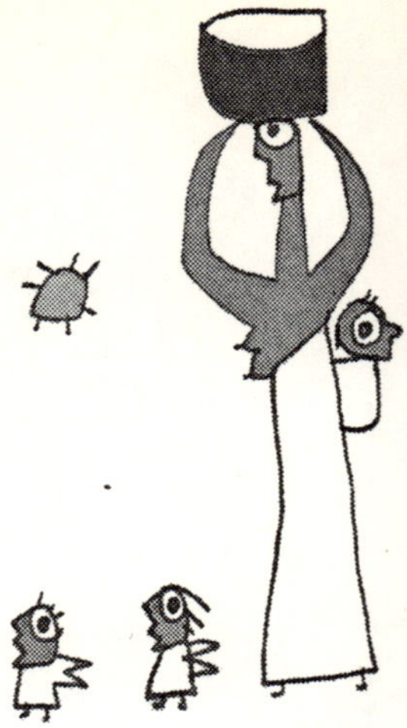

Les premières guerres de l'humanité ont été, à la Préhistoire, celles pour la possession du feu. Le XXIe siècle vivra-t-il – sur fond de changement climatique, d'effet de serre, de trou dans la couche d'ozone et de pollutions en tout genre – la première guerre mondiale de l'eau ? A l'instar du feu pour nos ancêtres, l'eau sera-t-elle une arme de domination et de destruction massive, ou s'affirmera-t-elle comme un bien commun, un facteur de développement durable *, de progrès et de prospérité partagés par tous ?

Les guerres traditionnelles, les guerres du pétrole ne suffisent plus... Depuis des années, on essaye de convaincre l'opinion publique mondiale de l'inévitabilité des « guerres de l'eau ». L'eau serait destinée à devenir l'une des causes principales de conflits entre Etats, et, à l'intérieur des pays, entre groupes sociaux et communautés territoriales.

L'argument utilisé est le suivant. L'eau douce disponible pour des usages humains (boisson, irrigation agricole, activités industrielles...) est en train de devenir rare, et elle le sera encore plus à l'avenir en raison de la pression exercée sur la ressource par une population en augmentation rapide. Dès lors, la sécurité d'accès à l'eau et à son approvisionnement constitue déjà un défi stratégique majeur qui alimente les conflits entre pays et les convoitises des entreprises multinationales privées (Coca-Cola et Nestlé ont acheté des aquifères au Brésil...).

L'argument est mystificateur. L'eau est devenue rare principalement en raison des usages insensés et dilapidateurs que les humains en ont fait (prélèvements excessifs, gaspillages invraisemblables, pollution élevée). C'est ainsi que nous avons asséché les fleuves et les nappes, détruit la vie dans les lacs, contaminé le sol, dévasté le territoire, favorisé les pluies acides, contribué à la diminution de la diversité. Il est faux de faire croire que la raréfaction de l'eau continuera à s'intensifier. Il n'y a rien de « naturel » ni d'irréversible dans les comportements actuels. La raréfaction de l'eau est construite par les humains, donc modifiable. Il est faux également de faire croire que la croissance démographique est à l'origine de la rareté de l'eau. Un Allemand occidental « consomme » en moyenne 90 fois plus d'eau qu'un individu de l'Inde (dont 500 millions d'habitants ne savent pas ce que signifie une eau potable saine). C'est dire que, sur le plan de la consommation de l'eau, les 80 millions d'Allemands équivalent à environ 7 milliards d'Indiens.

La rareté de l'eau pour les 2,4 milliards de personnes ne bénéficiant d'aucun service sanitaire est essentiellement due à la pauvreté. Ce sont les pauvres et ce seront toujours les pauvres – si le monde continue à aller comme aujourd'hui – pour qui l'eau est et sera rare. Et ce seront les intérêts économiques et la puissance des pays les plus riches (et forts) qui, si rien ne les arrête, provoqueront les guerres.

Car la population mondiale croît à un rythme sans précédent. Au XVIe siècle il y avait 450 millions d'individus sur la Terre. Aujourd'hui, notre planète en porte 6,3 milliards, et ce chiffre se stabilisera probablement, vers 2050, autour de 10 milliards... Alors que la demande d'eau augmente, l'offre reste fixe, avec un gaspillage considérable, aussi bien dans l'agriculture que dans l'industrie et dans l'utilisation domestique. Par ailleurs, la contamination (emploi des engrais et pesticides chimiques, déversement des déchets industriels, etc.) rend des quantités du précieux liquide inutilisables. Tout cela a des effets dramatiques pour la santé. On estime que 3 millions de personnes meurent chaque année de maladies liées à l'eau. Le climat lui-même, affecté par l'utilisation irrationnelle des technologies, provoque inondations et débordements.

Il n'est pas étonnant que les chantres de l'ultralibéralisme travaillent à ce que l'Etat et les collectivités publiques se désengagent des services publics de base tels que la fourniture d'eau et ouvrent ce secteur à la loi du marché et aux acteurs privés. Avec le soutien de l'OMC * et de la Banque mondiale *, les majors mondiaux de l'eau affirment que seuls les capitaux privés sont capables de financer les travaux herculéens consistant à fournir une eau de qualité au milliard et demi d'êtres humains qui en sont maintenant privés – et considérés selon eux comme des clients potentiels. Il faut surtout retenir que les prêts des organismes financiers tels que la Banque mondiale ne sont consentis qu'aux seuls Etats qui s'engagent à déléguer la gestion de leurs services de l'eau aux compagnies privées.

La dégradation de la qualité de l'eau due à la surexploitation des cours d'eau, des nappes phréatiques et des aquifères profonds, aux produits phytosanitaires utilisés par une agriculture de plus en plus industrialisée et intensive, aux rejets, eaux usées urbaines ou industrielles, entraîne des inquiétudes grandissantes de la part des pouvoirs publics, notamment l'engagement de leur responsabilité civile ou pénale. En effet, certains se sont vus récemment poursuivis et condamnés au motif de la mauvaise qualité de la ressource qui avait entraîné une impossibilité de distribution aux usagers d'une eau conforme aux normes sanitaires en vigueur. Chez les consommateurs, les doutes sur la qualité de ce qu'ils ingèrent vont croissant. Ces facteurs d'inquiétude aiguisent les

appétits colossaux et inextinguibles des géants mondiaux de l'agroalimentaire tels Unilever, Nestlé et Coca-Cola, toujours à l'affût de juteux bénéfices.

D'autres « guerres » se profilent. Face aux informations sur la croissance et la dangerosité des pollutions de toutes sortes, supposées ou avérées, les consommateurs font de moins en moins confiance à la qualité de l'eau distribuée au robinet pour leur alimentation. Les ventes d'eau embouteillée ont fait des bonds spectaculaires au cours des dernières années, et la tendance s'emballe, tirant avec elle de prodigieux profits. Autre nouveauté, les entreprises spécialisées dans la distribution d'eau purifiée ou de synthèse en bonbonne. Nous les voyons progressivement installer leurs machines dans les lieux publics et les entreprises. Inconsciemment, insidieusement, la défiance à l'égard du service public et de la qualité de l'eau distribuée au robinet s'installe. A quel prix ? Pour quels bénéfices et pour qui ? L'actionnaire ou l'usager ? Et cela s'accompagne de nombreux gaspillages d'énergie pour réfrigérer cette eau, de matières premières pour la fabrication des gobelets à usage unique, de déchets supplémentaires à évacuer et à traiter, sans parler des camions de livraison de bonbonnes d'eau qui augmentent le cortège de nuisances routières. Où est le développement durable ? A quand l'abaissement des normes de qualité de l'eau du robinet qui ne serait plus réservée qu'aux seuls usages domestiques ? Va-t-on bientôt assister à la guerre de la bouteille, de la bonbonne et du robinet ?

Petit à petit, on assiste ainsi à une véritable dérive sémantique de la notion du terme « eau potable », pour le plus grand profit de quelques multinationales tentaculaires aux appétits insatiables et aux chiffres d'affaires prodigieusement supérieurs au produit intérieur brut de nombreux pays.

Les ressources en eau sont limitées et mal réparties. Sur les quelque 40 000 milliards de mètres cubes d'eau que déversent, chaque année, les pluies sur la Terre, 60 % arrosent seulement neuf pays : Brésil, Canada, Chine, Colombie, Etats-Unis, Inde, Indonésie, République démocratique du Congo et Russie. Dans d'autres régions, comme le pourtour méditerranéen, où l'eau depuis longtemps n'est pas très abondante, la situation ne cesse de s'aggraver.

En revanche l'été 2002, par exemple, alors que des inondations catastrophiques ravageaient l'est de l'Allemagne, l'Autriche et la Tchéquie, en Sicile, région pourtant habituée à des sécheresses sévères, la pénurie d'eau a atteint un tel degré que des révoltes populaires ont explosé à plusieurs endroits. Au cours des six premiers mois de l'année, les pluies y ont été deux fois moins abondantes que d'ordinaire. Conséquence : sur les 222 millions de mètres cubes d'eau que peuvent contenir les barrages siciliens, le volume ne dépassait pas, à la mi-juillet, les 20 millions... Un marché noir de l'eau s'y est donc mis en place, avec des prix atteignant jusqu'à 200 euros par camion-citerne. Des puits non autorisés ont été creusés, réduisant davantage le niveau des nappes phréatiques. Des milliers d'agriculteurs désespérés et des foules de citadins excédés ont manifesté, dressé des barricades sur les routes et pris d'assaut des retenues d'eau et des aqueducs pour s'approvisionner de manière sauvage. Rome a dû dépêcher l'armée pour protéger les barrages et organiser, avec l'aide des pompiers locaux, une sorte d'aqueduc mobile constitué par des centaines de camions-citernes chargés d'apporter de l'eau jusqu'aux endroits les plus reculés. Les autorités en viennent même à envisager de construire un grand aqueduc sous-marin pour acheminer l'eau des montagnes d'Albanie vers la Sicile assoiffée...

Le problème n'est pas nouveau. Ces cent dernières années, la population mondiale a triplé et sa consommation d'eau a été multipliée par six. Mais, aujourd'hui, une ligne jaune est en train d'être franchie : « Dans beaucoup d'endroits on a dépassé les limites de la quantité d'eau qui peut être prélevée sur le milieu naturel », déclare un spécialiste de l'eau. Tant dans le tiers-monde que dans les pays développés, le capital liquide de la planète se réduit inexorablement, par surexploitation des réserves et pollution de la ressource.

Faut-il s'en étonner ? Le mot rival vient du latin *rivalis* qui désigne les habitants de rives opposées d'un même fleuve. Les 214 plus grands bassins fluviaux de la planète, où vivent environ 40 % de la population mondiale, sont tous utilisés par plusieurs pays. Aussi cordiaux et coopératifs fussent-ils, ils ont toujours eu du mal à dégager des compromis sur leurs eaux de surface transfrontalières.

Le contrôle des fleuves fait l'objet de conflits croissants entre les peuples. Parfois, la construction de retenues d'eau, dans des zones frontalières, entraîne la réduction du débit des fleuves qui traversent d'autres pays en aval et provoque les protestations de ceux-ci. Ainsi, les gigantesques barrages Atatürk et Karakaya, édifiés par la Turquie sur le Tigre et l'Euphrate, ont entraîné de graves tensions avec l'Irak et la Syrie qui dépendent largement de ces cours d'eau pour leur agriculture et leur approvisionnement. Au Proche-Orient, le contrôle exclusif du Jourdain par Israël ajoute une dimension supplémentaire au conflit israélo-arabe. L'Egypte, qui dépend entièrement du Nil, s'oppose à la construction en Ethiopie et au Soudan de barrages qui pourraient réduire le débit de sa principale source de vie.

Des protestations se multiplient contre les barrages. En Inde, en Thaïlande, aux Philippines, au Chili, en Afrique du Sud, en Espagne... La privatisation est contestée sur tous les continents, et la Bolivie en est devenue le porte-drapeau à travers le conflit qui s'est déroulé à Cochabamba. Au nom d'une revendication éthique et juridique – « L'eau est patrimoine commun de l'humanité », comme l'indiquait le titre d'une livraison d'*Alternatives Sud* –, il s'agit de mener la lutte pour une nouvelle conquête de l'eau, ressource stratégique pour l'humanité.

Les tensions qu'elle suscite ici et là ne sont que les signes avant-coureurs de ruptures plus profondes et de crises plus graves.

L'eau douce est un indéniable enjeu du XXIe siècle. A moins que, dans la prochaine décennie, on ne trouve un procédé peu coûteux de désalinisation de l'eau de mer...
Le détournement des fleuves, là où il a été réalisé, s'est presque toujours révélé désastreux pour l'environnement *. En Ouzbékistan, par exemple, qui détient le record du monde de la consommation d'eau par habitant, pour irriguer intensivement des champs de coton, les autorités soviétiques, dans les années 1960-1970, détournèrent l'eau de deux fleuves – Syr-Daria et Amou-Daria – qui se déversaient dans la mer d'Aral. Cela a entraîné l'assèchement partiel de celle-ci, réduite désormais de moitié et dont l'eau est terriblement polluée, ce qui a provoqué la disparition de la flore et de la faune. Une des pires catastrophes écologiques.
Autre souci majeur, les rejets dus à l'agriculture et à l'industrie, ainsi qu'au non-traitement des eaux usées. La plupart des grands fleuves du monde ne sont plus que des égouts à ciel ouvert, charriant des eaux toxiques contaminées par toutes sortes de déchets chimiques, des pesticides, des métaux lourds... Le Danube, par exemple, est victime de nombreuses pollutions, notamment en Allemagne, où il prend sa source.
Qui dit à la fois « ressource » et « indispensable » dit matière à profits assurés. Au lieu de considérer l'eau pour ce qu'elle est – un patrimoine de l'humanité –, les institutions internationales, Banque mondiale et OMC en tête, avec l'appui des gouvernements, encouragent la captation de sa rente par les entreprises privées. Conséquences habituelles : valse des tarifs, inégalité d'accès selon les catégories sociales, parfois non-respect des normes sanitaires. Ce sont trois multinationales françaises qui tiennent solidement en main ce secteur au niveau mondial. Grâce aux trésors de guerre que ce quasi-racket leur a permis d'accumuler, elles ont bâti des empires médiatiques où l'on ne risque pas de mettre en cause leurs pratiques...

Pour l'eau comme pour tout bien économique, le capitalisme fonctionne selon une triple logique : rareté, indifférence, discrimination.

Rareté : un bien économique à valeur marchande n'existe que s'il est rare, associé à des rendements décroissants, et relève, dès lors, d'un système qui coûte de plus en plus cher pour produire une eau de plus en plus rare : il s'agit d'un cas d'école de captation de rente.

Indifférence : les questions de pollution ou de propreté n'intéressent absolument pas les entreprises ou les groupes capitalistes. Elles affectent éventuellement les consommateurs, mais pas les firmes : « Si l'eau est sale, je la dépollue; si elle est propre, je la vends propre; si elle est abondante, je la raréfie par un système de péage. »

Discrimination : je vends cher à ceux qui peuvent payer cher, moins cher à d'autres, afin de capter le maximum de valeur. Les êtres humains sont inégaux devant un produit. De nombreux responsables politiques proposent de distinguer deux catégories d'eau : l'eau « outil de travail », « créatrice d'emplois et de richesse », et l'eau utilisée pour un usage domestique. Cela revient en fait à dire : les agriculteurs doivent avoir un traitement de faveur et les consommateurs doivent payer.

Les Etats ont compris que l'eau est une ressource trop vitale pour être gâchée par la guerre. Dans l'ensemble, les infrastructures en la matière ont peu souffert des nombreux conflits armés du XXe siècle. Au cours des trois guerres entre l'Inde et le Pakistan par exemple, les deux pays auraient pu se servir de l'eau comme d'une arme redoutable. Non seulement ils ne l'ont pas fait, mais ils ont toujours respecté leurs accords de partage, y compris aux pires moments de la bataille. Depuis les années 1920, un climat de violence, ponctué de guerres ouvertes entre Israël et ses voisins arabes, règne sur la vallée du Jourdain. Mais on peut compter sur les doigts d'une seule main le nombre de fois où les ressources en eau ont été spécifiquement visées. Cependant, l'absence de guerres de l'eau ne signifie pas qu'aucun conflit sérieux ne couve, en particulier dans les régions arides comme le Proche-Orient. Les maigres réserves existantes y sont soumises à une pression sans précédent.

Du milieu des années 1970 à la fin des années 1980, un puissant travail idéologique a été effectué par les multinationales de l'eau pour faire accepter la privatisation de cet élément essentiel. Elles ont réussi à obtenir le soutien de la techno-bureaucratie internationale et du monde des scientifiques et des experts, réunis dans les multiples organismes internationaux professionnels. Dans les années 1990, ce travail a été consolidé par la mise en place d'une véritable ingénierie institutionnelle et opérationnelle. Les quinze prochaines années devraient voir, si rien ne s'y oppose, la phase d'achèvement de ce processus et la pérennisation des profits ainsi réalisés par les majors de l'eau.

A l'origine de cette conquête idéologique et pratique se trouve la Banque mondiale. En 1994, sous l'impulsion de son vice-président chargé de l'environnement, la Banque donne son soutien politique et financier à la création du Conseil mondial de l'eau (CME), dont plusieurs organisations internationales professionnelles (par exemple l'International Water Resources Association) revendiquent aussi la paternité. Elle bénéficie à cette fin de l'aide de certains gouvernements (Canada, France, Japon et Pays-Bas, notamment). La création du CME a également reçu le soutien d'organisations spécialisées des Nations unies directement concernées par l'eau, tels le Programme des Nations unies pour le développement, le Programme des Nations unies pour l'environnement, l'Organisation des Nations unies pour l'alimentation, l'Organisation mondiale de la santé (OMS *), l'UNESCO, et de grandes entreprises multinationales privées, en tête desquelles figurent Suez et Vivendi. De très hauts dirigeants de ces deux compagnies figurent d'ailleurs parmi les membres fondateurs et les membres effectifs du CME. Celui-ci n'est pas une organisation publique internationale, et encore moins intergouvernementale, mais une organisation privée. Elle est composée de représentants du monde scientifique, politique, des organisations internationales, intergouvernementales, des entreprises privées. En 1996, le CME s'est vu confier la tâche de définir une « vision mondiale de l'eau » à long terme, devant servir de base à la « politique mondiale de l'eau » dont la Banque mondiale est devenue, dès les années 1980, une fervente promotrice. A cette fin, le Conseil a pris l'initiative d'organiser, tous les trois ans, autour du 22 mars – déclaré « journée mondiale de l'eau » par les Nations unies –, un Forum mondial de l'eau. Ce Forum est destiné à être l'espace et le moment mondial de débat et de définition des grandes orientations stratégiques en ce domaine. La première rencontre a eu lieu à Marrakech en 1997, avec plus de 3 000 participants ; la deuxième à La Haye en mars 2000, avec plus de 6 000 participants. Le troisième Forum s'est tenu à Kyoto en 2003 ; le quatrième est prévu pour 2006 à Montréal.

En outre, la Commission pour le développement durable, créée par les Nations unies à la suite du sommet de Rio de 1992, a décidé, en 2001, de produire tous les trois ans un « World Water Development Report » (Rapport mondial sur le développement de l'eau). Le premier jet du premier rapport a été présenté au sommet de Johannesburg, fin août 2002, pour être formellement approuvé au troisième Forum mondial de l'eau à Kyoto en 2003. D'après les informations fournies par la Commission pour le développement durable, ce rapport mondial devrait s'inscrire dans la continuité des lignes balisées par le CME, le GWP (Global Water Partnership) et la déclaration ministérielle de La Haye.

Il est temps de mettre en pratique une autre politique mondiale et locale de l'eau : « autre » dans le sens où elle doit être centrée sur le droit humain (accès à l'eau) et le bien commun (l'eau en tant qu'élément essentiel à la vie et au vivre ensemble). A cette fin, le chemin de la mise en œuvre effective d'une autre politique de l'eau passe par :

– la reconnaissance de l'accès à l'eau en tant que droit constitutionnel, droit humain universel, indivisible et imprescriptible. La concrétisation de ce droit doit être rendue réelle dans l'espace d'une génération;

– la valorisation et la protection de l'eau en tant que bien commun, appartenant à l'ensemble des espèces vivantes, et partie intégrante de l'écosystème global;

– le changement radical structurel du mode actuel de production agricole, dans le sens d'une agriculture mise au service de l'alimentation humaine, surtout des populations qui ont faim, et du respect de la nature et des droits des générations futures. Il en va de même des modes de production industrielle dont les dégâts sur les ressources naturelles (malgré les modestes progrès accomplis) ne sont plus à démontrer;

– la mise en place d'un système fiscal national, international et mondial destiné à financer les investissements nécessaires à garantir le droit à l'eau pour tous et la valorisation de l'eau en tant que bien commun. Le financement public collectif devra se fonder sur des institutions et des règles les plus démocratiques possible. C'est la raison de la proposition de la constitution d'une « Autorité Mondiale de l'Eau » (AME, sorte de parlement mondial de l'eau), dotée de pouvoirs législatifs, judiciaires et de sanction, un peu semblable à l'organe de résolution des conflits

au sein de l'OMC. De même, il convient de promouvoir le partenariat public-public, à la place du vieux partenariat public-privé qui, dans les domaines essentiels à la vie et au vivre ensemble, a montré ses limites et ses dérives structurelles ;
– enfin, l'expérimentation de formes nouvelles de démocratie représentative, directe et participative à tous les niveaux (du local au global), en partant de la « démocratie des fleuves », ces fleuves transnationaux (sur les 262 principaux bassins hydrologiques du monde, 260 sont transnationaux) qui, de source de guerre – aujourd'hui encore trop souvent –, peuvent et doivent devenir source de paix et de solidarité.

A LIRE : *Hérodote*, 3e trimestre 2001, *Géopolitique de l'eau*, « Les problèmes des ressources en eau dans les prochaines années ».

Revue des Deux Mondes, « L'eau pour tous. Aspects géopolitiques des ressources en eau », septembre 2000.

Frédéric Lasserre, *La Ruée vers l'eau,* Le Serpent à plumes, 2003.

Marie-Odile Monchicourt, Jean-François Donzier, *Va-t-on manquer d'eau ?* Platypus Press, 2002. Enquête sur les ressources en eau de la planète, sa consommation, la pollution, les enjeux politiques.

Marc de Villiers, *L'Eau,* Solin-Léméac, 2000. Un recensement planétaire des menaces qui pèsent sur les ressources en eau.

Jean-Marc Lavieille, *Droit international de l'environnement*, Ellipses, Paris, 1998, 192 p.

Marie-Agnès Bernardis, *Le Grand Livre de l'eau*, La Manufacture, 1990. Aspects scientifique, économique, historique, symbolique.

Hervé Manéglier, *Histoire de l'eau : du mythe à la pollution*, François Bourin/Julliard, Paris, 1991. L'eau à travers le temps et les civilisations (mythe, technique, hygiène, ressource naturelle).

Jean Matricon et Jean-Paul Deleage, *Vive l'eau*, Gallimard, coll. « Découverte », 2000. Petite encyclopédie illustrée de l'eau.

Paul-Emile Victor dir., *La Fabuleuse Histoire de l'eau*, Casterman, 1974. Une encyclopédie thématique sur l'eau.

A CONSULTER : Attac. En français et en anglais.www.attac.org/fra/themes/mondialisation/etat.htm. Attac a réalisé un dossier concernant la mainmise des multinationales sur le marché de l'eau. On lira à cet égard l'étude éclairante de Kate Bayliss sur la privatisation – et la marchandisation – de l'eau en Afrique, dont les conséquences, souligne l'auteur, ne peuvent être que « désastreuses pour la santé publique ».

Economie solidaire : Cette nouvelle économie, au sens authentique du terme, renoue par certains aspects avec quelques-unes des traditions ouvrières de lutte contre la misère. Elle plonge ses racines jusqu'au Moyen Age. Les guildes, confréries et jurandes, corporations et compagnonnages constituent ses lointains ancêtres. Apparu au XIIIe siècle, le compagnonnage restera, sous l'Ancien Régime, la forme principale d'organisation des ouvriers professionnels français, et il a survécu jusqu'à aujourd'hui.

Créées par le mouvement ouvrier, à la fin du XIXe siècle, pour mettre en œuvre des solidarités face à la violence du capitalisme et pour s'approprier des moyens collectifs de production, coopératives, mutuelles et associations sont loin d'être les appendices du système dominant. Elles interviennent au moins sur trois registres : les impératifs socio-économiques (besoins de stricte nécessité), les impératifs socioculturels (identité) et les impératifs sociopolitiques (projets de société).

Les premiers théoriciens et les expériences initiales de l'économie sociale apparaissent au début du XIXe siècle, en réaction à la brutalité de la révolution industrielle. Face à la pensée libérale, le socialisme utopique de Saint-Simon (1760-1825) dessine la vision d'un système industriel dont l'objectif serait de procurer le plus de bien-être possible aux classes laborieuses unies en associations de citoyens, la redistribution équitable des richesses étant, elle, du ressort de l'Etat. A la même époque, Charles Fourier (1772-1837) invente le phalanstère, où la répartition des biens s'effectue selon le travail fourni, le capital apporté et le talent.

Pierre Proudhon (1809-1865), critique radical de la propriété privée, sera le précurseur d'un système mutualiste où l'argent est remplacé par des « bons de circulation » et où les sociétaires échangent des services. Mais, penseur anarchiste, il refuse toute intervention de l'Etat. A l'inverse, Louis Blanc, dans son ouvrage *L'Organisation du travail*, publié en 1839, décrit une société renouvelée, fondée sur la création de coopératives, l'Etat ayant la responsabilité de généraliser ce système à l'ensemble de la production.

Autre grande source d'inspiration de l'économie sociale : le christianisme social, courant de pensée réformiste représenté en France par Frédéric Le Play (1806-1882) et Armand de Melun (1807-1877).

Qu'elles revêtent la forme de mutuelles, de coopératives, d'associations ou de fondations, ces institutions affirment toutes partager cinq principes sacrés, un objectif fondamental et des exigences sociales : l'indépendance vis-à-vis de l'Etat, la libre adhésion des sociétaires, la structure démocratique du pouvoir (une personne, une voix), le caractère inaliénable et collectif du capital de l'entreprise, et l'absence de rémunération du capital, voilà pour les principes. L'objectif fondamental se définit par la fourniture de biens et de services au meilleur coût, de manière à servir l'intérêt mutuel des adhérents ou, plus largement, d'assurer un service d'intérêt général que l'Etat ne veut ou ne peut assumer.

Quant aux exigences sociales, elles imposent à l'entreprise du tiers secteur non seulement de respecter le droit du travail, mais, en outre, de concourir, par son organisation équitable, à l'épanouissement, à l'éducation et à la formation de tous ceux qui, bénévoles ou salariés, y travaillent. Bref, les entreprises de l'économie sociale prétendent ne pas être des entreprises comme les autres.

Loin d'être marginal, le secteur de l'économie sociale et solidaire, qui ne cesse d'ailleurs de s'étendre, du moins formellement, est un « poids lourd de l'économie » en Europe, suivant l'expression de Thierry Jeantet, membre du Comité consultatif de l'économie sociale. Mais sa visibilité pour les citoyens et les pouvoirs publics n'est pas à la mesure de son importance. Le sociologue Jean-Louis Laville a mis en évidence que l'activité économique s'articule, dans des proportions variables selon l'époque et le lieu, autour de trois pôles : le monétaire marchand (le marché), le monétaire non marchand (la redistribution opérée par l'Etat providence) et le non-monétaire non marchand (l'économie de proximité, c'est-à-dire le troc de biens et de services effectué par les individus dans leur voisinage).

Chacune à leur manière, les politiques libérale et keynésienne ont systématiquement privilégié l'axe monétaire. Le libéralisme triomphant est parvenu, dans l'immense majorité des pays, à soumettre la totalité de l'activité économique à la seule logique du marché. Un rééquilibrage entre les trois pôles s'impose, qui passe, au moins, par deux types de mesures : la réduction-réorganisation du travail et le développement de l'économie solidaire.

Mais que pèse l'économie solidaire face à l'hégémonie mondiale du capital ? Comment inverser la logique et passer du stade de l'initiative locale, voire microlocale, à un développement qui remettrait l'économie au service de la personne ? Selon les participants aux deuxièmes Rencontres internationales de la mondialisation de la solidarité en 2001, « le premier développement est celui d'une économie de rez-de-chaussée, une économie populaire qui transite par les systèmes locaux d'échange dans les marchés urbains élémentaires, les petites boutiques d'artisans, les petits ateliers de production. Tout cela forme les bases indispensables et les ressorts sans lesquels le développement à une autre échelle devient impossible ». Pour passer à l'échelle supérieure, treize défis sont à relever : l'agriculture, la paix, les arts et la culture, l'environnement, l'emploi, le commerce équitable, le transfert des savoirs, l'habitat, les politiques publiques, les services de proximité, la coopération internationale, le développement local et son financement.

C'est par l'instauration d'une démocratie active, la participation des populations aux politiques de développement local, à la gestion et à la maîtrise des modes de financement, y compris non monétaires – comme les banques de temps et les monnaies sociales – que les citoyens construiront une nouvelle relation au politique et se réapproprieront leur avenir. Pragmatique, le réseau international d'économie solidaire compte se doter d'outils d'évaluation des besoins exprimés par les populations afin d'y répondre « dans la transparence et l'équité. La valorisation des expériences, les stages d'intégration, le transfert des savoir-faire, comme celui des technologies, vont devoir passer à la vitesse supérieure, c'est-à-dire inclure des méthodologies participatives pour le partage, l'échange et la création de nouveaux savoirs. Cela commence, comme le fait le GESQ (Groupe d'économie solidaire du Québec) au Québec, par la création de forums d'information, de formation et de mobilisation sur les solidarités Nord-Sud.

L'économie solidaire implique un autre rapport à l'argent. Le système financier exclut nombre d'entrepreneurs potentiels. La sélectivité du crédit et le rationnement de l'offre – découlant de la recherche de rentabilité bancaire – aboutissent à ce que, selon une étude réalisée en 1999, seulement 22 % des entreprises nouvellement créées obtiennent un financement bancaire. Pour remédier à cette inégalité devant l'initiative, des actions de mobilisation d'épargne locale et solidaire ont commencé à s'organiser et mériteraient l'encouragement ou, pour le moins, la suppression des discriminations fiscales négatives dont elles font l'objet.

A LIRE : Jacques Généreux, *Les Vraies Lois de l'économie,* II, Seuil/France-Culture, Paris, 2002, 163 p.

Jean-Louis Laville (sous la direction de), *L'Economie solidaire. Une perspective internationale,* Desclée de Brouwer, Paris, 1994.

Gérard Delfau et Jean-Louis Laville, *Aux sources de l'économie solidaire,* Thierry Quinqueton éditeur, Domont (95330), 2000.

Joan Berney, Isabelle Darmon, Jordi Estivill, *Les Entreprises sociales en Espagne, en France et en Italie,* Cabinet d'estudis socials, Barcelone, décembre 1999.

Edith Archambaut, *Le Secteur sans but lucratif,* Economica, Paris, 1996.

Enron : « Je crois en Dieu et je crois dans le marché », confessait il y a deux ans Kenneth Lay, président d'Enron. Puis, assimilant Jésus-Christ à une sorte de libéral-libertaire fin de siècle, cet apôtre du secteur de l'énergie ajoutait : « Il voulait que les gens puissent choisir. » Enron s'attela donc au travail du Seigneur en œuvrant en faveur de la déréglementation de l'électricité. Chemin faisant, l'entreprise se métamorphosa. Spécialiste des oléoducs, elle devint négociant géant sur le marché de l'énergie : EDF figura un instant dans sa ligne de mire. La prédestination divine se confirma : la rémunération de M. Lay atteignit 141,6 millions de dollars en 2000, en hausse de 184 % par rapport à l'année précédente. « Nous sommes du côté des anges ; dans toutes les affaires que nous avons conduites, nous sommes les bons gars », expliqua Jeff Skilling, ancien directeur général d'Enron, au magazine *Business Week.*

Le 2 décembre 2001, Enron, le numéro un mondial du courtage en énergie, se déclarait en faillite et allait entraîner dans son sillage une profonde remise en cause du mode de fonctionnement du capitalisme anglo-saxon. Très vite, il est apparu que les règles élémentaires du gouvernement d'entreprise avaient été détournées au profit de quelques dirigeants. En outre, Enron cristallisait l'ensemble des fêlures des pratiques comptables qui permettaient de répondre aux nouveaux impératifs de rentabilité provenant du nouveau pouvoir des actionnaires.

Le suicide supposé d'un ancien vice-président d'Enron et la démission de son P-DG sont les derniers épisodes d'un des plus gros krachs frauduleux de l'histoire économique américaine. Au-delà de la destruction d'un conglomérat géant – et de la ruine de ses salariés, dont même le financement de la retraite est désormais compromis –, l'affaire éclaire tout à la fois le cynisme des dirigeants de l'entreprise, la symbiose entre multinationales et responsables politiques américains, les étranges pratiques d'une firme d'audit, l'arrière-cour des déréglementations et du système des fonds de pension.

Pour les gourous du management, Enron constituait une opération quasiment sainte. Le petit fabricant d'oléoducs devenu grand – et ambitieux – achetait, vendait, proposait son énergie au pays tout entier. Mais foin d'oléoducs, d'usines et d'actifs physiques devenus archaïques ! C'était l'ère de l'Internet, de la « nouvelle économie ». Enron n'était rien de moins qu'un « créateur de marchés », un missionnaire de l'esprit d'entreprise et de l'accumulation des bénéfices n'hésitant pas, pour accomplir sa tâche, à plonger dans les strates les plus profondes d'une vieille économie encore engoncée dans une idéologie de réglementations et de service public. Vous doutez ? Regardez nos profits !

Première grande entreprise à avoir fait faillite après que le maquillage de ses résultats financiers eut été mis au grand jour, Enron est devenue l'exemple type (et répété depuis par Universal) de ces grandes firmes qui, bénéficiant du manque de transparence de leurs résultats et de l'absence de contrôle indépendant, parviennent pendant un certain temps à masquer leur banqueroute.

Enron symbolise les travers issus de la croissance qu'ont connue les Etats-Unis durant les années 1990, basée sur la déréglementation de nombreux secteurs, comme l'énergie ou les télécommunications, mais aussi sur une vague sans précédent d'innovations. Le capitalisme anglo-saxon triomphait par sa capacité à générer des profits extraordinaires, les fonds d'investissement devenant les garants d'une dynamique qui allait assurer l'enrichissement de tous les salariés *via* les stock-options et l'épargne salariale. Or, ce modèle de croissance, fondé sur l'apport (incontestable) de l'Internet, a suscité des choix particulièrement risqués en situation de forte incertitude. Même si les modes d'organisation mis en place par Enron se

sont révélés opérants, chaque fois qu'il a fallu faire des choix, les dirigeants ont préféré maximiser les gains plutôt que s'assurer une meilleure protection contre les risques. La cascade de révélations de fraudes comptables qui ont suivi la faillite d'Enron, de WorldCom à Xerox, a fait plonger les marchés financiers en jetant le doute sur les comptes des firmes. Or, la crédibilité des informations financières est un véritable bien public.

L'entreprise s'était gargarisée de sa « transparence ». Au moment de sa déconfiture, elle dévoila un mélange de fraudes et de népotisme. Sans oublier une exagération prodigieuse de ses profits qui provoqua la panique des investisseurs et l'effondrement d'un empire énergétique dont le chiffre d'affaires avait dépassé 100 milliards de dollars. En un an, sa valeur boursière a été divisée par 350. Un tel destin éclaire à sa manière le débat sur les fonds de pension : 60 % des sommes destinées à financer la retraite des employés d'Enron étaient investis en actions de la société.

La particularité de l'affaire Enron réside dans l'ampleur de l'exploitation de pratiques comptables légales afin de passer pour une entreprise performante, alors même que s'accumulaient des pertes colossales, et ce au nez et à la barbe de tous les dispositifs de surveillance censés assurer la crédibilité de l'information comptable. De fait, Enron, pour camoufler des investissements déficitaires ou peu rentables, a créé des structures financières appelées Special Purposes Entities (SPE) qui peuvent ne pas être consolidées au bilan des entreprises. Si Enron a recouru de manière particulièrement opaque à ces SPE, cet instrument est utilisé couramment par les entreprises américaines pour aménager leur bilan et constitue donc un moyen aisé de falsification des résultats. La présentation de comptes *pro forma*, c'est-à-dire de comptes

réajustés en fonction du périmètre retenu de l'entreprise, fait également partie de ces pratiques, certes légales, mais qui participent au manque de transparence de l'information sur les résultats des firmes.

Parmi les nombreuses causes de sa déconfiture, plusieurs relèvent des malversations classiques autour d'une entreprise. De nombreuses dépenses ont par exemple été enregistrées comme des investissements afin de réduire les pertes, et certains actifs ont été réévalués artificiellement. Par ailleurs, les dirigeants d'Enron ont mené un intense lobbying auprès des parlementaires américains afin que ceux-ci ne remettent pas en cause la déréglementation du secteur énergétique.

L'extraordinaire dans cette affaire, c'est qu'elle n'est pas extraordinaire. L'« achat » de responsables politiques par des contributions électorales est légal aux Etats-Unis, l'existence d'entreprises de certification des comptes qui servent par ailleurs de conseillers rétribués aux entreprises dont elles certifient les comptes est légale, le fait que des journalistes financiers et des essayistes aient vanté auprès du public (et donc des actionnaires potentiels) un « modèle » d'entreprise dont le fleuron les rémunérait personnellement est légal. Dans ces conditions, il faut décidément beaucoup de candeur aux observateurs qu'un « scandale » réveille pour découvrir que l'opacité des comptes caractérise nombre de sociétés cotées en Bourse, que la porosité est extrême entre le monde de l'entreprise privée et celui du service public, que la corruption et la prévarication sont courantes au sein du système économique et politique américain.

Enron s'employa à aider George W. Bush à devenir une personnalité politique nationale. Quand l'actuel président des Etats-Unis était encore gouverneur du Texas, il traversait cet Etat dans un jet privé fourni par la compagnie. Puis, dans sa campagne pour la Maison Blanche, il eut Enron comme principal contributeur. Ce n'était pas tout. Kenneth Lay était à la fois une connaissance d'affaires de l'actuel vice-président des Etats-Unis, Richard Cheney, et le coprésident de la Fondation

Barbara-Bush contre l'illettrisme. La symbiose d'Enron avec les cercles dirigeants allait même permettre à M. Lay d'être le seul patron d'une entreprise électrique à rencontrer M. Cheney en tête à tête au moment où ce dernier préparait le plan énergie de l'administration. Il aurait également suggéré un certain nombre de désignations à la tête de l'agence fédérale chargée de réglementer son secteur d'activité. Au Royaume-Uni, où Enron sut tirer parti des privatisations de l'eau, l'entreprise compta en 1998 au nombre des parrains financiers de la réunion annuelle du parti travailliste.

Le scandale n'est pas seulement national. Le conglomérat texan procédait en effet à de multiples acquisitions sur plusieurs continents : en Inde, au Mozambique, en Australie, au Japon... Les « réformes » libérales (levée des restrictions à l'importation, création d'un « bon climat » pour les investisseurs) favorisées à l'échelle de la planète par l'Organisation mondiale du commerce (OMC *) lui permettaient de profiter au maximum de l'ouverture des marchés. Il fut d'ailleurs un lobbyiste très actif à Genève, siège de l'OMC. Parallèlement, comme c'est souvent la règle d'une économie « de marché » basée sur la concurrence, des diplomates américains et des officiels de la Maison Blanche apportaient, parfois brutalement, à la défense des intérêts de l'entreprise privée « mondialisée » (Enron fut la 16e du monde par le chiffre d'affaires) tout l'appui de la puissance publique. Deux agences fédérales furent même mobilisées par les administrations Clinton et Bush pour garantir les investissements d'Enron à l'étranger. Et l'entreprise, experte des paradis fiscaux *, parvint à ne pas payer d'impôts entre 1996 et 2000, période pendant laquelle elle déclara néanmoins 2 milliards de dollars de profits. Enfin, le jour où la situation se gâta, le conglomérat put compter sur un avocat de poids : l'ancien ministre des Finances de William Clinton, Robert Rubin, devenu ensuite patron de Citigroup, avait intérêt à ce que sa banque récupère les sommes prêtées à Enron. Il se démena pour que les agences de notation ne baissent pas la « note » de l'entreprise.

Alors même que la nature et la cohérence de ses activités ne paraissaient pas évidentes, Enron prospéra, vanté dans la presse d'affaires comme un modèle d'audace et de « modernité », de « gouvernement d'entreprise » capable d'opérer au mieux sur le marché déréglementé des produits dérivés.

L'autre défaillance majeure mise en exergue par l'affaire Enron est celle de l'ensemble de la chaîne de l'information financière. En effet, le cabinet Andersen a certifié des comptes manifestement falsifiés afin de préserver ses activités de conseil auprès d'Enron. Cette confusion des genres lui a valu une condamnation judiciaire qui s'est soldée par la disparition du cabinet. La fin d'Andersen souligne le conflit d'intérêts qui empêche de concilier audit et conseil au sein d'une même entité. Au-delà des auditeurs, les banques d'affaires sont également impliquées dans l'affaire Enron car elles ont participé de fait à l'ingénierie financière utilisée par le courtier en énergie. De peur de perdre un client et leurs intérêts déjà investis, elles ont préféré se taire, voire même conseiller les titres à l'achat par l'intermédiaire de leurs analystes financiers, profession elle aussi sérieusement discréditée par le scandale Enron.

Tranquillisés par les bulletins de bonne santé financière émis par cette prestigieuse agence de certification, Andersen, d'autant plus indulgente pour Enron que le conglomérat texan l'avait recrutée comme cliente, les petits épargnants se précipitaient. L'ascension de la valeur de l'action faisait taire les derniers sceptiques. Les meilleurs essayistes et éditorialistes – pas seulement dans la presse américaine – avaient eux aussi les yeux de Chimène pour cette firme de Houston qui savait reconnaître leur talent d'écrivains au prix fort et, le cas échéant, les inviter à de très lucratives réflexions sur l'état du monde.

La chute se révélera moins dure pour eux que pour les salariés américains qui ont investi dans Enron une partie de leurs retraites (environ les deux tiers des actifs boursiers de la firme étaient détenus par des fonds de pension ou des fonds de mutuelle). Si la liquéfaction des cours a ruiné la plupart des employés de l'entreprise, les dépouillant de leur emploi et de leurs économies (les règlements internes leur interdisaient en effet de vendre leurs actions), les cadres de haut niveau ont pu, eux, s'en débarrasser à temps. C'est-à-dire au plus haut.

Les dernières années furent celles de l'enronphilie. Dans un ouvrage de Gary Hamel publié en 2000, *Leading the Revolution* (« A la pointe de la révolution »), l'auteur estimait que, dans cette entreprise « révolutionnaire », les « idées radicales » fleurissaient car elles étaient encouragées à s'exprimer : « De nouvelles voix peuvent se faire entendre. » L'entreprise se référait même à Gandhi, à Lincoln et aux militants des droits civiques qui, en 1963, risquaient leur vie en Alabama pour arracher l'égalité des Noirs...

A LIRE : Alan C. Miller et T. Christian Miller, « Election was decisive in arena of spending : ever-higher sums », *Los Angeles Times*, 8 décembre 2000, sur le site de CNN Europe.

John Nichols, « Enron's global crusade », *The Nation*, 4 mars 2002.

Daniel Mermet et son équipe consacrèrent cinq émissions *Là-bas si j'y suis* à l'affaire Enron, sur France Inter, du lundi 18 au vendredi 22 mars 2002.

Environnement : Question dont l'importance en matière de relations internationales n'a cessé de croître. Depuis les idées du Club de Rome * et l'objectif de la croissance zéro, la protection de l'environnement devrait être au premier plan des préoccupations internationales, car ce phénomène, qui ne connaît pas de frontières, exige une approche transnationale, un développement de la diplomatie multilatérale, la formation d'un droit spécifique de l'environnement et la notion de développement durable *.
Après la Conférence des Nations unies sur l'environnement tenue à Stockholm en 1972, qui voit s'affronter les pays en voie de développement préoccupés d'abord par leur développement, les Sommets de la Terre de Rio de Janeiro (1992) et de New York (1997) expriment non sans peine l'émergence d'une conscience planétaire et renforcent les principes juridiques. Un accord est conclu, à la conférence de Kyoto * (décembre 1997), pour une réduction des rejets de gaz nocifs à effet de serre d'ici à 2012, pour lutter contre le réchauffement de la Terre.
La référence au patrimoine commun de l'humanité envahit le droit maritime, spatial, et constitue une limite à la souveraineté étatique. Dans le domaine de l'eau *, elle pose en principe la non-appropriation de la haute mer et des fonds marins (Convention de Montego Bay, 1982) en dehors de la zone économique exclusive à 200 milles nautiques, et une nouvelle définition du plateau continental de l'Antarctique (traité de 1959, renouvelé en 1991), territoire dont l'exploitation minière est ajournée, comme celle de l'Espace, de la Lune et des corps célestes (traité de 1967). Elle prévoit la démilitarisation, l'interdiction du stockage d'armes nucléaires sur les fonds marins (1971) et de mise en orbite d'armes de destruction massive (1967, 1979). Elle impose le respect de l'environnement par la convention de 1954, prohibant la pollution par les hydrocarbures qui provoquent des catastrophes écologiques à répétition (*Amoco-Cadiz* en 1978, *Erika* en 2000, *Prestige* en 2002).

A LIRE : Bruno Rebelle, *La Terre n'est pas à vendre*, Desclée de Brouwer, Paris, 2002.
Marie-Claude Smouts, *Forêts tropicales, jungle internationale. Les revers de l'écopolitique mondiale*, Presses de Sciences-Po, Paris, 2002.
Philippe Boursier et Philippe Chailan (sous la direction de), *Capitalisme ou Ecologie*, Ecologie sociale, La Roche-sur-Yon, 2001.
Michel Damian et Jean-Christophe Graz (sous la direction de), *Commerce international et Développement soutenable*, Economica, Paris, 2001.
Hans Jonas, *Une éthique pour la nature*, Desclée de Brouwer, Paris, 2000.

Etats voyous : Dans le dessein d'avoir une plus grande flexibilité dans ses rapports avec les Etats ainsi désignés, le Département d'Etat, à Washington, a exclu tout récemment cette expression (« Etat voyou ») de son langage diplomatique, au profit de la catégorie, plus vague, de « State of concern » (« Etat source d'inquiétude »). La définition d'Etat voyou appartenait au champ rhétorique engendré par le FBI : « Le terrorisme est l'usage illégal de la force ou de la violence contre des personnes ou des biens pour intimider un gouvernement, une entreprise ou une communauté quelconque afin de faire adopter une nouvelle ligne de conduite politique ou sociale. »
Chaque année, le Département d'Etat établit une liste qui, à la veille de l'invasion de l'Irak en 2003, comprenait : l'Iran, l'Irak, le Soudan, la Syrie, la Libye, la Corée du Nord et Cuba... et 28 autres adhérents ! On trouve notamment dans ce club : Al-Qaida *, mouvement d'Oussama Ben Laden *, la Gama'a Islamiyya en Egypte (supposée apporter son aide à Al-Qaida), le Hezbollah libanais, le Hamas, le Djihad islamique palestinien, le Front populaire de libération de la Palestine et le mouvement juif extrémiste Kach et Kahane. Y figurent également les Tigres tamouls, au Sri Lanka, les FARC colombiennes et l'ETA basque. Deux nouvelles organisations ont été récemment ajoutées : les Autodéfenses unies de Colombie et l'IRA véritable,

branche dissidente de l'IRA irlandaise, et deux autres mouvements ont été éliminés : les Tupac Amaru au Pérou et l'Armée rouge japonaise. Selon le Pentagone, ce nouveau terrorisme, au lieu d'être mené par des personnes ou des groupes, le serait par un Etat qui préfère user de moyens différents tels que les armes de destruction massive : nucléaires, balistiques, chimiques ou bactériologiques.

Cependant, certains analystes affirment que l'histoire récente ne démontre pas de soutien de Cuba, de l'Iran ou de l'Irak à des groupes terroristes. En 2000, le Département d'Etat a reconnu que le régime irakien n'aurait tenté aucun acte terroriste anti-occidental « depuis son complot d'assassinat raté contre l'ancien président George Bush en 1993 ». Au lendemain des attentats du 11 septembre 2001, Washington affirmait que Mohammed Atta, le chef des pirates de l'air, avait rencontré en 2000 à Prague des agents des services de renseignements irakiens. Mais, après enquête, les autorités tchèques ont catégoriquement exclu la possibilité d'une telle rencontre.

La caractéristique la plus intéressante de ce débat sur les Etats voyous est qu'il ne devrait pas avoir lieu. Il est bon de rappeler ce que la Charte des Nations unies stipule : « Une fois constatée l'existence d'une menace contre la paix, d'une rupture de la paix ou d'un acte d'agression, le Conseil de sécurité peut décider quelles mesures n'impliquant pas l'emploi de la force armée doivent être prises. Si ces mesures se révèlent inadéquates, le Conseil peut entreprendre toute action qu'il juge nécessaire au maintien ou au rétablissement de la paix et de la sécurité internationales. »

Le mépris de la primauté du droit est profondément enraciné dans la culture intellectuelle et les pratiques américaines. Il suffit de se rappeler, entre autres exemples, la réaction de Washington à l'arrêt de la Cour internationale de justice de La Haye en 1986. On se souvient que les Etats-Unis furent condamnés pour « usage illégal de la force » contre le Nicaragua sandiniste, et sommés de mettre un terme à leurs activités clandestines au service des antisandinistes de la Contra, ainsi qu'à verser des réparations au gouvernement légal de Managua.

Cette décision de la plus haute instance judiciaire internationale souleva un ouragan de protestations aux Etats-Unis. La Cour fut accusée de s'être « discréditée », et son arrêt ne fut pas jugé digne d'être publié. Il n'en fut évidemment tenu aucun compte, bien au contraire : le Congrès, à majorité démocrate, débloqua de nouveaux fonds pour les terroristes de la Contra. Dans une déclaration d'avril 1986, le secrétaire d'Etat George Schultz avait bien formulé la doctrine américaine en la matière : « Le mot négociation est un euphémisme pour capitulation si l'ombre de la puissance n'est pas projetée sur le tapis vert », expliqua-t-il, fustigeant dans la foulée ceux qui préconisaient « des moyens utopiques, légalistes, telle la médiation par des tiers, l'ONU ou la Cour de La Haye, en ignorant l'élément de puissance dans l'équation ».

Il existe des voies de recours légitimes pour faire face aux nombreuses menaces pesant sur la paix du monde, et aucun Etat n'a autorité pour agir à sa guise par des mesures unilatérales. Les Etats-Unis et le Royaume-Uni ne font pas exception à la règle, quand bien même ils auraient les mains propres, ce qui est loin d'être le cas. Ni les Etats voyous, par exemple l'ex-Irak de Saddam Hussein, ni les Etats-Unis n'acceptent ces contraintes. Ainsi, lors d'une première confrontation avec l'Irak, Madeleine Albright, ancienne secrétaire d'Etat, et, à l'époque, ambassadrice auprès de l'ONU, ne se gêna pas pour déclarer au Conseil de sécurité : « Nous agirons de façon multilatérale quand nous le pourrons, et unilatéralement quand nous le jugerons nécessaire », car « nous considérons cette région du Proche-Orient comme d'une importance vitale pour les intérêts nationaux des Etats-Unis ».

Elle réitéra cette position en février 1998, au moment où le secrétaire général de l'ONU, Kofi Annan, entreprenait une mission diplomatique à Bagdad : « Nous lui souhaitons bonne chance et, à son retour, nous verrons si ce qu'il rapporte est compatible avec nos intérêts nationaux. » Quand M. Annan annonça qu'un accord avec Saddam Hussein était intervenu, le président Clinton, pour sa part, déclara que si l'Irak ne s'y conformait pas (Washington étant seul juge en la matière), « tout le monde comprendrait que les Etats-Unis et, il faut l'espérer, tous nos alliés, auraient le droit unilatéral de répliquer quand, où et comment ils le décideraient ». Le Conseil de sécurité de l'ONU entérina à l'unanimité l'accord signé par M. Annan et rejeta l'exigence de Londres et de Washington d'être autorisés à faire usage de la force s'il n'était pas observé. Dans cette dernière hypothèse, l'Irak s'exposait cependant « aux plus graves conséquences », indiquait – sans plus de précisions – la résolution du Conseil, lequel décidait de rester saisi en permanence. Aux termes de la Charte des Nations unies, il s'agissait bien du Conseil de sécurité, et de lui seul.

Washington eut une lecture totalement différente de ce texte pourtant sans aucune ambiguïté. Selon l'ambassadeur américain auprès des Nations unies Bill Richardson, l'accord conclu « n'empêchait pas l'usage unilatéral de la force », et les Etats-Unis conservaient le droit légal d'attaquer Bagdad quand bon leur semblerait. M. Richardson précisa : « Nos bombardements peuvent être de trois types : frappes chirurgicales, frappes ponctuelles ou frappes massives. Les frappes chirurgicales ne seront pas suffisantes. Nous envisageons des frappes ponctuelles. » M. Clinton déclara à son tour que la résolution du Conseil de sécurité lui « conférait autorité pour agir » – par des moyens militaires, précisa son conseiller de presse – en cas de non-respect par l'Irak de ses engagements. Au

Congrès, certains élus considérèrent que cette position officielle était encore trop respectueuse du droit national et international. Ainsi, le républicain Trent Lott, leader de la majorité au Sénat, dénonça le gouvernement de M. Clinton pour avoir « sous-traité » sa politique étrangère « à d'autres », c'est-à-dire au Conseil de sécurité. Son collègue démocrate John Kerry, pourtant ancienne « colombe », ajouta que l'invasion de l'Irak par les Etats-Unis était « légitime » si Saddam Hussein « s'obstinait à violer les résolutions de l'ONU ».

A LIRE : Jacques Derrida, *Voyous*, Galilée, Paris, 2003.
Noam Chomsky, Ramsey Clark, Edward Said, *La Loi du plus fort : Mise au pas des Etats voyous*, Le Serpent à plumes, Paris, 2002.
Noam Chomsky, *De la guerre comme politique étrangère des Etats-Unis*, Agone éditeur, Marseille, 2002.
William Blum, *L'Etat voyou*, Parangon, Paris, 2002.

F

Flux migratoires : Un vieux proverbe iroquois dit : « Qui abandonne son pays n'a plus de pays. Parce qu'il en a deux : son ancien pays et son nouveau pays. » La plupart des personnes entraînées dans l'odyssée de l'émigration vérifient la douloureuse exactitude de ce dicton.

Plusieurs millions de personnes partent chaque année de leur pays pour s'installer dans un autre, dans l'espoir d'y trouver une vie meilleure. Les flux migratoires ainsi générés touchent désormais tous les Etats, révélant les déséquilibres du monde, avec ses inégalités, ses clivages et ses aires d'influence. Mais sur ce sujet, qui soulève presque partout des passions, l'information statistique est déficiente. Il faut donc se contenter de chiffres très approximatifs. Selon le Fonds des Nations unies pour la population, le nombre des personnes vivant dans un autre pays que leur pays natal serait passé de 75 millions en 1965 à 120 millions en 1990, et à 150 millions en 2000. Ces chiffres doivent être relativisés : il s'agit de près de 2 % de la population du monde, une proportion qui n'a pas beaucoup changé depuis la Seconde Guerre mondiale. Sur ces 150 millions, les neuf dixièmes auraient émigré pour des raisons économiques et un dixième pour des raisons politiques, en général à cause d'un conflit armé. Dans les pays d'accueil, le nombre des immigrés est souvent mal connu : seuls les réfugiés font l'objet de comptages. Dans les pays de départ, le nombre des absents fait l'objet, au mieux, d'évaluations grossières.

Ce n'est pas tant l'ampleur que la généralisation des flux qui est le trait nouveau : presque tous les pays du monde sont désormais concernés. Parmi les migrants, les travailleurs manuels font place aux personnes qualifiées, et les femmes sont de plus en plus nombreuses. Nombre de mouvements ont une longue portée et les itinéraires migratoires sont de plus en plus compliqués. En raison des restrictions appliquées par la plupart des Etats du Nord depuis les années 1970, la proportion des sans-papiers est importante. La pression migratoire est telle que certains pays, notamment les Etats-Unis et l'Australie, sélectionnent les migrants qu'ils jugent utiles. Derrière la complexité des mouvements transparaît un principe simple : les flux sont générés par les écarts de niveau de vie tels qu'ils sont perçus par les candidats au départ.

On compte environ 150 millions de personnes déplacées dans le monde, soit 2,8 % de la population mondiale dont un tiers de migration familiale, un tiers de migration de travail et un tiers de réfugiés. Tous les continents sont concernés, et l'existence de nouveaux pôles de départ et d'accueil tend à estomper peu à peu le poids des anciens liens coloniaux et du caractère bilatéral des flux. Même si les pays d'accueil occidentaux (Europe de l'Ouest, Etats-Unis, Canada, auxquels on peut adjoindre l'Australie et le Japon) font l'objet de l'essentiel des analyses, plus de 60 % des migrants ne quittent pas l'hémisphère Sud. Tout porte à croire que la mondialisation des flux migratoires va se poursuivre, du fait de la persistance des écarts de développement et d'une connaissance accrue des filières d'entrée dans les pays d'accueil, contre lesquelles les politiques de contrôle des frontières n'ont que peu d'effet.

Quelques idées reçues doivent être violemment combattues dans ce nouveau paysage de la mobilité mondialisée. Tout d'abord, ce ne sont pas les plus pauvres qui partent, mais ceux qui disposent d'un réseau, de famille installée à l'étranger, d'un pécule quand le franchissement des frontières est impossible par les voies légales. S'il n'y a pas de réseau, point de migration. La seule exception à cette force transnationale qui transgresse les frontières et les Etats est la migration forcée des réfugiés. Mais là encore, les pays riches sont loin d'accueillir le plus grand nombre, le tiers-monde, producteur et receveur de ces flux, en accueillant les trois quarts.

Ensuite, et contrairement au passé, ce sont moins la pression démographique (d'ailleurs en baisse dans beaucoup de pays de départ, notamment sur la rive sud de la Méditerranée) et la pauvreté qui poussent les gens hors de chez eux que l'attirance d'un imaginaire migratoire. Celui-ci se construit par les médias qui diffusent les chaînes de télévision occidentales, le bouche à oreille, la visibilité sur les marchés locaux et par les migrants de retour chez eux, le temps des vacances, d'une société de consommation si proche et pourtant parfois si difficile d'accès. Aussi les migrants sont-ils davantage des urbains scolarisés, issus des classes moyennes, informés des chances de réussite dans les pays riches, que des ruraux analphabètes comme du temps des migrations de masse des années de croissance. Les femmes et les enfants isolés font aussi partie de ce nouveau profil.

Faut-il ajouter que la libre circulation des marchandises, souvent présentée comme une alternative aux migrations, est plutôt, à court terme, un accélérateur de la mobilité qu'un frein à celle-ci ? Car elle inscrit les populations touchées dans des réseaux d'échanges qui se traduisent un jour ou l'autre par la mobilité des hommes.

Il y a à peine deux décennies, des pays du sud de l'Europe comme le Portugal, l'Espagne, l'Italie ou la Grèce étaient exportateurs nets de main-d'œuvre. Pendant un siècle environ, ces pays sous-développés à la démographie galopante avaient encouragé à partir des millions de pauvres vers l'Amérique du Nord, les Antilles, l'Amérique latine, l'Afrique coloniale ou vers l'Europe développée.

Cette émigration massive, douloureuse pour les familles, avait été fort bénéfique pour ces Etats. Elle avait considérablement réduit la pression sociale, favorisé – grâce aux transferts de devises des travailleurs émigrés – la situation économique générale, et contribué largement à moderniser, au niveau des mœurs, des sociétés arriérées et sous l'emprise de la religion ou de traditions archaïques.

Aujourd'hui, ces pays sud-européens, devenus membres de l'Union européenne, font partie du club très restreint des Etats riches. Ils ont enfin accédé à une modernité si longtemps rêvée. Et ils semblent avoir tout d'un coup oublié leur long passé de terres d'émigration ainsi que les humiliations et discriminations qu'eurent autrefois à subir leurs ressortissants dans les contrées étrangères.

Ils se comportent, à l'égard des nouveaux émigrés venus chercher du travail chez eux, avec une dureté scandaleuse et, souvent, avec un racisme méprisable, comme l'ont montré tragiquement les pogroms anti-immigrés (contre des Marocains et des Africains) à El Ejido, en Espagne, en février 2000.

A leur tour, Maghrébins ou Africains, Albanais ou Kurdes, Afghans ou Sri Lankais fuient aujourd'hui la misère, le sous-développement, les guerres, les persécutions, les conséquences dramatiques de la mondialisation * libérale... Au risque de leur vie, ils traversent des déserts, des océans, des tunnels ou des détroits, victimes de passeurs indélicats, pour se retrouver finalement dans la peau de clandestins exploités par des marchands de sommeil et par des négriers modernes qui leur proposent du travail au noir payé une misère, sans droits, sans papiers, sans soins, sans respect.

Partout, en Afrique comme en Europe ou en Amérique latine, les émigrés deviennent vite des boucs émissaires. En cas de crise économique, il est facile de les désigner comme responsables de la pénurie de travail, cause du chômage des nationaux. Des partis xénophobes surgissent qui accusent alors les étrangers de tous les maux, de manger le pain des habitants locaux, de leur voler le travail, de fomenter l'insécurité et la délinquance, de répandre des maladies contagieuses, d'instiller la perversion et le vice...

Devant tant d'injustices à l'égard des émigrés, il est temps de modifier la perception que les sociétés d'accueil en ont. Etranges, les étrangers l'ont toujours été et le resteront malheureusement. Mais, en connaissant mieux leurs histoires, leurs itinéraires, leurs espoirs et leurs ambitions, peut-être pourrons-nous mieux admettre qu'ils sont devenus, *nolens volens*, une composante importante de la population des pays développés, que leur lutte constante pour la dignité oblige à les respecter dans tous les domaines. Qu'ils ont finalement conquis le droit aux libertés fondamentales : faculté d'aller et venir, de vivre en paix, accès à l'éducation, à la santé, au travail, au logement, aux loisirs, à la culture... Et que, faisant partie intégrante de la cité, ils doivent avoir aussi, dans les élections locales notamment, le droit de voter. Et le droit d'être élus.

Pour toutes sortes de raisons – multiplication des Etats et des conflits, déséquilibres économiques et démographiques, progrès des transports intercontinentaux, etc. –, le XXe siècle a, entre autres spécificités, le triste privilège d'être celui des réfugiés.

En 1992, l'Europe occidentale comptait 18,27 millions d'étrangers sur son territoire. Ils sont aujourd'hui quelque 15 millions. Mais, de tout temps, les « victimes de la tourmente de l'histoire », de l'intolérance religieuse et de l'ostracisme politique ont existé. Tout particulièrement en France et en Europe. A noter le caractère inéluctable de la persistance des pressions migratoires dans un avenir prévisible ; la nouveauté de certains traits les caractérisant ; la diversité des politiques suivies par les Etats européens. Non seulement la disparité des niveaux de vie et celle des régimes politiques motivent les migrants à se déplacer vers certains pays jugés plus attirants, mais les migrations de l'Est se superposent à celles du Sud.

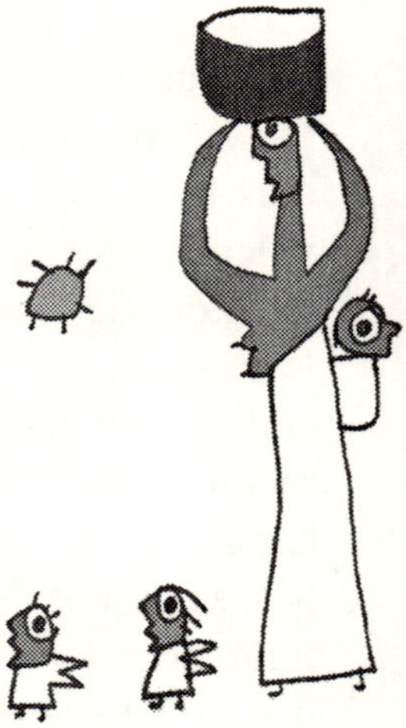

Quelles que soient les origines des flux, les politiques européennes convergent cependant dans une tendance à la fermeture. Les divergences quant aux politiques suivies par chaque Etat vis-à-vis des immigrés régulièrement admis à séjourner sont réelles et tiennent largement à la spécificité de chaque histoire nationale.

Les pays d'émigration sont devenus très nombreux depuis les années 1980. Parmi les plus affectés figurent ceux de l'Asie du Sud et de l'Est, en particulier la Chine et les Philippines. Plusieurs pays d'Amérique sont aussi très concernés, particulièrement le Mexique, Cuba et Haïti. En Afrique du Nord et au Proche-Orient, le Maroc, la Turquie et le Yémen sont les plus touchés. L'Afrique subsaharienne est gagnée peu à peu. Les pays du Sud ne sont d'ailleurs pas les seuls à connaître des départs. Depuis la fin des régimes communistes, l'émigration a nettement repris à partir de l'Europe centrale et orientale.

Les pays d'accueil aussi sont devenus plus nombreux avec l'émergence de nouveaux foyers d'attraction. Certains exercent un attrait modéré, à caractère régional : c'est le cas du Japon en Asie. D'autres exercent une attraction forte, mais limitée à certains pays : Australie et Arabie Saoudite. Deux groupes de nations exercent une puissante attraction planétaire : l'Amérique du Nord et l'Europe de l'Ouest.

Les Etats-Unis comptent au moins 25 millions d'immigrants et accueillent près d'un million de personnes supplémentaires chaque année. Les autres pays ayant un gros effectif d'immigrants sont l'Allemagne (5 millions), la France (plus de 4 millions), l'Arabie Saoudite et le Royaume-Uni (près de 4 millions chacun).

Les migrations internationales ont des effets économiques considérables, car une partie importante de l'épargne des migrants est transférée vers les pays d'origine, dont elle représente souvent la première source de revenu extérieur. Les flux étaient estimés à 70 milliards de dollars au début des années 1990, mais ce chiffre a probablement doublé en dix ans.

Alors que la mondialisation économique a profondément transformé les Etats et le système interétatique, pouvait-on continuer de penser l'immigration comme s'il s'agissait d'une dynamique indépendante des autres champs, comme si son « traitement » relevait encore exclusivement d'une souveraineté nationale unilatérale ? Pouvait-on persister, dans la réflexion sur les migrations internationales, à faire l'économie d'une interrogation sur les transformations décisives qui ont affecté l'Etat, à la fois sur le plan domestique et dans ses relations internationales ?

Tandis que se préparait le sommet de Nice de décembre 2000, le commissaire européen Antonio Vitorino a appelé les pays membres à reconnaître que « la politique immigration zéro des vingt-cinq dernières années n'est plus opérationnelle » et à mener une « politique plus ouverte » afin de répondre aux besoins de main-d'œuvre.

On pourrait se réjouir de l'abandon du mythe de la fermeture des frontières, ainsi que de la fin de la suspicion systématique envers les immigrés et les candidats à l'immigration. Toutefois, derrière la nouvelle gestion de l'immigration ne se profilent ni l'accompagnement social des travailleurs étrangers présents sur le sol européen ni la fin de l'absurde situation faite aux sans-papiers et aux demandeurs d'asile. L'Europe, à sa façon, installe un tri sélectif, recrute les travailleurs « utiles » et rejette les « inutiles ». On ouvrira la porte aux diplômés formés par le système universitaire indien ou marocain. Quelques indésirables, choisis pour l'exemple, repartiront menottés dans l'avion, tandis que la plupart resteront sur place, privés de droits et de perspectives, et travaillant dans des conditions inacceptables.

La répression accrue de l'immigration rendue illégale est le fruit d'une panique des dirigeants politiques devant leur impuissance à « réguler les flux » – un sentiment qui perdurera tant que l'on pensera les migrations internationales dans le cadre étroit de l'Etat nation. Les Etats n'ont-ils pas eux-mêmes, en ratifiant de nombreux accords internationaux (commerce, construction européenne, défense des droits humains...), contribué à la mondialisation du travail?

Cette vision interdit tout débat serein. La question importante, en effet, ce n'est pas l'efficacité du contrôle des Etats sur leurs frontières, dont on sait bien le caractère nécessairement imparfait, mais plutôt la nature de ce contrôle. Comment les politiques migratoires s'intègrent-elles au nouveau cours mondial, avec son économie, ses accords internationaux sur les droits humains, avec l'extension aux immigrants résidents de divers droits sociaux et politiques, la multiplication des acteurs politiques, etc.?

Saskia Sassen, sociologue à l'université de Chicago, signale que les migrations internationales ne représentent pas des phénomènes autonomes. Et parmi les acteurs majeurs, mais rarement identifiés comme tels, de ces migrations, elle relève :

– certaines sociétés multinationales qui, du fait de leur rôle dans l'internationalisation de la production, supplantent les petits producteurs locaux, ce qui limite les perspectives de survie de ces derniers dans l'économie traditionnelle et crée ainsi une main-d'œuvre mobile. De plus, l'installation de pôles de production tournés vers l'étranger contribue à l'établissement de liaisons entre pays demandeurs de capitaux et pays exportateurs de capitaux ;

– des gouvernements qui, par leurs opérations militaires, provoquent des déplacements de populations et des flux de réfugiés et de migrants ;
– les mesures d'austérité imposées par le Fonds monétaire international (FMI *) qui obligent les pauvres à envisager l'émigration (domestique ou internationale) comme stratégie de survie ;
– enfin, les accords de libre-échange qui, renforçant les flux de capitaux, de services et d'informations transfrontaliers, impliquent la circulation transfrontalière de travailleurs spécialisés.

Organisations d'aide aux immigrants : Cimade (Service œcuménique d'entraide) www.cimade.org

La Cimade œuvre, entre autres, en faveur des étrangers faisant l'objet d'une mesure d'expulsion ou d'interdiction du territoire. On lira avec intérêt les dossiers qu'elle a réalisés sur leur situation dans les centres de rétention administrative et dans les zones d'attente, qui dressent un état des lieux accablant pour les pouvoirs publics.

Comité contre l'esclavage moderne (CCEM) : www.ccem-antisiavery.org, multilingue.

Le CCEM présente son bulletin mensuel d'information en version intégrale, une série de publications (dont les actes du colloque organisé en septembre 2000 : « Esclavage moderne et trafic des êtres humains, quelles approches européennes ? ») à télécharger gratuitement et une section d'actualités juridiques...

France Terre d'asile : www.france-terre-asile.org

L'association d'aide aux demandeurs d'asile et aux réfugiés fournit une documentation complète sur le droit d'asile et propose un dossier sur la situation en Europe.

A LIRE : Andrea Rea, *Jeunes Immigrés dans la cité*, Editions Labor, Bruxelles, 2001, 170 p.

Nancy L. Green, *Repenser les migrations*, PUF, coll. « Le nœud gordien », Paris, 2002, 140 p.

FMI : Le Fonds monétaire international a été créé en juillet 1944 lors d'une conférence des Nations unies qui s'est tenue à Bretton Woods *. Les représentants de 45 nations s'étaient accordés sur la mise en place d'un cadre de coopération destiné à prévenir les politiques économiques qui avaient contribué à la crise des années 1930.

Il est gouverné par 183 Etats membres, ce qui lui donne une dimension quasi universelle. Installé aux Etats-Unis, composé principalement d'économistes américains, le FMI échange régulièrement son personnel avec celui de la trésorerie des Etats-Unis. Si par tradition le président du FMI est un Européen, celui de l'instance parallèle, la Banque mondiale *, est toujours un Américain. De plus, en tant que principal contributeur du budget du FMI, les Etats-Unis ont toujours eu plus de voix que tout autre pays et ont pu ainsi bloquer toute modification de sa charte.

Pendant ses vingt-cinq premières années d'existence, le FMI fut peu visible, et le système monétaire international stable. Selon l'accord de Bretton Woods, l'once d'or valait 35 dollars. Les Etats-Unis étaient prêts à vendre et à acheter à ce prix en toutes circonstances. Du moment que la domination économique américaine est absolue et qu'il y a suffisamment d'or dans les coffres, il n'y a pas besoin d'une intervention du FMI.

Pendant les Trente Glorieuses, la domination des Etats-Unis par rapport aux autres pays s'est affaiblie alors que ces derniers

– Europe et Japon – se sont enrichis. Au début des années 1970, la trésorerie des Etats-Unis n'avait plus de réserves d'or suffisantes pour échanger les dollars détenus à l'étranger. En 1971, face à une crise financière montante, les Etats-Unis ont abandonné unilatéralement les taux de change fixes. Une nouvelle période s'est ouverte : celle des taux de change flottants.

A partir du discours du président Nixon du 15 août 1971, l'architecture financière mise en place à Bretton Woods va être progressivement démantelée. Cette décision américaine va ouvrir la voie à la mondialisation * financière. Lorsque Nixon proclame unilatéralement l'abandon de la convertibilité du dollar en or, il consomme la rupture du lien avec le plan proposé par J. M. Keynes qui recommandait la création d'une « banque centrale des banques centrales » ayant la capacité d'émettre une monnaie internationale (le bancor). Ce plan avait été repoussé et le plan White, soutenu par les Etats-Unis, finalement adopté. Une monnaie nationale, le dollar américain, devient une devise clé, la seule monnaie internationale.

En fait, le FMI fonctionne comme une espèce de ministère des Finances à l'échelle planétaire. Il contrôle notamment la situation des pays du « tiers-monde » – les semi-colonies d'Asie, d'Amérique latine et d'Afrique – dans l'intérêt d'une poignée de puissances impérialistes, en particulier les Etats-Unis, l'Allemagne, la France, le Japon et le Royaume-Uni, qui dominent l'économie mondiale.

Au fil des années, cet organisme est devenu, au même titre que la Banque mondiale, l'OMC *, le G7/G8 *, le Forum économique mondial *, une institution centrale de la mondialisation * libérale et donc un adversaire central pour les mouvements altermondialistes.

Structure fondamentale de l'impérialisme moderne, le FMI se définit lui-même comme politiquement neutre. Une espèce de banquier bénévole et plein de bon sens qui ne fait qu'appliquer la volonté de ses pays membres. Il a comme objectif déclaré d'encourager les pays à adopter des politiques économiques saines afin d'appuyer le développement et la croissance du commerce international. Il occupe une position centrale dans le système des paiements internationaux et des taux de change entre les monnaies nationales qui permet les transactions entre les pays. En fait, son aide financière ne sert qu'à permettre aux pays membres de surmonter des difficultés financières temporaires – en particulier dans le domaine de la balance des paiements (c'est-à-dire avoir assez d'argent pour payer les importations) – et à les aider à effectuer les changements structuraux nécessaires afin d'augmenter les exportations.

Ouvrir des marchés nationaux à l'investissement et à l'appropriation par les principaux pays impérialistes : au sein du FMI, certains pays membres – les puissances – sont plus égaux que d'autres. En poursuivant son projet d'abolition de toute restriction sur la libre circulation des marchandises, des services et du capital, le FMI montre clairement qu'il n'est qu'une arme au service des classes riches.

Dès la fondation des instances financières gérant l'économie capitaliste mondiale en 1944, les Etats-Unis ont fait en sorte que tous les pays souhaitant recevoir de l'argent de la Banque mondiale doivent obligatoirement adhérer au FMI et donc subir sa politique.

Pilier de l'ordre mondial depuis l'après-guerre, le FMI est pour les pays en voie de développement synonyme de licenciements, d'attaques contre le niveau de vie et de misère pour les salariés. Le plan d'austérité est devenu son principal préalable à toute aide financière mise en place pour faire face à la fuite des capitaux, à la dette étrangère devenue écrasante ou à la disparition des réserves de devises étrangères – les signes classiques d'une crise financière aggravée. Afin de « stabiliser » les économies et de « restaurer la confiance des investisseurs », le FMI insiste pour que chaque gouvernement applique ses plans d'austérité dont les citoyens du monde supportent les conséquences.

Sa doctrine est celle du néolibéralisme, avec comme objectif que tous les pays puissent avoir une spécialité dans le domaine de la production, afin de maximiser le bien-être des citoyens.
Les objectifs réels du FMI sont en fait évidents : assurer la capacité d'un pays à remplir ses obligations en matière de dette aux banques privées. Tout surproduit financier créé par l'exportation ou la privatisation doit avant tout servir à payer l'intérêt des dettes aux banques étrangères. Maintenir l'emprunteur la tête hors de l'eau, le temps de récupérer un peu d'argent du côté des salaires, des retraites, des services publics et sociaux, pour rétribuer les prêteurs qui, eux, n'ont jamais de problèmes.
Les banques créancières sont toujours remboursées, soit par le biais de l'aide accordée aux pays débiteurs par les Etats du Nord, soit par celui de la Banque mondiale. Mais son rôle d'observation et d'anticipation a clairement fait défaut. Ainsi, le FMI n'a pas su prévenir les crises économiques au Mexique (1994) ; en Asie (en 1997), même s'il se dédouane en ayant débloqué 36 milliards de dollars ; en Russie (1998) ; au Brésil (1999), enfin plus récemment en Argentine (2001).

En 1978, les Etats-Unis ont modifié la charte du FMI afin que tout prêt soit conditionné à l'acceptation de la politique du FMI en matière de réforme économique. Ce changement généralisait une politique qui n'avait jusque-là été appliquée que sélectivement. Par exemple, quand un grand pays avait des difficultés à boucler son budget – comme ce fut le cas pour la Grande-Bretagne en 1960 –, aucune condition particulière n'était associée au prêt accordé par le Fonds.
Le sort des pays semi-coloniaux était très différent. En 1954, le Pérou fut le premier pays d'Amérique latine à se tourner vers le FMI ; il dut subir un programme de réformes économiques drastiques. *Idem* pour le Chili en 1956.
La crise d'endettement des années 1980 a conduit à une véritable ruée vers le FMI. A la fin de 1984, 40 pays semi-coloniaux

avaient signé des accords avec lui. Bien sûr, ces accords étaient formulés de manière à éviter tout contrôle démocratique sur la « réforme » exigée par le Fonds.

Pour bien tenir les rênes du système, le FMI écrit une lettre d'intention spécifiant les conditions qu'il impose ; le gouvernement doit la signer et les fonds sont débloqués. L'accord n'est pas nécessairement publié et il n'a pas le statut de traité international ; il n'est donc pas discuté par le Parlement du pays concerné.

Le FMI n'est pas gratuit. Le pays concerné doit payer 0,25 % du prêt afin de couvrir les « frais d'agent » du FMI ! Ensuite, il doit acquitter 4,5 % du prêt directement aux pays membres dont les devises composent l'argent prêté.

Résultat : un transfert de la richesse des pays semi-coloniaux vers les pays dominants.

Enfin, le pays emprunteur doit adopter un plan d'« ajustement structurel », sans lequel il n'est pas admis sur les marchés internationaux des capitaux, ce qui le prive de l'accès à la richesse. Le but des plans est d'assurer les profits des banques et de transférer les richesses nationales vers les pays riches.

Le plan traditionnel du FMI comporte certains éléments immuables : la dévaluation de la devise nationale ; la hausse des taux d'intérêt ; l'élimination des subventions, y compris sur la nourriture ; l'augmentation des prix demandés par les entreprises d'Etat pour l'énergie, l'eau *, etc., ou la privatisation de ces entreprises ; le contrôle des salaires ; la restriction du crédit.

Toutes ces mesures d'« ajustement » ont un même objectif : la limitation de la demande intérieure et des importations, et le renforcement des exportations occasionnées par la diminution de leur prix. Tous les revenus découlant des exportations doivent être utilisés pour le remboursement de la dette.

En restaurant l'équilibre de la balance des paiements, le FMI assure que le pays peut à nouveau attirer les investissements étrangers. Lorsque les investisseurs reviennent dans ces pays, tout est moins cher à cause de la dévaluation.
Là, encore une fois, ces mesures n'ont qu'un seul objectif : créer – ou recréer – les conditions pour l'extraction des surprofits par les pays riches.
A la fin de la récession mondiale de 1980-1982, des pays comme le Brésil, le Mexique, l'Argentine et le Venezuela ont fait faillite. Ils ne pouvaient plus payer les intérêts des dettes contractées auprès des banques privées qui avaient proposé des prêts pendant les années 1970 afin que les pays pallient les déficits produits par la crise internationale.
En 1970, la dette des pays dominés était de l'ordre de 75 milliards de dollars. Quinze ans plus tard, ce chiffre avait été multiplié par 12 : la dette s'élevait à 900 milliards de dollars.
La plupart des prêts demandés par les classes dirigeantes des pays semi-coloniaux n'avaient pas pour objectif d'augmenter le niveau de vie de la population. Un grand nombre d'entre eux étaient directement liés à des contrats militaires dont l'objectif était de renforcer les régimes répressifs d'Amérique latine et d'Afrique confrontés à la pression populaire ainsi qu'au renforcement, dans le même temps, des profits des sociétés multinationales d'Europe et des Etats-Unis qui fabriquaient des produits militaires (armes, avions, hélicoptères, etc.). D'autres prêts servaient, eux, des projets dits « de prestige », inutiles pour la population, mais qui avaient pour objectif de renforcer le régime aux yeux du peuple et des classes dirigeantes des Etats voisins. Et, bien entendu, parmi ces sommes empruntées, des milliards de dollars ont tout simplement été détournés vers des comptes privés dont jouissaient les Mobutu et les Suharto.

Pendant la récession de 1980-1982, le poids de la dette est devenu écrasant. L'effondrement de la demande de matières

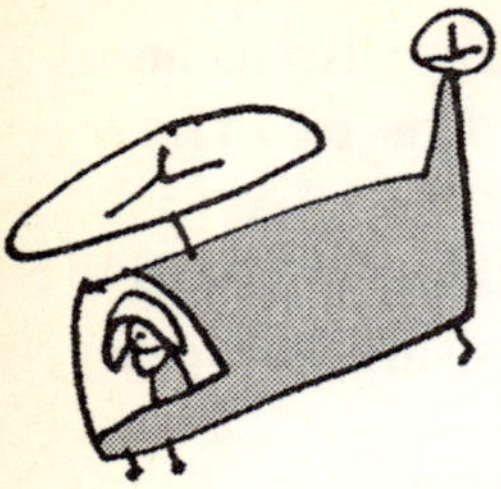

premières pendant les années 1970 a porté un premier coup de massue aux pays d'Amérique latine. Cela a été suivi en 1979 de l'explosion des taux d'intérêt – de 7 % à 17 % – alors que les Etats-Unis cherchaient à freiner l'inflation. Par voie de conséquence, le remboursement des seuls intérêts – et non pas la dette elle-même – a consommé une partie croissante des revenus d'exportation qui diminuaient. La proportion des revenus des pays semi-coloniaux absorbés par le paiement des intérêts est passée de 15 % en 1977 à 25 % en 1982.

Pendant cette même période, la somme totale remboursée par les pays dominés par l'impérialisme est passée de 40 à 121 milliards de dollars. Pays après pays, les bourgeoisies locales s'apprêtaient à jeter l'éponge.

Les banques, menacées par la perte pure et simple de leur argent, ont exigé l'intervention du FMI pour renflouer les économies. Il fallait éviter la faillite et imposer les mesures politiques et économiques nécessaires pour assurer le remboursement de la dette. C'est dans ce contexte que le FMI a trouvé sa raison d'être.

En Amérique latine, pendant les années 1980, la politique du FMI a conduit à une « décennie perdue » pour les citoyens. Le Brésil constitue un exemple typique.

En janvier 1983, ce pays a signé un accord avec le FMI et s'est lancé dans un programme de « stabilisation » prévu sur trois ans. En échange d'un prêt de 4,5 milliards de dollars, le plan prévoyait : la dévaluation de la devise de 30 % ; la réduction de moitié du déficit de la balance des paiements ; la réduction de moitié du déficit budgétaire ; la baisse de l'inflation de 100 % par an à 85 % en douze mois ; la hausse des taux d'intérêt et la suppression des subventions ; l'abandon de l'indexation des salaires, conduisant ainsi à une perte du pouvoir d'achat des travailleurs.

Etant donné qu'avec la dévaluation les prix ont grimpé deux fois plus vite que les salaires, bon nombre de travailleurs ont connu la pauvreté. Les exportations ont augmenté mais la résistance ouvrière a fait en sorte que les salaires n'ont pas diminué dans les proportions espérées par le FMI.

Conséquence ? Le FMI a refusé de livrer la deuxième tranche du prêt, jusqu'à ce que le gouvernement adopte une loi décrétant que la hausse des salaires ne pouvait atteindre que 80 % de la hausse des prix ! Les travailleurs se sont mis en mouvement et le gouverneur de la Banque du Brésil a dû démissionner. Au bord de la faillite, le gouvernement brésilien a écrasé le mouvement et a fait adopter la politique du FMI à la hussarde.

En novembre 1983, le FMI a enfin débloqué 11 milliards de dollars, dont l'unique fonction était... de rembourser la dette.

Les pays d'Amérique latine des années 1980 et 1990 ont joué le rôle de cobayes néolibéraux du FMI. L'un après l'autre, chaque pays a dû adopter une politique orientée vers les exportations, basée sur un programme de privatisation des industries nationales au profit des sociétés multinationales et la destruction pure et simple des aides étatiques destinées aux couches les plus pauvres.

Mais en 1997, l'effondrement des pays du Sud-Est asiatique a montré l'erreur des théories néolibérales prônées par le FMI sur le développement. Incapable d'enrayer la crise en Asie orientale, le FMI a également échoué dans les politiques d'ajustement structurel qu'il a imposées à nombre de pays en développement. En particulier, son dogme de la priorité aux exportations ne résiste pas aux données présentées dans ses propres rapports. L'exemple de l'Inde montre que le refus de tout miser sur le commerce international et sur l'intégration dans l'économie globale constitue la meilleure garantie de la stabilité et d'une croissance modeste, mais soutenue.

Le FMI chantait les louanges de ces économies du Sud-Est asiatique. Il les prenait pour modèles afin de montrer comment des pays du « tiers-monde » pouvaient connaître croissance et stabi-

lité et jouir des investissements étrangers. Entre 1990 et 1996, les banques étrangères se sont ruées vers ces pays, applaudis par le FMI qui y voyait des modèles à suivre partout.
Et puis, la vérité a éclaté : surproduction, effondrement des profits, mauvaises dettes et fuite des capitaux. L'un après l'autre, l'Indonésie, la Thaïlande, la Malaisie, la Corée du Sud et les Philippines ont tous sombré. Incapables de défendre leurs devises face à la déferlante financière, leurs économies se sont effondrées.
Etant donné qu'ils suivaient la politique du FMI, ils étaient en droit d'attendre que celui-ci débloque immédiatement les fonds nécessaires pour les sauver. Pas du tout. Pour le FMI, la crise devait être payée par les populations. Cela s'est traduit par la réduction des dépenses d'Etat, la limitation de la demande intérieure et des salaires et l'augmentation des taux d'intérêt. Les « apprentis sorciers » du FMI ont même rajouté une clause visant la dérégulation du mouvement des capitaux, un des facteurs qui avaient déclenché la crise !
Le but du FMI était simple : se servir de la crise afin d'ouvrir ces pays comme autant d'huîtres, permettant ainsi aux banques et aux sociétés des pays riches d'en déguster les meilleurs morceaux.

Voilà pourquoi l'accord de décembre 1997 entre le FMI et la Corée du Sud a exigé une profonde réforme structurelle, la fermeture des institutions financières, le rachat des banques coréennes par des banques étrangères et la fin des prêts gouvernementaux. Comme l'a dit un commentateur, l'objectif du FMI était net : « Il ne peut y avoir aucun doute, les vrais gagnants sont les sociétés occidentale et nippone. » Le transfert vers des propriétaires étrangers a commencé, marqué par l'euphorie, comme le montre cette remarque de la part d'un dirigeant d'une banque britannique : « Si quelque chose qui hier valait un milliard de livres aujourd'hui ne vaut que cinquante millions,

c'est assez excitant. » La combinaison des dévaluations massives avec la libéralisation à tout-va et la reprise soutenue par le FMI pourrait même précipiter le plus grand transfert de richesses des propriétaires nationaux vers l'étranger qu'on ait vu en temps de paix depuis cinquante ans. Même les transferts vers les Etats-Unis qu'on a vus en Amérique latine pendant les années 1980 ne seraient rien à côté.

Le caractère draconien des conditions avancées par le FMI n'a jamais été aussi évident. Michel Camdessus, ancien patron du FMI, déclarait sans rire que les programmes du FMI « cherchent à faire en sorte que la reprise des dynamiques de développement serve le développement humain, que la dépense publique soit autant que possible destinée à l'éducation, à la santé de base, etc. C'est le meilleur moyen pour donner leur chance aux plus pauvres ». Mais ce que chacun sait, c'est que « la libéralisation a été conduite en dépit du bon sens ». Et des millions de travailleurs et de jeunes ont subi les effets nocifs des programmes du FMI sur leurs conditions de vie.

A LIRE : Joseph Stiglitz, *La Grande Désillusion*, Fayard, Paris, 2002.
Kevin Danaher, *10 raisons d'abolir le FMI et la Banque mondiale*, Le Serpent à plumes, Paris, 2002.
Attac, *Que faire du FMI et de la Banque mondiale ?* Mille et Une Nuits, Paris, 2002.
Eric Toussaint, *La Bourse ou la Vie. La Finance contre les peuples*, Syllepse, Paris, 1998.

Forum économique mondial : Institution privée basée à Genève (Suisse) plus connue sous le nom de Forum de Davos *, du nom d'une station de ski réputée de Suisse où se tiennent ses réunions annuelles. A l'origine, le European Manager Forum se voulait un laboratoire réunissant plusieurs disciplines qui cherchaient à créer un contrepoids européen au « défi américain ». Mise en place en 1971 par un jeune professeur alle-

mand d'économie, Klaus Schwab, cette manifestation est devenue le symbole de la mondialisation * en marche.
Ses membres sont les deux mille sociétés transnationales les plus influentes. Sa devise est « Committed to Improving the State of the World » (« Engagé à améliorer l'état du monde »).
Ces réunions sont destinées à la création d'un consensus entre élites sur des problèmes économiques et politiques, à conclure des marchés ou à mener des négociations politiques en coulisse.
Destiné, selon ses organisateurs « à faire évoluer l'esprit d'entreprise au service du bien de tous », le Forum économique mondial (FEM) n'en cultive pas moins une certaine ambiguïté : sélection élitiste de ses participants (seuls les dirigeants d'entreprises dont le chiffre d'affaires dépasse le milliard de dollars peuvent y participer) ; présence de *Very Important Persons* de tous bords : de William Clinton à l'acteur Warren Beatty, en passant par le chanteur Bono, le mannequin Naomi Campbell...)
Ces caractéristiques contrastent avec la volonté d'ouverture et renforcent l'image d'un espace où « les décideurs parlent aux décideurs ».

C'est l'année du changement de millénaire (janvier 2000) que le FEM a pris un tournant particulier dans le paysage et l'histoire de la mondialisation *, avec la prépondérance des Etats-Unis. Outre la présence du président Clinton, Madeleine Albright (secrétaire d'Etat), Larry Summers (Finances), un débat s'est déroulé sur le thème de « la difficulté d'être la seule superpuissance mondiale » !
Ce regroupement des plus grands penseurs, décideurs, chefs d'entreprise, hommes politiques de la planète s'est vu pour la première fois « contrarié » en 2000 par les mouvements altermondialisation * qui souhaitaient affirmer leur résistance à la toute-puissance des grands groupes industriels, avec cependant des divergences et des philosophies différenciées :
Une trentaine d'ONG * (dont Médecins sans frontières, Amnesty International, Greenpeace *, Human Rights Watch), invités au

Forum, y ont présenté leurs revendications aux grands chefs d'entreprise afin de « tempérer un peu leur euphorie mondialisatrice ».

D'autres organisations, comme Attac *, ont refusé d'être présentes. Aujourd'hui, le Forum économique mondial n'a plus de mondial que le nom. Ses thèmes, rythme et manière sont américains, et le lieu de rencontre informel des décideurs devient « un club de vacances où il est bon d'être vu ».

A LIRE · « Qui gouverne l'économie mondiale ? » *Alternatives économiques*, hors-série n° 47, janvier 2001.

Luc Boltanski et Eve Chiapello, *Le Nouvel Esprit du capitalisme*, Gallimard, Paris, 1999.

Lewis Lapham, *The Agony of Mammon : The Imperial Global Economy Explains Itself to the Membership in Davos, Switzerland*, Verso Books, New York, 1998.

Forum social mondial : D'un côté de l'Atlantique, en haut d'une montagne suisse (Davos *), banquiers et spéculateurs en tout genre, présidents de transnationales et hommes politiques venus leur prêter main-forte – ou tout simplement les courtiser – symbolisent avec arrogance l'asservissement des sociétés aux diktats du profit. De l'autre, ce sont précisément ces sociétés, représentées par les syndicats, associations, ONG * et élus du suffrage universel qui viennent dire qu'un monde autre que celui imposé par le néolibéralisme dominant est bel et bien possible. Durant quatre jours, les participants à ce Forum travaillent autour de thèmes centraux qui concernent tant l'éthique des politiciens que la répartition des richesses et le respect d'un développement durable *. Jusqu'à 2003, ces rencontres se sont tenues à Porto Alegre, au Brésil, début janvier. En janvier 2004 il se tiendra à Bombay (Inde). Les nombreux acteurs de ce Forum venaient d'horizons très divers, ce qui rendait la prise de décision difficile. On y retrouvait des agriculteurs indiens, des pêcheurs africains, des politiciens. On y apercevait également

José Bové *, leader de la lutte contre la « malbouffe », mais aussi des intellectuels américains comme le linguiste Noam Chomsky *, opposé à la politique de George W. Bush. Après 15 000 participants la première année, plus de 50 000 l'année suivante, on ne calcule plus le nombre de personnes qui, à quelques milliers de kilomètres de distance, donnent la réplique au discours libéral de Davos.

Et s'il fallait en mesurer le succès, sur lequel peu d'observateurs avaient osé miser, c'est bien ce chiffre inconnu qu'il faudrait citer. Les Brésiliens et leurs voisins du continent forment l'essentiel de cette foule cosmopolite, mais des bourses permettent aussi à d'autres représentants des pays du Sud, d'Asie et d'Afrique, de faire le déplacement. Des dizaines de thèmes de débat, jugés essentiels, sont retenus chaque année pour la critique de la mondialisation libérale. Chacun fait l'objet d'une conférence dont l'organisation est confiée à un ou plusieurs mouvements reconnus pour leur expertise. A l'issue du Forum, les organisateurs présentent une synthèse des débats en publiant des cahiers des propositions. Mais il n'y a pas de « programme de Porto Alegre ». Ce n'est pas la vocation du Forum. Voici quelques-unes des propositions qui ont été avancées lors des précédentes réunions et à partir desquelles les participants entendent tracer les contours d'un contre-modèle au libéralisme * : taxation des flux des capitaux, pour combattre la spéculation et dégager de nouvelles ressources en faveur des pays en développement. Attac *, à qui a été confié le débat sur ce thème l'année précédente, propose d'introduire trois taxes globales : la taxe Tobin * appliquée sur le marché des changes. A cet égard, on notera que le mégaspéculateur qu'est George Soros * s'est publiquement prononcé pour cette taxe à Davos même. Une autre proposition a été l'application d'une taxe sur les investissements directs étrangers – dont le taux serait variable de 10 à 20 % et indexé sur une notation attribuée à chaque pays par l'Organisation internationale du travail, en fonction du respect des droits fondamentaux des travailleurs. Suppression des paradis fiscaux *. Annulation de la dette des pays en développement. Définition d'un nouveau système de gouverne mondiale en rééquilibrant le poids des institutions. Celui des institutions économiques – Banque mondiale *, Fonds monétaire international *, Organisation mondiale du commerce * – ne doit pas prévaloir sur celui, par exemple, de l'Organisation internationale du travail ou de la santé. La charte universelle des Droits de l'homme doit servir de cadre de référence.

Réorganisation de la production agricole en privilégiant le principe de souveraineté alimentaire, et renoncement aux OGM * (Organismes génétiquement modifiés) tant que leur innocuité n'est pas avérée. L'agriculture devrait ainsi être exclue du champ des négociations de l'OMC. Chaque pays devra avoir le droit de définir sa stratégie de production, il ne devra pas être obligé d'ouvrir son marché s'il veut protéger ses paysans, mais les subventions à l'exportation doivent être interdites. Un modèle fondé sur la petite et moyenne exploitation devra être privilégié. Réforme des démocraties, en renforçant la participation des citoyens en s'inspirant des expériences menées, notamment, à Porto Alegre.

Le Forum social mondial rassemble, on l'a vu, les altermondialistes. Son but est, selon les organisateurs, de développer un monde plus juste, plus proche du citoyen, et ne répondant pas à des critères boursiers et à des investissements économiques. Ils se basent sur quelques chiffres de la Banque mondiale qui donnent à réfléchir : nous sommes 6,3 milliards d'êtres humains, 4 milliards vivent sous le seuil de pauvreté, voire dans la misère totale. 20 % de la population mondiale possède 80 % de la production industrielle. Enfin, quatre (4 !) citoyens américains, dont Bill Gates (le patron de Microsoft), ont une fortune supérieure à la richesse cumulée de 42 pays où vivent 600 millions de personnes.

La seule existence du FSM retire toute légitimité à Davos, qui apparaîtra désormais, s'il se perpétue, comme une simple réunion d'intérêts corporatistes ; un MEDEF de la mondialisation ligué contre les aspirations à un monde plus juste, plus solidaire, plus soucieux de l'avenir de la planète.

Ce qui s'est passé à Porto Alegre constitue donc un véritable tournant. Dans leur grande diversité, les mouvements opposés à la mondialisation libérale – c'est-à-dire à une mondialisation conçue par et pour le pouvoir de l'argent, ce que rend bien la formulation anglaise de *corporate-led globalization* – vont maintenant non seulement continuer à surveiller de près les décideurs réunis dans les assemblées du FMI, de l'OMC, de la Banque mondiale, voire, comme à Nice, en conseil européen, mais également avancer des propositions résultant d'un consensus international.

A LIRE : Bernard Cassen, *Tout a commencé à Porto Alegre*, Mille et Une Nuits, Paris, 2003.

Marion Gret et Yves Sintomer, *Porto Alegre : l'espoir d'une autre démocratie*, La Découverte, Paris, 2002.

France Libertés : Créée en 1986, cette fondation est reconnue d'utilité publique et dotée du statut consultatif auprès du Conseil économique et social des Nations unies. Sans se spécialiser dans un domaine d'intervention, elle est active partout où les Droits de l'homme, tels qu'ils sont définis dans la Déclaration universelle, ne sont pas respectés.

Comme la plupart des ONG *, elle a assisté et contribué au foisonnement, ces dernières années, d'associations menées par des citoyens qui décident de s'emparer de leurs propres problèmes et de les résoudre à leur manière, contribuant ainsi à un enrichissement considérable des pratiques et des idées.

Aussi France Libertés, riche d'un potentiel de seize années de travail avec des organisations dans le monde entier, s'est donné comme objectif la construction d'un réseau mondial de la citoyenneté, mettant à disposition les coordonnées et les actes des associations et initiatives citoyennes du monde, soutenant leurs luttes dans les médias au travers d'actions de communication, rassemblant les convictions pour contribuer localement à la construction de ce grand dessein mondial.

Sous la présidence de Danielle Mitterrand, la fondation use de sa liberté, en France, pour rassembler les solidarités autour de ses milliers de partenaires dans le monde, tous désireux de partager leur savoir-faire, leur richesse intellectuelle, leur créativité, et de donner un sens à leur vie en faisant fructifier leur héritage humain pour le bénéfice de tous.

Son réseau est une organisation transversale qui met en relation toutes les organisations qui œuvrent en ce sens dans leur pays. Spécifiques selon leur terrain d'action, leurs recherches et leurs connaissances, toutes poursuivent les mêmes buts : permettre aux hommes de tous pays l'exercice de leur savoir-faire, de leur citoyenneté, et en favoriser l'expression concrète.

France Libertés soutient des projets liés au développement durable * ; ce thème est plus que jamais mis en avant. Une attention toute particulière se porte donc sur les projets à caractère socio-économique où l'économie solidaire est privilégiée.

France Libertés, 22, rue de Milan 75009 Paris
Site : www.france-libertes.fr/intro.htm
Tél. : 01 53 25 10 40
Fax : 01 48 74 01 26, E-mail : contact@france-libertes.fr
Publication : *La Lettre de la Fondation*, trimestrielle.

A LIRE, de Danielle Mitterrand :
– *Ces hommes sont avant tout nos frères*, Ramsay, juillet 1996.
– *Le Printemps des insoumis*, Ramsay, mars 1998.
– *Echanger la vie*, Actes Sud, avril 2000.

G

G7/G8 : En novembre 1975, le président français Valéry Giscard d'Estaing invite à Rambouillet quatre chefs d'Etat ou de gouvernement (Etats-Unis, Royaume-Uni, Allemagne fédérale et Japon) pour aborder les problèmes internationaux majeurs, notamment sur le plan économique. Ils seront rejoints par l'Italie, puis par le Canada en 1976 pour former le G7. Le président de la Commission européenne est un invité permanent. Depuis 1998, la Russie est associée à certaines réunions, et le G7 devient le G8, l'un des sommets les plus importants du monde. Les huit représentent à eux seuls les deux tiers des richesses mondiales et possèdent près de la moitié des réserves monétaires mondiales.

Elément essentiel que les altermondialistes n'ont pas bien perçu : le « noyau dur » du G8 reste le « G7 finances » (réunions des ministres des Finances). Ce sont eux les « gardiens du temple », ils veillent au strict respect du Consensus de Washington * et à la cohérence de la ligne G7-FMI *-OCDE *-Banque mondiale *. C'est là que se situe le véritable pouvoir. Les décisions politiques prises par le G7/G8 sur les sujets les plus variés doivent se conformer aux règles du pouvoir économico-financier mondial : les politiques d'annulation de dette des pays en voie de développement. De fait, il n'y a pas d'annulation, mais une décision politique qui ne remet pas en question le principe de base : une dette doit être payée ; les mécanismes d'annulation de dette sont un trompe-l'œil car les pays doivent rembourser le capital et réinvestir les intérêts chez eux sous le contrôle des bailleurs de fonds (en réalité ce mécanisme ne se traduit pas par des flux financiers supplémentaires pour le développement, il est très critiqué par les ONG * qui dénoncent cette supercherie). Toutes les initiatives en faveur du développement sont pilotées par les ministères des Finances. Les chefs d'Etat n'ont pas de marge de manœuvre, ils sont otages du « G7 finances ». Jacques Chirac s'en est plaint auprès des ONG avant le sommet d'Evian en juillet 2003. En France, le vrai pouvoir est entre les mains de la direction du Trésor, véritable caste « apolitique » qui impose ses choix aux gouvernements quels qu'ils soient. La direction du Trésor est en général alignée sur le Trésor américain pour les grandes options économiques et financières mondiales. Cette élite financière mondiale fait preuve d'un autisme impressionnant et ignore les catastrophes qui se produisent sous nos yeux (l'Argentine en est le plus bel exemple) : le modèle est bon par définition, à long terme il aura démontré son efficacité.

Le G8 est un summum d'ambiguïté : il veut rester une rencontre informelle, et pour cela il est préparé par les représentants personnels des chefs d'Etat (« sherpas »). Mais tous les dossiers sont préparés par une infinité de réunions des administrations, certaines allant parfois dans des détails qui ne sont pas du niveau des chefs d'Etat. Certaines délégations sont pléthoriques. En cela le G8 constitue bien un « directoire », car lorsqu'il y a consensus entre les huit, les décisions sont ensuite facilement imposées au reste du monde par le relais des autres organisations internationales (on dit pudiquement que le G8 a un rôle d'« impulsion »).

A l'origine, il n'y avait que des réunions des sherpas, des ministres des Finances et des Affaires étrangères pour préparer les sommets. Aujourd'hui, il y a en plus des réunions des ministres de l'Intérieur et de la Justice, de l'Environnement et des Transports. Une activité opaque dans le domaine de la sécurité qui échappe au contrôle parlementaire.

Depuis 1996, la France a introduit le sujet « criminalité organisée et mafias » et a créé un groupe de travail spécial sur ces questions (« groupe de Lyon », créé au Sommet de Lyon), puis s'est ajouté un « groupe de Rome » sur le terrorisme. Ce groupe a dérivé sur des réunions ministérielles Intérieur-Justice. Après l'effondrement de l'URSS, l'Occident (dont le système politique et économique ne pouvait être que bon) a eu besoin de se trouver de nouveaux ennemis : les mafias qui allaient miner l'ordre occidental et la démocratie, puis, depuis 2001, les terroristes. Le G7/G8 a joué ce rôle de représentant suprême des intérêts de l'Occident. Le niveau d'analyse des « nouvelles menaces » du G7/G8 est particulièrement faible : il s'agit d'une représentation de l'insécurité qui tend à placer les pays occidentaux en « victimes », sous la menace de l'exportation de l'insécurité par les pays en développement.

Depuis le sommet de l'Arche en 1989, le G7 s'était emparé du sujet « narco-trafic » en créant le GAFI (Groupe d'action financière) qui a mis en place les règles de lutte contre le blanchiment d'argent. Comme toujours, ce sont les ministres des Finances qui ont « occupé le terrain » pour circonscrire les règles pénales contre le blanchiment dans un cadre acceptable par les marchés financiers : il n'était pas envisageable qu'au nom de la lutte contre le blanchiment on dresse des obstacles à la libre circulation des flux financiers qui était devenue le credo de la mondialisation *.

La directive européenne de 1991 sur le marché unique va dans le même sens. Le GAFI a donc adopté des « recommandations » qui font porter sur les acteurs financiers toute la responsabilité de la prévention du blanchiment : il s'agit d'un renoncement important des Etats qui limitent leurs actions aux poursuites pénales lorsque le blanchiment est prouvé (c'est-à-dire presque jamais, comme le montre le très faible nombre de condamnations pénales pour blanchiment dans le monde). Après bientôt quinze ans de « lutte contre le blanchiment », les résultats sont faibles, les paradis fiscaux * et les centres off-shore par où transitent 50 % des flux financiers mondiaux se portent mieux que jamais, et la plupart d'entre eux ont été déclarés conformes aux normes du GAFI.

Les Américains, qui manifestaient peu d'intérêt pour la lutte contre le terrorisme jusqu'au 11 septembre 2001, ont utilisé le G8 pour mobiliser la « communauté internationale » contre le terrorisme. Il s'agit pour eux de faire entériner comme « normes mondiales » leurs propres lois (notamment le US Patriot Act *). Le G8 est alors utile pour servir de « caisse de résonance » des intérêts américains/occidentaux. Quelques jours seulement après les attentats du 11 septembre, les ministres des Finances du G8 se sont réunis pour adopter de nouvelles recommandations afin de lutter contre le financement du terrorisme. Comme dans la lutte contre la criminalité organisée, ils ont voulu être les premiers à établir des normes qui sauvegardent le principe de liberté de cir-

culation des flux financiers. Il n'y a donc pas de réponse multilatérale.

Le G8 a profondément modifié la perception du droit d'asile et des migrations, ramenant ces phénomènes à leurs liens possibles avec le terrorisme. Ces liens ne sont pourtant pas avérés. Ces deux questions essentielles dans le monde contemporain sont désormais traitées uniquement à travers le prisme de la lutte contre le terrorisme, ce qui est un signal de « bunkérisation » de l'Occident qui entend se protéger contre les nuisances du reste du monde. C'est ainsi que se mettent en place des normes très strictes de contrôle des passagers aériens (communication des listes aux services américains par les compagnies aériennes), des containers maritimes (« certification » de 20 ports dans le monde contrôlés par les douanes américaines), l'instauration de normes biométriques dans les passeports (qui permettront l'interconnexion des fichiers informatisés et la création d'une gigantesque base de données mondiale aux Etats-Unis), le tout pour protéger en premier lieu le territoire américain. Il s'agit de la mise en œuvre du principe des « frontières intelligentes » (« smart borders »), c'est-à-dire des frontières américaines délocalisées sur le territoire de pays étrangers où sont faits les contrôles pour le compte des Etats-Unis. Nous sommes loin d'un système de sécurité universel et multilatéral qui profiterait à tous les Etats : tout est conçu pour assurer en premier lieu la sécurité du territoire américain.

Mais tous les Etats sont priés par le G8 de se mettre le plus vite possible aux normes américaines au nom de la lutte contre le terrorisme global. Même quand c'est contraire à leurs intérêts : le risque de « bioterrorisme » donne aux Etats-Unis un droit de contrôle renforcé sur toutes les importations de produits agricoles et alimentaires ! A tout moment le roquefort français peut être considéré comme présentant une menace sanitaire...

La fabrication de passeports biométriques infalsifiables va poser de grands problèmes à tous les pays. Cela représente un coût important que les pays pauvres auront du mal à supporter. Même l'Union européenne, soumise à une forte pression américaine, a dû demander un report de l'entrée en vigueur des passeports biométriques (sans l'obtenir).

Il y aura des batailles industrielles pour la conquête du marché de la biométrie. Ces nouvelles technologies permettront de lutter efficacement contre la fraude documentaire, mais au prix de la mise en fiches informatiques de toute la population du monde. Ce système risque d'aboutir à une sorte d'espace « super-Schengen » entre les pays développés (UE, Etats-Unis, Canada, Israël, Japon, Australie...) où la liberté de circulation sera assurée pour tous ceux qui seront « fichés positivement », et difficilement obtenue pour tous les autres : une nouvelle fracture mondiale !

Il est inquiétant de constater que tout cela se met en place en silence, que les groupes d'experts du G8 se réunissent sans que nul ne sache ce qu'ils font. Les Parlements du monde ont pourtant le devoir d'exercer un contrôle démocratique sur des mesures qui peuvent fortement conditionner la vie de millions de personnes. Big Brother met en place en silence et sans rencontrer d'obstacles un système de contrôle qui pourrait aller très loin dans l'intrusion dans la vie privée des personnes (*profiling* des personnes à partir des achats réalisés avec carte de crédit, des sites Internet visités, des films loués...).

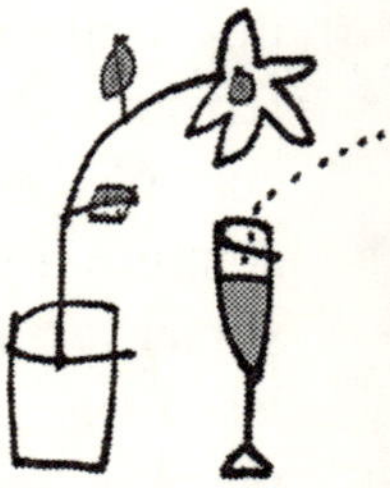

Les Européens feignent de croire que le G8 est la seule enceinte où les Etats-Unis acceptent les règles du multilatéralisme : rien de plus faux ! Lorsque le G8 reprend à son compte les préoccupations américaines, tout va bien, la « locomotive G8 » fonctionne. Mais s'il n'y a pas d'accord rien ne se passe. Le G8 n'a pas fait plier les Etats-Unis sur le protocole de Kyoto *. On évite de parler au G8 des sujets qui fâchent : au sommet d'Evian, nul n'a demandé d'explication sur l'Irak ou sur l'avenir de la Cour pénale internationale... Lorsqu'il n'y a pas d'accord (et c'est fréquent), on élude le problème ! C'est pourquoi les déclarations du G8 sont un catalogue de bonnes intentions, rarement contraignantes.

Le G8 est loin d'être un bloc monolithique. Mais globalement tous ses membres sont d'accord pour la mise en place progressive d'un monde entièrement soumis à la loi des marchés, dans lequel les acteurs privés occuperont de plus en plus la place des Etats dans l'élaboration de normes et dans la surveillance de leur application. Seul l'Etat américain ne semble pas être tenu de s'effacer dans la mise en place d'une « gouvernance * mondiale ».

La France a toujours eu une attitude ambiguë par rapport au G8. Elle est fière d'avoir été à l'origine de sa création et d'appartenir à ce petit club de puissants. Alors qu'il disait détester ce forum, le président Mitterrand a été celui qui a présidé les sommets les plus fastueux (Versailles pour se faire admettre dans ce club libéral alors qu'il avait des ministres communistes dans son gouvernement, l'Arche pour projeter dans le monde les valeurs universelles de la Révolution française à l'occasion du bicentenaire). La France pratique volontiers le grand écart. Avec un président de gauche ou de droite, elle s'efforce de montrer à ses partenaires que, malgré ses idées à contre-courant (sur le rôle de l'Etat, sur la diversité culturelle, sur la mondialisation...), elle reste un pilier fiable du monde occidental. C'est un moyen pour elle de défendre son statut de grande puissance.
Cependant, c'est sans doute le président Chirac qui a été le plus loin dans la critique de cette institution, allant même à Evian jusqu'à reconnaître son illégitimité.

Par conviction personnelle ou par habileté politique, Jacques Chirac a compris que l'orientation actuelle de la mondialisation orchestrée par le G8 pouvait conduire le monde à de grandes catastrophes. Il a été le premier et le seul chef d'Etat à associer à la préparation du sommet les mouvements altermondialistes, se faisant l'interprète de leurs préoccupations auprès des autres chefs d'Etat. Mais en même temps, il n'a pas pu ou voulu s'opposer à la vague de fond ultralibérale : tous les textes adoptés à Evian vont dans le même sens et prônent une régulation *soft* de la mondialisation marginalisant les Etats, une mobilisation contre le terrorisme qui répond avant tout aux intérêts américains, une politique pour l'Afrique qui donne à l'initiative privée l'essentiel de la responsabilité du développement.

La seule innovation réellement porteuse d'espoir à inscrire à l'actif de Jacques Chirac a été l'invitation des chefs d'Etat de pays émergents ou en développement qui représentent 80 % de la population mondiale. Par ce geste courageux, il a mis ses collègues devant la réalité du monde : le G8 doit ouvrir les yeux sur l'état de la planète et ne peut pas statuer sur son avenir sans consulter ceux qui représentent les 4/5e de l'humanité. Il a marqué un point important, sans le dire, vers l'ouverture de grands chantiers mondiaux : la réforme du Conseil de sécurité des Nations unies et la création d'un Conseil de sécurité économique et social. Connaissant l'opposition américaine sur ce sujet, il s'est contenté de se faire entourer des représentants des plus grands pays du monde, comme pour indiquer à son successeur à la présidence du G8 en 2004, George W. Bush, que le G8 ne pourra plus être crédible s'il persiste à ne pas voir la réalité du monde. C'est sans doute le maximum de ce que pouvait faire la France, éternelle rebelle et enfant terrible de l'Occident mais qui, à l'heure des choix, se plie à la logique américaine.

La position prise par la France durant le conflit irakien lui a valu un large soutien dans le monde entier. Au moment où la mise en scène américaine est dévoilée et où les événements lui donnent raison, elle est le seul pays à pouvoir réellement proposer une nouvelle architecture mondiale. Or elle est devenue étrangement silencieuse...

La contestation croissante du G8 offre une autre lecture de la phase néolibérale de la mondialisation. Elle permet de remettre les enjeux en perspective. Jusqu'en 1984, le G7 n'a fait l'objet d'aucune protestation. Pourtant, l'impact social des mesures de réajustement économique imposées aux pays endettés du tiers-monde, conjuguées à la chute du prix des matières premières, est devenu très vite insupportable. Dès 1980, des explosions populaires mettent en cause nommément le Fonds monétaire international et, indirectement, le G7.

C'est pourquoi le mouvement altermondialisation * en est venu à mettre en avant l'illégitimité du G8 à s'arroger un rôle dirigeant dans la conduite d'une politique mondiale. Le fait que les membres de ce club des riches et des puissants soient tous, à l'exception du Canada, d'anciennes puissances coloniales est, dans ce sens, une circonstance aggravante ! Nous contestons la légitimité du G8 et nous demandons sa dissolution. A ceux qui craignent que sa disparition n'entraîne une dérégulation supplémentaire, nous rappelons que cette instance n'a pas empêché les guerres et les désordres, qu'elle a au contraire affaibli le système des Nations unies, certes critiquable et imparfait, mais combien plus légitime.

A LIRE : Attac, *Le G8 illégitime,* Mille et Une Nuits, Paris, 2003.
Gérard Duménil et Dominique Lévy, *L'Histoire et la nature du G8,* Cepremap, 2003.
Il existe plusieurs analyses des déclarations du G8. René Deschutter, *Analyse des déclarations de 1975 à 1995*, Gresea, Bruxelles ; Gérard Surdez, à partir de 1996, déclarations, extraits et analyses sur le site : france.attac.org

GATT : General Agreement on Tariffs and Trade (Accord général sur les tarifs douaniers et le commerce). D'un côté, des Américains champions de la libre circulation des idées, des marchandises et des services, en un mot résolument modernes et soucieux du bien-être du consommateur planétaire ; de l'autre, des Français agrippés à des privilèges archaïques : exportations agricoles subventionnées par le contribuable européen et quotas audiovisuels empêchant cinéphiles et téléspectateurs d'exercer leur libre choix en faveur de Walt Disney *, Steven Spielberg ou Woody Allen au profit de films hexagonaux ou ésotériques. Chacun aura reconnu les protagonistes de la bataille tels qu'ils sont présentés à l'opinion internationale par une bonne partie des éditorialistes de la presse américaine, mais aussi européenne.
Signé par une vingtaine d'Etats en 1947, le GATT – ancêtre de l'Organisation mondiale du commerce (OMC *) – avait pour objet d'instaurer parmi ses membres des règles économiques libérales établissant des principes de non-discrimination économique et tarifaire, et de liberté des échanges. C'est dans son cadre que furent décidés l'abaissement général et progressif des droits de douane et l'interdiction des restrictions quantitatives. Les accords n'étaient obtenus qu'à la suite de longues et complexes tractations. Ainsi, les négociations dites de l'Uruguay Round, entamées en 1986 et censées prendre fin en 1990, se sont accrochées sur les questions agricoles. Les Etats-Unis s'opposant à la Communauté européenne, en particulier à la France, l'accord ne fut signé qu'en décembre 1993. De plus, pour la première fois, les produits culturels furent pris en compte dans une négociation du GATT. L'Europe, et en particulier la France, défendait le principe de l'exception culturelle, c'est-à-dire les différents dispositifs mis en place par l'Europe et chaque pays européen pour protéger leurs produits culturels contre la position très libérale des Américains qui refusaient de voir se limiter le marché européen. Les négociations du GATT étaient devenues en quelque sorte un enjeu politique. Pour éviter que les diffé-

rends commerciaux entre Etats ne prennent un caractère trop conflictuel, les membres du GATT ont prévu la création d'une Organisation mondiale du commerce placée sur le même pied que le FMI et la Banque mondiale *. L'OMC a remplacé le GATT en janvier 1995.

A LIRE : Lucie Tamaris, « Pour résister à Hollywood », *Le Monde diplomatique*, avril 1995.

Hélène Delorme et Denis Clerc, *Un nouveau GATT ? Les échanges mondiaux après l'Uruguay Round*, Complexe, Bruxelles, 1994.

Claude Nehmé, *Le GATT et les grands accords commerciaux mondiaux*, Les Editions d'Organisation, Paris, 1993.

Génétique : Qui ne connaît Pokémon ? A la fois jeu vidéo sur Game Boy de Nintendo, dessin animé et jeu de cartes à collectionner, Pokémon et sa myriade de sous-produits marchandisés ont envahi le monde à la vitesse de l'éclair. Formé de la contraction des mots *pocket monster* (monstre de poche), le terme Pokémon désigne des sortes d'elfes transgéniques, des lutins de l'ère biotech, des « créatures qui vivent dans les herbes, les fourrés, les bois, les cavernes... ». Il y en a 150 différents. Ils sont tous

uniques, avec leur propre caractère génétique. Certains sont très rares, d'autres difficiles à attraper. Le jeu consiste à s'emparer des Pokémons. Après les avoir capturés, il faut les domestiquer, les entraîner, pour qu'ils opèrent une mutation d'espèce. Ils peuvent alors changer d'aspect, se métamorphoser, bref, « évoluer » (c'est ce concept darwinien qui est utilisé dans le jeu), et avoir de nouvelles aptitudes, plus de pouvoirs...

A l'heure de la révolution des biotechnologies, du clonage et de l'invasion des OGM *, est-il étonnant que cette épopée de « mutants gentils » fascine les enfants ?

Les capacités d'intervention sur le patrimoine génétique ne cessent de croître. Et la production d'animaux transgéniques, le clonage, le séquençage du génome humain, la thérapie génique, la brevetabilité du vivant, le dépistage génétique des maladies héréditaires et l'utilisation de tests génétiques soulèvent de sourdes inquiétudes.

On se souvient que, dès les années 1960 et 1970, aux Etats-Unis, des chercheurs comme le Dr José Delgado, l'un des plus chauds partisans du contrôle de l'esprit en vue d'arriver à une « société psycho-civilisée », affirmaient que la question philosophique centrale n'était plus : « Qu'est-ce que l'homme ? » mais : « Quel genre d'homme devons-nous fabriquer ? »

Le Pr Marvin Minsky, l'un des pères de l'ordinateur, a pronostiqué : « En 2035, l'équivalent électronique du cerveau, grâce à la nanotechnologie, sera peut-être plus petit que le bout de votre doigt. Cela signifie que vous pourrez avoir, à l'intérieur de votre crâne, tout l'espace que vous voudrez pour y implanter des systèmes et des mémoires additionnels. Alors, petit à petit, vous pourrez apprendre davantage chaque année, ajouter de nouveaux types de perceptions, de nouveaux modes de raisonnement, de nouvelles façons de penser et d'imaginer. »

L'Américain Francis Fukuyama n'a-t-il pas soutenu que, « d'ici les deux prochaines générations, les biotechnologies nous donneront les outils qui nous permettront d'accomplir ce que les spécialistes d'ingénierie sociale n'ont pas réussi à faire. A ce stade, nous en aurons définitivement terminé avec l'histoire humaine, parce que nous aurons aboli les êtres humains en tant que tels. Alors commencera une nouvelle histoire, au-delà de l'humain » ?

Depuis le clonage de la brebis Dolly, en février 1997, on sait que celui de l'homme est à portée d'éprouvette. La science a dépassé la fiction dans la mesure où elle fait plus fort que le « procédé Bokanosky », imaginé par Aldous Huxley dans *Le Meilleur des mondes.* Car Dolly n'était le résultat d'aucune fécondation. Son embryon avait été créé par simple fusion du noyau d'une cellule adulte avec l'ovule énucléé d'une brebis porteuse. On a cloné, depuis, des souris à Hawaii, des moutons en Nouvelle-Zélande et au Japon, des chèvres en Amérique du Nord, etc. Dès 1998, la revue scientifique britannique *The Lancet* estimait que, malgré les mises en garde morales et mondiales, la création d'êtres humains par clonage était devenue « inévitable », et elle appelait la communauté médicale à « l'admettre dès maintenant ».

C'est dans cet esprit que les médias ont annoncé la naissance d'une nouvelle ère le 26 juin 2000, date du décryptage des quelque trois milliards de paires de bases, enchaînées le long des vingt-trois chromosomes qui composent notre patrimoine héréditaire. Cela va permettre le séquençage des gènes impliqués dans des maladies. Potentiellement, les bénéfices pour l'humanité sont énormes, l'identification d'un gène responsable d'une maladie héréditaire ouvrant la voie à la découverte d'un possible traitement et à sa guérison.

Mais on est loin d'avoir pris l'exacte mesure des conséquences de cette découverte qui peut déboucher sur de dangereuses dérives. La génétique permet désormais à l'homme de procéder, comme jamais, à « une appropriation sauvage du monde, la version moderne de l'esclavagisme ou de la mise en coupe des ressources naturelles, comme l'ont montré les entreprises coloniales ». Car breveter des gènes revient à privatiser un patrimoine commun de l'humanité. Et vendre l'information à l'industrie pharmaceutique – qui la réserverait à quelques privilégiés – risque de transformer cette avancée scientifique majeure en nouvelle source de discrimination.

De surcroît, l'ingénierie génétique préfigure un eugénisme de type nouveau ouvrant sur une sorte de transhumanité. Ne voit-on

pas là resurgir le fantasme de l'« enfant parfait », sélectionné en fonction de l'excellence de son code génétique ?
Nos sociétés osent à peine se l'avouer. Une indicible frayeur commence à les hanter : l'espèce humaine va-t-elle faire l'objet d'un usinage en règle ? Avec recours massif aux biotechnologies lourdes ? Pour fabriquer des Pokémons humains ou trans-humains ? Allons-nous vers une invasion des HGM : des Hommes génétiquement modifiés... ?

A LIRE : *Transversales Science Culture,* janvier-février 1999.
Jean-Yves Nau, « Brevets industriels pour matériau humain ? » *Le Monde,* 22 juillet 2000.

Gouvernance : Utilisé en français au XIIIe siècle comme équivalent de « gouvernement » (l'art et la manière de gouverner), ce mot passe en anglais (*governance*) au siècle suivant avec la même signification. Puis il tombe en désuétude. Son grand retour s'effectue à la fin des années 1980 dans le discours de la Banque mondiale *, repris par les autres agences de coopération, le FMI * et par le Programme des Nations unies pour le développement (PNUD). Il s'agit d'une technique de gestion des affaires mise en œuvre quand une multiplicité d'acteurs aux intérêts différents doit trouver un terrain d'entente. La notion s'applique aussi bien à la gestion des entreprises qu'à celle d'un Etat ou d'une organisation internationale. L'expression *corporate governance* renvoie à des méthodes de gestion et d'administration particulières visant à rassembler les actionnaires et les dirigeants d'une entreprise au sein d'un système équilibré de pouvoir et de contrôle.

Même si le terme est critiqué et discutable, la gouvernance est une question importante du XXIe siècle. Les sociétés de la planète sont interdépendantes entre elles et avec le reste du monde vivant. L'évolution accélérée des sciences, des techniques et des économies, les nouveaux rapports de domination qui en découlent, l'emprise excessive des rapports marchands, l'incompatibilité des modèles actuels de développement et de consommation avec les grands équilibres de la planète, tous ces changements rapides ont bousculé les systèmes de pensée et les modalités d'organisation des sociétés. Ils ont entraîné la ruine des repères intellectuels, moraux et politiques traditionnels, ont affaibli les solidarités. Les valeurs, les systèmes de pensée et les régulations sociales et politiques ont évolué, mais pas au même rythme.

Si peu de citoyens ont une idée précise de ce qu'est cette fameuse « gouvernance », on ne fera pas l'injure aux décideurs de penser qu'ils emploient ce terme sans discernement. Une publication récente, mais on pourrait en citer des dizaines d'autres, atteste qu'il fait partie de leur bagage sémantique ordinaire. Ainsi le Conseil d'analyse économique créé par l'ancien Premier ministre Lionel Jospin a-t-il publié *en anglais* un ouvrage tiré d'un colloque organisé conjointement avec la Banque mondiale – un partenariat qui met déjà la puce à l'oreille –, et dont la traduction littérale du titre est *Gouvernance, équité et marchés globaux*. On voit bien dans quel champ lexical se situe le concept... Celui-ci prétend chercher une réponse aux grandes questions de la mondialisation, et se présente parfois comme une alternative progressiste au néolibéralisme.

Le concept de « gouvernance mondiale » a été développé au début des années 1990 par James Rosenau pour analyser les dimensions politiques – et non économiques – de la mondialisation * : la combinaison de la mondialisation et du renforcement de la politique locale met en marche de nouvelles forces au sein des sociétés, qui provoquent un double mécanisme d'intégration mondiale et de fragmentation. Il s'ensuit un éclatement de l'autorité entre les niveaux mondial, national et infranational. Par exemple, le cas de la « maladie de la vache folle » montre que les Etats ne sont pas les seuls concernés : l'autorité politique en jeu s'est diffusée vers le haut, au niveau supranational (européen), vers le côté, par le rôle joué par les organisations non gouvernementales (ONG *) sur les questions de sécurité alimentaire, et vers le bas, par l'intervention des régions concernées. Cela ne veut pas dire que les gouvernements ne jouent aucun rôle, mais que vouloir comprendre comment se transforme l'économie mondiale en faisant uniquement référence aux Etats et aux institutions internationales est à la fois trompeur et inadéquat. Pour Rosenau, les acteurs de base de la gouvernance sont les « sphères d'autorité » plutôt que les Etats, des structures historiques ou des compromis politiques qui caractérisent les approches présentées jusqu'à présent. Leur existence n'est rendue visible que lorsque l'autorité s'exerce et qu'elle est acceptée. Chaque sphère exerce son autorité selon des modalités qui lui sont propres, et les relations entre les sphères ne sont pas forcément hiérarchiques, aucune ne domine a priori les autres. A l'intérieur de chaque sphère, il existe des acteurs puissants qui font respecter l'autorité dont ils disposent. Le marché mondial de l'assurance, par exemple, est une sphère d'autorité, où un acteur dominant, l'entreprise Lloyd's, dispose de l'essentiel du pouvoir. Quand la Lloyd's décide d'un nouveau type de procédures ou de règles, les autres assureurs suivent la nouvelle donne, qui devient alors la nouvelle façon de faire fonctionner le marché.

De plus, la gouvernance de certains marchés mondiaux est assurée par des agences d'autorégulation du secteur privé comme le Comité international des normes comptables, basé à Londres. La société civile mondiale * s'est donc en partie développée avec les tentatives de citoyens d'obtenir plus de poids dans la gouvernance post-étatiste. Avant l'accélération récente de la mondialisation * libérale, gouvernance signifiait gouvernement, Etat territorial centralisé. Dans les dernières décennies, la gouver-

nance est devenue multidimensionnelle, mettant en cause des niveaux de régulation superposés, du local au mondial en passant par le régional et le national. Les associations mondiales d'entrepreneurs, les organisations de base, les ONG, les syndicats, etc., exercent leurs pressions au niveau de gouvernance le plus favorable à leur cause. Des groupes transnationaux de coopération au développement passent souvent accord avec les autorités provinciales et locales du Sud. De nombreuses organisations de femmes travaillent avec l'Union européenne. Presque toutes les agences régionales et mondiales de gouvernance ont établi des mécanismes institutionnels de liaison avec la société civile *. Intentionnellement ou non, cet engagement a augmenté la légitimité de la gouvernance supra-étatique.
La société civile offre d'importantes possibilités pour améliorer la gouvernance mondiale. Elle peut contribuer à un développement plus humain de la mondialisation libérale, en améliorant le bien-être matériel et, par là même, la cohésion sociale. Parmi les autres contributions positives possibles, citons qu'elle peut fournir une tribune, alimenter le débat, approfondir la transparence et la responsabilité des citoyens. Autant d'actions positives qui peuvent augmenter la légitimité du combat.

A LIRE : Marie-Claude Smouts, « Du bon usage de la gouvernance en relations internationales », *Revue internationale des sciences sociales,* UNESCO, Paris, n° 155, 1998.
Ali Kazancigil, « Gouvernance et science : modes de gestion de la société et de production du savoir empruntés au marché », *Revue internationale des sciences sociales*, UNESCO, Paris, n° 155, 1998.
Governance, Equity and Global Markets. The Annual Bank Conference on Development Economics-Europe (sous la direction de Joseph E. Stiglitz et Pierre-Alain Muet), Oxford University Press, Oxford, 2001.

Greenpeace : Organisation mondiale de défense des consommateurs et de l'environnement *. Fondée en 1971, elle est née de l'association de militants écologistes et de déserteurs et objecteurs de conscience américains pendant la guerre du

Viêtnam, et de Quakers, dont l'idéologie imprègne le mouvement, ainsi que de pacifistes. Greenpeace revendique plus de trois millions de sympathisants.

Si Greenpeace a fait du combat contre les essais nucléaires son principal cheval de bataille, elle lutte aussi contre les OGM *, et a publié sur son site Internet la liste des aliments transgéniques. Ses militants ont organisé, en France notamment, des opérations coup de poing dans plusieurs supermarchés.

Le leader du mouvement, David McTaggart, a incarné à lui tout seul l'esprit du combat. Jusqu'en 1975, la lutte contre le nucléaire demeure d'ailleurs la seule mission de Greenpeace qui diversifie ensuite ses activités en organisant des expéditions et des campagnes contre la chasse à la baleine ou au bébé phoque, avant de dénoncer toute forme d'agression faite par l'homme à l'environnement.

Greenpeace concentre son attention sur les problèmes globaux qui menacent l'environnement au sens large et qui constituent des enjeux planétaires : changements climatiques, consommation énergétique, prolifération nucléaire, dégradation de la biodiversité, pollutions génétiques, dissémination des produits toxiques... Certains de ces problèmes sont difficilement perceptibles dans la vie de tous les jours ou dans notre proche voisinage. Pourtant, ces menaces pèsent sur notre quotidien et sur les générations futures. De même, certaines pratiques apparaissant comme peu dangereuses sur un espace donné auront des conséquences désastreuses à l'autre bout du monde. Ainsi, seule une approche globale permet de traiter ces questions globales.

En ce qui concerne le développement durable *, Greenpeace préconise la mise en œuvre effective d'un modèle de gestion des activités humaines qui réponde aux attentes des sociétés actuelles, sans hypothéquer les capacités des générations futures à satisfaire leurs propres besoins. Ce concept vise à reconsidérer les enjeux économiques en fonction des contraintes environnementales et des considérations sociales. Cette approche remet en cause la définition même d'un « progrès » qui serait aussi inéluctable que bénéfique. Construire une centrale nucléaire ne représente aucun progrès puisqu'elle constitue un risque inacceptable et génère des déchets que nos descendants devront gérer pendant des siècles... En revanche, les énergies éoliennes ou solaires constituent de vrais axes de développement pour aujourd'hui et pour demain.

La liberté politique repose sur une indépendance financière totale : Greenpeace ne vit que des contributions des particuliers qui ont choisi de soutenir sa démarche. Greenpeace refuse toute contribution financière venant des entreprises, des collectivités territoriales, des gouvernements, des institutions gouvernementales et intergouvernementales. Cette indépendance structurelle est le gage de sa liberté de parole et d'action, en tous lieux et en toutes circonstances.

Son principal instrument est la non-violence : jamais de dégradation de matériels, jamais d'inhumanité envers qui que ce soit. Cette attitude a un grand impact sur l'opinion publique, comme l'illustre en 1985 l'affaire du *Rainbow Warrior* qui la propulse sur le devant de la scène internationale.

A CONSULTER : http://www.greenpeace.org/france_fr/

Guerre d'occupation : Après avoir en vain plaidé contre l'expédition de Sicile imaginée par le démagogue Alcibiade, Nicias lança aux Athéniens un avertissement prémonitoire : « Il nous faut avoir un armement supérieur à celui de l'ennemi à tous les points de vue. Même ainsi, il ne sera pas facile de l'emporter et d'en sortir sans dommages. Nous devons nous considérer comme des colons qui, partis pour fonder une ville dans un pays étranger et peuplé de gens hostiles, sont tenus de se rendre maîtres du terrain dès le premier jour, ou condamnés en cas d'échec à ne trouver autour d'eux que des ennemis. »

De fait, l'échec du siège de Syracuse déboucha sur la destruction du corps expéditionnaire en 413, entraînant une succession de défaites qui s'achevèrent par la victoire totale de Sparte et le démantèlement des murailles d'Athènes en 404.

Il n'est pas de fatalité à ce que l'histoire se répète. Ainsi en 1918 et en 1945 les démocraties sont-elles sorties victorieuses des guerres mondiales qui les ont opposées à deux empires autoritaires et totalitaires du XXe siècle. A l'inverse, les Etats-Unis ont éprouvé la seule défaite de leur histoire au Viêtnam, dans un conflit périphérique perverti en guerre coloniale, face à l'alliance du nationalisme vietnamien.

Depuis la fin de l'Union soviétique, la guerre a changé de sens. Autrefois, on « déclarait la guerre », maintenant, il n'y a même plus cette règle. Néanmoins, la stratégie ne s'est pas vraiment transformée. On assiste à la création par les Etats-Unis d'un désordre social mondial qui attise les velléités de terrorisme, afin de légitimer la guerre. Et depuis la guerre du Golfe ceux-ci s'assoient littéralement sur l'ONU. Les Etats-Unis s'enfoncent dans une crise économique face à laquelle le lobby militaro-industriel a une réponse toute trouvée : faire la guerre.

Les autorités américaines ne sont pas parvenues à convaincre que cette dernière guerre contre l'Irak était nécessaire. L'écrivain Norman Mailer se le demande encore : pourquoi ont-ils fait la guerre ? Il n'a toujours pas trouvé de réponse. Il est inimaginable que Bush ait lu Machiavel : « On ne doit jamais laisser se produire un désordre pour éviter une guerre ; car on ne l'évite jamais, on la retarde à son désavantage. » Alors, pourquoi ? En fin de compte, concède Mailer, on peut penser que la multiplication des réponses produira un grand bouillon intellectuel, ce qui permettra au moins de hasarder sa propre hypothèse. « Si nous avons fait la guerre, pense-t-il, c'est que nous avions bien besoin d'une guerre. L'économie américaine était en plein naufrage, les marchés en chute libre, l'avenir s'annonçait sombre, et certains bastions traditionnels de la foi américaine (l'intégrité des grandes entreprises et l'Eglise catholique

entre autres) souffraient, chacun pour des raisons distinctes, d'une terrible perte de crédibilité. Et comme nos dirigeants n'étaient sans doute prêts à résoudre aucun des vrais problèmes qui se posent à eux, il était tout naturel qu'ils soient tentés de s'engager dans des entreprises plus ambitieuses, de s'aventurer sur les cimes glorieuses de la guerre ! »

C'est parce que aucun argument vérifiable ne semblait fonder cette guerre que tant de citoyens se sont élevés partout contre elle. Et qu'il est impossible de ne pas s'interroger sur les véritables motivations des Etats-Unis. Trop de gens pensent que les vraies raisons demeurent énigmatiques.

Nous pensons, comme André Gide, que tout a été dit, mais comme personne n'écoute il faut répéter mille fois les choses. A l'évidence, celles-ci sont, au moins, au nombre de trois.

Il y a, en premier lieu, la préoccupation, devenue obsessionnelle depuis le 11 septembre 2001, d'éviter toute jonction entre un « Etat voyou * » et le « terrorisme international ». Dès 1997, William Cohen, secrétaire à la Défense du président Clinton, déclarait : « Nous faisons face à la possibilité que des acteurs régionaux, des armées de troisième type, des groupes terroristes et même des sectes religieuses cherchent à obtenir un pouvoir disproportionné, par l'acquisition et l'utilisation d'armes de destruction massive. » Dans un communiqué diffusé le 11 janvier 1999, Ben Laden admettait que cette possibilité était bien réelle : « Je ne considère pas comme un crime de chercher à acquérir des armes nucléaires, chimiques et biologiques. » Et George W. Bush a reconnu que cette éventualité le hantait : « Notre crainte, c'est que les terroristes trouvent un Etat hors la loi qui pourrait leur procurer de la technologie pour tuer. »

Cet « Etat hors la loi », dans l'esprit du président des Etats-Unis, n'était autre que l'Irak. D'où la théorie de la « guerre préventive », définie le 20 septembre 2002, et que James Woolsey, ancien directeur de la CIA, a résumée de la manière suivante : « La nouvelle doctrine née de cette bataille asymétrique contre la terreur est celle de la “ dissuasion avancée ” ou de la “ guerre préventive ”. Puisque les terroristes ont toujours l’avantage d’attaquer en secret n’importe quand et n’importe où, la seule défense consiste à les cueillir maintenant, où qu’ils se trouvent, avant qu’ils puissent être en mesure de monter leur coup. » Bien entendu, aucune autorisation des Nations unies ne sera demandée.

La deuxième motivation, non avouée, était le contrôle du golfe Arabo-Persique et de ses ressources en hydrocarbures. Plus des deux tiers des réserves mondiales connues de pétrole se trouvent concentrés sous le sol de quelques Etats situés en bordure du Golfe : Iran, Irak, Koweït, Arabie Saoudite, Qatar et Emirats arabes unis. Pour les pays développés, et surtout pour les Etats-Unis, grands dilapidateurs d’énergies, cette région joue un rôle capital et détient l’une des clés fondamentales de leur croissance et de leur mode de vie.

Toute intervention contre des pays du Golfe est donc considérée comme une menace pour les « intérêts vitaux » des Etats-Unis. Dès 1980, dans son discours sur l’état de l’Union, le président James Carter, prix Nobel de la paix 2002, définissait la doctrine américaine pour cette région : « Toute tentative, de la part de n’importe quelle puissance étrangère, de prendre le contrôle de la région du golfe Persique sera considérée comme une attaque contre les intérêts vitaux des Etats-Unis d’Amérique. Et cette attaque sera repoussée par tous les moyens nécessaires, y compris la force militaire. »

Contrôlée par les Britanniques depuis la fin de la Première Guerre mondiale et le démantèlement de l’Empire ottoman, la région du Golfe a vu grandir l’influence américaine depuis 1945. Deux importants pays échappaient toutefois à la mainmise de Washington : l’Iran, depuis la révolution islamique de 1979, et l’Irak, depuis l’invasion du Koweït, en 1990. L’Arabie Saoudite est elle-même devenue suspecte depuis les attentats du

11 septembre 2001 en raison de ses liens avec l'islamisme * militant et de l'aide financière qu'auraient apportée des Saoudiens au réseau Al-Qaida *. Washington considère qu'il ne peut se permettre de perdre un troisième pion sur l'échiquier du Golfe, et encore moins de l'importance de l'Arabie Saoudite. D'où la décision d'occuper, sous de faux prétextes, l'Irak, et de reprendre le contrôle de la région.

M. Bush n'est certes pas un tyran, seulement le vainqueur hasardeux d'une élection contestable et contestée. Et la guerre, qu'il annonce perpétuelle, lui donne les moyens d'affirmer la puissance américaine et de refonder son pouvoir politique personnel. A l'extérieur, elle lui permet de démontrer à nouveau la suprématie militaro-technologique des Etats-Unis, de souligner, comme son père et le président William Clinton l'avaient fait en Irak, l'utilité persistante de la force dans l'après-guerre froide et de remodeler le paysage stratégique mondial. A l'intérieur, elle l'amène à ressusciter l'état de sécurité nationale (*National Security State*), à affirmer son autorité et à justifier la marginalisation des contre-pouvoirs législatif et judiciaire. Pourfendeur de l'Etat aux penchants quelque peu autoritaires, l'ex-gouverneur provincial a construit un exécutif fort, unifié, interventionniste et autonome.

Et, *last but not least*, la destruction de l'Irak marque l'ouverture du plus grand marché public du monde depuis la fin de la Seconde Guerre mondiale. Avant même que le président Bush ait adressé son ultimatum à l'Irak, le Pentagone, qui s'apprête à exercer un protectorat militaire sur le pays, avait déjà signé les contrats de reconstruction.

Cinq grandes sociétés états-uniennes se partagent ce gigantesque gâteau. En premier lieu, le Bechtel Group. Cette société de BTP, la plus importante des Etats-Unis, est détenue depuis quatre générations par la famille Bechtel. L'un de ses administrateurs n'est autre que George Schultz, l'ancien secrétaire d'Etat de Ronald Reagan. Il préside par ailleurs le Conseil d'orientation du Comité pour la libération de l'Irak, le lobby proguerre financé par Lockheed Martin. L'alliance Lockheed Martin-Bechtel augure un nouveau type de business : la destruction d'un pays par un marchand d'armes, puis sa reconstruction par un bétonneur.

Schultz siège également à la direction de Gilead Science, le géant de la pharmacie dont Donald Rumsfeld était le P-DG jusqu'à son retour au gouvernement. Cette firme vient d'obtenir d'importants marchés publics dans le cadre de la prévention des attaques chimiques et biologiques. En effet, Rumsfeld avait réussi à convaincre son opinion publique que le régime de Saddam Hussein détenait quelques armes de destruction massive qu'il lui avait lui-même vendues pendant la guerre Iran-Irak et que Bagdad envisageait de les utiliser contre le peuple américain. Au cours des dernières années, Gilead Science a tiré une grande partie de ses bénéfices des antiviraux qu'il produit pour traiter le sida *. Le prix élevé de ces traitements ne permettant pas leur diffusion dans le tiers-monde, plusieurs Etats ont tenté d'en fabriquer hors licence. Ils ont été condamnés par l'OMC *. En 1998, des antiviraux identiques ont été fabriqués hors licence par une usine pirate à Al-Shifa (Soudan). A la demande de Rumsfeld et de Schultz, le président Clinton accusa le centre d'Al-Shifa d'être une couverture pour la fabrication d'armes de destruction massive par Al-Qaida et le fit bombarder. Diverses enquêtes internationales montrèrent ultérieurement que ces accusations étaient sans fondements.

Le deuxième lauréat du marché de reconstruction de l'Irak est la compagnie Halliburton. Leader mondial des équipements pétroliers, cette société connaît bien ce pays où elle a reconstruit l'essentiel des installations de forage et de raffinage après la guerre de 1991. Son P-DG était alors Richard Cheney, qui venait de commander la destruction du pays en qualité de secrétaire à la Défense de George H. Bush (le père). Bien qu'officiellement Cheney ait démissionné de ses fonctions dans le privé lors de sa désignation comme vice-président de George W. Bush (le fils), il continue néanmoins à percevoir des émoluments résiduels. C'est donc dans une position équivoque qu'il a recommandé cette nouvelle destruction de l'Irak, ce qui ne manquera pas de lui rapporter de nouvelles primes.

Les autres bénéficiaires de la destruction de l'Irak sont The Fluor Group, Parsons Corporation et The Louis Berger Group ; trois sociétés qui se sont montrées particulièrement généreuses avec les « think tanks » des fondamentalistes.

Dans de telles conditions, on peut s'interroger sur le choix des cibles qui ont été bombardées par les Etats-Unis : répondait-il uniquement à des objectifs militaires ou aussi à la préparation du plus vaste chantier du monde ?

Au-delà des difficultés militaires, l'administration par des forces d'occupation américaines d'un Irak délivré de Saddam Hussein ne semble pas facile. Du temps où il était lucide, Colin Powell en mesurait l'inextricable difficulté : « Nous avions beau mépriser Saddam pour ce qu'il avait fait, les Etats-Unis n'avaient aucune envie de détruire son pays. Au cours des dix dernières années, c'est l'Iran, et non l'Irak, qui avait été notre grand rival dans le Moyen-Orient. Nous voulions que l'Irak continue de faire contrepoids à l'Iran. L'Arabie Saoudite ne voulait pas que les chiites prennent le pouvoir dans le sud de l'Irak. Les Turcs ne voulaient pas non plus qu'au nord les Kurdes fassent sécession avec le reste de l'Irak. [...] Les Etats arabes ne voulaient pas que l'Irak soit envahi et démantelé. [...] Un Irak divisé en factions sunnite, chiite et kurde ne contribuerait pas à la stabilité que nous voulions au Moyen-Orient. Le seul moyen d'éviter cela aurait été de conquérir et d'occuper cette lointaine nation de vingt millions d'habitants.

Nous ne pensons pas que c'est ce que les Américains souhaitaient. »

La troisième motivation non avouée de cette guerre, c'était d'affirmer l'hégémonie des Etats-Unis sur le monde. L'équipe d'idéologues qui entoure George W. Bush (MM. Cheney, Rumsfeld, Wolfowitz, Perle, etc.) a théorisé depuis longtemps cette montée vers la puissance impériale des Etats-Unis. Ils étaient déjà là, dans les années 1980, autour du président Bush père. C'était la fin de la guerre froide et, à l'inverse de la plupart des stratèges qui prônaient un allègement de l'instrument militaire, eux encourageaient la réorganisation des forces armées et le recours à outrance aux nouvelles technologies dans le but de restituer à la guerre son caractère d'instrument de politique étrangère.
Il fallait d'ailleurs enterrer, une fois pour toutes, le syndrome du Viêtnam, et l'idée trop souvent défendue chez ses futurs ennemis que son armée refusait de payer l'impôt du sang. A l'époque, raconte un témoin, « le syndrome du Viêtnam était encore vivace. Les militaires ne voulaient recourir à la force que si tout le monde était d'accord. Les conditions posées requéraient pratiquement un référendum national avant qu'on puisse employer la force. Aucune déclaration de guerre n'était possible sans un événement catalyseur tel que Pearl Harbor ». Pourtant, cette équipe de faucons, avec l'aide déjà du général Colin Powell, parvint à mettre sur pied, en décembre 1989, sans l'accord du Congrès ni celui des Nations unies, l'invasion du Panamá (plus de mille morts) et le renversement du général Noriega.

Ces mêmes hommes ont ensuite conduit la guerre du Golfe, au cours de laquelle les forces armées des Etats-Unis effectuèrent une démonstration de surpuissance militaire qui stupéfia le monde. Défendre l'Amérique, pour les néoconservateurs, c'est aussi exporter la démocratie, comme Bonaparte croyait défendre les principes acquis de la Révolution française en l'exportant chez ses voisins.

Revenus au pouvoir en janvier 2001, ces idéologues ont considéré les attentats du 11 septembre comme l'« événement catalyseur » attendu depuis longtemps. Rien désormais ne semble les freiner. Au moyen du Patriot Act *, ils ont doté les pouvoirs publics d'un instrument liberticide redoutable ; ils ont promis d'« exterminer les terroristes », proposé la théorie de la « guerre globale contre le terrorisme international », conquis l'Afghanistan, renversé le régime des talibans et projeté des forces de combat en Colombie, Géorgie, aux Philippines... Ils ont ensuite défini la doctrine de la « guerre préventive » et justifié, à base de propagande et d'intox, la guerre contre l'Irak.

Ils acceptent que Washington se concentre sur les vrais lieux de pouvoir à l'heure de la mondialisation libérale * : G7 *, FMI *, OMC, Banque mondiale *... Mais ils souhaitent extraire peu à peu les Etats-Unis du cadre politique multilatéral. C'est pourquoi ils ont poussé le président Bush à dénoncer le protocole de Kyoto * sur les effets de serre, le traité ABM sur les missiles balistiques, le traité instituant une Cour pénale internationale, le traité sur les mines antipersonnel, le protocole sur les armes biologiques, l'accord sur les armes de petit calibre, le traité sur l'interdiction totale des armes nucléaires, et même les conventions de Genève sur les prisonniers de guerre pour ce qui concerne les détenus du bagne de Guantanamo. Le prochain pas serait le refus de l'arbitrage du Conseil de sécurité. Ce qui menacerait de mort le système des Nations unies.

Pièce par pièce, au nom de grands idéaux – la liberté, la démocratie, le libre-échange, la civilisation –, ces idéologues procèdent ainsi à la transformation des Etats-Unis en Etat militaire de nouveau type. Et renouent avec l'ambition de tous les empires : redessiner le monde, retracer les frontières, policer les populations.

Les colonialistes d'antan n'agissaient pas autrement. « Ils [pensaient], rappelle l'historien Douglas Porch, que la diffusion du commerce, du christianisme, de la science et de l'efficacité de l'administration de l'Occident repousserait les bornes de la civilisation et réduirait les zones de conflit. Grâce à l'impérialisme, la pauvreté se changerait en prospérité, le sauvage retrouverait le salut, la superstition deviendrait lumière, et l'ordre serait instauré là où jadis régnaient seules la confusion et la barbarie. »

Pour éviter cette affligeante dérive, la France et l'Allemagne, au nom d'une certaine idée de l'Union européenne, ont choisi de faire contrepoids – non hostile – aux Etats-Unis au sein de l'ONU. « Nous sommes convaincus, a affirmé M. de Villepin, qu'il faut un monde multipolaire et qu'une puissance seule ne peut pas assurer l'ordre du monde. »

Alors s'impose la croyance en la force avec, en fin de parcours, ce risque, déjà noté par Hegel dans ses *Leçons sur la philosophie de l'Histoire*, à propos de Bonaparte (devenu Napoléon) : « On n'a jamais remporté de plus grandes victoires, jamais exécuté de plus grands coups de génie » ; toutefois, jamais l'impuissance de la victoire n'apparut plus clairement, car le nationalisme et les « sentiments religieux » des peuples occupés se firent si insistants et virulents qu'ils « renversèrent le colosse ». Le précédent de l'Afghanistan n'est guère prometteur.

L'esquisse d'un nouveau monde ainsi se dessine. Dans lequel un second pôle de pouvoir pourrait être constitué soit par l'Union européenne si elle sait se rassembler, soit par une alliance inédite Paris-Berlin-Moscou, ou encore par d'autres configurations variables (Brésil-Afrique du Sud-Inde-Mexique). L'initiative franco-allemande, face au bellicisme de l'administration Bush, constitue une démarche historique qui sort enfin l'Europe de soixante ans de peurs et lui permet de redécouvrir la volonté politique. Une démarche si audacieuse qu'elle a révélé, par contraste, l'attitude pusillanime de certains pays européens (Royaume-Uni, Espagne, Italie, Pologne...) trop longtemps vassalisés.

Les Etats-Unis commençaient à s'installer dans le confort d'un monde unipolaire dominé par la force de leur instrument militaire. La guerre contre l'Irak devait servir à affirmer leur nouveau pouvoir impérial. La France et l'Allemagne sont venues leur rappeler qu'en matière de puissance quatre facteurs sont décisifs : la politique, l'idéologie, l'économie et le militaire. La mondialisation a pu faire croire que seules l'idéologie (libérale) et l'économie constituaient des facteurs fondamentaux. Et que les deux autres (politique et militaire) étaient devenus secondaires. C'était une erreur.

A LIRE : Alain Joxe, *L'Empire du chaos,* La Découverte, Paris, 2002.
Paul-Marie de La Gorce, « Ce dangereux concept de guerre préventive », *Manière de voir,* n° 67.
Bob Woodward, *Chefs de guerre*, Calmann-Lévy, Paris, p. 226.
Colin Powell, *Un enfant du Bronx*, Odile Jacob, Paris, 1995, p. 414 et p. 452.
Douglas Porch, *Les Guerres des empires*, Autrement, Paris, 2002, p. 16.
William Rivers Pitt (entretien avec Scott Ritter), *Guerre à l'Irak. Ce que l'équipe Bush ne dit pas*, Le Serpent à plumes, Paris, 2002.
David Halberstam, *War in a Time of Peace : Bush, Clinton and the Generals*, Scribner, New York, 2001.
Chalmers Johnson, *Blowback : The Cost and Consequences of American Empire*, Metropolitan Books, New York, 2000.
Noam Chomsky, *Le Nouvel Humanisme militaire*, Page deux, Lausanne, 2000.

Guerre perpétuelle : Serait-ce la mondialisation de la justice? Au lendemain du 11 septembre 2001, la présidence américaine lançait sous cette expression un défi global à la menace constituée par le terrorisme sans frontières. Tétanisés, les membres de la communauté internationale se voyaient

alors sommés de choisir leur camp et de rejoindre la nouvelle « croisade » en se plaçant sous la bannière étoilée – sauf, évidemment, à vouloir être comptés au rang des pays hostiles ou des Etats voyous *. Comme l'a martelé George W. Bush devant le Congrès réuni solennellement quelques jours plus tard : « Ceux qui ne sont pas avec nous seront contre nous ! »

L'émotion qu'a suscitée l'attaque du 11 septembre ne peut dissimuler les légitimes interrogations que provoqua la riposte. Le péril terroriste, très diffus, requiert un combat patient, quotidien, mais nécessite-t-il les guerres ? Et menées contre qui ? Contre les anciens « combattants de la liberté » afghans et Oussama Ben Laden *, formés aux meilleures écoles de la CIA ? Contre les talibans que les Etats-Unis et leurs alliés pakistanais ont installés au pouvoir ? Contre l'Irak, comme cela a été fait sans résultats notoires dans un pays d'avance exsangue après onze années d'embargo ? Contre le monde musulman ou contre l'islam *, désigné par certains comme le nouvel adversaire ? Les attentats du 11 septembre 2001 reflètent la tension des changements affectant le système mondial et l'incapacité de Washington à intégrer les réalités politiques et institutionnelles de la nouvelle ère. La rivalité américano-soviétique a été, longtemps, confortable pour les élites politiques et militaires américaines. Ses paramètres étaient clairs, et les comportements prévisibles. Les Etats-Unis ont pensé se sécuriser en se procurant des armes et des systèmes de renseignements de plus en plus sophistiqués et coûteux. Pendant des années, des généraux et des dirigeants politiques dociles ont menti sur la nature des menaces pour justifier le maintien des structures militaires, le système d'organisation, les dépenses d'armement et les bases étrangères issues de la guerre froide. On s'aperçoit désormais que la nouvelle course aux armements dans l'espace et le projet de défense antibalistique ne correspondent pas aux véritables besoins de sécurité du pays.

En 1989, avec l'effondrement du mur de Berlin, s'ouvrait une possibilité de rebâtir un ordre international plus juste. La volonté des Etats-Unis de le forger de manière solitaire, d'en définir seuls les contours et les règles, les excès mêmes de leur puissance ont contribué à rendre le monde actuel plus dangereux. Une décennie plus tard, assisterons-nous à la répétition du même scénario ?

Succédant au cycle entamé le 9 novembre 1989, lors de la chute du mur de Berlin, une nouvelle période historique démarre ce fatidique mardi 11 septembre par la découverte d'une arme nouvelle : un avion de ligne, bourré de kérosène et transformé en missile de destruction. Inconnue jusqu'alors, cette monstrueuse bombe incendiaire percute par surprise l'Amérique à plusieurs reprises, au même moment. Le choc est d'une telle violence que le monde va en être effectivement ébranlé. Ce qui se modifie d'emblée, c'est la perception même du terrorisme. On parle immédiatement d'« hyperterrorisme » pour signifier qu'il ne sera plus comme avant. Un seuil, impensable, inconcevable, a été franchi. L'agression est d'une telle démesure qu'elle ne ressemble à rien de connu. Au point qu'on ne sait pas comment la nommer. Attentat ? Attaque ? Acte de guerre ? Les limites de la violence extrême semblent repoussées. Et on ne pourra plus revenir en arrière. Chacun sait que les crimes du 11 septembre 2001, inauguraux, se reproduiront. Ailleurs peut-être, et dans des circonstances différentes sans doute, mais ils se répéteront. L'histoire des conflits enseigne que, lorsqu'une arme nouvelle apparaît, aussi monstrueux qu'en soient les effets, elle est toujours réemployée. Cela a été vrai pour l'usage des gaz de combat après 1918, ou pour la destruction des villes par bombardements aériens après Guernica en 1937. C'est d'ailleurs cette crainte qui entretient, cinquante-six ans après Hiroshima, la terreur nucléaire...

Après septembre 2001, ce qui n'était visible qu'aux historiens et aux analystes critiques saute à présent aux yeux de tout observateur attentif et suscite a fortiori un réflexe de légitime inquiétude. L'Amérique n'a pas changé, ses dirigeants ne sont pas subitement devenus « fous », elle a seulement atteint « le stade

ultime du capitalisme », avec toutes les nuances et les explications que cela suppose ! Et cette « mue » se traduit par une sorte de déclaration de guerre tous azimuts, une sommation universelle à se soumettre ou à se voir amené à résipiscence, assujetti ou réduit *a quia* par des mesures de rétorsion, la faillite économique, le blocus, la subversion ou la guerre !

Le président Bush, héritier et vecteur d'une vision normalisatrice, expansionniste et impériale vieille de deux siècles, « nous » a promis une « Justice sans limites » et des décennies de guerre sans merci. Quant aux clapiers où croupissent et se déshumanisent dans les *in pace* les prisonniers de Guantanamo – prisonniers du champ de bataille et non prisonniers d'une guerre qui n'a pas eu lieu –, ils illustrent mieux encore ce propos.

De ce seul point de vue, la déclaration d'intention de George W. Bush doit évidemment être prise au premier degré. En 1974 paraissait aux Etats-Unis un curieux récit de science-fiction, *The Forever War*, « La Guerre éternelle ». Cette transposition de l'expérience d'un soldat au Viêtnam est imprégnée de l'essence même de la guerre américaine dans toutes ses dimensions et spécificités. Incidemment l'auteur, Joe Haldeman, a su toucher du doigt certains éléments architectoniques de l'Amérique-monde : sa vocation à une universalité normative et conquérante, celle d'un éternel prédateur voué par sa nature même (c'est-à-dire par la logique du système qui la régit) à une expansion sans fin, éternel retour de phases de destruction et de reconstruction...

Cet invariant est, à y bien regarder, « génétiquement » inscrit dans le passé et la mentalité des peuples de l'Amérique moderne, et la guerre éternelle (contre les agents et les Etats supports de la terreur) n'est que la reconduction actuelle de ce *pionnering spirit* qui animait les Pères fondateurs dans leur marche messianique et conquérante vers le grand Ouest. Ici l'analogie s'impose entre la croisade engagée contre les nouveaux barbares (ceux d'Al-Qaida * et tous les fondamentalismes) et les guerres indiennes qui s'étalèrent sur plus d'un siècle. Les territoires de l'Islam irrédentiste sont ainsi une nouvelle frontière (à l'instar de l'Initiative de défense spatiale), et « un bon islamiste ne peut être – en vertu d'une rhétorique négationniste de l'altérité – qu'un islamiste mort ». Ce qui est aussi vrai des anciens dignitaires irakiens recherchés « morts ou vifs » sur les cartes d'un hallucinant « jeu » de poker menteur digne du pire western.

La diplomatie dure, *hard diplomacy*, ne vise-t-elle pas à instaurer ce « Nouvel ordre international » triomphalement annoncé par George Bush père un certain 11 septembre 1990 ? Fondation d'une hégémonie durable avant que la réorganisation entreprise du Vieux Monde ne le lui interdise ? L'Europe, géant économique mais nain politique, la Russie en chantier, la Chine qui s'éveille à grand-peine de la glaciation communiste ne peuvent encore s'opposer concrètement à l'extension de ce champ de dominance planétaire, par conséquent toute fenêtre d'opportunité doit être mise à profit en temps réel...

De ce seul point de vue, la promesse d'une « Justice sans limites », fondée sur le principe du *right is might* – « est juste tout ce qui est réalisable » –, ne peut se traduire désormais pour tous que par un horizon écrasé sous des ciels de plomb, prémonition des guerres futures et de leurs orages d'acier... Dans la nouvelle réorganisation du monde qui commence, les Etats-Unis misent désormais sur le militaire et le médiatique. La France et l'Allemagne, en revanche, sur le politique. Pour affronter les problèmes qui accablent l'humanité, ces dernières parient sur la paix perpétuelle. Le président Bush et son entourage sur la guerre perpétuelle...

A LIRE : Pascal Boniface, *Les Guerres de demain*, Le Seuil, Paris, 2001.
Congressional Research Service (CRS), Report for Congress, « US Use of Preemptive Military Force », Washington DC, septembre 2002.

Maison Blanche, « The National Security Strategy of the United States of America », Washington DC, septembre 2002.

Barthélemy Courmont et Darko Ribnikar, *Les Guerres asymétriques. Conflits d'hier et d'aujourd'hui, terrorisme et nouvelles menaces*, PUF, Paris, 2002.

Michael T. Klare, *Resource Wars : the New Landscape of Global Conflict*, Metropolitan Books, New York, 2001.

Saïda Bédar, « Vers une " grande transformation " stratégique américaine ? » in *Cahiers d'études stratégiques*, n° 31, Paris, 4e trimestre 2001.

H

Humanitaire : La Croix-Rouge est la première organisation fondée sur des principes humanitaires. Elle est née à l'initiative du Suisse Henri Dunant qui, à la vue du champ de bataille de Solferino (1859), organise les premiers soins aux blessés, tant autrichiens que français. Dans son livre *Un souvenir de Solferino* (1862), il suggère la création dans tous les pays d'associations volontaires de bienfaisance. Il s'agissait de tirer, sur le plan humain, les conséquences du changement de nature et de dimension des conflits : puissance accrue du feu, de l'importance des effectifs mis en jeu par les armées de conscription, apparition de théories stratégiques visant à l'anéantissement de l'adversaire.
La Convention sur les militaires blessés fut paraphée le 22 août 1864 par 12 Etats. Les quatre Conventions de 1949, complétées par des protocoles additionnels en 1977, sont à ce jour ratifiées par 166 pays.
Il convient de distinguer l'aide humanitaire apportée bénévolement lors de catastrophes naturelles de l'intervention humani-

taire. Celle-ci implique une intrusion dans les affaires d'un Etat. Le droit d'ingérence humanitaire, en théorie, exige la reconnaissance par la communauté des Etats de la supériorité de cette légitimité sur la légalité internationale. Mais, en pratique, il s'agit d'une illusion politique et d'une fiction juridique. Illusion politique, car l'ingérence – action de s'installer dans un pays contre la volonté de son gouvernement – ne désigne que des situations où l'Etat est effondré ou vaincu.

Longtemps, le principe de non-ingérence a prévalu sur la volonté de faire respecter les Droits de l'homme. Pendant la guerre du Biafra (1968), le gouvernement fédéral nigérian interdit à la Croix-Rouge l'accès aux populations ibos en détresse. Ce constat d'impuissance des organisations humanitaires traditionnelles incite en 1971 des médecins français à créer Médecins sans frontières, pour venir en aide aux victimes quels que soient leur camp et leur nationalité. A partir de 1975, surgissent des conflits dits « périphériques », guerres civiles ou de résistance (Angola, Ethiopie, Salvador, Sri Lanka, Afghanistan). L'ONU et la Croix-Rouge ne reconnaissent que les guerres entre Etats, d'où la multiplication d'organisations humanitaires non gouvernementales qui interviennent sur la scène internationale en dehors de toute autorité étatique : Amnesty International, Oxfam, Médecins sans frontières...

Bien que considérées comme une menace au principe de souveraineté, les interventions humanitaires se multiplient (Somalie, Haïti, Liberia, Rwanda, Bosnie), au risque d'un échec (illustré par le retrait américain de Somalie en 1992), de récupération politique (cas d'Haïti en 1994) ou d'une surmédiatisation.

Il est vrai que la pression globale des opinions publiques, *via* les médias, a considérablement élargi, depuis la fin des années 1970, le champ d'intervention humanitaire :

jamais dans l'histoire autant d'organismes d'aide n'ont secouru autant de personnes. Loin de refléter l'augmentation des besoins, ce phénomène illustre à la fois l'essor et la reconnaissance internationale du mouvement humanitaire. C'est là, pour le meilleur en général, mais parfois pour le pire, que réside la véritable nouveauté.

A LIRE : David Rieff, *L'Humanitaire en crise*, Le Serpent à plumes, 2003.
Jean-Christophe Rufin, *L'Aventure humanitaire*, Gallimard, 1994.
Noam Chomsky, *Le Nouvel Humanisme militaire*, Page deux, Lausanne, 2000.

I

Impérialisme : « Vous ne régnez pas à l'intérieur de limites déterminées et nul ne vous a prescrit jusqu'où devait s'étendre votre domination. La mer s'allonge comme une ceinture au milieu du monde habité, ainsi qu'au milieu de votre empire. Tout autour, sur d'immenses espaces, s'étalent les continents, et ils vous rassasient toujours de leurs productions. Et la Ville est semblable à un marché commun à toute la terre [...]. En conséquence, il est difficile de répondre à la question de savoir si la Ville l'emporte sur toutes les villes qui existent ou si c'est votre empire qui l'emporte sur tous les empires qui ont existé. »

Ce n'est pas un Ben Laden * de nos jours qui a écrit ces lignes, mais l'auteur du IIe siècle Aelius Aristide, dans son *Eloge de Rome*. Et si le terme « mondialisation * » est apparu dans les années 1980, l'accroissement des marchés – conjugué à la colo-

nisation – a rétréci les dimensions de la planète, entraînant un mouvement globalisateur.
Souvent symbolisé par l'expansion de l'Europe depuis 1500, même s'il est de toutes les époques, l'impérialisme est la tendance des Etats à soumettre par la force d'autres territoires.
La doctrine des partisans de cette expansion a été élaborée, au cours du XIXe siècle, sous le nom archaïque de colonialisme. L'exploitation économique se mêlait alors à la « mission civilisatrice » de l'homme blanc et primait sur une conquête militaire et une sujétion politique. Ce n'est qu'avec l'essor du capitalisme dans sa phase moderne et industrielle que le concept prend toute sa signification. La fin du XIXe siècle et le début du XXe voient s'accélérer la course pour la possession de territoires qui doivent procurer marchés, matières premières et débouchés pour des capitaux accumulés prêts à être investis. Les deux grandes puissances impériales, la Grande-Bretagne et la France, finissent par s'affronter à Fachoda en 1898, provoquant une grave crise dans les relations franco-britanniques, tandis que l'Allemagne et l'Italie, entrées tardivement dans la compétition, partent à leur tour à la conquête des derniers territoires « sans maître » pour se faire « une place au soleil ».
Ce désir impérial est poussé à ses limites par les Etats-Unis. Après avoir conquis et dominé leur territoire-continent, ils s'opposent la même année de 1898 à l'Empire espagnol en déclin, s'emparant des Philippines, de Porto Rico, et établissant un protectorat sur Cuba. Cette nouvelle volonté impériale s'incarne dans la personnalité du président Theodore Roosevelt et se confirme dans la « Grande Société » voulue dans les années 1960 par Lyndon Johnson. Celui-ci était persuadé que les Etats-Unis avaient l'obligation d'agir partout où le communisme risquait de l'emporter. Ainsi n'hésite-t-il pas à intervenir en Amérique latine (débarquement de Marines en République

dominicaine en avril 1965), et à faire savoir que les Etats-Unis seraient prêts à soutenir tout gouvernement dont les intérêts seraient compatibles avec ceux de Washington, sans référence à leur caractère démocratique.

Il n'est donc pas étonnant qu'au cours du XXe siècle le terme « impérialisme » ait pris une connotation péjorative. Avec

Lénine, dans son ouvrage de 1916, *L'Impérialisme, stade suprême du capitalisme*, la notion d'impérialisme est définitivement liée à celle de capitalisme où le monopole a remplacé la concurrence et recherche, dans des pays lointains et faibles, des espaces économiques à conquérir. Mais, pour le moment, le choc entre les impérialismes ne débouche pas inéluctablement sur l'affrontement armé. Dans l'entre-deux-guerres, le Japon fait montre d'un impérialisme particulièrement dynamique et établit en Asie sa « sphère de coprospérité », comme en témoigne la crise de Mandchourie. Les Etats-Unis bâtissent un empire sans barrières ni contrôle, avec leurs investissements à l'étranger et une doctrine de la porte ouverte qui prône le libre accès aux marchés et aux matières premières, jetant ainsi les bases de l'impérialisme contemporain.

Immuable dans son essence, l'impérialisme change au rythme de l'évolution du capitalisme lui-même. Les Etats-Unis incarnent à eux seuls cet impérialisme qui n'exclut pas un comportement traditionnel : la puissance militaire américaine essaime des bases partout, suscite des contestations virulentes, et pas seulement dans le tiers-monde. Si dans les années 1970-1980 la domination américaine connut des déboires, dans l'après-guerre froide son impérialisme ne s'est jamais autant affirmé. L'impérialisme culturel et la domination du modèle de société anglo-saxon qui l'accompagne ont une part évidente dans les craintes que suscite aujourd'hui la mondialisation *.

Mais les Etats-Unis, signale Alain Joxe, refusent aujourd'hui d'assumer la fonction protectrice à l'égard de leurs auxiliaires amis ou soumis. Ils ne cherchent pas à conquérir le monde et à prendre la responsabilité des sociétés soumises. Ils n'en sont pas moins à la tête d'un empire, mais c'est un système qui se consacre seulement à *réguler le désordre* par des normes financières et des expéditions militaires, sans avoir pour projet de rester sur le terrain conquis. Ils organisent au coup par coup la répression des symptômes de désespoir, presque selon les mêmes normes au-dedans et au-dehors.

On se pose la question de savoir si le pouvoir des Etats-Unis est avant tout économique ou militaire, et dans quel rapport ou sur quel mode d'articulation. En somme, quelle est l'explication de la supériorité politique mondiale qu'ils mettent en place sous le nom de « globalisation » ?

A LIRE : Alain Joxe, *L'Empire du chaos*, La Découverte, Paris, 2002.
Charles Zorgbie, *L'Impérialisme*, PUF, « Que sais-je ? », 1996.
Lucien Poirier, *Essais de stratégie théorique*, Fondation pour les études de Défense nationale, coll. « Les sept épées », Paris, 1982, repris dans deux recueils de 1987 et 1994 parus chez Economica, sous le titre *Stratégie théorique II* et *Stratégie théorique III*.

Islam : Les attentats du 11 septembre 2001 ont relancé, dans la plupart des pays occidentaux, l'intérêt pour cette religion révélée fondée par Mahomet au VIIe siècle et recueillie dans le Coran qui ne cautionne ni la guerre ni le terrorisme. Comme pour les principales croyances, le message que l'on retrouve dans le livre saint est un message de tolérance et de paix.
Il y est question de l'unicité de Dieu, de sa protection, de ses châtiments. Le Coran évoque également la responsabilité de l'être humain, la sanction de ses actes, jugés au jour de la Résurrection, avec le paradis pour les bons et l'enfer pour les méchants durant la vie éternelle ; il souligne le droit des pauvres, et exhorte les fidèles (musulmans) à prier, à être patients et à espérer.

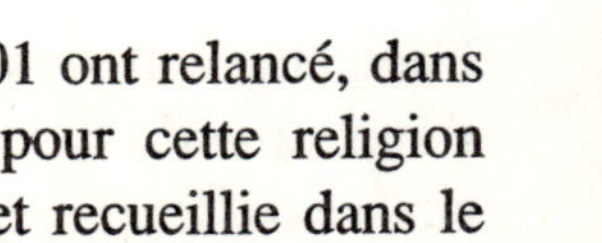

La cohérence et la simplicité de la doctrine ont conféré à l'islam une puissance de conviction qu'aucune autre n'a connue. En un siècle, de 632 à 732, il s'étend des confins de la Chine jusqu'à Poitiers. Et ce malgré les dissensions survenues après la mort de Mahomet (632) qui mèneront à la naissance du grand schisme : le chiisme, très répandu au Liban, en Irak et surtout en Iran.

Aujourd'hui encore, l'islam est une religion conquérante qui gagne constamment des fidèles, non seulement en Europe et aux Etats-Unis, mais surtout en Afrique subsaharienne (l'« islam noir ») et en Asie. Il y a plus d'un milliard de musulmans dans le monde, et les principaux Etats islamiques sont l'Indonésie, le Pakistan et le Bangladesh, trois pays non arabes. Dans les librairies, les exemplaires du Coran et les essais sur le monde arabo-musulman prolifèrent. Et puisque, très vite, les auteurs des attentats du 11 septembre 2001 furent identifiés comme appartenant au réseau Al-Qaida * et que celui-ci et son chef, Oussama Ben Laden *, furent associés à la nébuleuse islamiste, on a voulu en savoir plus, dix ans après la disparition du « Grand Satan » soviétique, sur ces nouveaux « ennemis de l'Occident ».

Quelques années auparavant, certains essayistes comme Samuel Huntington, auteur du *Choc des civilisations*, avaient annoncé comme « inéluctable » un nouvel affrontement entre l'Occident chrétien et le monde musulman. De très vieilles peurs – réminiscences des croisades, souvenirs de batailles coloniales et expériences des guerres de décolonisation – se mêlaient dans l'esprit de nombreuses personnes, encore sous le choc après avoir assisté à l'effondrement des tours géantes du World Trade Center.

Le président des Etats-Unis, dans les heures qui ont suivi le crime, a parlé lui-même de croisade, de lutte du Bien contre le

Mal, et qualifié les attentats d'attaque contre la civilisation. Donnant ainsi l'impression de rejeter l'islam du côté du Mal et de la barbarie... Le président du Conseil italien, Silvio Berlusconi, a été plus explicite dans le mépris en affirmant « la suprématie de la civilisation occidentale sur l'islam ». Thèse à relents racistes que, d'une manière ou d'une autre, répètent ouvertement tous les ténors du national-populisme en Europe, des Pays-Bas à l'Autriche, du Danemark à la France.

Souvent synonyme, dans les médias, de fanatisme et de violence, et à cause de nombreux amalgames, l'islam fait peur. En réalité, il demeure très mal connu, ce qui favorise toutes sortes de fantasmes et d'élucubrations. L'islam (mot signifiant « soumission », « abandon à Dieu ») est pourtant fort proche des deux autres grandes religions monothéistes, le judaïsme et le christianisme. La doctrine du Coran ne se donne pas pour une nouveauté ; de nombreux versets assurent, au contraire, qu'elle confirme les messages antérieurs déjà révélés mais qu'elle clôt le cycle des prophètes.

Cette nouvelle peur de l'islam n'est pas sans rapport avec l'augmentation de la population d'origine musulmane dans plusieurs pays européens qui fait de l'islam, en France, en Belgique, en Hollande, en Italie, en Espagne et en Allemagne, la religion la plus pratiquée après le catholicisme. Au sein de l'Union européenne, on estime que le nombre de musulmans s'élève à une quinzaine de millions...

Dans ces mêmes pays, les faits divers, ressassés par les journaux télévisés et les grands médias, se multiplient et deviennent un prétexte pour insister sur la violence des banlieues, le danger des « bandes ethniques », la montée des délinquances et l'explosion des criminalités. Des informations désignant comme responsables de cette poussée de l'insécurité des jeunes d'origine maghrébine et musulmane.

Plusieurs de ces jeunes, nous apprennent ces mêmes médias, après avoir été endoctrinés par des prêcheurs islamistes et formés dans des camps d'entraînement lointains, ont été envoyés défendre l'islam dans les guerres d'Afghanistan, de Bosnie, d'Algérie – avec parfois des répercussions en Europe (comme, en France, le réseau de Khaled Kelkal). Certains (Britanniques, Français, Espagnols) auraient fini par rejoindre la secte Al-Qaida avant de se retrouver prisonniers sans statut dans les cellules-cages de la base militaire américaine de Guantanamo...

A LIRE : *Le Coran*, traduit de l'arabe et annoté par Jacques Berque, Sindbad, Paris, 1990.

Samuel Huntington, *Le Choc des civilisations*, Odile Jacob, Paris, 2000.

Marc Ferro, *Le Choc de l'Islam. XVIIIe-XXIe siècles*, Odile Jacob, Paris, 2002.

Alain Gresh et Tariq Ramadan, *L'Islam en questions*, Actes Sud, Arles, 2002.

Islamisme : L'imbrication de la religion, du droit et de l'Etat est très forte dans l'histoire de l'islam. Edouard Herriot ne disait-il pas : « Qui possédera la Syrie possédera tout l'Islam » ? Le particularisme des Syriens et le rayonnement de Damas ont fait qu'il a presque toujours été impossible de discerner cette région du monde des constructions politiques dont elle fait partie.

On appelle « islamistes » (ou « intégristes », ou « fondamentalistes musulmans ») les militants qui, dans le monde musulman, conservent la nostalgie de cette imbrication. Et luttent pour que l'Etat et la société redeviennent conformes aux règles du droit islamique, la *charia*, telles que le Coran, les *hadith* (récits et actions du Prophète et de ses compagnons) les ont établies.

Par conséquent, les islamistes s'opposent au projet d'unité des pays arabes et à l'idée que puissent exister différentes nations au sein du monde musulman. Ils entendent parvenir à l'unité politique de l'*oumma*, la communauté de tous les musulmans et l'unification sous une même autorité de tous les pays musulmans du monde. Ils prônent une république islamique qui en finirait avec la corruption, la décadence, l'immoralité, le népotisme et les inégalités sociales. C'est pourquoi, dans de nombreux pays, les classes moyennes et populaires les soutiennent. Certaines organisations islamistes poursuivent ces buts par la voie pacifique et participent aux élections, lorsqu'il y en a et que les autorités le leur permettent. Il est arrivé (Iran, 1979) qu'une insurrection populaire contre un régime autocratique soit dirigée par des islamistes (avec, à leur tête, l'ayatollah Khomeyni) qui ont fini par l'emporter et par instaurer une « république islamique ».

D'autres organisations, très minoritaires, ont choisi la violence. On les appelle « islamistes radicaux ». Au Proche-Orient, ils sont souvent à l'origine des attentats les plus odieux contre les civils israéliens. Mais c'est surtout en Algérie que, depuis plus de dix ans, se déroulent les affrontements les plus durs entre des islamistes radicaux et un appareil d'Etat plus ou moins laïc. D'autres affrontements ont lieu également en Egypte, par exemple.

Il existe aussi quelques réseaux islamistes transnationaux – le plus célèbre est désormais Al-Qaida *, dont la stratégie vise non seulement à unifier politiquement le monde musulman, mais aussi à affronter ce qu'ils appellent l'« Occident chrétien ». Ils voudraient également empêcher, y compris par la terreur, l'intégration des minorités musulmanes aux Etats-Unis et dans les pays européens.

Ces islamistes radicaux, goutte dans l'océan du milliard de musulmans du monde, donnent prise à un déferlement de haine contre l'ensemble des fidèles. Emportés par l'islamophobie ambiante, certains en arrivent à oublier que l'islam est aussi une culture et une civilisation, parmi les plus brillantes que l'humanité ait jamais connues. Et que c'est grâce à des philosophes et à des savants arabes que les grands textes des principaux créateurs et penseurs grecs de l'Antiquité furent sauvés et sont parvenus jusqu'à nous. Il n'y aurait tout simplement pas de science moderne sans leur apport en mathématiques (invention de l'algèbre), en physique, en médecine, en optique, en géométrie et en astronomie...

A LIRE : Alain Gresh et Dominique Vidal, *Les 100 Clés du Proche-Orient*, Hachette, Paris, 2003.

Abderraim Lamchichi, *Géopolitique de l'islamisme*, L'Harmattan, Paris, 2001.

Gilles Kepel, *Jihad. Expansion et déclin de l'islamisme*, Gallimard, Paris, 2000.

J

Jean Paul II et l'œcuménisme : Qui représente-t-il? L'Etat du Vatican? Le Saint-Siège? Rome? Rome qui inclut le Vatican, Etat dirigé par l'évêque de toute la ville, elle-même siège de l'Etat italien? Et combien de divisions peut aligner cet Etat sans nation, sans véritables citoyens, dont le rôle diplomatique se distingue *de jure*, mais certainement pas *de facto*, de son action spirituelle? Où commence le politique? Où le spirituel s'arrête-t-il (s'il s'arrête), qui commande en principe tout acte diplomatique? Le chef de cet Etat est élu par des représentants de l'Eglise universelle, et, s'il se rend à l'étranger, c'est d'abord à l'invitation d'une communauté spirituelle, avec le nécessaire accord, mais toujours second, des autorités étatiques locales. Ce faisant, il franchit une frontière, au sens où l'entend le droit international, mais il est en même temps chez lui parce qu'il visite un peuple sans frontières dont il est le Saint-Père.

L'analyse de cette ambiguïté permanente est donc par essence équivoque. Cette situation a l'âge de la catholicité, mais les temps modernes lui ont conféré une dimension nouvelle : la disparition des Etats pontificaux a mis fin au pouvoir temporel du pape, et celui-ci s'est mis à voyager. Jean Paul II, notamment, qui, en un peu plus de cinq lustres de règne, a passé presque trois ans hors du Vatican.

Immergée dans le monde, l'Eglise ne saurait s'abstraire de ses changements. Les pontificats de Pie XII, Jean XXIII, Paul VI, Jean Paul II ne peuvent être décrits sans une constante référence à l'époque. Ainsi, le Saint-Siège se trouve plongé dans les relations internationales, et le Vatican mène une stratégie diplomatique. Sur ce jeu double pèsent d'un poids écrasant la personnalité du pape, son origine, sa culture, sa vision du monde.

Certains ont été surpris par la vigueur de ses dénonciations contre la guerre d'Irak en mars 2003. Et par l'énergie avec laquelle l'Eglise et les organisations catholiques ont participé aux grands rassemblements de protestation. C'est oublier que le Vatican a vite perçu que la guerre pouvait être interprétée, dans les pays du Sud, comme un affrontement entre riches et pauvres, ou comme un heurt entre islam et chrétienté. En s'opposant à cette guerre, le Vatican a réussi à éviter qu'elle soit perçue par les musulmans comme un choc de civilisations. Au passage, cela a sans doute évité aux chrétiens d'Irak de tragiques représailles. Enfin, Jean Paul II a pu rappeler que le christianisme n'était plus réductible à l'Occident.

Si, il y a cinquante ans, la France, l'Italie et l'Allemagne étaient les trois premières nations catholiques, aujourd'hui, ce sont le Brésil, le Mexique et les Philippines. Le plus grand nombre de catholiques vit désormais dans le Sud. Le catholicisme est devenu une religion du tiers-monde, une foi des pauvres.

Ce constat capital a conduit le Vatican à redéfinir le rôle que le christianisme doit jouer dans une planète marquée par la mondialisation * libérale. L'Eglise est confrontée à deux logiques. D'un côté, une mondialisation dominée par la finance, un système dont l'argent est au cœur et où l'économie domine tout. De l'autre, des textes bibliques témoignant que Dieu a confié la terre aux êtres humains pour qu'ils la fassent prospérer.

L'Evangile demande que les pauvres soient servis, et non pas que l'on se serve d'eux. L'Eglise a toujours été sensible à la question des pauvres. Et une Eglise qui embrasse la cause des pauvres défie la mondialisation libérale.

Nul ne sait si l'histoire classera le pape Jean Paul II comme conservateur ou pas... Il est conservateur dans sa relation avec l'Opus Dei, dans ses admonestations à propos de la morale sexuelle, des couples qui utilisent pilules ou préservatifs, des homosexuels, des Etats qui légalisent des atteintes à la vie (avortement, euthanasie), ainsi que dans son blocage obstiné sur des questions comme l'accès des femmes au sacerdoce, dans le profil des évêques qu'il choisit, ou dans son attitude hostile à l'égard des théologiens modernistes, et en particulier ceux de la théologie de la libération. Mais il a des facettes déconcertantes : son engagement en faveur du dialogue interreligieux, ses appels réitérés pour l'annulation de la dette des pays pauvres, ses invitations à bâtir un monde plus solidaire. Et ses condamnations répétées du libéralisme * économique.

S'exprimant, en 2001, sur « les exigences éthiques de la mondialisation * », devant l'Académie pontificale des sciences sociales, Jean Paul II a déclaré : « Le marché impose sa façon de penser et d'agir, et impose son échelle de valeurs sur le comportement. Ceux qui en sont l'objet considèrent souvent la mondialisation comme un flot destructeur qui menace les normes sociales qui les ont protégés. »

Dès 1987, dans l'encyclique *Sollicitudo Rei Socialis*, il affirmait qu'un développement qui ne respecte pas les droits sociaux, économiques et politiques « n'est plus vraiment digne de l'homme ». En 1991, dans *Centesimus annus*, tout en déclarant que « le marché libre est l'instrument le plus approprié pour répartir les ressources et répondre efficacement aux besoins », il dénonçait les failles du capitalisme : chômage, conditions de travail, salaires indécents, marginalisation de catégories de travailleurs (immigrés, clandestins), et l'exploitation des pays du Sud. Il vilipendait cette mondialisation « où l'économie devient un absolu, où la production et la consommation des marchandises finissent par occuper le centre de la vie sociale et deviennent la seule valeur de la société ». Il en venait même à justifier « l'engagement et les luttes contre un système économique entendu comme méthode pour assurer la primauté absolue du capital, de la propriété des instruments de production, sur la liberté et la dignité du travail de l'homme ».

En 1993, il n'hésitait pas à affirmer que « les graves problèmes sociaux et humains qui tourmentent actuellement l'Europe et le monde trouvent en partie leur origine dans les manifestations dégénérées du capitalisme ».

A maintes reprises, Jean Paul II a rappelé qu'il considère les droits sociaux, économiques et culturels comme indivisibles. Il a regretté que ces droits reçoivent beaucoup moins d'attention que les droits politiques. Et estimé qu'il y a viol des droits des plus démunis lorsque les milieux financiers s'opposent à l'effacement de la dette des pays pauvres.

A l'occasion du Congrès mondial pour la promotion pastorale des droits humains, à Rome, en 1998, Jean Paul II a souligné la contradiction entre libéralisme économique et christianisme, et réitéré que la pauvreté, face à l'opulence de certains, constitue une des situations qui « entravent le plus gravement le plein exercice des droits humains ». Et ajouté : « Trop fréquemment, les personnes les plus pauvres, à cause de la précarité de leur situation, deviennent les victimes les plus sérieusement touchées par les crises économiques qui affectent les pays en voie de développement. »

Descendant lui-même d'une famille d'ouvriers, Jean Paul II aimerait laisser le souvenir d'un pape du peuple, défenseur des droits des travailleurs. Faire que le texte biblique s'accomplisse. Et que les derniers soient enfin les premiers.

A LIRE : François Houtart, « Jean Paul II, un pape conservateur et moderne », *Le Monde diplomatique*, juin 2002.

Pierre Vilain, *Les Chrétiens et la mondialisation*, Desclée de Brouwer/Témoignage chrétien, Paris, 2002.

Georges Weigel, *Jean Paul II, témoin de l'Espérance*, Attes, Paris, 2001.

Giancarlo Zizola, *Le Successeur*, Desclée de Brouwer, Paris, 1995.

K

Klein, Naomi : Le mouvement altermondialisation * n'est pas unifié par un parti politique ou une organisation nationale. Il est façonné par les idées d'intellectuels et d'organisateurs individuels, mais aucun d'eux n'est considéré comme un chef. Aussi entend-on souvent les critiques prétendre que les jeunes qui manifestent n'ont pas de direction claire. Pour ceux qui cherchent une réplique des années 1960, le mouvement apparaît apathique et complètement désorganisé. Ce sont, dit-on, des activistes mal remis d'avoir été sevrés des clips musicaux de la chaîne MTV, éparpillés et sans objectifs clairs.

Peut-être n'est-ce pas aussi simple. Peut-être les manifestations de Seattle, de Washington et de Gênes ont-elles semblé dépourvues d'objectifs clairs parce qu'elles n'étaient pas le fait d'un grand mouvement homogène, mais d'un agrégat de protestations émises par de nombreux mouvements peu importants, chacun ayant dans son collimateur une grande société multinationale (Nike), une industrie particulière (l'agriculture intensive) ou une nouvelle initiative commerciale (la Zone de libre-échange des Amériques,

ZLEA *). Mais ces petits mouvements ciblés partagent la conviction que les différents problèmes découlent de la dérégulation globale, mécanisme qui voit une concentration du pouvoir et de la richesse entre des mains de moins en moins nombreuses. Bien entendu, des désaccords existent sur le rôle de l'Etat nation, la possibilité ou non d'une rédemption du capitalisme, la rapidité avec laquelle devraient survenir les changements. Mais un consensus se dégage au sein de ces mouvements sur la nécessité de bâtir un pouvoir de décision fondé sur la communauté – que ce soit les syndicats, les quartiers, des collectifs anarchistes ou de l'autogouvernement aborigène – pour contrer la puissance des sociétés multinationales.

Un livre sorti en novembre 1999 aux Etats-Unis, en même temps que les manifestations de Seattle, sert de référence à beaucoup de ces nouveaux insurgés. *No Logo* est devenu la bible du mouvement altermondialisation, ou, pour reprendre les termes d'un quotidien anglais, « *Le Capital* contre le libéralisme ». Son auteur ? Une journaliste canadienne de trente ans, habitant Toronto, aux marges de l'empire. Enfant de parents juifs américains issus de l'Europe de l'Est, son père est médecin et sa mère, féministe, réalisatrice d'un film antiporno. Naomi n'a pas un an lorsque ses parents se trouvent marginalisés aux Etats-Unis. Elle devient surtout l'enfant de la gauche américaine. A treize ans, elle est expulsée du lycée, accusée d'y avoir mis le feu. A tort, mais ses penchants nihilistes la désignent. A dix-sept ans, elle travaille comme vendeuse ; un an plus tard, elle décide de rester auprès de sa mère, malade et paralysée. C'est alors qu'un psychopathe antiféministe massacre quatorze filles dans sa fac. Son destin est décidé. Elle écrira dans un magazine alternatif.

Naomi ne sera pas une furieuse militante de base, mais une journaliste déterminée. A vingt-cinq ans, elle commence à enquêter sur le pouvoir des marques dans le monde, des campus américains aux usines à sueur d'Indonésie, des *media-planners* d'Adidas aux militants antipub canadiens... Et que découvre-t-elle ? Des entreprises qui produisent plus d'images de leurs marques que des produits ; des marques devenues valeur de capital ; des logos se métamorphosant en « accessoires culturels et philosophiques du mode de vie » (le *branding*) ; des entreprises délocalisant leurs produits loin dans des zones géographiques à main-d'œuvre bon marché, etc. C'est la partie coup de poing du livre de Naomi Klein, celle qui poussera les multinationales à mettre plus d'éthique dans leurs comportements.
Mais il ne faut pas se tromper. Il y a bien longtemps (à la fin des années 1960) qu'un certain Guy Debord plaçait au cœur de son analyse sur la Société du spectacle l'effacement de la valeur d'usage des produits au profit de la valeur d'image. La journaliste canadienne fait surtout œuvre d'enrichir le catalogue déjà fourni des dérapages d'entreprises traquant le profit dans le moindre recoin de l'univers du commerce mondial. Chapitre après chapitre, Naomi Klein démonte la mécanique parfaitement huilée du *branding*, dont la finalité consiste à imprimer dans la société l'esprit d'une marque – le « Just do it » de Nike est ainsi bien plus qu'un slogan, c'est devenu pour beaucoup l'esprit du sport selon Nike, puis l'esprit du sport tout court – jusqu'aux zones franches industrielles d'Indonésie ou de Chine où sont fabriquées ces mêmes chaussures que porteront les adolescents du monde entier. Son analyse, à force de documents et de tableaux éclairants, ne laisse aucune zone d'ombre.

Nous ne mesurons pas toujours l'ampleur du phénomène. Ainsi, en Amérique du Nord, les marques se sont répandues comme un virus, dans les écoles et les universités : la contraction des dépenses publiques en matière d'éducation contraint la direction des facultés à passer des contrats de partenariat avec Microsoft ou Coca-Cola. Les marques ne se contentent pas d'étaler leurs slogans jusque dans les toilettes des campus, mais réclament et obtiennent d'être intégrées aux enseignements. Les industriels de la culture et de la communication ont parfaitement ciblé le marché de la jeunesse, potentiellement le plus porteur, et ont compris que le meilleur moyen de le toucher était de l'atteindre dans l'un des rares espaces encore à l'abri des marchands.

Naomi Klein se garde bien de toute analyse en termes de complot. Sa vision est tout sauf systématique. Simplement, voilà le monde dans lequel nous vivons, un monde qui s'homogénéise au rythme des pubs et où les consommateurs, dont la seule liberté consiste à se gaver, finissent par remplacer les citoyens libres et responsables. Et ce, dès le plus jeune âge : aux Etats-Unis, certains enfants apprennent la géométrie avec le biscuit Oreo. « Il ne s'agit plus de sponsoriser la culture mais d'être la culture », c'est le leitmotiv des multinationales. « Zéro Espace », « Zéro Choix », « Zéro Boulot », assène Naomi Klein, les marques déploient leurs tentacules, étendent leur empire jusqu'à nous asphyxier.

Ce serait une erreur que de classer son livre au seul rayon de l'antimondialisalion. De brandir son *No Logo* comme le nouveau logo d'une lutte contre les multinationales. D'ailleurs, l'auteur rappelle que la meilleure résistance aux violations des règles de bonne conduite du commerce international viendra d'une démocratie locale forte. Une attitude citoyenne mondiale, en quelque sorte.

A LIRE : Naomi Klein, *No Logo*, Actes Sud/Leméac, Arles, 2002, 570 p.

Kyoto : En décembre 1997 s'est tenue à Kyoto une des conférences sur les changements climatiques qui sont régulièrement organisées sous l'égide de l'ONU. Elle concrétisait la convention de lutte contre le changement climatique, adoptée au Sommet de la Terre * de Rio (1992), et a abouti à la signature, par 59 pays, d'un Protocole qui témoigne d'une perception globale des question environnementales.

Ce Protocole implique l'engagement des pays de l'OCDE *, les pays d'Europe de l'Est, la Russie et l'Ukraine de réduire à 5,2 % leurs émissions de gaz à effet de serre, de 2008 à 2012 (année de référence 1998). Il fixe des objectifs précis à chaque pays signataire (diminution de 7 % pour les Etats-Unis, de 8 % pour l'Europe, de 6 % pour le Japon...).

Cependant, pour que le Protocole soit applicable, il fallait le ratifier. Cela aurait dû être fait à La Haye en novembre 2000, au cours d'une réunion qui se solda par un échec. Il a été finalement ratifié en juillet 2001 à Bonn, mais avec de nombreuses concessions. Fruit d'un long débat diplomatique, il propose des solutions nouvelles. Pour entrer en vigueur, il doit recueillir l'adhésion de 55 pays représentant 55 % des émissions de GES (Gaz à effet de serre). De plus, et c'est peut-être le plus ennuyeux, les Etats-Unis, premier pollueur au monde (40 % des GES !), ont refusé de signer, malgré l'engagement du gouvernement Clinton.

Les opposants au Protocole de Kyoto, les Américains en tête, ne contestent pas les chiffres sur l'augmentation des émissions de GES, mais restent dans une logique purement marchande avec des arguments d'un cynisme étonnant : « Réduire les émissions de GES coûtera plus cher que de s'adapter à la hausse des températures », ou « Le réchauffement de la planète n'est pas le problème le plus urgent ». Enfin, les Américains défendent le principe de « permis d'émission », qui autorise un pays à vendre son droit de polluer le monde.

A LIRE : « Environnement et développement. Le défi du XXIe siècle » (dossier), *Alternatives économiques*, juillet-août 2002.

Antoine Bonduelle, *Dix défauts du protocole de Kyoto*, Institut d'évaluation des stratégies sur l'énergie et l'environnement en Europe (INESTENE), Paris, 2001.

Nicolas de Sadeleer, *Les Principes du pollueur-payeur, de prévention et de précaution*, Bruylant/AUF, Bruxelles, 1999.

L

Langues : La mondialisation * libérale suppose une intensification, une extension et un accroissement en volume de l'information circulante. Cette information, codée en langue(s) naturelle(s) ou non, peut être envisagée pour elle-même, ou comme la nécessaire condition d'accompagnement langagier de tout échange entre humains, ou encore comme la forme que prennent de plus en plus les biens échangés eux-mêmes.

Le marché de ces échanges se modifie : au-delà du changement d'échelle, ils empruntent (et construisent) des réseaux nouveaux, affranchis des structures liées aux Etats ; malgré l'augmentation simultanée des déplacements ou migrations individuel ou de masse, libres ou forcés, la communication orale ou écrite à distance atteint des dimensions inusitées ; enfin, les configurations interlinguistiques de ces échanges sont de plus en plus fréquentes et variées.

Or, quantité de contraintes sont dictées par une exigence de contrôle des contenus, formats et supports de cette information, qu'il s'agisse d'en abaisser les coûts de production et de transport ou d'en optimiser l'exploitation par transformation, traitement et cession. Et ces contraintes (qui, au passage, donnent tout son sens au développement de l'ingénierie linguistique en général et traductive en particulier) définissent à leur tour des conséquences, déjà patentes ou aisément prévisibles.

Ce sont d'abord les inégalités de statut entre langues qui se creusent, en renforçant la position des langues à forte véhicularité planétaire, suprarégionale ou régionale : la concurrence pertinente se réduit là aux langues hypercentrale (anglais), supercentrales (une dizaine : arabe, espagnol, français, hindi, etc.) et centrales (jusqu'à un maximum de quelque deux cents (turc, hongrois, lingala, catalan, etc.). Encore plus sûrement que la raison d'Etat et sauf cas d'espèce, c'est donc la marginalisation à un usage strictement local, voire la disparition pure et simple, qui guette de façon accélérée la plupart des 3 000 à 7 000 langues recensées sur le globe lorsque ni une norme écrite, ni l'effectif des locuteurs, ni la demande identitaire, ni une réaction patrimoniale volontariste ne suffisent à les préserver.

A l'inverse, la dialectalisation géographique et sociale des langues centrales se poursuit aussi selon deux nouveaux axes de variation : d'une part les usages liés aux particularités des réseaux ou des supports, éventuellement transterritoriaux et laissant apparaître de nouveaux co-variants sociaux (Internet); d'autre part, des standards spéciaux semi-artificiels, conçus pour limiter les problèmes de transfert traductif en contexte industriel. En outre, l'unification terminologique liée aux flux d'import-export et aux délocalisations de production, la place croissante prise dans les lexiques courants par l'onomastique commerciale, le relais phraséologique assuré par les médias et le passage fréquent par des langues ou alphabets pivots lors de transcriptions ou traductions permettent, dans des conditions variables de contact et de compatibilité typologique, la stabilisation de standards à forte perméabilité interlinguistique : ainsi le français et l'espagnol de deux fonctionnaires des institutions bruxelloises sont-ils non seulement très intercompréhensibles mais structurellement beaucoup plus proches entre eux qu'ils ne le sont respectivement du parler rural berrichon ou canarien. Enfin, quoique encore insuffisamment étudiés par les spécialistes, nombre de mixtes linguistiques sectoriels ou locaux de type pidgin naissent ou évoluent en réponse aux nouvelles situations de mobilité, d'échange et de contact.

Contrairement à une idée reçue, l'anglais en lui-même ne sort ni ne sortira indemne, ni même « bénéficiaire », de cette nouvelle donne. En revanche, au-delà de ce qui menace la diversité linguistique, des questions méritent d'être reposées : 1) sur le rôle de l'éducation, indissociable de la formation linguistique et culturelle ; 2) sur la capacité des discours – en tant qu'à la fois tributaires et comptables des systèmes d'expression – à innover dans la construction de réalité ; et 3) sur les nouvelles fractures dialectales en cours d'instauration à l'échelle mondiale. Et, plus généralement, sur les institutions humaines auxquelles les parlers tendront désormais à s'identifier.

A LIRE : « Cause toujours ? A la découverte des 6 700 langues de la planète », *Courrier international*, hors-série Culture, Paris, mars-avril-mai 2003.

Pierre Bourdieu, *Ce que parler veut dire. L'économie des échanges linguistiques*, Fayard, Paris, 1982.

Louis-Jean Calvet, *Le Marché aux langues. Les effets linguistiques de la mondialisation*, Plon, Paris, 2002.

Claude Hagège, *Halte à la mort des langues*, Odile Jacob, Paris, 2002.

J. Heilbron, « Towards a Sociology of Translation. Book Translations as a Cultural World System », *European Journal of Social Theory*, II, 4, 1999, p. 429-444.

Larzac : Bien avant les grandes mobilisations contre la mondialisation *, les militants du Larzac, ceux de la Confédération paysanne * ensuite, ont su, dans une saisissante anticipation, inscrire leur action dans le cadre de la planète. Indiens d'Amérique du Nord et du Sud, Kanaks, Sahraouis, paysans japonais ou africains : on chercherait presque qui n'est pas passé, au cours des trente dernières années, sur le plateau du Larzac.

A l'automne 1970, l'armée française annonce son intention d'agrandir le champ militaire situé sur ce Grand Causse, une sorte de désert habité par une poignée de survivants. Il faudra exproprier, mais nul n'imagine que cette terre pauvre, et aussi puissamment catholique, pourrait se révolter. Commence pourtant un combat de onze années au cours duquel des barrières réputées infranchissables tombent une à une. Les paysans du plateau – les Tarlier, les Burguière, les Maillé –, contre toute attente, s'associent à des hordes chevelues venues des villes. Toutes les variétés du gauchisme parisien font le voyage de Millau, des maoïstes aux anarchistes, en passant par les bordighistes ou les conseillistes. La plupart ne font qu'un tour de piste, mais José Bové * et quelques autres s'installent. Et sont accueillis, écoutés, et finalement acceptés.

Après la victoire en 1981 sur l'armée, deux mondes découvrent qu'ils peuvent vivre ensemble. On imagine, on invente, on prouve en marchant que l'agriculture, qu'on disait moribonde sur le Causse, reste possible. Non seulement de nouvelles fermes sont mises en culture, mais le combat démontre que, en s'unissant, les petits paysans peuvent encore défendre leurs intérêts.

A LIRE : Alexander Alland, *Le Larzac et après : l'étude d'un mouvement social innovateur*, L'Harmattan, Paris, 2000.
Didier Martin, *Larzac : utopies et réalités*, L'Harmattan, Paris, 1987.

Libéralisme : A l'origine, le libéralisme est une philosophie politique dont 1789 apparaît comme la consécration solennelle. Déjà, au milieu du XVIIe siècle, John Locke se fait l'ardent défenseur des droits individuels dont il souligne qu'ils plongent leurs racines dans la nature de l'homme. Les gouvernements seront contraints à les reconnaître et à les protéger.
A la même époque, Spinoza affirme : « Quand chaque homme cherche le plus ce qui lui est utile à lui-même, alors les hommes sont les plus utiles les uns aux autres » (*Ethique*, IV). Le carté-

sianisme figure également parmi les fondements de la philosophie du libéralisme politique. Les initiateurs de la Réforme partent eux aussi de l'idée selon laquelle chacun dans le monde social doit être construit sur la base du libre examen et de la responsabilité individuelle.

Spinoza, Locke, Descartes, Milton : la liste des pères fondateurs du libéralisme politique est assurément plus longue. Bien que leur inspiration philosophique diffère, tous s'accordent sur les traits caractéristiques de la société libérale. Le premier concerne l'étendue des pouvoirs qui assurent le fonctionnement de la société. L'Etat n'a pas le droit de tout faire, et il ne doit jamais entreprendre ce que d'autres que lui pourraient réaliser à sa place. Ainsi le libéralisme politique se définit d'abord négativement : il n'est ni un étatisme ni un anarchisme ; il refuse pareillement le dépérissement de l'Etat et sa déification.

Avec ses *Recherches sur la nature et les causes de la richesse des nations* (1776), Adam Smith achève la conceptualisation de cette doctrine, contemporaine de la naissance de l'industrie en Angleterre. Selon lui, toute la richesse vient du travail de l'homme. Et c'est la perception de son intérêt personnel qui pousse l'homme à l'épargne et au travail. D'où cette conclusion décisive : l'intérêt privé est le moteur de l'économie.

Tous les pays « développés », et ceux qui cherchent ou que l'on pousse à le devenir, l'appliquent avec plus ou moins de rigueur depuis la fin des années 1970. Il suffira ainsi de rappeler ses articles de foi essentiels. Seul le marché peut apporter une croissance économique forte et stable, à partir de laquelle l'emploi et donc la prospérité sont promis à tous. L'Etat doit se mettre au service du marché, renonçant à toute activité économique directe, se concentrant sur la mise en évidence des « avantages comparatifs » du pays et facilitant l'accès du capital privé, d'où qu'il vienne, à ces avantages. Toute autre solution est vaine et fausse, l'histoire du

XXe siècle l'a prouvé, et il convient de s'en persuader, de quelque horizon que l'on vienne.

L'idéologie du marché transcende donc les courants politiques. Le « consensus » devient le mot fétiche, il faut le promouvoir – au besoin l'imposer par la force – pour qu'advienne le règne du marché. Autrement dit, le libéralisme se donne le marché pour seul fondement, avec pour alliées naturelles l'initiative privée et la libre concurrence ; liberté d'entreprise, des échanges, de choix dans les dépenses comme dans l'épargne et l'investissement.

C'est le socialisme qui oppose les principaux arguments au libéralisme. Proudhon, le premier, lance l'anathème : « La propriété, c'est le vol. » Par-delà son interprétation de la société capitaliste, Marx fera de l'appropriation collective des moyens de production le passage obligé vers la société sans classe, celle où peut seulement prendre fin l'exploitation de l'homme par l'homme.

Cependant, le plus grand défi que le marxisme ait lancé contre le libéralisme réside dans la distinction, désormais classique, entre les libertés « formelles » et les libertés « réelles ». A quoi bon bénéficier de la liberté formelle, inscrite dans le droit positif, si l'on ne dispose pas des moyens de l'exercer ? Quelle est la liberté des loisirs de celui dont le temps est tout entier absorbé par le travail quotidien ? Que signifie pour un homme d'être libre de se cultiver s'il manque matériellement du minimum vital ? Quelle est la liberté des poules lorsqu'on introduit un renard libre dans le poulailler libre ?

Aujourd'hui, les fondateurs du libéralisme se retrouveraient mal dans l'idéologie du néolibéralisme. Ils avaient mis à son fonctionnement des conditions (comme la transparence des marchés, la libre ouverture à la concurrence) loin d'être respectées. Restent les hypothèses de base, selon lesquelles la régulation par le marché est la meilleure modalité de gestion de l'économie, et l'optimum de l'intérêt général la somme des optimums des intérêts particuliers. On est passé de la théorie à la doctrine, en confondant libéralisme économique et libéralisme politique. Confusion qui permet à l'économie de prendre le pas sur le politique. Le libéralisme politique est d'une autre essence. Il exprime des principes comme l'égalité civile des individus, le respect des libertés fondamentales, la primauté du droit sur la violence.

Tout commence en 1980. A l'occasion de son débat télévisé avec James Carter dans le cadre de l'élection présidentielle, Ronald Reagan se retourne vers les caméras et, s'adressant à l'Amérique profonde, déclare : « Je veux vous rendre l'argent que cet homme vous a pris, vous en ferez un meilleur usage. » Cette pétition de principe va être interprétée, un peu partout dans le monde, comme un plaidoyer en faveur du « moins d'Etat » et d'un allègement de la fiscalité. En réalité, Margaret Thatcher au Royaume-Uni a précédé Ronald Reagan dans la mise en œuvre du néolibéralisme et la systématisera davantage : c'est dès 1979 qu'elle ouvre la voie des privatisations, et, de retour au pouvoir, les travaillistes britanniques ont poursuivi cette orientation.

C'est d'abord l'efficacité gestionnaire du secteur privé et le recours à la concurrence que les politiques de Margaret Thatcher et Ronald Reagan invoquaient pour justifier leur politique. A partir de 1995, la Banque mondiale * centre à son tour ses orientations sur les privatisations (avec les programmes d'« ajustement structurel »). Avec un postulat central : le marché est supposé réaliser une allocation optimale des ressources, notamment en matière d'investissement. Dans le domaine des services publics (école, santé, transports, communications), les besoins en matière d'investissement sont souvent très lourds et représentent une charge fiscale considérable. Il est tentant, pour les pouvoirs publics, d'alléger cette charge fiscale en recourant au financement privé.

D'après les deux hérauts du néolibéralisme, les recettes keynésiennes n'étaient plus en mesure d'opérer le réglage minutieux de l'économie qu'exigeait la recherche d'une croissance saine, créatrice d'emplois et sans inflation; il fallait basculer vers une nouvelle organisation économique dite, *grosso modo,* de marché concurrentiel et de rôle minoré de l'Etat. C'étaient là quelques-unes des thèses développées depuis les années 1930 par les monétaristes de Chicago qui prenaient ainsi une revanche historique sur les keynésiens de l'université britannique de Cambridge, lesquels avaient façonné la pensée économique des administrations démocrates Kennedy, puis Johnson.

Assurés d'un relais efficace à la Réserve fédérale, présidée alors par Paul Volcker, ainsi qu'à la Maison Blanche, où l'administration républicaine Reagan-Bush pensait de même, les conseillers de l'école monétariste ont également pénétré en force les institutions financières internationales.

Le nouveau capitalisme se développe sur des structures qui n'ont plus grand-chose à voir avec ce qu'elles étaient du temps des premiers théoriciens du libéralisme.

La Bourse, qui ne produit que des valeurs virtuelles, devient l'arbitre essentiel de la gestion des entreprises, au détriment de la production de biens ou de services; les nouvelles technologies ont des coûts de production marginaux infimes par rapport aux investissements. Seules les ventes massives en permettent l'amortissement. Et la mondialisation * libérale produit des inégalités croissantes. Elle engendre un type de développement insoutenable qui se traduit par une destruction rapide des ressources de la Terre, à la limite de l'irréversible.

Cette forme du capitalisme vit au rythme de crises de plus en plus graves et fréquentes. Son implosion apparaît inévitable à une échéance plus ou moins proche.

Libéralisme politique et libéralisme économique ne se confondent pas. A l'origine, le libéralisme politique recouvre l'ensemble des doctrines et des pratiques qui s'opposent aux monarchies occidentales. C'est l'invention de la souveraineté populaire. Le pouvoir trouve son origine dans le peuple, il lui garantit ses droits fondamentaux. Il se régule grâce aux contre-pouvoirs, comme le veut la tradition institutionnaliste, de Montesquieu à Benjamin Constant. Les deux garantissant la protection des libertés individuelles.

Le libéralisme politique a des conséquences économiques : par exemple le droit de propriété. L'économique exige du politique de garantir le fonctionnement de l'économie. Il a aussi des conséquences sociales : les conceptions libérales ont appuyé le mouvement de différentiation sociale. Dans la société médiévale, l'Etat était conçu comme une famille. Le pouvoir politique familial était soumis à l'ordre religieux, qui lui-même dirigeait l'économie et la politique. Les sociétés « totalitaires » fonctionnent un peu de manière analogue.

Dans les sociétés modernes, tout en respectant les droits civils, nous acceptons l'existence d'un pluralisme social. Nous ne pouvons accepter qu'une sphère domine les autres. C'est alors l'Etat qui garantit l'autonomie des pratiques sociales. Il est le gardien des frontières et interdit toute pratique de domination. Le libéralisme correspondrait alors à la forme d'organisation la mieux adaptée à nos sociétés différenciées.

Qu'en est-il réellement ? Les sociétés libérales ne sont pas fidèles à leur fonction de garant des indépendances. L'ensemble des logiques se dissout dans une pratique marchande. On part du principe que le consommateur rationnel devrait accepter le libéralisme. Le service public n'est plus qu'un garant de l'égalité sociale. Le pouvoir économique supplante le pouvoir politique.

On observe une triple contradiction : la violation de l'autonomie des catégories sociales, la domination du droit de propriété, l'opposition entre le libéralisme économique et le libéralisme politique. On attend du pouvoir qu'il soit à la fois Etat providence et Etat régulateur. Mais cette exigence ne suffit pas. Il doit aussi empêcher tous les excès, avec deux dangers, celui de l'excès de pouvoir et celui de l'abandon de pouvoir. Les citoyens doivent donc à la fois aider l'Etat et le contester s'il domine. Et pour cela renforcer la vigilance civile, tout en veillant à conserver l'autonomie des sphères sociales.

Libéraliser, déréglementer, flexibiliser... Tels sont les maîtres mots de la nouvelle politique économique, dont le modèle est britannique. Il vise à introduire la concurrence dans tous les domaines, sur la base des règles du marché : ouverture extérieure, abolition du contrôle des changes, abandon des subventions, privatisations... Dans l'électricité, le réseau de transport reste unifié, mais la production et la distribution d'énergie sont réparties entre plusieurs opérateurs privés. Il en est de même du réseau des chemins de fer.

Même chose pour les télécommunications, le transport aérien ou la santé. La situation déplorable des services publics britanniques que l'on observe est bien loin du modèle libéral idéal et de ses promesses. Il s'est avéré que, dans bien des cas, les privatisations massives des services sociaux ont davantage servi à remplir les caisses de l'Etat et à transférer au privé, pour des raisons peu avouables, des activités financièrement juteuses.

La vague libérale ne se limite pas aux pays industrialisés. Sous la houlette du grand gendarme financier international, le FMI *, et sa sœur jumelle, la Banque mondiale, les pays pauvres du Sud sont également touchés. Les institutions de Bretton Woods * s'engagent alors dans un travail de sape du rôle de la puissance publique, de démantèlement de l'Etat providence, de démolition des protections sociales... au nom de la concurrence.

Dès lors, naît l'idée qu'un secteur privé puissant, fonctionnant sans « entraves » étatiques, serait le fondement de la croissance et du développement.

A LIRE : Susan George et Martin Wolf, *Pour et Contre la mondialisation libérale*, Grasset/*Les Echos*, Paris, 2002.
Frédéric Lordon, *La Politique du capital*, Odile Jacob, Paris, 2002.
Mathieu Douérin, *Libéralismes*, Les Editions de la Passion, Paris, 2002.
Maria Negreponti-Delivanis, *Mondialisation conspiratrice*, L'Harmattan, Paris, 2002.
James Petras et Henry Veltmeyer, *La Face cachée de la mondialisation*, Parangon, Paris, 2002, 284 p.
Isabelle Richet, *Les Dégâts du libéralisme. Etats-Unis : une société de marché*, Textuel, Paris, 2002.
Denis Robert et Ernest Backes, *Révélations*, Les Arènes, Paris, 2001.
Jean Sloover, *Manuel de survie à la pensée unique*, Labor/Espace de liberté, Bruxelles, 2001.

Lula : C'est dans un contexte latino-américain en plein bouleversement que le nouveau président du Brésil, chef du Parti des travailleurs, élu en octobre 2002, a assumé ses fonctions en janvier 2003. Pour la première fois, un pays de 170 millions d'habitants est gouverné par un leader issu de la gauche radicale qui rejette la mondialisation * libérale. Dans un environnement fort différent, cet événement de première grandeur rappelle ce que signifia l'élection à la présidence du Chili du socialiste Salvador Allende en 1970...

Certes, le modèle néolibéral était déjà remis en cause par le sous-commandant Marcos, par l'expérience d'Hugo Chávez au Venezuela, de même que par la situation de l'Argentine après la crise. Nous savions que ce cycle était en voie d'extinction, ou tout au moins que, arrivé en fin de course, il ne pouvait se poursuivre. Or l'élection de Lula revêt une valeur symbolique dans la mesure où elle met en place une troisième solution. La première solution avait été la réponse militaire, les dictatures, la politique de sécurité nationale pour l'Amérique latine. La deuxième a été apportée par les régimes démocratiques, mais avec des politiques néolibérales. Pour la première fois depuis la chute de Salvador Allende au Chili en 1973, il est possible qu'avec Lula démarre un troisième cycle où domine le souci de redistribution de la richesse et de constitution de sociétés plus homogènes – bien que ce mot soit quelque peu galvaudé. La perspective de reconstruire un Etat de bien-être peut désormais être entrevue.

Voilà donc Lula intronisé porte-drapeau des mouvements sociaux d'un continent qui chérit ses héros libérateurs et se plaît à croire à la loi des séries : il aurait été sous la coupe de dictatures dans les années 1970, libéré dans les années 1980, repris par la tyrannie du libre-échangisme dans les années 1990 et... rendu aux peuples dans les années 2000 ?

Possible. Le 24 novembre 2002, confirmation de la tendance : Lucio Gutiérrez, colonel de gauche, candidat des Indiens – 40 % des 12 millions d'habitants – et du peuple des « sans-chemise », dans ce pays où 80 % de la population vit dans la pauvreté, remporte également la course à la présidence de l'Equateur. Lula, Chávez, Gutiérrez, trois dirigeants qui se connaissent : à travers cette poussée historique de la gauche sur le continent, à laquelle on pourrait ajouter l'élection de Kirchner en Argentine, certains discernent déjà une nouvelle géopolitique à l'œuvre en Amérique latine.

Certains analystes proches de la Maison Blanche traduisent l'avènement de Lula comme un ralliement du Brésil à l'« Axe du Mal », terminologie bushienne qui désigne les pays hostiles aux intérêts des Etats-Unis. Au-delà de son outrance, le propos traduit bien le souci d'une administration états-unienne qui pourrait avoir du fil à retordre avec son « arrière-cour » latino-américaine dans les années à venir.

Nul n'imagine cependant un retour de révolutions populaires. L'Equatorien Lucio Gutiérrez n'envisage pas de rompre avec le

FMI * ni avec l'indexation de l'économie sur le dollar. Le credo de Lula n'est plus – même s'il n'a pas renié ses idéaux sociaux – le refus de payer la dette extérieure et la mise à bas du capitalisme, qu'il désire réformer et humaniser, mais relancer la croissance prioritairement au profit des masses oubliées, mieux distribuer les richesses.

Il est évident que le nouveau président connaît ses limites. Avant son élection, il avait envoyé des signes vers le FMI et les milieux d'affaires brésiliens, assurant que le Brésil ferait face à ses engagements et qu'il n'y aurait pas de nationalisations massives. Seulement, et même si sa nécessité apparaît évidente, réaliser la réforme agraire implique d'affronter ce qu'il y a de plus arriéré dans le système social brésilien. Une nouvelle option agricole aura des répercussions sur les intérêts de l'élite brésilienne associée aux entreprises étrangères, une tradition depuis la période coloniale. Elle implique de peser sur la politique d'exportation, de contrarier les intérêts des multinationales et des promoteurs des semences génétiquement modifiées, de contrôler le territoire amazonien, de revoir les accords internationaux sur les brevets. De plus, il s'agit de suspendre les négociations pour l'implantation de la Zone de libre-échange des Amériques (ZLEA *) qui propose des clauses étouffant toute possibilité pour le pays de développer une politique alimentaire autonome.

Doté d'une technologie très développée dans plusieurs secteurs, le Brésil abrite quelques-unes des plus grandes fortunes du monde et certaines des entreprises les plus importantes. A l'évidence, le but à atteindre maintenant pour ce pays est de bâtir, en fin de compte, une société plus juste.

A LIRE : Emir Sader, « Année cruciale pour la gauche latino-américaine », *Le Monde diplomatique*, février 2003.

« Brésil : Lula, l'alternance », in *Problèmes d'Amérique latine*, n° 46/47, Institut européen de géoéconomie (IEG), Paris, automne/hiver 2002.

Robert Cabanes, *Travail, famille, mondialisation. Récits de la vie ouvrière, São Paulo, Brésil*, IRD Editions/Karthala, Paris, 2002.

M

Marcos : Derrière sa pipe et sous sa cagoule devenues légendaires, l'identité du sous-commandant Marcos demeure incertaine. D'après le gouvernement mexicain, il s'agirait de Rafael Guillén, né à Tampico de parents dirigeant une chaîne de magasins de meubles, 1,75 m, cheveux châtain foncé, les yeux brun clair. Ce qui est difficile à vérifier, car lui et ses compagnons indiens portent toujours un passe-montagne... pour qu'enfin on les remarque ! Il aurait été professeur de théorie des arts plastiques à l'université de Mexico. En revanche, Marcos se définit avec précision : « Gay à San Francisco, Noir en Afrique du Sud, Asiatique en Europe, anarchiste en Espagne, Palestinien en Israël, Indigène dans les rues de San Cristóbal... »
Ce nouveau héros politico-romantique a fait spectaculairement irruption sur la scène mexicaine le 1er janvier 1994, quand tous les politologues d'Amérique latine considéraient que l'ère des guérillas était finie et que la voie des armes ne conduisait qu'à une impasse. Ce chef zapatiste a rappelé aux dirigeants latino-américains que les laissés-pour-compte de l'ultralibéralisme – « les sans-visage, ceux qui marchent la nuit, ceux qui sont la

montagne, les hommes et les femmes vrais » – et, en particulier, les Indiens, vivaient dans une telle humiliation sociale que leur révolte pouvait secouer toute l'Amérique latine. Depuis une bonne quinzaine d'années, il demeure assiégé au Chiapas, mais, à son tour, il assiège le système politique mexicain.

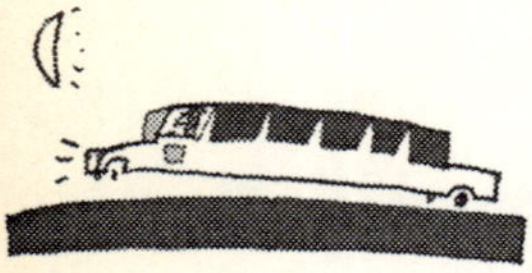

Rien n'est plus comme avant au Mexique depuis l'apparition du zapatisme * comme miroir restituant l'image du pays réellement existant, tel que le néolibéralisme enfin le révèle. Marcos pense que, à côté des partis politiques et des syndicats, la société civile * et le mouvement social sont devenus de nouveaux acteurs sociaux, porteurs de capacités plus efficaces de changement. Il part d'un constat : le système politique actuel brouille les identités de classe, ce qui, en contrepartie, permet l'épanouissement du citoyen, de la société civile et du mouvement social. Celui-ci n'appartient pas à un courant politique prédéterminé. Ce n'est pas comme l'ancien mouvement ouvrier qui, selon les léninistes ou les trotskistes, dépendait tout naturellement du parti communiste. A côté des groupes politiques et des syndicats, la société civile et le mouvement social constituent, selon Marcos, les plus puissants acteurs du changement contemporain. Dépourvus de dogmatisme, ils peuvent mobiliser en leur faveur les forces de la conviction et de la raison.

A LIRE : Subcommandante Marcos, Yvon Le Bot, *Entretiens avec le sous-commandant Marcos,* Le Seuil, Paris, 1997.
Ignacio Ramonet, *Marcos, la dignité rebelle*, Galilée, Paris, 2001.

A VOIR : Documentaire de Carmen Castillo, *La Véridique Histoire du sous-commandant Marcos,* vidéo-couleur.

McDonald's : « La destinée des nations dépend de la manière dont elles se nourrissent. » S'il faut en croire Brillat-Savarin, nous galopons vers la catastrophe : McDonald's anticipe sur un futur qui déborde la question même de l'alimentation. Sa modernité se caractérise par un phénomène d'homogénéisation qui concerne le produit lui-même, les matières premières, son mode de fabrication, de commercialisation et de consommation. Cela s'étend à ses formes de gestion, à ses fournisseurs, à ses salariés et même à sa clientèle. Le « système McDo » est consigné dans près de 25 000 manuels ou fiches techniques qui s'imposent à l'échelle mondiale.

La table identique d'un bout à l'autre de la planète est cohérente avec le village planétaire qu'on nous promet. Comment l'alimentation pourrait-elle échapper à cette mondialisation ? Que l'on ne s'y trompe pas : McDo est plus éloigné de la cuisine de nos grands-mères que ne l'était l'alimentation la plus exotique qui soit. Le hamburger nous est véritablement plus étranger qu'un plat de serpent. L'homme mondialisé ne s'en rend déjà plus compte. Ce communisme alimentaire à la Ubu est très inquiétant puisqu'on ne mange jamais impunément n'importe quoi.

Ses menus reposent sur la torture et la mort de millions d'animaux. Ceux-ci sont le produit d'un élevage intensif, et n'ont accès ni au grand air ni à la lumière du jour, et ne peuvent circuler librement. Dans le célèbre procès McLibel, le juge considéra que McDonald's « est volontairement responsable de pratiques cruelles dans l'élevage et l'abattage des animaux qui lui servent à produire de la nourriture ». Lors du procès, le fournisseur de McDonald's en Grande-Bretagne admit qu'« en conséquence de l'industrie d'abattage, la souffrance des animaux est inévitable ».

Ainsi McDonald's poursuit sa conquête du monde avec plus de 20 000 restaurants implantés dans près de 100 pays et servant plus de 30 millions de repas par jour. Une nouvelle unité ouvre toutes les sept heures. L'Europe n'échappe pas à cette invasion. La France ne fait pas exception avec plus de 800 restaurants et un chiffre d'affaires qui dépasse le milliard d'euros.

Jusqu'à la fin des années 1970, le géant américain du hamburger ne croyait pas à ses chances de s'implanter dans la patrie de la grande cuisine et du jambon-beurre. Il avait confié sa licence à un franchisé du pays, chargé de développer l'activité à son compte. En 1980, celui-ci n'avait pas réussi à faire décoller l'enseigne. Un an plus tard, McDonald's comprit son erreur, retira sa licence et reprit l'exploitation en direct, créant une filiale : la chaîne est aujourd'hui la première en France.

McDonald's est la plus grande fortune immobilière du monde et dépense chaque année plus de 1 milliard et demi d'euros en publicité afin de faire croire que Ronald aime les enfants. Il est écrit dans le guide officiel et confidentiel de la compagnie : « Ronald adore McDonald's et la nourriture McDonald's. Et il en est de même des enfants puisqu'ils adorent Ronald. Gardez en mémoire que les enfants exercent une influence phénoménale quant au choix des restaurants, ce qui signifie que vous devrez faire tout votre possible pour que les enfants aiment Ronald et McDonald's. »

La McDonaldisation du monde est préoccupante car elle crée un cosmopolitisme alimentaire qui se donne comme universel. McDonald's n'est pas plus américain que chinois ou français. Il a bricolé pour la première fois dans l'histoire un produit alimentaire infraculturel, car la culture est précisément ce qui différencie les hommes et freine donc l'homogénéisation des mangeurs. On mangera demain partout la même chose, de la même façon, avec le même regard. Cette mutation engendre de nouveaux standards alimentaires qui sapent peu à peu les fondements de toutes nos cultures culinaires traditionnelles.

Selon un rapport du Fonds mondial pour la nature (WWF), depuis 1970 notre planète a perdu 30 % de ses richesses naturelles du fait de la surconsommation des pays industrialisés occidentaux. Et cela ne fait que s'aggraver. Cette surconsommation est provoquée et encouragée par les grandes compagnies telles que McDonald's. Alors que des millions de gens meurent de faim, de vastes régions du tiers-monde sont utilisées pour l'élevage du bétail ainsi que pour la culture du grain destiné à l'engraisser avant qu'il soit mangé en Occident. Il faut 7 millions

de tonnes de céréales pour ne produire qu'un million de tonnes de viande. Il faut environ 10 kilos de protéines végétales pour produire 1 kilo de protéines animales sous forme de viande de bœuf, dont McDonald's est, au niveau mondial, le plus grand consommateur. Un tiers des récoltes mondiales de céréales est destiné au bétail, d'où un gâchis de ressources alimentaires considérable. De plus, les petits paysans du Sud sont expropriés, la logique ultralibérale passant avant la sécurité alimentaire des populations locales. Ainsi, les populations indigènes ont faim alors que leurs propres terres sont exploitées par les grosses entreprises capitalistes.

Les sociétés multinationales détruisent les forêts à une vitesse effrayante. Lors du procès cité, McDonald's a été forcé d'admettre qu'il utilisait du bétail élevé sur des terres qui faisaient partie de la forêt tropicale, empêchant ainsi la régénération de la forêt. Cette pratique est une cause majeure de la déforestation. Depuis 1960, l'équivalent de la superficie de l'Espagne a été déboisée dans la forêt amazonienne, McDonald's, parmi d'autres, a donc une part de responsabilité dans ce désastre. De plus, en utilisant des terres agricoles du tiers-monde à grande échelle, l'élevage intensif du bétail oblige les populations locales à s'installer dans d'autres régions.

Le bétail élevé consomme 3 600 milliards de mètres cubes d'eau par an alors que 10 millions de personnes meurent par manque d'eau * dans le même temps. Rappelons que la raréfaction de l'eau potable constitue déjà un grave problème écologique.

Les 20 000 fast-foods McDonald's dans le monde produisent à eux seuls 1 million de tonnes de déchets d'emballage par an qui n'auront guère servi plus de cinq minutes avant de finir dans les décharges. De nombreux produits chimiques polluants interviennent dans la fabrication de ces emballages. Ceux-ci sont souvent en carton, donc une autre source de déforestation, et ne sont que rarement recyclés.

A LIRE : Paul Ariès, *Les Fils de McDo,* L'Harmattan, Paris, 1997.
Eric Schlosser, *Fast Food Nation. What the All-American Meal Is Doing to the World*, Editions Allen Lane, The Penguin Press, New York, 2001.

Media Watch Global : A la fin janvier 2003, Porto Alegre était la ville de tous les forums. Du 23 au 28, la capitale de Rio Grande do Sul (Brésil) accueillait pour la troisième fois le Forum social mondial *. Près de 5 000 organisations de 121 pays, représentées par 30 000 délégués, participaient à ses travaux dans des dizaines de conférences, panels, témoignages et tables de dialogue et de controverses, ainsi que dans plus de 1 500 ateliers et séminaires.

Le Monde diplomatique et plusieurs de ses éditions étrangères étaient présents. Son directeur, Ignacio Ramonet, donne une conférence sur le rôle des médias. Voici un résumé de son intervention.

« Il nous est apparu que depuis une quinzaine d'années, à mesure que s'est accélérée la globalisation libérale, le " quatrième pouvoir " a perdu peu à peu son rôle de contre-pouvoir. En analysant la globalisation, en étudiant de quelle manière se met en place une nouvelle forme de capitalisme qui n'est plus purement industriel mais financier ; un capitalisme où, en définitive, le débat principal réside dans des luttes frontales entre le marché et la société, entre le privé et le public, entre l'individuel et le collectif, entre l'égoïsme et la solidarité, nous observons que les médias ont cessé de constituer un contre-pouvoir.

« Globalement, de nos jours, les moyens de communication (émissions de radio, presse écrite, chaînes de télévision, Internet) appartiennent de plus en plus à de grands groupes médiatiques qui ont également une vocation mondiale.

Ces groupes ont de nouvelles possibilités d'expansion, grâce à la transformation de la technique, dans la mesure où la révolution numérique a rompu les frontières qui auparavant séparaient l'écriture, le son et l'image. Cette révolution a permis l'éclosion d'Internet qui apparaît comme une quatrième manière de s'exprimer.

« Avec ce bouleversement, les entreprises médiatiques regroupent non seulement les médias traditionnels (presse, radio, télévision), mais aussi tout ce que nous pourrions appeler le secteur de la culture de masse, de la communication et de l'information. Ces trois sphères avant si cloisonnées, constituent de nos jours un seul et unique domaine dans lequel il y a de moins en moins de différences entre l'activité qui se fait dans le cadre de l'information et celle qui peut se faire dans la publicité ou la culture de masse.

« Aujourd'hui ces hyperentreprises sont propriétaires de tous les secteurs médiatiques dans presque tous les continents, et, par conséquent, elles deviennent les acteurs centraux de la globalisation économique.

Les mégagroupes ne se fixent pas comme objectif civique d'être un " quatrième pouvoir " pour corriger les dysfonctionnements de la démocratie et perfectionner de ce fait ce système politique. Ils ne veulent pas être un " quatrième pouvoir ", et ne se proposent pas non plus d'agir comme un contre-pouvoir.

« Nous pourrions dire que, si ces groupes constituent un éventuel " quatrième pouvoir ", ce serait dans le sens où ils s'allient aux autres pouvoirs existants – législatif, exécutif, judiciaire –, au pouvoir politique et au pouvoir économique pour écraser le citoyen.

« Par conséquent, la question civique qui se pose est la suivante : comment résister, comment s'opposer face à ce qui fut longtemps le seul pouvoir pour les citoyens d'opposition aux pouvoirs dominants ? Comment résister face à l'offensive de ce nouveau pouvoir qui a trahi dans une certaine mesure le citoyen en passant à l'adversaire ?

« Nous pensons qu'il faudrait créer tout simplement un " cinquième pouvoir " qui nous permettrait d'opposer une force civique citoyenne à cette nouvelle alliance de pouvoirs. Un " cinquième pouvoir " dont le rôle consisterait à dénoncer le nouveau superpouvoir des médias, des grandes industries médiatiques, vecteurs et complices de la globalisation. Ces médias qui, dans certaines circonstances, ont cessé de défendre les citoyens.

« Il se passe avec l'information ce qui s'est passé avec l'alimentation. Pendant longtemps, l'alimentation a été très rare, et elle continue à l'être dans de nombreux endroits du monde, dans les pays pauvres du Sud par exemple. De nombreux pays souffrent toujours de pénurie, et cela a aussi été pendant longtemps le cas dans les pays aujourd'hui développés. Mais lorsque, grâce à la révolution agricole, la surproduction a permis aux pays européens, par exemple, de produire de la nourriture en abondance, nous nous sommes rendu compte que de nombreux aliments que nous consommions étaient contaminés, empoisonnés par des pesticides, qu'ils étaient mal élaborés, qu'ils généraient des maladies, qu'ils donnaient le cancer, toutes sortes de maladies, et pouvaient même entraîner la mort, comme la peste des vaches folles. Jadis, nous pouvions mourir de faim, mais aujourd'hui nous pouvons mourir pour avoir consommé des aliments contaminés.

« Le même phénomène se produit avec l'information. Historiquement, l'information a été rare, voire inexistante. Dans les dictatures il n'y a pas d'information fiable, de qualité, mais aujourd'hui, dans les pays démocratiques, l'information s'est multipliée, elle explose, déborde de toutes parts. Empédocle disait que le monde était fait de la combinaison de quatre éléments : l'air, l'eau, la terre et le feu. Aujourd'hui nous pouvons dire que l'information est si abondante qu'elle constitue un cinquième élément. En même temps, nous constatons que cette information est, comme les aliments, contaminée. L'information que nous consommons nous empoisonne souvent l'esprit, intoxique notre cerveau ; elle essaie de nous manipuler, d'introduire dans nos esprits des idées qui ne sont pas les nôtres. C'est pourquoi il est nécessaire d'élaborer ce que, pour ma part, j'appelle une " écologie de l'information ". Il faut laver cette information de la " marée noire " de mensonges, la décontaminer. Les citoyens doivent aujourd'hui se mobiliser pour exiger que les médias appartenant à ces grands groupes aient un respect élémentaire de la vérité, parce que la vérité constitue en définitive la légitimité de l'information.

« C'est pour cette raison que nous avons proposé que soit créé l'Observatoire international des médias – Media Watch Global –, pour qu'existe une arme civique, pacifique dont les citoyens disposeront pour s'opposer au superpouvoir des médias. L'association Media Watch Global incarne une des expressions du mouvement social planétaire réuni à Porto Alegre (Brésil). En pleine période de globalisation libérale, elle exprime l'inquiétude de tous les citoyens face au pouvoir et à l'arrogance des industries géantes de la communication et des médias massifs.

« Media Watch Global constitue un indispensable contrepoids à l'excès de pouvoir des médias lorsque, en matière d'information, prévaut une seule logique, celle du marché, et une seule idéologie, néolibérale, qui permet au marché d'étendre son influence aux domaines de la vie collective, préservés jusqu'à présent.

« Cette association internationale souhaite exercer une responsabilité collective, au nom de l'intérêt supérieur de la société et du droit des citoyens à être correctement informés. Elle se propose également de protéger la société des manipulations médiatiques.

« Media Watch Global rassemble trois sortes de membres : des journalistes professionnels ou collaborateurs de presse, en activité ou à la retraite, de tous les médias ; des universitaires et des chercheurs de toutes les disciplines, en particulier des spécialistes en médias, information et communication, car nous estimons que l'Université, dans le contexte actuel, reste un des rares lieux encore partiellement protégés des ambitions totalitaires du marché ; des consommateurs de médias, des citoyens de la société civile et des personnalités connues pour leur stature morale (intellectuels, philosophes, créateurs, artistes...).

« Un des droits les plus précieux de l'être humain est celui de communiquer librement ses pensées et ses opinions. Aucune loi ne doit restreindre arbitrairement la liberté d'expression ou de presse. Mais cette liberté ne peut s'exercer qu'à condition de ne pas enfreindre les droits et les lois qui protègent la société contre la diffusion de fausses nouvelles et contre le danger de manipulations médiatiques.

« Media Watch Global estime par conséquent que l'absolue liberté des médias claironnée par les propriétaires des grands groupes de communication ne doit pas se concrétiser aux dépens de la liberté de tous les autres. »

A LIRE : Ignacio Ramonet, *La Tyrannie de la communication*, 1997, et *Propagandes silencieuses*, Galilée, Paris, 2000, et « Le cinquième pouvoir », *Le Monde diplomatique*, octobre 2003.

Monde diplomatique, Le : On peut dire que ce mensuel représente un îlot de résistance face au rouleau compresseur des idées dominantes. Nous le qualifierions volontiers d'« outil intellectuel de masse ».

Le Monde diplomatique, son équipe et ses nombreux collaborateurs dispersés à travers le monde ont su produire, au moment des grands rendez-vous ces dernières années, des analyses à contre-courant de la pensée dominante : que ce soit dans la mise en lumière des rapports Nord-Sud, au moment de l'émergence puis du déferlement de la contre-révolution néolibérale ; au moment de la guerre du Golfe ou dans la définition de la mondialisation * libérale. Sans parler de la mise en évidence du rôle stratégique tenu par les médias dans le grand meccano de la globalisation. *Le Monde diplomatique* nous a apporté, non pas un prêt-à-penser, mais des éléments pour stimuler la réflexion.

Ce journal est à l'origine d'Attac *. Il est aussi à l'origine du Forum social mondial * de Porto Alegre.

On peut dire que peu de journaux dans l'histoire ont été, comme *Le Monde diplomatique*, à la fois producteurs d'idées et créateurs de mouvements sociaux.

Mondialisation : Bien que le phénomène soit récent, ses racines plongent dans l'ancienneté. La nouveauté du mot ne doit pas occulter le fait qu'il pourrait parfaitement décrire une situation bien antérieure, celle du monde entre la seconde moitié du XVIIIe siècle et la guerre de 1914, sans parler même des entreprises d'ouverture et d'unification – tant économiques que culturelles – qu'effectuèrent à leur profit l'Empire romain ou l'Espagne de Charles Quint.

Il peut sembler anachronique de parler de mondialisation à propos de l'Empire romain. D'ailleurs, les Anciens n'avaient pas conscience de l'unité du monde, et le mot qui en rend compte, *oikoumene*, ne désigne que les terres habitées. Une « mondialisation » de l'Empire devait donc se limiter à une bien petite partie de la planète. Malgré tout, Rome a bien sa place ici. D'abord parce que, par certains aspects, elle a unifié un espace comme aucun Etat auparavant.

Dès la fin du XVIIIe siècle, à l'aube de la révolution industrielle, s'accélère, sur les bases édifiées à l'époque moderne, la concentration. Le XIXe siècle en sera le premier âge d'or. Et le cœur, l'Europe occidentale. Car depuis que ce continent a découvert le monde, il n'a cessé de vouloir l'unifier à son profit.

La planète n'a plus de secrets pour les Européens, et la colonisation dite « partage du monde » – qui a eu lieu entre 1880 et 1914 – ouvre à la domination des nations d'Europe l'ensemble des continents. C'est aussi la mort du protectionnisme, hérité du vieux mercantilisme ; le temps des décloisonnements massifs avec le désarmement douanier généralisé – traités bilatéraux entre tous les pays d'Europe conclus sous l'impulsion britannique entre 1850 et 1870 –, tandis que circulent marchandises, capitaux, culture, information et hommes (on compte 100 millions de migrants à la fin du XIXe siècle). Dès lors, le commerce extérieur des métropoles européennes explose 2,5 milliards de francs pour la France en 1847 et 15 milliards en 1913 ; de 13 à 35 milliards pour l'Angleterre entre 1870 et 1914 ; de 5 à 25 milliards pour l'Allemagne aux mêmes dates. Comme l'écrit l'économiste anglais Keynes, « l'internationalisation de la vie économique était alors à peu près complète ». Engagés dans la Seconde Guerre mondiale dès 1941, les Etats-Unis songent à réaliser le rêve de leur président Franklin D. Roosevelt et celui de Wilson en 1917 : démocratie et libre-échange pour tous, et un nouveau régime d'accumulation capitaliste dominé par le secteur de la finance, enfin, grâce à une

libéralisation et une déréglementation des échanges, des investissements directs et des flux financiers.

Ils se sentent en mesure de le faire : la puissance américaine est incomparablement plus tangible, et les dirigeants américains, comme leur peuple, plus enclins à accepter un rôle qu'ils avaient refusé en 1920.

Mais peut-on rêver d'une mondialisation dont profitent les pauvres et les exclus, d'une mondialisation qui réduise les incertitudes et multiplie les opportunités pour tous, d'une mondialisation équitable ?

Peu importe. Il fallait résoudre les seules inconnues de cette équation. D'abord l'URSS, mais Roosevelt ne la croit pas hostile à une insertion dans le marché mondial et à une participation à la sécurité collective ; et ensuite l'Europe, dont les Etats-Unis espèrent qu'elle émancipera ses colonies.

C'est ce qui va inspirer le président Roosevelt puis son successeur, Harry Truman, dans la mise en place de l'ONU lors de la conférence de San Francisco le 26 juin 1945. Truman déclare à cette occasion que, grâce à la Charte des Nations unies, « le monde entier peut commencer à entrevoir le moment où tous les êtres humains pourront vivre une vie décente d'hommes libres ». Car l'ONU, ce ne serait pas que la sécurité collective et le maintien de la paix, ce serait aussi, comme l'annoncent le Préambule et l'article 1 de la Charte, la naissance d'une coopération internationale visant à assurer les libertés politique et économique sur l'ensemble de la planète.

Pour y parvenir, il convenait de mettre en place des organes de régulation permettant de recréer un marché mondial unique. A la suite de la conférence de Bretton Woods * de juillet 1944 naissent donc le FMI * en mars 1947 (siégeant à Washington), et surtout le GATT *, en octobre 1947.

Le premier renoue avec la pratique du Gold Exchange Standard déjà expérimentée dans les années 1920 : est restaurée la libre convertibilité de toutes les monnaies entre elles et avec le dollar, monnaie de référence convertible en or sur la base de 35 dollars l'once. Sur cette base peuvent se développer les échanges selon les modalités prévues par le GATT : baisse des droits de douane et d'obstacles non tarifaires. Les principes qui les régissent sont la réciprocité, la généralisation de la clause de la nation la plus favorisée, et l'interdiction des pratiques déloyales comme le *dumping* (vente de marchandises à un prix inférieur à leur prix de revient).

C'est dans les années 1990 que la mondialisation libérale a pris une signification plurielle pour rendre compte d'une situation qui évoluait avec une rapidité exceptionnelle. L'effondrement du communisme, la conversion de la Chine à une économie plus ouverte ont unifié le marché mondial en effaçant la sphère de l'économie autarcique née en 1917 avec l'URSS. Ces événements ont clôturé, au bénéfice du libéralisme, l'évolution constatée au début des années 1980.

Aujourd'hui, la mondialisation est assimilée à la prééminence des Etats-Unis, et le terme « mondialisation », traduction française de celui de *globalization* employé par les Américains au début des années 1980, marque à la fois la victoire du libéralisme * sur le communisme et le profit qu'il tire de cette victoire (accès au rang d'hyperpuissance, orchestrant et dominant le village planétaire). C'est ainsi que la mondialisation est souvent entendue comme l'américanisation du monde.

Présenté comme un phénomène inévitable, d'ordre quasi naturel, il déferle sur nos sociétés comme une forte pluie dont on peut attendre à la fois des effets fertilisateurs et de graves dégâts matériels. Grâce à l'essor des technologies, il permet aux marchés financiers du monde entier d'être en relation permanente et ainsi d'accroître leur pouvoir. Au point d'avoir pris beaucoup de pouvoirs aux Etats eux-mêmes.

Mais le rêve américain n'est pas placide pour tout le monde. Depuis la fin de la convertibilité en or du dollar, décidée par le président américain Richard Nixon en 1971, et la libéralisation généralisée des mouvements de capitaux – aux Etats-Unis en 1974, dans l'ensemble de la Communauté européenne à partir de 1990 –, le monde vit dans une totale instabilité monétaire. Une économie financière purement spéculative s'est développée, de plus en plus dissociée – quand elle n'en est pas ennemie – de l'économie réelle et d'une véritable culture industrielle. L'objectif de la rentabilité à court terme provoque, ici, des crises de surproduction (industrie automobile, électronique, informatique, acier), là des pénuries (logement, éducation, alimentation), et, dans maints autres secteurs, des chutes de productivité (céréales de base, systèmes informatiques, etc.). Sous prétexte de mettre en valeur « la bonne ressource, venue du bon endroit, pour le bon produit, sur le bon marché et au bon moment pour le bon consommateur », l'homogénéisation des structures de production permet aux grands réseaux de firmes multinationales d'exploiter, à l'échelle planétaire, les petites et moyennes entreprises (PME) de manière intensive et au moindre coût. Ces PME, confinées dans un rôle de sous-traitants de plus en plus fragilisés, sont tenues pour de simples centres de profit au service des grandes corporations. La situation devient encore plus intenable pour les PME elles-mêmes sous-traitantes des gros sous-traitants. Le sentiment d'insécurité et d'exploitation n'est plus l'apanage des ouvriers, paysans et travailleurs indépendants. Il touche désormais de manière concrète le milieu des petits entrepreneurs. *Reengineering*, production flexible, externalisation, dégraissage (*downsizing*) : toutes ces nouvelles techniques du management contribuent au développement de la grande machine mondiale du capitalisme de marché, dont l'unique objectif est l'extirpation du maximum de profit, et au moindre prix, de la richesse du monde. Ressources, individus, groupes sociaux, villes et régions, voire pays entiers sont abandonnés ou exclus : ils n'ont pas été jugés suffisamment rentables par – pour – la machine mondiale. D'où la folle concurrence à laquelle ils se livrent pour être « compétitifs », c'est-à-dire pour simplement rester vivants.

Ce concept de mondialisation renvoie également à une dimension culturelle. La propagation en temps réel et en tous lieux des mêmes sons et des mêmes images a montré que le terme de « mondialisation », purement économique au départ, va bien au-delà de cette sphère pour concerner les personnes, les identités, les valeurs, et toucher ainsi au politique, voire à l'idéologique. La mondialisation entraîne les économies vers des structures de production de l'éphémère, du volatile – par la réduction massive et généralisée de la durée de vie des produits et des services – et du précaire (travail intérimaire, flexible, à temps partiel subi). Au lieu de revaloriser en permanence les ressources disponibles, elle les rend le plus vite possible obsolètes, inutiles, non recyclables. Le travail humain et les rapports sociaux en font les frais.

Il s'est produit plus tard, vers 1990, une révolution de la communication grâce aux NTIC (Nouvelles technologies de l'information et de la communication), dont le phénomène dit Internet a été le plus spectaculaire. La planète est devenue un village, les prophéties de McLuhan se sont concrétisées, et le terme de « mondialisation » s'est enrichi d'une nouvelle signification : la transmission universelle et instantanée de données *via* les autoroutes de l'information.

Pour les milieux politiques dirigeants qui se proclament progressistes, le défi à relever serait de cueillir les fruits bénéfiques attendus de cette « mousson » tout en limitant au maximum les effets non désirés. Il n'en reste pas moins que, à l'échelon dirigeant, tous sont unanimes sur ce qui est présenté comme une évidence : la mondialisation fait désormais partie des données de base qui donnent forme à l'ensemble des politiques présentes et à venir.

La mise en place de ce nouveau type d'accumulation est une réaction pour déconstruire les avancées démocratiques obtenues par les divers mouvements contestataires et revendicatifs de la fin des années 1960 et du début des années 1970, dont les actions et les valeurs (autogestion et autonomie, remise en cause des hiérarchies, féminisme, subversion des rapports sociaux traditionnels, augmentation des salaires et du financement public des besoins sociaux...) commençaient à être intégrées dans les politiques gouvernementales et avaient permis une redistribution des richesses plus marquée en faveur du monde du travail. Ce nouveau type d'accumulation financière a débuté avec l'aide des gouvernements européens qui ont engagé des politiques de transferts massifs de ressources publiques vers le secteur privé à travers les politiques de « reconversion » ou de « restructuration industrielle » dès la fin des années 1970. L'histoire économique qui retracerait et tenterait de chiffrer ces mécanismes de transferts des ressources publiques vers le secteur privé, pour chacun des pays d'Europe occidentale, est encore très largement à écrire.

Il s'agissait alors d'appliquer la formule magique selon laquelle « les profits d'aujourd'hui sont les investissements de demain et les emplois d'après-demain » ; vingt ans après, on attend toujours que la magie opère... pour les emplois ! Pour réaliser ces transferts, la plupart des Etats européens se sont endettés, ce qui a permis au secteur bancaire de les accroître encore par le mécanisme du remboursement des intérêts de la dette publique. Le budget et la faculté d'emprunt des Etats, c'est-à-dire une part importante des ressources collectives, ont ainsi été « vampirisés » par les secteurs financiers. Le nouveau culte rendu à la Bourse à partir des années 1980, entretenu par le déversement de ces mannes providentielles, a encore accentué la vision de l'économie réduite à un jeu de placements financiers à court terme. Avec l'écroulement en 1989 des régimes communistes en Europe de l'Est, les termes de « globalisation » et de « mondialisation » sont devenus à la mode, marquant le triomphe de l'idéologie d'un capitalisme rentier désormais certain d'imposer son fonctionnement à l'échelon planétaire, notamment à travers les outils que sont le FMI, l'OCDE *, la Banque mondiale * et l'OMC *. L'absorption progressive par le secteur privé de l'ensemble des secteurs publics, y compris les services publics essentiels, complète cette situation.

Si l'objectif de réappropriation privée des richesses collectives à des fins de profit accru pour une minorité saute aux yeux, il ne faut pas perdre de vue que les phénomènes d'exploitation économique et de domination politique sont toujours étroitement imbriqués, le premier n'étant pas possible sans le second. Aussi cette accumulation a-t-elle induit une transformation radicale des rapports au travail, et de façon plus large du rapport salarial, par l'imposition de la flexibilité et de la précarité, ainsi que le retour à une situation d'exploitation renforcée et de domination politique plus marquée.

Fruit d'un développement du commerce, des flux financiers et de la mise en place de réseaux mondiaux d'information, la mondialisation pose aussi le problème de la division internationale du travail qui voit l'émergence de nouvelles puissances régionales et des délocalisations correspondantes dont profitent les multinationales *. Elle concerne aussi des types d'échanges autres qu'économiques, de la culture aux médias (avec CNN) en passant par les techniques, faisant du monde un « village planétaire », selon l'expression du Canadien McLuhan.

Par le biais des institutions financières internationales, du G8 * et de ses avatars, et du GATT, la mondialisation touche un très grand nombre d'acteurs, des pays industrialisés aux pays les moins avancés qui vivent des délocalisations et des stratégies des multinationales.

Les pays qui se sont convertis corps et âme à la nouvelle orthodoxie découvrent que l'ouverture n'a pas tenu ses promesses. Malgré l'abaissement radical des barrières commerciales et financières depuis les années 1980, on ne compte plus les économies d'Amérique latine et d'Afrique qui stagnent ou croissent moins rapidement qu'aux beaux jours de la politique de substitution (de produits locaux) aux importations, dans les années 1960 et 1970. Avec un aplomb extraordinaire, on a alors incorporé au credo les résultats décevants de la libéralisation tous azimuts.

Aujourd'hui, ceux qui considèrent l'intégration mondiale comme la condition préalable au développement économique affirment tranquillement que l'ouverture des frontières ne suffit pas. Pour recueillir les fruits de celle-ci, prétendent-ils, il faut la compléter par de profondes réformes institutionnelles.

En particulier dans le domaine financier. L'opinion qui prévaut à Washington et dans d'autres capitales du G8 est que la faiblesse des systèmes bancaires, des règles prudentielles et du gouvernement d'entreprise était au cœur de la crise asiatique de la fin des années 1990. D'où les efforts déployés par le G8 pour élaborer des normes traitant de la transparence budgétaire, des politiques monétaire et financière, de la surveillance bancaire, du gouvernement d'entreprise et de la comptabilité.

Allons-nous laisser à cette machine infernale le pouvoir d'être le seul arbitre de l'histoire économique, technologique, politique et sociale du XXIe siècle ? Certainement pas avec le modèle actuel. Mais ce modèle peut être changé si l'on admet qu'on doit poser un socle social sous l'économie mondiale afin que ses avantages atteignent beaucoup plus de monde et que les coûts de l'ajustement ne tombent pas sur le dos des plus faibles de la société. Il est possible d'adapter ou de modifier l'approche purement économique qui sous-tend la mondialisation.

Dans un commerce international où producteur et consommateur sont coupés l'un de l'autre, l'absence de tout critère autre que marchand donne naissance à des formes nouvelles de surexploitation dont pâtissent, en premier lieu, les producteurs du Sud. Estimant « dépassée » la régulation politique, les grandes entreprises entendent la remplacer par leur propre sollicitude et leur propre « compassion ». Sans remettre en question la répartition inique des ressources à l'échelle mondiale, l'accent est mis sur l'« éthique », ainsi intégrée au service de la marchandisation globale. A cet égard, on constate combien est loin l'optimisme qu'affichaient, il y a cent ans, les scientifiques et les médecins devant l'avenir sanitaire radieux que promettait le progrès.

Certes, le monde a beaucoup progressé en matière de meilleure santé pour tous, mais ces avancées sont tempérées par l'existence du plus révoltant des scandales : les très graves inégalités d'accès aux soins. « Plus d'un milliard de personnes, constate Gro Harlem Brundtland, alors directrice générale de l'Organisation mondiale de la santé (OMS *), vont aborder le XXIe siècle sans avoir profité de la révolution sanitaire : leur vie demeure brève et marquée par la maladie. » De plus, le fossé ne cesse de se creuser entre pays riches et pays pauvres, en matière d'accès aux médicaments existants et de recherche de traitements pour des maladies absentes ou peu présentes dans les pays développés.

Parmi les principales menaces qui affecteront la santé des êtres humains au cours du XXIe siècle, figurent certes les maladies cardio-vasculaires qui sont, pour une large part, liées aux maladies métaboliques – hypercholestérolémie, obésité, diabète – en expansion à cause de la diffusion du mode de vie occidental, c'est-à-dire la nourriture trop abondante et trop grasse, et l'absence d'exercice physique. Mais les maladies infectieuses auront une importance croissante et tueront, chaque année, des dizaines de millions de personnes. Surtout au sud. Toutefois, comme la planète est devenue un village, il va se produire un effet boomerang avec le retour dans les pays développés du Nord des maladies endémiques des pays pauvres.

La forte croissance de la population mondiale, et en particulier l'émergence de villes géantes autour desquelles s'est constitué un monde de marginaux, de migrants et d'exclus, favorisent l'émergence et la réémergence de maladies. La mondialisation accélère la propagation des infections. Désormais, les maladies voyagent, et avec elles les bactéries résistantes. Naguère le risque sanitaire n'existait que là où il était produit, mais maintenant la diffusion des maladies est devenue extrêmement rapide. A cause de la mondialisation, les germes se déplacent à la vitesse des avions. On l'a vu, en 2003, avec l'expansion foudroyante de la « pneumopathie atypique » ou SRAS, surgie en Chine méridionale et à Hongkong et étendue en quelques semaines à des dizaines de pays situés parfois aux antipodes. Des germes adaptés aux conditions de vie d'une population résistante peuvent se diffuser au sein de populations mal préparées et fort vulnérables. Les virus circulent, eux aussi, à la vitesse de la lumière. Un tiers des morts, à l'échelle planétaire, survenues ces dernières années, étaient dues aux maladies infectieuses graves, comme la tuberculose, le sida *, le choléra, les maladies diarrhéiques des enfants, et, tout récemment donc, la pneumonie atypique.

Toutefois, la mondialisation connaît des résistances de plus en plus fortes. Dans le domaine commercial, les opposants à l'OMC manifestent, depuis le sommet de Seattle (décembre 1999) et d'autres réunions altermondialistes comme le Forum social mondial *, auxquels participent des groupes d'opposition critiques (Attac *). Dans le domaine culturel, la lutte contre l'américanisation mettant en avant l'exception culturelle, et même dans l'alimentation, avec les campagnes contre les produits symboliques du fast-food américain, Coca-Cola et McDonald's *.

A partir de la révolution industrielle, la société a spontanément construit des systèmes de contrôle du « marché autorégulateur » – un autre nom du capitalisme, au fond – et de protection de la société contre ses effets humainement inadmissibles. A partir des années 1870 se sont construits des systèmes de protection qui concernaient à la fois les conditions de travail (durée du travail, travail des femmes et des enfants, hygiène et sécurité, salaire minimum, etc.) et les assurances sociales (d'abord les accidents du travail, puis la maladie, la vieillesse, la famille, le chômage). Ce ne fut possible que parce qu'il existait des Etats capables de protéger à la fois la force de travail (législation sociale), le marché intérieur (protectionnisme douanier) et la monnaie (institution d'une banque centrale). Entre 1914 et 1945, avec les deux guerres mondiales, la crise de 1929 et la prise du pouvoir par le fascisme, le nazisme et l'impérialisme japonais, le monde se fragmenta, il se replia sur le territoire national. Le libéralisme * ne fut pas capable de maintenir les économies ouvertes au sein d'une économie-monde européenne, devenue économie mondiale sous le leadership de la Grande-Bretagne. Aujourd'hui, la mondialisation – économique mais surtout financière – s'accompagne de l'effacement des idéologies issues du XIXe siècle, de l'affaiblissement des Etats nations, de la dissociation brutale entre des marchés globalisés et des identités particulières, de l'extension de la consommation et de la communication de masse, de la fragmentation des cultures. Elle s'accompagne aussi, et en réaction, de la montée de mouvements identitaires à référence ethnique, religieuse ou nationale. Leur expression politique est rarement démocratique.

A LIRE : François Chesnais, *La Mondialisation du capital*, 2e édition amplifiée, Editions Syros, Paris, 1997.

Pierre Vilain, *Les Chrétiens et la mondialisation*, Desclée de Brouwer, Paris, 2002, 268 p.

James Petras et Henry Veltmeyer, *La Face cachée de la mondialisation*, Parangon, Paris, 2002, 284 p.

Frédérique Sachwald, *Les Défis de la mondialisation*, Masson, Paris, 1994.

Laurent Carroué, *Géographie de la mondialisation*, Armand Colin, Paris, 2002.

Kathleen Kelley-Laine et Dominique Rousset, *Contes cruels de la mondialisation*, Bayard, Paris, 2001.

Susan George et Martin Wolf, *Pour et Contre la mondialisation libérale*, Grasset/*Les Echos*, Paris, 2002.

Maria Negreponti-Delivanis, *Mondialisation conspiratrice*, L'Harmattan, Paris, 2002.

Denis Robert et Ernest Backes, *Révélations*, Les Arènes, Paris, 2001.

Monsanto : Firme américaine qui produit du soja transgénique dont le gène rend la plante tolérante au Roundup, herbicide « total » (il tue toutes les plantes, bonnes ou mauvaises) commercialisé par cette même société. Monsanto avait accusé une famille d'agriculteurs du Dakota du Nord, les Nelson, de violation du droit de brevet. Elle était soupçonnée d'avoir mis de côté des graines de soja Roundup Ready en 1998 et de les avoir plantées en 1999 sans payer les droits correspondants. En mars 2001, le responsable de l'agriculture de l'Etat avait estimé qu'il n'y avait aucune preuve de la culpabilité des Nelson. Mais le procès n'a pas eu lieu car un accord tenu secret a été trouvé entre les agriculteurs et Monsanto.

Les agriculteurs qui adoptent le soja Monsanto ont l'obligation de n'utiliser que son désherbant, ainsi l'entreprise vend ses semences transgéniques et augmente fortement ses ventes d'herbicides (pollution accrue des nappes phréatiques et des sols).

A LIRE : Agnès Sinai, « Comment Monsanto vend les OGM », *Le Monde diplomatique*, juillet 2001.

Moore, Michael : En 1918, comprenant que le cinéma pouvait être une arme de guerre, Lénine lançait à travers la Russie soviétique ses trains culturels, équipés de projecteurs et salles de montage...

Michael Moore est américain et pas communiste, mais il est à lui tout seul une locomotive lancée à travers le pays que rien ne semble pouvoir arrêter.
Il n'a pas son pareil pour faire naître l'hilarité des situations aux rives de l'absurde. Ainsi dans ce petit coin du Michigan où débute son film *Bowling for Columbine*, nom du lycée d'une paisible bourgade où deux élèves ont massacré douze de leurs condisciples et un professeur, avant de se suicider avec des armes à feu acquises en toute légalité, on voit le réalisateur à la dégaine inimitable entrer dans une banque. Au lieu des traditionnels gadgets, l'établissement offre à tout nouveau client un fusil, à sélectionner parmi plus de cinq cents armes en stock. Les munitions, elles, peuvent être choisies à l'occasion d'un passage chez le barbier.
Loin de se contenter de pointer du doigt les allumés de la gâchette, ou même le cynisme du lobby des armes à feu, Michael Moore ne cesse de formuler les questions commençant par « pourquoi ». L'histoire des Etats-Unis d'Amérique, l'ensemble de ses pratiques collectives, sa politique étrangère du Viêtnam à l'après-11 septembre 2001, le racisme, les modes d'organisation des différentes communautés, la structure de l'habitat, la comparaison avec les autres pays industrialisés, et jusqu'à la réflexion sur la nature humaine servent à multiplier les pistes critiques.

L'Etat du Michigan est le premier bastion de la Ligue de défense des armes à feu, qu'animait avec d'inépuisables ressources de mauvaise foi, de fierté cocardière et de démagogie l'acteur Charlton Heston. Et c'est à Flint, ville natale du réalisateur, qu'a été battu le record du plus jeune meurtrier par balle, le jour où un gosse de six ans a flingué à la maternelle une gamine du même âge. Michael Moore, fils d'ouvrier, enfant de la ville, s'interroge : pendant que Flint s'enfonce dans la misère, où est donc Roger Smith, *big boss* de la General Motors (GM) ? La chasse filmée au P-DG est ouverte.... Michael Moore avait été rendu célèbre par le documentaire *Roger et moi*. Il y essaie de mettre en lumière pourquoi la GM, la principale entreprise de sa région, en avait programmé la ruine.

Voilà l'ancrage personnel des dossiers que Michael Moore, avec sa caméra têtue, son culot et sa tête de bon gros Américain, instruit mieux que personne. Son mode d'opération combine deux approches d'ordinaire exclusives l'une de l'autre. La première est celle du cinéma militant, recourant aux données chocs, aux récits rapprochant efficacement les faits, aux techniques de l'agit-prop. Il pousse le montage au niveau de l'art. La juxtaposition d'archives, de documents, de propos et de faits produit des détonations de sens. Des petits bourgeois armés barricadés dans les banlieues pavillonnaires. Des gouvernants qui, il le rappelle avec précision, ne rechignent pas devant la dépense lorsqu'il s'agit de bombarder un endroit de la planète. Il est rare de nos jours que cet arsenal soit employé avec autant de puissance d'impact, dont l'esprit vengeur n'est pas la moindre qualité.

Et il n'est pas courant que semblable approche s'accompagne d'explications sur le discours officiel. Le pays connaît une phase de croissance historique ? Le chômage est au plus bas ? En tournée dans les grandes villes américaines pour promouvoir son best-seller *Dégraisse-moi ça !* Michael Moore montre une réalité tout autre : des entreprises florissantes, des bénéfices records,

et des patrons virant des employés pourtant payés au lance-pierre – cinq ou six dollars de l'heure – pour réimplanter leurs usines au Mexique ou en Indonésie.
On a peut-être vu des enquêtes plus rigoureuses, des raisonnements mieux articulés. Mais nul n'a comme Michael Moore le talent d'appuyer avec acharnement et pertinence là où ça fait mal. Et cela fait du bien.

A LIRE : Michael Moore, *Mike contre-attaque !* La Découverte, 2002.

A VOIR : Films de Michael Moore : *Roger and Me, The Big One, Bowling for Columbine.*

Multinationales : Sociétés qui, pour vendre sur les marchés les plus dynamiques et faire développer les bénéfices, réalisent au moins un tiers de leur production là où la main-d'œuvre est la moins chère et le fisc le plus discret.
Dès le début du XXe siècle, dans *L'Impérialisme, stade suprême du capitalisme* (1917), Lénine met en cause les firmes industrielles, à l'origine de la Grande Guerre. Les matières qu'elles convoitent sont, notamment, le pétrole, la bauxite et l'aluminium. Dans l'entre-deux-guerres, la crise ralentit le mouvement de création des multinationales et fait apparaître les cartels, comme celui de l'acier. Après 1945, aidé par la croissance mondiale, le développement des transports et le décloisonnement des marchés nationaux, l'essor des entreprises multinationales reflète l'hégémonie des Etats-Unis.
Dans les années 1960, profitant de la faiblesse des Etats du tiers-monde, les firmes multinationales héritent du colonialisme. Utilisent la main-d'œuvre des pays pauvres, ponctionnent plus facilement leurs richesses.

Le cas particulier des multinationales américaines est mis en évidence dans *Le Défi américain*, de Jean-Jacques Servan-Schreiber (1967). Il prédit que, faute de réagir, l'Europe sera colonisée par les firmes industrielles des Etats-

Unis. En Amérique latine, les multinationales américaines sont créditées d'un redoutable pouvoir politique, susceptible de faire et défaire les présidents en Amérique centrale (*United Fruit*). Le coup de force organisé au Chili contre le gouvernement de Salvador Allende * illustre l'influence occulte de ces multinationales, ITT dans ce cas précis. Depuis le début des années 1980, dans un monde en voie d'intégration économique rapide, les entreprises adoptent une perspective mondiale de leurs marchés, de leurs unités de production et de leur organisation. Au cours des années 1980, pour faire face à la crise, certaines firmes ont une stratégie de délocalisation permettant de réduire les coûts de production grâce à une main-d'œuvre bon marché, ce qui provoque des tensions dans les Etats européens. En contrepartie, ce phénomène étend la croissance à de nouvelles aires géographiques. Une centaine de grands groupes industriels (comme General Electric, Ford, Shell) sont les moteurs du système de production mondial intégré.

Par ailleurs, la mondialisation des entreprises par leurs activités transnationales met en cause la souveraineté des Etats ; la déréglementation provoque un malaise social. L'échec des négociations sur l'Accord multilatéral d'investissement (AMI *), puis celui de la conférence de l'OMC à Seattle (1999) montrent les dangers de la mondialisation *.

A LIRE : *Le Pouvoir des transnationales*, in *Alternatives Sud*, Centre tricontinental/L'Harmattan, Paris, 2002.

Bertand Demazet, David Buttler, Robert Canone, *Business and globalization*, Ellipses-Marqueting, Paris, 1999.

« Les secrets de Chiquita mis à nu », Révélations sur les pratiques d'une multinationale. Enquête du *Cincinnati Enquirer*, Editions Les Magasins du monde Oxfam, Bruxelles, 1998.

Musiques du monde : Lévi-Strauss constate qu'« il n'y a pas de société sans musique, et il n'y a pas deux sociétés avec la même musique ». La mondialisation *, déguisée en universalisme, vise à supprimer les identités pour s'approprier un marché docile.

Si l'idée d'une ouverture sur les « autres musiques » est a priori positive, riche d'échanges culturels, l'histoire récente montre que, en matière de *world music*, comme il en est des matières premières, il ne s'agit pas à proprement parler d'échanges mais d'emprunts, avec plusieurs conséquences fâcheuses : l'utilisation de musiques traditionnelles dans des produits de *world music* contribue souvent à les dénaturer.

Et puis relevons d'autres effets, de nature économique : l'utilisation (on peut même parler de vol) de sons, de mélodies, de rythmes empruntés par les producteurs occidentaux à l'Afrique, l'Asie, ou l'Amérique latine, ne fait que rarement l'objet de convention de droits ou de rétribution des artistes en bout de chaîne. On profite du désir des musiciens traditionnels de se plier aux exigences marketing des *majors* (maisons de disques), de transformer souvent radicalement leurs origines musicales et donc culturelles pour se faire connaître.

On estime que la création du terme (« musiques du monde ») revient à l'Allemand Georg Capellen. Dans un essai de 1906 intitulé *Un nouveau style musical exotique*, il entrevoit un genre de musique qui engendrerait une ère artistique. Cette dénomination suscite une réaction de rejet chez nombre d'ethnonomusicologues, soucieux de la défense des folklores. Pour eux, il faut lui donner sa juste valeur de stratégie de conquête du marché.

Sous l'étiquette *world music*, on trouve aujourd'hui les musiques traditionnelles ou « musiques du monde » ; c'est-à-dire, un ensemble de traditions plurielles. Ce sera à

Londres, avec la création du label Realword, par Peter Gabriel (ex-Genesis) et le producteur Stern's Mango, que pour la première fois le concept de *world music* est utilisé et défini comme une ligne de produits marketing. Cela se fera par la fusion plus ou moins réussie de traditions musicales différentes : une musique de variété qui, pour des besoins strictement commerciaux, suit une mode écologique et mondialiste. On doit mentionner tout d'abord l'explosion du reggae en Occident, grâce au chanteur Bob Marley, et une série de chansons à la fois mélodiquement simples et bien arrangées.

La mort de Bob Marley, en 1981, crée un choc intense dans tous les milieux musicaux, car il était devenu une véritable icône musicale, un compositeur de premier plan, un *performer* parfait (son charisme était impressionnant, quasi christique), et le symbole des luttes du tiers-monde.

Il faut attendre 1976 et le premier succès planétaire d'un artiste africain, Manu Dibango avec Soul Makossa, pour avoir la preuve que la musique d'ailleurs peut se vendre.

Alors, dans les années 1980, chaque maison de disque se récupère son artiste africain, pour surfer sur la vague de l'exotisme : Mory Kanté chez Barclay (1988), Johnny Clegg chez WEA (1988), Salif Keita (1987) chez Realworld, Alpha Blondy chez Pathé, pour finir en 1989 par Youssou N'Dour chez Realworld, devenu depuis un label parmi d'autres de Virgin.

Amina représente la France à l'Eurovision, comme le fera Dan Ar Braz quelques années plus tard... De la Tunisie francisée au folklore armoricain, tout est bon pour être catalogué *world music*. Les années 1990 vont découvrir que la manne africaine n'est pas la seule exploitable. On découvre le raï (avec le succès planétaire de Khaled, les bons scores de Faudel, ou de Cheb Mami), puis la musique latino, qui regroupe dans un même panier la samba brésilienne, les « papis » cubains de Buena Vista Social Club dont Compay

Segundo, pour arriver à des fusions électroniques à la Gotan Project.

L'exemple le plus extrême de cette vague de produits *world music* sur mesure est sans conteste Deep Forest. Remixant quelques sons de pygmées volés aux ethnomusicologues et sous couvert d'écologie et de rapprochement des peuples, ce groupe devient le prototype de la *world music*, pas chère, à succès, qui dénature une musique traditionnelle.

Dans un article intitulé « Identité africaine et mondialisation », Boubacar Boris Diop revient sur l'exemple de la musique africaine qui, en raison de ses facilités de diffusion et de son caractère populaire en même temps, est à l'origine de réussites personnelles (Youssou N'Dour, Salif Keita, Toure Kunda) : « La notoriété internationale de quelques musiciens incite les autres à marcher sur leurs traces en adaptant les sonorités africaines aux goûts d'une clientèle mondiale, surtout occidentale [...] ils savent bien que dans le dosage subtil qu'implique la " world music ", il est important de cibler la clientèle lointaine surtout friande d'exotisme. »

On peut bien parler de récupération de ces musiques par les majors (secteur concentré s'il en est) et les médias. En 2000, Jean-Marie Messier, alors P-DG de Vivendi Universal, utilisait même les exemples de la *world music* pour se défendre contre les attaques d'uniformisation de la culture dont son groupe était l'acteur. « Si Faudel, Khaled et bien d'autres, assurait-il, sont devenus des vedettes extraordinairement populaires en France et en Europe, ce n'est pas un épiphénomène. C'est le signe d'une mixité croissante des cultures, un pont entre la France et le Maghreb. » Sous-entendu, c'est grâce à l'action des compagnies privées qui diffusent (et accessoirement s'enrichissent de) ces « musiques-là ».

Les critères de rentabilité des industries les plus puissantes dictent la standardisation des produits culturels. L'homogénéisation des goûts, des langages et des valeurs permet aux industries culturelles de créer des marchés plus vastes pour la diffusion de leurs produits. « La production culturelle devient production mercantile ou culture mercantilisée, une activité d'entreprise ; ainsi, la consommation culturelle devient consommation mercantile. »

La mise en concurrence extrême et brutale des produits phares (*stars, blockbusters, best-sellers*), et de tous les autres produits culturels, s'appuie sur les techniques de marketing mises en œuvre par des réseaux de distribution susceptibles d'établir un contact immédiat avec un très grand nombre de consommateurs. Il s'agit de fabriquer l'artiste « qui voyage le mieux » et dont la diffusion simultanée à l'échelle planétaire permettra de maximiser les profits ou simplement de rentabiliser les investissements engagés. Sa carrière sera soumise à l'examen quotidien des résultats de ventes à l'échelle planétaire et au cycle, méticuleusement programmé et contrôlé par la firme discographique, des albums, des tournées et de la promotion médiatique.

Certes, une musique s'enrichit toujours au contact d'une autre, le tout est de savoir dans quelles conditions. La *world music* serait acceptable si elle parvenait à instaurer un véritable échange, sans pour autant dénaturer aucun des deux systèmes. Il existe des exemples de belles rencontres, notamment entre le jazz et la musique indienne. Malgré les apparences, ces deux systèmes musicaux sont fondés sur les mêmes principes : contrainte et liberté, et liberté dans la contrainte. Les deux donnent une large part à l'improvisation, à l'intérieur d'un cadre établi.

Le musicologue Alain Swietlik conclut : « La mémoire musicale des peuples est un portrait du monde. C'est un livre sonore qui parle des peuples dans leur irréductible originalité, qui parle d'humanité dans son inestimable diversité. C'est ça, la musique du monde. La *world music* fabrique à partir des musiques traditionnelles des produits complètement coupés du peuple, des inventeurs, des pratiquants. C'est la négation de l'esprit d'invention, et l'assassinat à coup sûr de tout ce qui a généré les formes musicales que le monde découvre et admire aujourd'hui. »

A LIRE : Martin D. Roberts, « Pour une anthropologie musicale », *Ecouter-Voir*, n° 62.
Patrick Tierney, *Au nom de la civilisation*, Grasset, Paris, 2003.
Etienne Bours, *Dictionnaire thématique des musiques du monde*, Fayard, Paris, 2002.

A ÉCOUTER : « Musiques du monde », émission de Laurence Aloir sur RFI, tous les dimanches à 15 h 10 (www.rfi.fr).

N

Negri, Toni : La révolte de 1968 eut en Italie une ampleur particulière. Le gouvernement répondit à la rébellion par une stratégie de raideur dont l'effet a été de fortifier certains groupes d'extrême gauche. A ce moment-là, Antonio (Toni) Negri, né le 1er août 1933 à Padoue, fréquentait des mouvements marxistes, militant au sein du Parti communiste italien (PCI) avant de basculer dans l'agitation gauchiste. Universitaire, il influença par ses analyses et théories les groupuscules révolutionnaires italiens, participant à la fondation en 1969 du groupe *Potere Operaio.* Il était l'un des théoriciens de la rupture politique, à travers l'alliance des ouvriers avec les féministes, les étudiants, les exclus... y compris par la violence.

Aux occupations d'usines répondirent les violences policières, suivies à leur tour par des attentats d'extrême gauche. Cet engrenage de la violence, qu'on appelle les années de plomb, culmina avec l'assassinat par les Brigades rouges, en 1978, de l'ancien Premier ministre démocrate-chrétien Aldo Moro, qui cherchait a réaliser un « compromis historique » avec le PCI. La politique de répression qui suivit provoqua la fuite de nombre d'intellec-

tuels engagés, en particulier en France, et jeta la suspicion sur la démocratie italienne.
Accusé de complicité dans l'assassinat d'Aldo Moro, Toni Negri fit quatre ans et demi de prison en préventive dans des quartiers de haute sécurité. Il est élu député du parti radical en 1983, et cette même année s'exile à Paris. L'ex-directeur de l'Institut d'études politiques de Padoue devient chargé de cours à l'Ecole normale supérieure de la rue d'Ulm. Il enseigne également à l'université Paris-VIII et au Collège international de philosophie, sans cesser de publier des ouvrages dont la rigueur et la qualité sont incontestables.
Après quatorze ans d'exil, il est rentré de son plein gré le 1er juillet 1997 à Rome, où il est arrêté à sa descente d'avion et incarcéré à la prison Rebibbia. Il y purge le reliquat des dizaines d'accusations de 1979. La plus grande partie de ces charges ayant été levée, Negri n'est plus enfermé que pour « insurrection armée contre l'Etat » et « responsabilité morale » dans les affrontements entre les militants d'extrême gauche et la police entre les années 1973 et 1979. Il trouve une nouvelle jeunesse dans des luttes altermondialistes. Le capitalisme demeure encore et toujours le grand ennemi, et il prêche que, « à la globalisation économique actuelle, il faut répondre en demandant la globalisation des droits des citoyens du monde ».

« Si la démocratie veut tourner la page, écrivait-il récemment, il faut qu'elle reconnaisse l'existence d'une minorité qui s'est certes trompée, et qui a subi une défaite cuisante, mais qui a lutté pour obtenir le changement. Cette minorité a payé sa générosité par des milliers d'années de prison : c'est cette même générosité dont devraient aujourd'hui faire preuve les instances qui gouvernent l'Italie. »

A LIRE : Toni Negri, *La Classe ouvrière contre l'Etat*, Galilée, Paris, 1978 ; *Italie rouge et noire*, Hachette, Paris, 1985 ; *Il domino e il sabotaggio*, Feltrinelli, Milan, 1978 ; *Exil*, Mille et Une Nuits, Paris, 1998.
Michael Hardt et Toni Negri, *Empire*, Exils, Paris, 2000.

O

OCDE : L'Organisation de coopération et de développement économique, pur produit de la guerre froide (créée pour gérer le plan Marshall et empêcher l'extension du communisme à l'ouest), et laboratoire de la pensée libérale, fixe le cadre idéologique dans lequel s'inscrivent toutes les questions économiques et financières. On ne le dira jamais assez : c'est le creuset idéologique du monde occidental.
Dans son siège, à Paris, elle rassemble la trentaine de pays les plus riches de la planète, qui produisent les deux tiers des biens et des services du monde. Ses objectifs principaux sont la promotion de l'économie de marché et du libre-échange. Pour prendre ses décisions, l'OCDE se réunit chaque année en un conseil qui compte un représentant de chaque pays membre.
Selon l'expression de l'un de ses experts, l'OCDE « examine, élabore et perfectionne » les politiques économiques et sociales des Etats membres. Une mission floue mais très influente. De

l'environnement à l'agriculture, en passant par la technologie ou la fiscalité, ses recommandations persuadent toujours ses membres d'adopter des politiques orthodoxes, monétaristes, acquises au libéralisme.

Dotée d'un budget de 227 millions d'euros, l'OCDE abrite à Paris 1 850 permanents, dont 700 experts qui accouchent annuellement de quelque 12 000 documents, 300 livres et 25 périodiques. En crise de légitimité, l'OCDE s'est efforcée de se diversifier. Elle promeut la biotechnologie comme la sécurité alimentaire. Récemment, l'un de ses rapports a vanté les politiques de lutte contre l'exclusion. Un autre a redécouvert les mérites de l'Etat providence. Mais le souci de dialogue avec les contestataires ne passe pas.

A LIRE : Observatoire de l'Europe industrielle, *Europe Inc. Liaisons dangereuses entre institutions et milieux d'affaires européens*, Agone éditeur, Marseille, 2000.
Serge Halimi, « Les chantiers de la démolition sociale », *Le Monde diplomatique*, juillet 1994.

OGM : Organismes génétiquement modifiés. En cette époque de forces mondialisatrices, les Européens ont l'impression que leur alimentation est le dernier vestige d'identité culturelle où ils aient encore leur mot à dire. A la différence des Etats-Unis, où la population a accepté depuis longtemps la culture de la nourriture rapide, la nourriture et la culture sont, en Europe, intimement liées : chaque région exalte ses produits locaux. Il n'est donc pas étonnant que la majorité des Européens aient jeté l'anathème sur les aliments génétiquement modifiés.
Un OGM est une plante, un animal ou micro-organisme dont on a transformé le patrimoine héréditaire afin de le doter de propriétés que la nature ne lui a pas attribuées. Ce résultat est obtenu par manipulation de l'Acide désoxyribonucléique (ADN), qui est le principal constituant des chromosomes, et donc le porteur de la transmission. Par conséquent, un OGM est

un être bricolé auquel on rajoute un ou plusieurs gènes (par exemple un gène humain dans un porc pour obtenir des bêtes plus musclées ou moins grasses).

Hormis les quelques manipulations dénoncées dans la mise au point des OGM, leur principe touche au fonctionnement même du vivant et repose sur des avis scientifiques qui ne sont pas des certitudes. L'embarras majeur est celui de la dissémination. Les propriétés conférées aux OGM ne risquent-elles pas de se transmettre à d'autres individus dans l'environnement ? Peut-on imaginer qu'une plante adventice devienne résistante à un herbicide ? Une bactérie rebelle à un antibiotique ?

Les critiques portées à l'encontre des OGM tiennent à la fois à des incertitudes techniques et scientifiques et à la remise en cause d'une certaine conception de la production agraire, ainsi que des échanges agricoles mondiaux.

Alors même qu'aucun scientifique ne peut garantir l'innocuité des OGM, Washington exige de l'Union européenne qu'elle lève son « moratoire de fait » sur de nouvelles importations de ces produits. Et il a pris des mesures protectionnistes contre le roquefort ! L'UE a répliqué qu'il n'y avait aucun moratoire et a fait observer qu'elle avait donné son accord à deux demandes d'importation de semences transgéniques en 2002. Quoi qu'il en soit, l'offensive des Etats-Unis risque de déclencher une nouvelle querelle entre les deux superpuissances, dont les retombées à long terme pourraient être plus graves que le désaccord sur l'Irak.

En laissant entendre que l'opposition de l'Europe aux OGM équivaut à condamner des millions de personnes à mourir de faim dans le Sud, la Maison Blanche a aggravé une situation déjà peu brillante. Les commentaires du président Bush ressemblent davantage à une campagne de relations publiques qu'à un discours politique fondé sur des arguments cohérents.

Déjà, en janvier 2002, la secrétaire américaine à l'Agriculture, Mme Ann Veneman, rappelait, dans un discours prononcé à

Oxford, que les Etats-Unis s'appuient toujours sur de la « science solide », alors que « malheureusement, en Europe, [il est] un concept concurrent qui s'appelle le principe de précaution, lequel semble reposer sur la seule existence d'un risque théorique ». Huit jours plus tard, son sous-secrétaire d'Etat aux Affaires économiques et agricoles, Alan Larson, devenu conseiller économique de Colin Powell, faisait de la surenchère à Bruxelles, en déclarant que « la patience des Etats-Unis était à bout ».

Il est vrai que, pour les Etats-Unis, les enjeux économiques sont considérables. Les sociétés de biotechonologie ont investi massivement dans le développement des semences génétiquement modifiées qui sont désormais utilisées pour la culture de 75 % du soja, 71 % du coton et 34 % du maïs produit par le pays. Mais, aux yeux de Washington, cette querelle ne concerne pas que les exportations. On sait de source officielle que, même si le marché européen reste fermé, il s'agit d'envoyer un signal fort aux autres pays pour les dissuader de prendre des mesures restrictives similaires.

Le protocole de Carthagène sur la biodiversité avalise le principe de précaution. Ce protocole (qui a pris effet à l'automne 2003) crée la rupture : il concurrence les règles commerciales de l'OMC * et permet de refuser l'importation des OGM, une menace insupportable pour les multinationales.

Les Etats-Unis semblent déterminés à attaquer les principes stricts de l'étiquetage voté par le Parlement européen. De plus, si les pollens des plantes génétiquement modifiées contaminent d'autres plantes, la distinction deviendra impossible à maintenir bien longtemps.

Loin de résister aux pressions de Washington, la Commission européenne les relaie complaisamment chez les Quinze, et le commissaire Pascal Lamy (socialistes) garantit à ses interlocuteurs américains qu'il ne se battra pas pour l'application du principe de précaution.

Signé en janvier 2000 à Montréal, le protocole, dit aussi « de Carthagène », régit les mouvements internationaux d'OGM.

Toute semence transgénique doit, à la première arrivée dans un pays importateur, obtenir un accord préalable de ce dernier. Le pays peut s'opposer à l'importation en se référant au principe de précaution ainsi qu'à des considérations socio-économiques. Il prévoit aussi l'étiquetage des cargaisons d'OGM. Le texte n'a pas été signé par les Etats-Unis qui ont lancé une plainte auprès de l'Organisation mondiale du commerce contre l'Union européenne à propos des OGM. Ils arguent que les risques supposés peuvent être écartés à la simple condition que l'on ne consomme pas d'OGM. Le problème est qu'on ne peut les éviter que si l'on sait que la nourriture en contient ou non. Si interdire les OGM peut sembler une restriction des libertés du consommateur (quelqu'un, quelque part, qui sait, pourrait les trouver délicieux), ne pas les interdire représenterait une plus grande intrusion dans nos libertés.

Une nouvelle étape a été franchie avec le vote par le Parlement européen d'un texte définissant les modalités selon lesquelles le citoyen pourra demain être informé – *via* l'étiquetage – de la nature des aliments d'origine végétale qu'il pourra ou non consommer. L'inconvénient avec ce vote est qu'il met tout le monde d'accord. Adversaires acharnés et partisans en conviennent : le phénomène planétaire de banalisation des végétaux génétiquement modifiés est irréversible et progresse à grands pas.

Ce vote, préalable à la levée d'une forme de sursis observé depuis 1999 dans l'Union européenne vis-à-vis de la commercialisation et de la culture de ces végétaux, n'aura malheureusement été accompagné d'aucun effort de pédagogie et de vulgarisation adressé aux consommateurs.

La fragile digue un instant dressée par le Vieux Continent face aux premiers produits alimentaires issus de la domestication génétique américaine se fissure. Une telle brèche ouvrira-t-elle de nouvelles perspectives dans les rapports rationnels ou fantasmatiques que nous entretenons avec nos aliments et avec la nature ? Sommes-nous ici à l'aube de scandales sanitaires et environnementaux d'une portée sans précédent ?

L'Union européenne dispose d'une carte essentielle. Tout comme elle s'oppose, pour des raisons sanitaires, à l'importation de viandes bovines américaines traitées aux hormones, l'Union peut au nom de la science œuvrant au bénéfice de la santé (celle des plantes, des animaux et des hommes) mettre en place sur son sol un dispositif d'étude et de surveillance que les Etats-Unis n'ont jamais su, pu ou voulu installer.

En attendant, le pays ou groupe de pays qui ne veut pas importer tel ou tel produit (ce qui est le cas pour le bœuf aux hormones dans l'Union européenne) sera toujours contraint de prouver que ce produit présente un danger. Les exportateurs, eux, continueront à être dispensés d'apporter la preuve de son innocuité. Le lobby américain, appuyé à Washington par toute la machine gouvernementale, prétend que le moratoire européen représente un manque à gagner de 300 millions d'euros pour le seul maïs, et il pousse d'autant plus fort à la roue qu'il est alléché par la perspective d'un monopole américain potentiel sur tous les produits agricoles OGM.

Pourtant, aussi bien la prestigieuse Royal Society britannique que la British Medical Association (BMA) témoignent de sérieuses inquiétudes sur le sujet. Ainsi la BMA déclare que, « au nom du principe de précaution, les essais d'OGM en plein champ ne devraient plus être autorisés ».

Va-t-on vers une monopolisation du vivant par une poignée de firmes, doublée d'une confiscation de la diversité génétique ?

A LIRE : Hervé Kempf, *La Guerre secrète des OGM*, Le Seuil, coll. « L'Histoire immédiate », Paris, 2003.

Guy Paillotin, *Tais-toi et mange : l'agriculteur, le scientifique et le consommateur*, Bayard, Paris, 2000.
Bulletin de l'Académie nationale de médecine, 186, n° 9, séance du 10 décembre 2002.
Académie des sciences, « Les Plantes génétiquement modifiées », rapport *Science et technologie*, n° 13, décembre 2002.
Jeremy Rifkin, *Le Siècle biotech : le commerce des gènes dans le meilleur des mondes*, La Découverte, Paris, 1998.

OIC : Organisation internationale du commerce. John Maynard Keynes, l'artisan de la Banque mondiale * et du FMI * (considérés à l'époque comme des institutions progressistes), aurait bien voulu ajouter un troisième pilier à son édifice de l'après-guerre : l'Organisation internationale du commerce. Avant sa mort, survenue en 1946, il en avait préparé le terrain.

Il a d'ailleurs très convenablement accompli son travail. En quarante-cinq ans, les pays membres du GATT * (fraction de l'OIC) et leurs experts, réunis au cours de Rounds ou cycles de négociations successives (Kennedy, Tokyo, Uruguay, etc.), ont réussi à abaisser les tarifs douaniers d'une moyenne de 40-50 %. Mais ces réunions ne s'occupaient que des marchandises (textiles exclus) ; elles n'avaient pas compétence pour les produits immatériels par définition, les services et la propriété intellectuelle. A la longue, les transnationales ont compris les avantages d'un accord similaire dans leurs domaines. Elles ont décidé de bâtir une nouvelle institution qui s'occuperait de leurs intérêts dans un cadre plus large.

Les statuts de cette OIC ont été signés par 56 pays lors d'une conférence internationale tenue à La Havane en 1947-1948. Les Etats-Unis ont toutefois refusé de la ratifier. Etait-ce parce que ses statuts prévoyaient de substantielles garanties pour les travailleurs et encourageaient les accords entre producteurs de matières premières ? Toujours est-il que seul le chapitre IV de la charte fondatrice de l'OIC a survécu, sous le nom du GATT, et c'est cet office qui a servi de cadre, à partir de 1948, pour réduire progressivement les droits de douane sur les produits manufacturés.

A LIRE : Bernard Maris, *Keynes ou l'économiste citoyen*, Presses de Sciences-Po, Paris, 1999.

Susan Ariel Aaronson, *Trade and the American Dream : A Social History of Postwar Trade Policy*, University Press of Kentucky, Lexington (KY), 1996.

OMC : Organisation mondiale du commerce. Sans une organisation de cette nature, ne serait-ce pas la loi de la jungle ? Ne profite-t-elle pas à tous les pays, riches et pauvres, forts et faibles ? Alors, pourquoi ne l'aime-t-on pas ? Pourquoi suscite-t-elle tant de méfiance et d'opposition ? Pourquoi Attac * et bien d'autres associations altermondialistes luttent-elles pour amender, transformer, voire supprimer un organisme qui prétend être nécessaire pour réglementer le commerce entre les nations de plus de 6 000 milliards de dollars annuellement ?

L'OMC a été conçue et voulue par les pays développés (surtout les Etats-Unis) et par leurs entreprises transnationales. Elle a été créée en 1994 pour aller au-delà du GATT * de 1947 qui ne couvrait que les produits industriels et ne pouvait imposer d'arbitrages en cas de litige. Les divers accords qui en résulteront vont régir non seulement les biens industriels, mais aussi les services, l'agriculture et la propriété intellectuelle.

L'un des accords instaure le « tribunal » appelé l'Organe de règlement des différends, dont les décisions sont contraignantes. D'autres accords fixent des normes et des règles (par exemple sur les barrières techniques au commerce, ou les mesures sanitaires et phytosanitaires). Les pays membres doivent se plier à la loi du tout ou rien et accepter l'ensemble des accords – deux bonnes douzaines – consignés dans 600 pages serrées et des milliers de feuilles annexes. Ils signent le tout à Marrakech en avril 1994. L'OMC entre en fonctions le 1er janvier 1995 et s'installe à Genève dans l'ancien siège du GATT.

L'OMC compte environ 145 pays membres. Ses langues officielles sont l'anglais, le français et l'espagnol, mais, comme c'est souvent le cas, l'anglais est la véritable langue de travail. Le secrétariat est censé être purement technique et n'exercer aucun pouvoir politique ; en fait, les textes rédigés par ses fonctionnaires révèlent la nette orientation libérale de l'organisation. Formellement, la règle « un pays-un vote » la régit. En pratique, il n'y a jamais de vote ; le plus souvent, les Etats-Unis, l'Union européenne, la Canada, et le Japon décident, et cela s'appelle le consensus. Bien des pays pauvres n'ont même pas d'ambassadeur auprès de l'OMC à Genève, et aucun n'a le personnel nécessaire pour suivre un grand nombre de négociations et de comités divers en parallèle. Quant à l'Union européenne, c'est la Commission qui représente ses membres dans toutes les négociations.

La loi du marché y prime sur le droit national ou international ; l'environnement, la démocratie et la capacité des Etats à gouverner chez eux sont mis à rude épreuve car, contrairement au GATT qui s'arrêtait aux frontières, les règles de l'OMC lui permettent de s'immiscer dans les affaires intérieures des pays membres.

Après presque dix ans d'existence, l'OMC affiche un triste bilan : déstabilisation des productions agricoles vivrières des pays en développement ; subordination de la préservation de l'environnement *, de la sécurité sanitaire et alimentaire, et des droits économiques et sociaux à l'idéologie libre-échangiste et aux intérêts des entreprises transnationales ; brevetage du vivant ; allongement généralisé de la durée des brevets à vingt ans contre les intérêts, parfois vitaux, d'une large majorité de gens.

L'OMC a pour seul objectif la suppression des entraves au commerce mondial. Son postulat est que plus il y aura de commerce, plus il y aura de croissance et de richesse pour tous. En fait, l'histoire économique démontre exactement le contraire : le libre-échange profite

essentiellement aux forts et ruine les faibles, comme l'atteste la situation de nombreux pays d'Afrique et d'Amérique latine qui avaient cru à cette chimère idéologique, ou se l'étaient fait imposer.
Par exemple, en 1999, l'OMC a autorisé les Etats-Unis à exiger des droits de douane de 100 % d'un montant total de 100 millions d'euros à certains produits français, italiens, belges et autres – parmi lesquels le roquefort –, en guise de représailles contre le refus de l'Union européenne d'importer de la viande aux hormones américaine.
L'OMC propose de mettre à l'ordre du jour la « libéralisation » – comme on dit pudiquement – de secteurs qui, dans des pays comme la France, relèvent encore du service public, c'est-à-dire de la solidarité nationale. Ce qui est ainsi programmé – si les citoyens n'y font pas barrage –, c'est un véritable basculement dans un univers où tout deviendra marchandise, y compris le corps humain. Et cela au seul profit des institutions financières et des multinationales, avides de pénétrer des terrains dont elles étaient jusqu'ici exclues, et sans que l'on ait jamais demandé leur opinion aux électeurs. On est très loin, on le voit, de simples considérations de commerce international.
Et ce n'est qu'un début : les textes instituant l'OMC visent, étape par étape, à organiser, à l'échelle mondiale, l'ensemble du commerce selon les principes de la « liberté » des échanges marchands et de la concurrence parfaite. Ainsi, en application des principes de l'accès au marché et du traitement national, l'OMC intervient non seulement dans le commerce pratiqué à l'intérieur de chacun des Etats, mais aussi dans leurs lois et règlements, tant au niveau national que local.
L'OMC a des compétences beaucoup plus vastes que celles liées aux accords de libre-échange. D'où les risques supplémentaires qu'elle fait courir au développement des pays pauvres. Malgré cela, la plupart d'entre eux veulent continuer à en faire par-

tie. Ils la tiennent pour un moindre mal, dans la mesure où elle leur permet de se faire entendre dans le fonctionnement du système commercial, chaque Etat disposant, en théorie, d'une voix. Elle leur accorde une protection minimale contre les pressions bilatérales en faveur de la libéralisation de leurs échanges venant des pays développés, principalement des Etats-Unis.

En 1999, à Seattle, la Conférence ministérielle de l'OMC entendait confirmer et renforcer cette orientation en ouvrant un nouveau cycle mondial de libéralisation commerciale : le cycle dit du Millénaire. Elle échoua en raison de désaccords des pays riches entre eux, et entre eux et les pays pauvres, et aussi grâce à l'action de dizaines de milliers de manifestants. A l'occasion de la Conférence du 9 au 13 novembre 2002 à Doha (Qatar), les Etats-Unis et l'Union européenne entendaient relancer le projet laissé en suspens à Seattle.

Ils se heurtèrent à une opposition de plus en plus résolue de syndicats, de mouvements sociaux, d'élus qui se refusèrent à accepter la marchandisation du monde, avec les entraves inévitables pour les pays pauvres. L'échec de la Conférence de Cancún, en septembre 2003, a confirmé que les désaccords entre pays riches et pays du Sud (Inde, Chili, Brésil) restent insurmontables.

Cette situation pourrait encore se durcir en raison du ressentiment des pays en développement à l'égard du fonctionnement réel de l'OMC : apparemment « démocratique », elle est en fait dirigée par une oligarchie de pays riches. Non pas simplement parce que ces derniers disposent du pouvoir implicite d'amadouer ou de menacer les plus faibles, cas de figure classique dans une démocratie composée d'acteurs de poids inégal. Le problème est qu'ils ne se donnent même pas la peine de sauver les apparences, comme on le constate dans les réunions dites du « salon vert » où les représentants des pays en développement ne sont pas invités !

Si l'OMC continue à priver les pays pauvres des outils de leur développement, leur départ en masse ne saurait être totalement exclu.

A l'inverse, ils pourraient tenter d'utiliser pleinement les mécanismes démocratiques de l'Organisation en vue d'en renégocier les paramètres fondamentaux. Dans cette hypothèse, les pays les plus puissants, et tout particulièrement les Etats-Unis qui ont érigé l'unilatéralisme en doctrine, pourraient décider de quitter l'OMC plutôt que de risquer la défaite dans un scrutin.
Dans les deux cas, c'en serait fini du libre-échange tel que nous le connaissons. Et ce ne serait pas nécessairement à regretter, tant est déplorable son bilan des deux dernières décennies.

A LIRE : *Remettre l'OMC à sa place*, Mille et Une Nuits, coll. « Attac », Paris, 2002.
Michel Damian et Jean-Christophe Graz (sous la direction de), *Commerce international et Développement soutenable*, Economica, Paris, 2001.
Bhagirath Lal Das, *The World Trade Organization. A Guide to the Framework for International Trade*, Zed Books, Londres et New York, 1999.

OMS : L'Organisation mondiale de la santé a été instituée en 1946 par l'ONU, et compte aujourd'hui 191 pays membres. Elle élit pour trois ans un Conseil exécutif de représentants (rééligibles) de 32 pays, et désigne, sur proposition du Conseil, le directeur général pour un mandat de cinq ans renouvelable une fois. La structure administrative de l'OMS comporte, outre le siège à Genève, six bureaux régionaux, dont les directeurs, élus également pour cinq ans par les représentants des Etats de leur région et rééligibles une fois, jouissent d'une grande autonomie par rapport au siège. L'OMS publie tous les ans un Rapport sur la santé dans le monde.

Alors que des épidémies dévastent la planète, peut-on compter sur cette organisation pour répondre au défi de « la santé pour tous » ? L'avidité des grands laboratoires, un des premiers obstacles, n'a guère rencontré d'opposition de la part de l'organisation. Sa directrice générale jusqu'à fin juillet 2003, Mme Gro Harlem Brundtland, leur a même largement ouvert les portes, accélérant la privatisation d'un système mondial de santé qui court à la faillite. Dès le début de son mandat, le 13 mai 1998, Mme Brundtland avait annoncé les principes de sa stratégie devant la 51e Assemblée : « Nous devons nous ouvrir aux autres. » Quels « autres » ? Essentiellement le secteur privé, auquel un partenariat était proposé, ainsi que les principales organisations multilatérales : Banque mondiale *, FMI * et OMC *. « Nous devons protéger les droits des brevets, renchérissait-elle, pour garantir que la recherche-développement nous fournira les outils et les technologies nouvelles [...]. Nous avons besoin de mécanismes pour empêcher la réexportation de médicaments à bas prix vers des économies plus riches. »

Cette vibrante profession de foi en faveur des brevets pharmaceutiques n'a pas été prononcée par le P-DG d'une multinationale de la chimie, mais encore par Gro Harlem Brundtland elle-même, le 29 janvier 2001, au Forum économique mondial * de Davos *.

Au cours de la même réunion, Mme Brundtland n'avait pas été avare de louanges aux firmes pharmaceutiques : « L'industrie, avait-elle remarqué, a fait un effort admirable pour remplir ses obligations par ses dons de médicaments et ses réductions de prix. » Un « effort » d'autant plus méritoire qu'il avait été effectué malgré « la préoccupation des firmes pharmaceutiques de fixer des prix inférieurs pour les médicaments dans les pays en voie de développement ». Un brevet de moralité décerné aux multinationales... tout juste cinq semaines avant l'ouverture du procès intenté, à Pretoria, par une quarantaine d'entre elles contre le gouvernement sud-africain, coupable de préparer l'importation des médicaments génériques d'autres pays en développement... Mme Gro Harlem Brundtland, ancien Premier ministre norvégien, nommée avec l'appui des principaux pays contributeurs pour mettre de l'ordre dans une organisation affaiblie par plusieurs affaires de corruption et par la mauvaise gestion de son prédécesseur, le Japonais Hiroshi Nakajima, s'était rendue célèbre par la publication, en 1987, sous l'égide de l'ONU, d'un rapport sur l'environnement * introduisant le concept de développement durable *.

Le budget de l'OMS s'élève à environ un milliard d'euros par an. Seuls 41 % proviennent des contributions obligatoires des Etats membres, qui ont diminué de 20 % en dix ans. Le reste est constitué de contributions volontaires provenant pour 61 % des Etats, pour 17 % de fondations et pour 16 % d'entreprises privées. Ces contributions volontaires financent des actions bilatérales échappant au contrôle du Conseil exécutif. Elles rendent l'OMS de plus en plus dépendante des principaux donateurs.

Onze priorités de santé publique ont été définies, qui remplacent la cinquantaine de programmes existant au préalable. Les projets dits « du cabinet », aux intitulés très médiatiques – « Faire reculer le paludisme », « Initiative pour un monde sans tabac », « Partenariat pour le développement du secteur sanitaire » –, viennent en tête, suivis de près par « Halte à la tuberculose » et par le programme de lutte contre le sida *. Cette restructuration a été accueillie favorablement par la majorité des pays riches, et en particulier par les Etats-Unis.

Le Sud-Coréen Lee Jong-wook a pris la tête de l'OMS le 21 juillet 2003. Spécialiste des maladies infectieuses, il est entré dans l'organisation en 1983. Le Dr Lee a passé les deux derniers mois à finaliser son plan d'action de lutte contre le sida Lors de son discours inaugural, M. Lee a déclaré vouloir permettre à trois millions de personnes atteintes du sida dans les pays pauvres d'accéder aux médicaments nécessaires d'ici à 2005.

A LIRE : Jean-Loup Motchane, « Quand l'OMS épouse la cause des firmes pharmaceutiques », *Le Monde diplomatique*, juillet 2002.

Richard Holton, « WHO : the Casualties and Compromises of Renewal », *The Lancet*, vol. 359, n° 9, 317, Londres, mai 2002.

ONG : Organisations non gouvernementales. C'est à partir de l'après-guerre, et plus encore pendant les trente dernières années, qu'on a vu fleurir les « pompiers humanitaires ». Les ONG les plus connues du grand public interviennent après des catastrophes naturelles (cyclone, inondation, tremblement de terre..), lors de conflits ou de crises ponctuelles (famines, récession), ou pour apporter des solutions d'urgence dans les domaines de l'alimentaire, de la santé ou du social.

Dans les faits, il n'existe pas de définition officielle commune ; l'appellation ONG recoupe aussi bien des associations, des syndicats, des entreprises, les Eglises, certains centres de recherches universitaires également. On estime cependant que, sur la dernière décennie, une « labellisation ONG » est accordée à certaines associations par les institutions internationales (voir FMI *) dès lors que ces associations, par leurs actions, ont su démontrer leur compétence dans des domaines tels que l'économie, la justice, la santé, les droits de l'homme, l'éducation, l'environnement *, la recherche.
Les ONG, particulièrement les grandes organisations internationales, ont acquis, au cours des dernières années, un poids considérable et peuvent infléchir les politiques nationales, déterminer la « mise en agenda » d'un problème ou même peser sur les décisions et fonctionnements de la politique mondiale. On connaît le rôle joué par des organisations humanitaires françaises comme Médecins sans frontières (MSF), née lors de la crise du Biafra en 1971, qui regroupe, outre 200 permanents, des milliers de volontaires ; ou encore Médecins du monde (née en 1980), mais aussi Action internationale contre la faim dans le monde. C'est MSF qui, la première, a attiré l'attention sur la famine de la province sécessionniste nigériane. L'organisation a également été l'un des instruments de définition du « droit

d'ingérence », doctrine de politique internationale adoptée par la diplomatie française à la fin des années 1980. Les ONG humanitaires (dont la principale demeure la Croix-Rouge) ont contribué à la « prise de conscience » du monde, renforcée par la globalisation économique d'un côté et la fin de la guerre froide de l'autre.

Avec la problématique de la mondialisation * est apparu un nouveau type d'ONG. Entrent dans cette catégorie les mouvements plurinationaux (plus ou moins importants en termes d'effectif et de budget) nés de la révolte contre le néolibéralisme. C'est le cas du Forum social mondial * de Porto Alegre, ou de l'association Attac *.

Il convient également de distinguer plusieurs types d'ONG suivant qu'elles sont ou non subventionnées par des Etats ou des institutions internationales, car leur indépendance dans leurs choix et action en dépend. Par exemple le budget de Greenpeace * (100 millions d'euros en 2001) ne provient que des souscriptions, alors que Max Havelaar en France fonctionne avec des subventions de l'Union européenne et du ministère des Affaires étrangères français.

On sait, par ailleurs, que certaines ONG (notamment américaines) présentes en Amérique latine ou en Afrique ont, sous prétexte d'actions de développement, servi de cellules d'espionnage locales.

Depuis quelques années, les entreprises privées ont compris l'intérêt médiatique (et par là même l'intérêt mercantile) de s'associer à certaines ONG qui leur délivrent des labels de qualité, d'éthique, de commerce équitable * ; c'est notamment le cas des entreprises de la grande distribution en France.

Ainsi se diffuse l'idée d'une dérive liée aux ONG vers ce qu'on a appelé « la privatisation de l'action publique ». Tout en reconnaissant le travail d'urgence et de fond qu'elles accomplissent, on leur reproche (mais est-ce à elles qu'on doit le reprocher ?) de se substituer au pouvoir politique et de suppléer aux manquements des gouvernements. Ces derniers peuvent désormais se reposer sur ces seules ONG et sur la sphère associative d'un point de vue local pour gérer les conséquences sociales de la mise en place des Politiques d'ajustement structurel (PAS).

La mise en œuvre de politiques néolibérales dans certains pays défavorisés a conduit à la privatisation des secteurs de la santé, de l'éducation et du social. Désengagé de ses responsabilités dans ces secteurs, le monde politique a accueilli très favorablement l'éclosion multiple des associations et autres ONG gérant à sa place la satisfaction des besoins humains élémentaires (alimentation, santé, éducation).

Dans certains cas, on estime même que le déploiement de certaines ONG a été fortement encouragé par le FMI et la Banque mondiale *, dans le but d'affaiblir – en créant ces structures parallèles que sont les associations – les administrations en place.

L'exemple d'Haïti est particulièrement éclairant (et dramatique) en la matière ; sous l'influence américaine, le pays a été « partagé » entre 300 associations ou organisations confessionnelles (dont certaines ont un fonctionnement de type « sectaire ») qui remplissent les rôles d'éducation et pourvoient aux besoins alimentaires ou de santé.

A LIRE : Blaise Lempen, *La Mondialisation sauvage : de la fin du communisme à la tragédie du Kosovo*, P. M. Favre, Paris, 1999.
Nations unies, *Rapport sur le développement humain*, 2002, www.un.org.

A CONSULTER : www.coe.int (Conseil de l'Europe).

P

Paradis fiscaux : On connaît le mot de Chateaubriand « Neutres dans les grandes révolutions des Etats qui les environnaient, les Suisses s'enrichirent des malheurs d'autrui et fondèrent une banque sur les calamités humaines. » Une oligarchie financière règne depuis près de deux cents ans sur un Etat et un peuple dont la législation, le système idéologique et les bureaucraties électorales sont étroitement adaptés à ses besoins. Grâce à un système bancaire hypertrophié, grâce aussi à ces institutions que sont le secret bancaire et le compte à numéro, cette oligarchie fonctionne comme le receleur du système capitaliste mondial. Il serait bien entendu abusif d'accabler la seule Suisse. 95 % des paradis fiscaux sont d'anciens comptoirs ou colonies britanniques, français, espagnols, néerlandais, américains, restés dépendants des puissances tutélaires, et dont la souveraineté fictive sert de cache-sexe à une criminalité financière non seulement tolérée, mais encouragée parce que utile et nécessaire au fonctionnement des marchés. La City de Londres – comme les autres grandes places financières – travaille avec cet argent. En témoigne l'opposition constamment renouvelée du Royaume-Uni, mais aussi du Luxembourg et des Pays-Bas, à toute tentative de politique européenne de taxation et de contrôle des mouvements de capitaux. Si promptes à s'immiscer dans tous les secteurs d'activité, l'OMC * ainsi que l'Union européenne trouveraient, dans le démantèlement de ces sanctuaires du crime, une tâche à la hauteur de leurs immenses prétentions à supprimer toutes les discriminations et à exiger partout la « transparence ».

En mesure d'ordonner des plans d'ajustement structurels draconiens à des dizaines de pays passés sous le joug du FMI * et de la Banque mondiale *, de placer, des années durant, des Etats sous embargo (Irak, Iran, Libye, Cuba), de négocier en permanence des abandons de souveraineté, les grandes puissances et la « communauté internationale » seraient donc incapables de contraindre une poignée d'Etats confettis, souvent restés sous protectorat, à se conformer à un ensemble de normes communes. Abandons de souveraineté et mondialisation * libérale – permettant aux capitaux de circuler sans contrôle d'un bout à l'autre de la planète – ont favorisé l'explosion d'un marché de la finance hors la loi, moteur de l'expansion capitaliste, et lubrifié par les profits de la grande criminalité. Partenaires associés sur l'archipel planétaire du blanchiment de l'argent sale, gouvernements, mafias, compagnies bancaires et sociétés transnationales prospèrent sur les crises et se livrent au pillage du bien commun en toute impunité. Avec, de temps à autre, des opérations « poudre aux yeux » pour donner l'impression de lutter contre des paradis bancaires et fiscaux en pleine expansion, que les gouvernements, s'ils en avaient véritablement l'intention, pourraient mettre hors d'état de nuire du jour au lendemain. A la

« tolérance zéro » prônée un peu partout à l'encontre des petits délinquants de la précarité et du chômage répond la « répression zéro » des grands criminels de l'argent. Les grandes organisations criminelles ne peuvent assurer le blanchiment et le recyclage des fabuleux profits tirés de leurs activités qu'avec la complicité des milieux d'affaires et le laisser-faire du pouvoir politique. Pour conforter et accroître leurs positions et leurs bénéfices, écraser ou résister à la concurrence, emporter les « contrats du siècle », financer leurs opérations illicites, les entreprises transnationales ont besoin du soutien des gouvernements et de la neutralité des instances de régulation. Quant au personnel politique, directement partie prenante, son pouvoir d'intervention dépend des appuis et des financements qui garantiront sa pérennité. Cette collusion d'intérêts constitue une composante essentielle de l'économie mondiale, le lubrifiant indispensable au « bon » fonctionnement du capitalisme.

Systématiquement présentée sous forme de « scandales » mettant en cause épisodiquement, dans un pays puis un autre, une entreprise ou une banque, un responsable ou un parti politique, un cartel ou une mafia, la criminalité financière perd sa lisibilité. Cette masse de transactions relatives à des opérations illicites – qualifiées de crimes et délits au regard des lois nationales ou des accords internationaux – se réduit à une succession de dysfonctionnements accidentels de l'économie et de la démocratie libérales qu'une « bonne gouvernance * » saurait résorber. Tout le contraire de ce qu'elle est en réalité : un système cohérent, intimement lié à l'expansion du capitalisme moderne, et fondé sur l'association de trois partenaires : gouvernements, entreprises transnationales, mafias. Les affaires sont les affaires : la criminalité financière est d'abord un marché, prospère et structuré, où se rencontrent offre et demande – *business as usual.*

Or le capitalisme a été considérablement amélioré sous l'effet de trois facteurs conjoints : la libéralisation complète des mouvements de capitaux qui, depuis la fin des années 1980, échappent à tout contrôle national ou international ; le gonflement et la dématérialisation des transactions financières, accélérés par la révolution technologique des communications ; enfin, la fiabilité accrue d'un archipel planétaire de places spécialisées dans la gestion tolérée de la criminalité financière : les paradis fiscaux. On y fait tout ce qui se rapporte au traitement de la délinquance financière et au blanchiment des profits des organisations criminelles par opérations successives : placement, empilage, intégration. Le placement, ou prélavage, consiste à transférer argent liquide et devises du lieu d'acquisition vers les établissements financiers de différentes places, ventilés sur une multiplicité de comptes. Suit l'empilage, ou brassage, qui rend impossible de remonter à l'origine des profits illicites : multiplication de virements d'un compte à un autre – chaque compte étant lui-même éclaté en sous-comptes –, et accélération des mouvements de capitaux par des aller-retours parallèles sur plusieurs marchés financiers, en utilisant en particulier le réseau Swift ou le système Chips. Enfin, dernière étape, l'intégration planifiée des capitaux blanchis, regroupés sur des comptes de banques sélectionnées, et prêts à être réutilisés en toute légalité.

Au total, des millions de comptes, des dizaines de milliers de sociétés écrans (plus que d'habitants à Gibraltar, aux îles Vierges, à Vaduz ou à Jersey) gèrent et recyclent les centaines de milliards de dollars provenant de la face cachée de l'économie mondiale. « Tout au long d'une carrière de magistrat et d'avocat, longue de vingt-cinq ans, je n'ai connu aucun cas de criminalité financière dans lequel les auteurs n'aient pas utilisé une ou plusieurs sociétés commerciales ou financières ayant leur siège dans un paradis fiscal », témoigne l'Italien Paolo Bernasconi, se faisant l'écho de tous les spécialistes du blanchiment.

Si peu de places offrent la panoplie complète, et si un grand nombre se spécialisent dans certains types de services, elles sont liées entre elles par des jeux d'opérations garantissant à l'utilisateur le maximum d'efficacité, tant dans la gestion des affaires criminelles que contre les enquêtes et poursuites policières et judiciaires. Ainsi, les banques helvétiques délocalisent leurs opérations les moins présentables de prélavage et d'empilage.

En ce qui concerne la si dénigrée Suisse, les grandes et puissantes cités-Etats protestantes de Zurich, Genève, Bâle et Berne forment la véritable armature économique et politique de la Confédération. Leur puissance financière date de la fin du XVIIe siècle, du triomphe de la Contre-Réforme. En 1685, Louis XIV révoqua l'édit de Nantes. Les bourgeois protestants de France, généralement prospères, furent persécutés, et leurs biens saisis. Des milliers d'entre eux s'enfuirent en Suisse ou, du moins, y envoyèrent leurs liquidités. L'accueil, la garde, le recel et le réinvestissement des capitaux en fuite du monde entier sont, depuis lors, les fondements de la prospérité helvétique. Le maniement de l'argent revêt en Suisse le caractère d'un sacrement : le garder, l'accueillir, le compter, thésauriser, spéculer, receler, autant d'activités investies d'une majesté quasi ontologique qu'aucune parole ne doit venir souiller, et qui s'accomplissent dans le silence et le recueillement. Quiconque commet le péché de trop parler les désacralise. Un tel sacrilège est logiquement puni par la loi. Neutralité, hypocrisie, profits... On estime à 27 % la part de la Suisse dans l'ensemble des marchés financiers off-shore du monde. Avec ce pourcentage, la Confédération se trouve loin devant le Luxembourg et les divers paradis fiscaux des Caraïbes et de l'Extrême-Orient. A l'abri du secret, les « gnomes » font fructifier plus de 3 000 milliards de dollars de fortunes privées étrangères, les avoirs étrangers, dits institutionnels (fonds de pension, etc.), gérés à Zurich, Genève et Bâle, étant nettement minoritaires. Tout le monde, y compris les banquiers eux-mêmes, admet qu'environ 80 % de ces clients confient leurs capitaux aux établissements helvétiques pour des raisons de confidentialité.

En Suisse, la justice, la police et les lois de procédure pénale relèvent de la souveraineté des cantons, et, parmi eux, seul celui de Genève fait de réels efforts pour préserver leur place financière de l'infiltration systématique par les mafieux russes, les barons des cartels sud-américains ou les seigneurs des triades chinoises.

L'argent de la corruption et du pillage des Etats du tiers-monde par les dictateurs et les élites autochtones est la deuxième grande source de la fabuleuse richesse du paradis helvétique. La Suisse pratique la libre convertibilité des monnaies. Sa neutralité politique, le cynisme et l'extrême compétence de ses banquiers ont traditionnellement incité les dictateurs de tout acabit – les Sani Abacha (Nigeria), Mobutu (ex-Zaïre), Jean-Claude Duvalier (Haïti) et autres Marcos (Philippines) – à déposer en toute confiance le produit de leurs rapines à la Paradeplatz de Zurich ou rue de la Corraterie à Genève.

Mais telle est la complexité de la loi helvétique que très peu de gouvernements africains, latino-américains ou asiatiques ont une chance quelconque de récupérer ne serait-ce que quelques miettes des fortunes de leurs tyrans déchus. Ainsi, sur les quelque 3,4 milliards d'euros détournés par Sani Abacha entre 1993 et sa mort en 1998, et placés dans dix-neuf banques suisses, seuls 730 millions ont été retrouvés et bloqués, et 115 millions restitués aux autorités de Lagos.

Nouvelle rente particulièrement juteuse : l'évasion fiscale internationale. Du monde entier, mais surtout d'Allemagne, d'Italie et de France, les fraudeurs du fisc transfèrent leurs capitaux en Suisse. Pour une raison simple : à peu près partout dans le monde, l'évasion fiscale constitue un délit justiciable du pénal. Mais pas en Suisse, où la fausse déclaration d'impôts et la soustraction intentionnelle de revenus imposables constituent seulement des infractions administratives. Seule est pénalement punissable la fabrication de faux documents. En matière d'évasion fiscale, le secret bancaire est donc absolu.

Certes, la Suisse a signé avec pratiquement tous les Etats du monde des conventions dites d'entraide judiciaire, reposant sur le principe de la réciprocité. Mais, pour que ses autorités accordent ladite entraide à une autorité étrangère, il faut que les faits dont elles sont saisies soient définis comme un délit pénal dans les deux Etats. Or, comme l'évasion fiscale n'est pas mentionnée dans le code pénal de la Confédération, les fraudeurs du fisc allemands, français ou italiens – clients des banques suisses ou de leurs succursales aux Bahamas ou à Hongkong – peuvent dormir sur leurs deux oreilles. Aucun juge ni aucune autorité fiscale de Genève, Bâle, Berne ou Zurich ne donnera la moindre information aux juges français, allemands ou italiens.

Mais le vent est en train de tourner, et de manière très préoccupante pour la place financière helvétique qui, selon une étude de l'université de Bâle, gérerait environ 35 % des avoirs privés mondiaux et assurerait 11 % du produit intérieur brut (PIB) du pays. Les membres de l'Union européenne sont en effet parvenus, le 27 novembre 2000, à un compromis sur l'harmonisation de la fiscalité des revenus du capital qui, à terme, constitue une sérieuse menace pour les banques suisses. Sans doute les Quinze prennent-ils tout leur temps : le projet de directive envisagé prévoit un échange d'informations généralisé entre les administrations fiscales, mais seulement en... 2010 ! Cependant, des discussions auront lieu avec les pays tiers, en premier lieu européens, dont le Liechtenstein, Monaco et la Suisse, afin de s'assurer que ceux-ci s'alignent sur la législation communautaire. En d'autres termes, le secret bancaire va bien devoir être négocié avec l'Union...

A LIRE : Jean Ziegler, *La Suisse lave plus blanc*, Le Seuil, Paris, 1990.

Paolo Bernasconi, « La criminalité transfrontière : sophistications financières et faiblesse judiciaire », *Les Cahiers de la sécurité intérieure*, n° 19, 1995.

André Biéler, *La Pensée économique et sociale de Calvin*, Ed. Georg, Genève, 1959.

Attac, *Les Paradis fiscaux*, Mille et Une Nuits, Paris, 2000.

« Les paradis fiscaux », *L'Economie politique*, n° 4, quatrième trimestre 1999.

Patriot Act : Depuis la fin de la guerre du Viêtnam, la droite américaine rêve d'une restauration impériale. Au-delà de son volet économique et social néolibéral, la contre-révolution conservatrice des années 1980 aspire à ranimer un patriotisme blessé, rétablir la gloire et l'honneur militaires, et redonner à l'exécutif une autonomie largement perdue au profit des contre-pouvoirs législatif et judiciaire, après la chute de Saigon et l'affaire du Watergate.

L'effondrement des Twin Towers dans un ouragan de poussière et de gravats le 11 septembre 2001 peut presque servir de métaphore au déclin de la démocratie américaine. Les attentats contre le World Trade Center et le Pentagone ont renforcé des tendances déjà présentes dans la politique américaine depuis 1978-1979. A partir de cette date, qui a précédé l'élection de Ronald Reagan à la Maison Blanche, un spectaculaire glissement à droite a pétri la société américaine.

Dans la déferlante de patriotisme qui suivit l'attentat – en quelques jours les drapeaux étoilés firent leur apparition dans toutes les vitrines de New York et sur les voitures, taxis et camions –, il devint presque impossible d'envisager l'idée que la politique américaine aurait pu encourager le terrorisme ou, simplement, contribuer à la vague d'« antiaméricanisme » à l'étranger. Le verdict parut unanime : les Etats-Unis ne pouvaient pas être coupables ; ils n'étaient en rien responsables ; toute déclaration contraire équivalait à prendre le parti de l'ennemi.

En tout état de cause, l'état de danger national est venu à point nommé pour justifier un renforcement de l'exécutif, y compris dans des domaines sans rapport apparent avec la conduite des opérations militaires (le Congrès a ainsi conféré des pouvoirs commerciaux très étendus à la Maison Blanche). C'est cependant surtout dans les domaines de la justice et de la police que

les attributions de l'exécutif se développent de manière frappante. Au point d'inquiéter les apôtres de la « séparation des pouvoirs ». Les guerres d'Afghanistan et d'Irak apporteront-elles au président républicain George W. Bush le pouvoir institutionnel qu'une élection très discutable avait paru mettre en péril ?
Quelques semaines après les attentats, les Etats-Unis adoptent le Patriot Act, une loi qui permet de détenir des citoyens américains sans qu'aucune charge soit retenue contre eux, comme ce fut le cas avec ceux d'origine japonaise, après l'engagement des Etats-Unis dans la Seconde Guerre mondiale.
Des défenseurs des libertés individuelles estiment que le système viole certaines protections contre les recherches inutiles inscrites dans le quatrième amendement de la Constitution américaine.
L'ancien chef de police Jacques Duchesneau peut dormir tranquille. Il rêvait du jour où chaque foyer aurait son « policier de famille » comme on a un médecin à domicile : la loi antiterrorisme et le Patriot Act donnent carte blanche à toute la réaction pour mettre en place l'Etat policier qui se prépare depuis longtemps. Un exemple frappant ? La coordinatrice du parti vert américain, Nancy Oden, s'est un jour présentée à l'aéroport international Bangor dans le Maine, afin de se rendre à Chicago pour une réunion politique. Des militaires armés lui ont fait savoir qu'elle ne pouvait prendre ni ce vol ni aucun vol pour le moment. Son crime ? S'être prononcée publiquement contre la guerre en Afghanistan. Ce qui montre que, sous prétexte des attentats, beaucoup en profitent pour faire passer trop rapidement des lois qui ouvrent des portes à la violation des libertés individuelles. Il y a des raisons d'être inquiet si l'on se réfère à la déclaration du président du comité judiciaire à la Chambre des représentants, au moment du vote de la loi : « Nous nous débarrassons des tracasseries bureaucratiques qui ralentissaient les efforts de la police contre les nouveaux ennemis de l'ombre. »
Mais, objecte David Kairys – professeur de droit à l'université Temple, de Philadelphie –, on sacrifie par la même occasion un grand nombre de libertés : « Les cibles habituelles de ce genre de

loi ne sont pas les terroristes, a-t-il expliqué au quotidien *San Francisco Chronicle*, mais les citoyens ayant une opinion différente du gouvernement. »

Grâce à la soumission volontaire des deux Chambres du Congrès (dont le Sénat contrôlé par le parti démocrate) qui, en votant le Patriot Act, se sont privées d'une bonne part de leurs prérogatives, l'exécutif a été doté de pouvoirs extraordinaires. Par exemple la détention secrète et indéfinie des non-citoyens (*aliens*) en situation « irrégulière », ou encore la mise en place, en vertu d'un décret présidentiel (*Executive Order*), de tribunaux militaires d'exception. Plus de 1 200 personnes arrêtées au lendemain du 11 septembre 2001 ont été emprisonnées, sans que l'on sache qui elles étaient ni de quoi elles étaient accusées.

Ni les détenus ni leurs familles n'ont eu accès aux pièces des dossiers à charge. Quant aux tribunaux militaires d'exception, créés sans consultation aucune du Congrès ou de la Cour suprême, ils sont habilités à emprisonner, juger et exécuter des « terroristes » et des « criminels de guerre » identifiés comme tels par le seul pouvoir exécutif et sur la base de témoignages ou de preuves secrètes. Seront aussi tenus secrets les lieux, la procédure, les actions, les délibérations, les jugements et la composition de ces tribunaux. Contrairement à la procédure des tribunaux militaires ordinaires, les accusés ne pourront pas faire appel, même en cas de condamnation à mort.

Comme l'a souligné le *New York Times,* ces outrages faits aux principes fondamentaux de l'état de droit, qui en théorie s'appliquent uniformément et universellement à tous ceux qui relèvent de sa juridiction, reviennent à « construire un système judiciaire parallèle ». Pour les citoyens américains, y compris les terroristes comme Timothy McVeigh, auteur de l'attentat meurtrier d'Oklahoma City en 1995, il y aura des tribunaux ordinaires. Pour les étrangers, résidents ou non des Etats-Unis, il y aura des tribunaux d'exception militaires. Bref, l'exécutif aura créé de toutes pièces une institution de non-droit dans l'Etat de droit, dotée de surcroît de pouvoirs d'investigation et d'intervention globaux. Ainsi, le Pentagone ferait la guerre, identifierait les coupables et dispenserait la justice.

Sous un président que l'on croyait destiné à la médiocrité et à l'impuissance politiques, la refondation d'un pouvoir exécutif fort, centré sur l'appareil de sécurité nationale, semble en passe d'être une réalité. Grâce au crime inouï du 11 septembre, à la guerre d'Afghanistan et à la guerre d'Irak, dernier des conflits *high-tech* victorieux menés par les Etats-Unis en l'espace de dix ans, l'ancien gouverneur provincial s'est érigé en César américain. Ni M. Reagan ni M. Bush père n'avaient réussi cet exploit. « Les attaques du 11 septembre, écrit le *Washington Post*, ont considérablement accéléré la dynamique de renforcement des pouvoirs présidentiels recherchée par l'administration Bush [...]. Le président jouit d'une domination dépassant celle de tous les présidents postérieurs au Watergate, rivalisant même avec celle de Franklin D. Roosevelt. »

A LIRE : Philippe Rivière, « Démolisseur des libertés américaines », *Le Monde diplomatique*, mars 2003.

Plan Colombie : De tous les pays andins, la Colombie est sans doute celui qui détient le triste privilège d'une longue histoire de violence, de guerres civiles, de massacres et de terrorisme d'Etat qui remonte aux temps de la conquête espagnole. Plutôt que dans de nébuleuses explications psychologiques, génétiques ou sociogéographiques, les racines de cette violence historique sont à rechercher dans la structure de classe de cette nation, l'une des plus inégalitaires au monde où Indiens, Afro-Colombiens, petits paysans et travailleurs ont toujours été exclus du partage des richesses nationales et du contrôle démocratique de ces dernières. Parmi les plaies qui la minent, la plus grave est sans doute celle de la drogue *, avec son corollaire, la guérilla.

Un plan antidrogue a été lancé en 2000 en accord avec les Etats-Unis afin de faire disparaître ces deux blessures. L'aide américaine est passée de 1,3 à 2 milliards d'euros en 2002. Ce « Plan Colombie » ne cesse d'être de plus en plus mal vu par les organisations de défense des Droits de l'homme et de l'environnement *.

Tout semblait avoir parfaitement commencé. Alors que le président conservateur César Gaviria (1990-1994) avait décrété la guerre intégrale contre les « chiens enragés » de la guérilla et réveillé les secteurs les plus militaristes de la société colombienne; alors que le libéral Ernesto Samper (1994-1998), déstabilisé par les Etats-Unis, avait dû baisser pavillon et jeter à la poubelle sa « politique de paix intégrale et de dialogue », le président conservateur, M. Andrés Pastrana, élu le 20 juin 1998, renouait aussitôt le fil avec l'opposition armée. En accordant aux Forces armées révolutionnaires de Colombie (FARC) une zone démilitarisée (7 novembre 1998) de 42 000 kilomètres carrés, il permettait la reprise de négociations depuis longtemps au point mort.

Adepte des réformes structurelles et de l'orthodoxie financière, M. Pastrana ne pouvait que séduire Washington. Les relations bilatérales se normalisant, il reçut d'emblée 280 millions d'euros d'aide nouvelle pour l'effort antidrogue et le développement. Au plan intérieur, la Loi 508 du 29 juillet 1999 formalisait un plan national de développement – « Changement pour construire la paix, 1999-2002 » –, approuvé par le Parlement (la Constitution colombienne établit que chaque gouvernement doit élaborer un tel Plan national de développement). Cependant, le 21 septembre 1999 à Washington, au terme d'un entretien avec le président William Clinton et sans que le Congrès colombien ait été en rien consulté, M. Pastrana remplaça ce Plan de développement par un « Plan pour la paix, la prospérité et le renforcement de l'Etat », dit Plan Colombie, qui ne sera divulgué au pays que le 2 janvier 2000, par le quotidien *El Espectador*.

Conçu et rédigé en anglais avec la participation de conseillers du Département d'Etat, ce plan de 46 pages détaille un programme qui coûtera 7 500 millions d'euros, dont 3 500 millions en aide extérieure. Dans un projet de loi, l'administration américaine propose 1 600 millions d'euros, dont 954 millions comme sup plément d'urgence. L'objet est ambitieux. Il ne présente qu'un défaut, mais de taille. Alors que tous les yeux sont tournés vers des négociations de paix dont on sait qu'elles seront longues et difficiles, il n'a pour objectif que de renforcer, équiper et entraîner l'armée colombienne ; il joue délibérément la guerre, niant la nature sociale et politique du conflit.

C'est le narcotrafic qui occupe de nos jours l'avant-plan dans ce qui fut le centre colonial du vice-royaume de la Nouvelle-Grenade espagnole. Et c'est la question du narcotrafic qui conditionne, apparemment, ce fameux Plan Colombie, actuellement à l'ordre du jour, fortement soutenu par le président Alvaro Uribe qui a succédé à M. Pastrana. Avec celui-ci, les Etats-Unis et la bourgeoisie colombienne prétendent éradiquer la culture de la coca et du pavot, et ainsi battre en brèche le commerce de la drogue. En réalité, il s'agit d'un fer de lance militariste visant à liquider les guérillas colombiennes, endiguer les mobilisations populaires contre le néolibéralisme dans les Andes et rasseoir l'hégémonie politico-économique des Etats-Unis en Amérique. Au risque de provoquer une guerre civile totale, une internationalisation du conflit et des ravages humains et écologiques irréparables.

Le prétexte pour maquiller les véritables objectifs de la future intervention américaine, conserver le contrôle de cette région vitale, riche en ressources stratégiques, le pétrole en particulier, est ainsi trouvé : pour le Pentagone, la principale menace qui pèse sur l'hémisphère n'est plus Cuba, mais la possibilité que surgisse un « narco-Etat colombien ». Il s'agit, tant d'après Washington que Bogota, de mener une guerre totale au narcotrafic. Premier producteur latino-américain de coca (cultivée par des paysans qui n'ont d'autre choix que les cultures illicites ou la misère), la Colombie est aussi le premier exportateur de cocaïne à destination des Etats-Unis.

Les méthodes utilisées pour détruire les plantations de coca menacent gravement la population et la biodiversité. Des déplacements massifs de populations sont à prévoir. Le Plan Colombie provoque de grandes inquiétudes dans les pays limitrophes de la Colombie. Des déplacements de population colombienne vers l'Equateur ont déjà commencé.

Cette politique d'ingérence dans les affaires intérieures d'un Etat latino-américain n'est pas nouvelle. Du Chili de Salvador Allende au Guatemala indigène, du Brésil au Nicaragua sandiniste, Washington a toujours été présent chaque fois qu'il s'est agi de lutter contre les oppositions à un modèle prédateur et injuste, que ces oppositions soient civiles ou politiques, armées ou non.

Cette politique jamais démentie a permis à Washington, aidé ultérieurement par ses fidèles alliés – la Banque mondiale * et le Fonds monétaire international * –, d'ouvrir les économies latino-américaines, de les pousser à mener des politiques résolument libérales pour le plus grand profit des multinationales et le plus grand malheur des populations. Sous l'égide du « consensus de Washington * » et sous couvert de « démocratie », les inégalités se sont aggravées et la pauvreté progresse chaque jour un peu plus.

Dans ces conditions, que valent les préoccupations sociales affichées par les gouvernants ? La Charte sociale de Buenos Aires, adoptée en juin 2000, ne prévoit aucune mesure contraignante pour renforcer la protection des travailleurs. Pourtant, comme le constate le Bureau international du travail (BIT), l'internationalisation de la production a réduit les possibilités de négociations collectives, et les violations du droit du travail se multiplient.

Si les peuples latino-américains déjà paupérisés n'avaient plus qu'à choisir à quelle sauce néolibérale (nord-américaine ou latino-américaine) ils souhaitent être mangés, ils risqueraient fort de rejeter les deux. En l'absence de solution de rechange, face à l'essor de l'insécurité et de la misère, livrées aux narcotrafiquants et à la corruption, les sociétés pourraient sombrer dans le chaos dont la désintégration territoriale et la dislocation sociale qui frappent déjà certaines régions donnent un avant-goût.

En ce sens, loin d'éradiquer le narcotrafic, le Plan Colombie risque de provoquer un exode des populations du sud de ce pays. D'ores et déjà, 22 000 soldats brésiliens sont massés à la frontière colombienne pour prévenir les débordements du conflit. En approuvant (avec réticence) le plan américain, pièce stratégique de Washington dans le maintien de son hégémonie, certains dirigeants latino-américains ont peut-être mis le doigt dans un engrenage périlleux.

A LIRE : Luis Alberto Matta Aldana, « Le Plan Colombie : défi néolibéral contre Amérique latine », Forum l'Autre Davos, janvier 2001. http://www.otherdavos.net/PDF/Matta-fr.pdf

Philippe Revelli, *Colombie : la paix à mains nues*, Les Editions de l'Atelier, Paris, 2001.

Maurice Lemoine, « En Colombie, une nation, deux Etats », *Le Monde diplomatique*, mai 2000.

Plan Puebla-Panamá : Son existence avait été révélée le 12 février 2001 par le président du Mexique Vicente Fox. Agissant en prête-nom régional du gouvernement des Etats-Unis, il l'a lancé officiellement les 26 et 27 juin de la même année, lors d'une réunion avec les présidents centraméricains et des fonctionnaires de la Banque mondiale *. Reposant sur un investissement supposé de 10 à 12 milliards de dollars (voire 25 milliards), ce plan est présenté comme un « projet de développement durable et intégral » destiné à une zone comprenant neuf Etats mexicains. En tout, 65 millions d'habitants (28 millions de Mexicains et 37 millions de Centraméricains), dont 78 % vivent dans la pauvreté (60 % dans l'extrême pauvreté). Il faut dire que la seule portion mexicaine du Plan Puebla-Panamá (PPP) dispose de 65 % des réserves pétrolières du pays (neuvième producteur mondial) et fournit 94 % de la production ainsi que 54 % de celle du gaz. Cette région présente donc un intérêt majeur pour Washington, qui ne cesse de prôner l'intégration énergétique du Mexique et a prévu d'augmenter ses importations de pétrole au cours des prochaines années. Elle voisine, au sud du Panamá, avec le Venezuela et la Colombie que des oléoducs et des gazoducs pourraient connecter, à travers l'Amérique centrale et le Mexique, aux Etats-Unis.

Au Chiapas, quelques jours après la présentation officielle de ce grand dessein, le sous-commandant Marcos * et l'Armée zapatiste de libération nationale (EZLN) ont réagi : « Nous voulons l'autonomie indigène et nous l'aurons. Nous n'admettrons plus aucun projet ni plan qui ignore nos volontés ; ni le plan Puebla-Panamá ni le grand projet transocéanique, ni rien qui signifie la vente ou la destruction de la Maison des Indiens qui, il ne faut pas l'oublier, fait partie de la Maison de tous les Mexicains. » En écho, des centaines d'organisations se sont donné rendez-vous, depuis,

à Tapachula (Chiapas, mars 2001), à Xelajú (Guatemala, novembre 2001) et à Managua (Nicaragua, juillet 2002), pour ne citer que les réunions les plus importantes, afin de s'opposer à ce plan. Plus de 14 millions d'Indiens appartenant à 68 groupes ethniques, riches de leurs langues, cultures, traditions et connaissances millénaires, habitent le territoire compris entre les hautes terres de l'Etat de Puebla, au centre du Mexique, et l'isthme de Panamá. Or, en dépit des déclarations officielles sur le « multiculturalisme et la richesse des traditions des ethnies », ces populations rejettent catégoriquement « ce plan de colonisation sauvage qui détruira [leur] terre, l'agriculture familiale, la biodiversité et les ressources naturelles ».

Il va sans dire que, pour atteindre ses objectifs, qui reposent plus sur l'extraction massive de l'énergie et des ressources que sur le développement, le PPP doit déloger les paysans des terres convoitées par les transnationales. Les couloirs (*corredores*) de *maquiladoras* sont censés attirer cette main-d'œuvre sans qualification qui, en échange de salaires de misère, devra s'urbaniser. Quatre mille de ces usines d'assemblage sont déjà installées sur le territoire mexicain (l'immense majorité à proximité de la frontière américaine). Elles abondent également en Amérique centrale. Au Mexique, Mme Rocío Ruiz, sous-secrétaire chargée du commerce intérieur au ministère de l'Economie, confirme cyniquement pourquoi ces maquiladoras doivent désormais s'installer à Oaxaca, au Chiapas et dans le Sud-Est en général : « Dans le Nord, on paie entre deux et trois salaires minimum ; de ce fait, nous ne sommes plus compétitifs pour ce type d'entreprise. » Une vision partagée par M. Jorge Espina, dirigeant de la Confédération des patrons du Mexique (Coparmex), pour qui « l'avenir [des maquiladoras] est au sud-est : cela résoudra le problème politique de la région et, en outre, la main-d'œuvre y est très bon marché ».

Ce mode de développement n'a rien à voir avec celui auquel les populations aspirent. Elles n'entendent pas voir leurs terres occupées par de vastes monocultures d'eucalyptus (désastreuses pour l'environnement) et de palme africaine, par des plantes transgéniques d'exportation développées au mépris de la sécurité alimentaire du pays, et refusent la privatisation de ces terres, « nécessaire » à la construction des voies interocéaniques et « indispensable » pour sécuriser les investisseurs.

A LIRE : Ileana Valenzuela, *El plan Puebla-Panamá para las comunidades de Guatemala : destrucción y dependencia o la oportunidad de construir un futuro nuevo ?* Ciudad Guatemala, août 2002.

A CONSULTER : http://ppp.presidencia.gob.mx

PMA : Il y a le G8 * et il y a les PMA, c'est-à-dire les Pays moins avancés. Le concept est apparu à la conférence de la CNUCED * (Conférence des Nations unies pour le commerce et le développement) d'Alger en 1967, mais les sigles se sont répandus lorsque, victimes tant de la politique du FMI * que des règles du commerce mondial, leur nombre a presque doublé.
C'est auprès de ces pays que les difficultés causées par la mondialisation * sont portées à leur paroxysme : non seulement ils apparaissent comme les plus démunis parmi les pauvres, mais pour eux, plus le temps passe, plus l'écart se creuse en valeur relative. Pour l'heure, la question de leur viabilité n'est pas résolue. L'euphémisme PMA désigne donc les pays laissés pour compte de la mondialisation; soit ils stagnent, soit ils sont en voie de sous-développement; au nombre de 48, principalement en Afrique subsaharienne et en Asie du Sud, leur population atteint 10 % de celle du globe, mais ils ne représentent que 0,5 % du commerce mondial et reçoivent moins de 1 % des investissements internationaux.
Pour faire partie des PMA, les candidats doivent répondre à certains critères : faible revenu national (en dessous de 900 euros par an et par habitant), une production industrielle qui n'atteint pas 10 % du PNB et un taux d'alphabétisation inférieur à 20 %. De plus, la population des pays qui répondent à toutes ces épreuves d'admissibilité ne doit pas dépasser 75 millions d'habitants.

L'aide publique leur est accordée à des conditions exceptionnelles (fort pourcentage de dons, priorité dans l'allègement de la dette, programmes spéciaux du FMI, de la Banque mondiale * et de l'Union européenne). Leur niveau de vie a diminué de 45 % dans les années 1990. Revenu au palier du début des années 1970, il ne représente plus que 0,05 % du PNB des pays membres du Comité d'aide au développement de l'OCDE * qui regroupe la quasi-totalité des contributeurs. Quant aux financements privés, ils n'ont fléchi que de 30 % mais se limitent pratiquement à des investissements concentrés sur l'exploitation des ressources naturelles et sont donc réservés à un très petit nombre de ces pays.

Selon la CNUCED, la politique des pouvoirs publics dans les PMA a un rôle déterminant, tant au plan macroéconomique que dans l'aide aux initiatives des entreprises privées. Les PMA devraient également, avec l'assistance technique internationale, apprendre à mieux utiliser les opportunités liées au Système de préférences généralisées (SGP) du commerce international.

Les raisons de leur retard sont diverses, autant que les fléaux du non-développement. Les PMA ont souvent une économie qu'ils n'ont pas été à même de diversifier. Résultat, en matière d'exportation, ils sont dépendants d'une seule matière première. Et lorsque le cours de celle-ci s'effondre, ils sont d'autant plus vulnérables aux rentrées de devises.

L'Aide publique au développement (APD), qui, pour ces pays, reste souvent le seul levier de développement, a dramatiquement fondu. Elle a diminué de moitié dans les années 1990, pour tomber à un plancher de 0,05 % du PIB des pays riches. En 1997-2000, l'APD était en moyenne inférieure de 22 %, comparé à la période 1990-1995. Les aides totales (multi et bilatérales) sont passées, en dix ans, de 16,7 à 11,6 milliards d'euros... Restent les fameux IDE, les Investissements directs étrangers, clés supposées d'un réel développement. Même s'ils ont crû, ils n'ont atteint, en 2000, que 5,9 milliards d'euros sur un total de 1 260 milliards d'euros, soit 0,5 % du flux mondial des investissements. Dérisoire.

Les experts, ou le G8, ne manquent jamais de le signaler : « l'instabilité politique », « les troubles civils », « la mauvaise conduite des affaires », « la corruption », « le népotisme » ne favorisent guère l'essor économique et social. Ni la fuite des élites...

Les carences sociales et démocratiques expliqueraient les carences de la croissance, donc du développement. Mais les privatisations, les libéralisations et les resserrements budgétaires imposés par les « plans d'ajustement structurel » du FMI et de la Banque mondiale n'ont pas aidé. Même si ces institutions, pressées par les ONG * et les pays du Sud, disent aujourd'hui vouloir les adoucir... La remise en cause de ces stratégies, comme du rôle des experts, qui ne tiennent pas compte des spécificités nationales, commence à poindre.

Le Nord tarde à alléger le fardeau de la dette, rogne sur l'APD. Surtout, il prône l'abaissement des barrières douanières au sud et conserve les siennes dans le textile et l'agriculture, seuls domaines dans lesquels les PMA sont relativement compétitifs. L'accès aux marchés leur est bien souvent refusé, quand il permettrait de rentrer des devises supérieures à toutes les aides. Ainsi, plus de 50 % des exportations des PMA en direction du Canada, des Etats-Unis et du Japon se heurtent aux entraves douanières. Par effet de ricochet, ce protectionnisme empêche les PMA de diversifier leur économie. Un seul exemple : les exportations de cacao vers les pays développés. Peu taxées à l'état brut, elles le sont huit fois plus quand la matière première est transformée en chocolat. Ainsi, les PMA sont cantonnées à la production de matières premières et renoncent à la transformation des produits qui créerait davantage de plus-value.

Ils représentent 13 % de la population mondiale, mais seulement 0,4 % des exportations et 0,6 % des importations. Ces pays accueillent moins de 1 % du total des investissements directs étrangers. Plus grave, leur part dans le commerce international s'est réduite de 40 % en vingt ans, souligne le rapport que la CNUCED leur consacre.

Les PMA n'ont pas, dans l'ensemble, tiré profit de la libéralisation ni de la mondialisation. Ce sont les pays les plus pauvres du monde. Une sous-catégorie de « pays en voie de développement » créée en 1971 par les Nations unies. Les pays les plus pauvres souffrent, en outre, de la concurrence des pays en développement, lesquels, engagés eux aussi dans un processus de libéralisation-privatisation, sont devenus une destination importante des investisseurs étrangers.

Alors qu'ils devraient faire l'objet de priorités en matière d'aide publique au développement, les PMA ne reçoivent plus que 0,05 % de la richesse nationale des pays donateurs contre 0,09 % en 1990, ce qui représente une baisse réelle de 23 %. L'aide aux pays les moins avancés a pâti, de la même façon, de la réduction des budgets consacrés à l'aide au développement au cours de la décennie, tendance qui semble toutefois enrayée. Or, l'APD représente jusqu'à 70 % du budget de développement des PMA et 40 % de leur budget ordinaire.

La CNUCED préconise donc d'augmenter l'aide, d'élargir et accélérer l'allègement de la dette, et de fournir une assistance technique plus conséquente.

A LIRE : Guy Burgel, *Du tiers-monde aux tiers-mondes*, Dunod, Paris, 2000.
Jean Coussy et Jérôme Lauseig, *La Renaissance afro-asiatique ? Politique africaine*, n° 76, Karthala, Paris, 2000.
La Fin du tiers-monde ? *Les Dossiers de l'état du monde*, La Découverte, Paris, 1996.
Les Pays les moins avancés, Rapport 2000 de la CNUCED, 252 p.

Propriété intellectuelle : Il est plus avantageux pour l'humanité de faire circuler les idées que de limiter leur mouvement. Le philosophe français Etienne Bonnot de Condillac (1715-1780) affirme : « Les hommes ne finissent par être si différents que parce qu'ils ont commencé par être copistes et qu'ils continuent de l'être. »
Des droits de propriété sont accordés aux personnes sur leurs créations intellectuelles. Ils confèrent au créateur un droit exclusif sur l'utilisation de sa création pendant un certain laps de temps. Ils peuvent être répartis en deux groupes : droits d'auteur, droits connexes d'œuvres littéraires et artistiques, propriété industrielle sur les marques de fabrique et sur les créations technologiques. Un accord mondial en 1993, dans le cadre de l'OMC *, sur les Aspects des droits de propriété intellectuelle qui touchent au commerce (ADPIC *) est entré en vigueur le 1er janvier 1995. Ces accords sont administrés par l'OMC. Les 161 membres de l'Organisation mondiale de la propriété industrielle, l'OMPI, une des seize institutions spécialisées des Nations unies, ont ratifié en décembre 1996 deux traités « sur le droit d'auteur » et « sur les interprétions et exécutions et les phonogrammes ».
La protection de la propriété intellectuelle est devenue un sujet majeur des relations économiques internationales. Reflet de la part croissante des actifs immatériaux dans l'économie des pays industrialisés, ce débat a jusqu'ici représenté un enjeu Nord-Sud, les pays industrialisés s'efforçant de contraindre les pays du Sud à adopter des législations protectrices similaires à celles du Nord, et à sanctionner les pratiques et autres formes de piratage en vigueur chez eux. Les pays pauvres négocient, quant à eux, un accès équitable à la technologie des pays développés.

Une protection trop forte de la propriété intellectuelle ébranle la libre concurrence, pilier du fonctionnement du marché. Le décret d'Allarde et Le Chapelier des 2 et 17 mars 1791 exprime le principe de libre concurrence. Il implique par définition la possibilité d'offrir sur le marché le même produit qu'autrui grâce à la liberté de copie. Deux tendances du néolibéralisme s'y affrontent : la volonté de dérégulation et de « concurrence loyale » d'une part, et la montée en puissance des oligopoles et des monopoles d'autre part. Pressé jusqu'à la moelle durant des siècles de colonisation, le tiers-monde, qui constitue, avec près des trois quarts des réserves génétiques de la planète, la plus fantastique réserve de biodiversité, est soumis à l'ultime pillage de ses ressources de vie. Depuis 1982, date de démarrage des recherches sur les Organismes génétiquement modifiés (OGM *), les grandes firmes agrochimiques et multinationales de la faim se sont lancées dans une fantastique course au trésor en jouant d'un nouvel atout dans l'établissement de la propriété privée : le brevet sur les OGM. Un système qui fonctionne sans règles et autorise le piratage des plantes, animaux, micro-organismes ou de leurs gènes (regroupés sous l'appellation « ressources biologiques ») pour les commercialiser sous forme de monopole. Une véritable aubaine pour les lobbies phyto-pharmaceutiques et semenciers qui entendent faire main basse sur l'alimentaire de la planète, à travers le système des brevets sur les organismes vivants. Une menace pour les populations, sans aucun doute la plus grave dans l'histoire de l'humanité puisque, pour la première fois, c'est l'être humain qui est directement menacé dans son essence, dans le fondement même de sa liberté : liberté d'utiliser ses semences selon des droits nés de l'origine de l'agriculture, de choisir son alimentation, sa culture issue du savoir de ses ancêtres.

La santé de nombreuses personnes dans le monde se trouve améliorée par la connaissance des plantes indigènes médicinales. Ces droits de propriété intellectuelle appartiennent aux collectivités. Pourtant, il n'existe aucune disposition dans les accords pour protéger ces connaissances ou pour prévenir l'exploitation des plantes médicinales par les sociétés pharmaceutiques multinationales.

A l'heure actuelle, le gouvernement des Etats-Unis essaie d'encourager ces pratiques, exerçant des pressions incompatibles avec les principes du commerce mondial sur des pays comme l'Afrique du Sud et la Thaïlande, parce que ceux-ci ont adopté des politiques, légales en vertu du droit international, mais qui vont à l'encontre des intérêts des grandes sociétés pharmaceutiques.

Une loi a été conçue comme un cadre permettant aux Etats africains d'harmoniser leurs positions sur la propriété intellectuelle. Adoptée à Addis-Abeba en novembre 1999, une version définitive a été entérinée, qui servira de point d'appui pour un débat entre Etats, organisations régionales (Organisation africaine de la propriété intellectuelle, Agence africaine de biotechnologie, etc.) et Organisations non gouvernementales (ONG *).

Le fondement juridique de cette législation s'appuie sur la convention sur la diversité biologique, adoptée en 1992 au Sommet de la Terre *. Ce compromis marque trois ruptures fondamentales. Premièrement, il reconnaît aux Etats le droit de souveraineté sur leurs ressources biologiques et génétiques, jusqu'alors considérées comme patrimoine commun de l'humanité, et stipule que l'accès à ces ressources est soumis au consentement préalable des Etats concernés. Deuxièmement, il exige des signataires qu'ils protègent et soutiennent les droits des communautés, des agriculteurs et des peuples autochtones sur leurs ressources biologiques et leurs systèmes de savoirs. Troisièmement, il requiert un partage équitable des bénéfices tirés de l'utilisation commerciale des ressources biologiques.

Quelle est la finalité de la protection de la propriété intellectuelle ? S'agit-il encore, comme l'exprime la doctrine sur laquelle elle est fondée, de protéger l'intérêt général en assurant la diffusion universelle des connaissances et des inventions, en échange d'un monopole d'exploitation consenti aux auteurs (pour une période limitée) ? La création d'un monopole sur l'exploitation des œuvres jusqu'à quatre-vingt-quinze ans après la mort d'un auteur (comme dans le cas américain depuis le Sonny Bono Copyright Act) n'est pas en soi de nature à favoriser la création. Elle aurait plutôt tendance à inciter les éditeurs à vivre sur leur catalogue d'auteurs reconnus plutôt que d'encourager la recherche de nouveaux talents.

Ce qui est en jeu, c'est de favoriser la création et d'éviter qu'elle ne se perde, et non pas seulement de protéger des ayants droit. Si la société concède à l'inventeur une certaine protection, c'est en échange de contreparties, conçues dans « l'intérêt supérieur de l'humanité » : faire que l'invention retombe à terme dans le domaine public, ou qu'elle soit précisément décrite et publiée, afin de devenir la propriété de tous.

Fin 1997, l'Organisation mondiale de la propriété intellectuelle a décidé de diminuer d'environ 15 % les redevances imposées aux entreprises désireuses de déposer des brevets industriels. La raison ? Le nombre croissant des demandes de dépôt, passées en à peine dix années de quelques milliers par an à plus de 50 000 en 1997. De ce fait, l'organisation dégageait des surplus financiers importants dont elle ne savait que faire. Le fait qu'une organisation internationale gagne trop d'argent est, à l'heure actuelle, rarissime. Et les idées ne manquent pas pour affecter à l'intérêt général de tels fonds, provenant continûment d'une des sources financières les plus profondes qui soient...

Les brevets industriels, et plus généralement toutes les productions intellectuelles protégées par les lois sur la propriété intellectuelle, utilisent pour une bonne part un fonds commun d'informations, de savoirs et de connaissances appartenant de manière indivise à l'humanité tout entière. Il serait juste, dans une optique de « bien commun mondial », d'utiliser les revenus obtenus par l'OMPI grâce au dépôt des brevets. Par exemple, pour encourager la création d'une bibliothèque publique mondiale virtuelle, uniquement constituée de textes appartenant au domaine public, et donc accessibles à tous gratuitement.

Cela serait d'autant plus juste que, dans des organisations internationales comme l'OMPI, c'est la puissance publique combinée des pays membres qui est mise au service de la défense des intérêts privés des déposants. Le coût de l'infrastructure juridique et policière permettant le renforcement effectif de la propriété intellectuelle est, en effet, entièrement supporté par des fonds publics.

Une partie des fonds collectés auprès des détenteurs de brevets pourrait aussi servir à financer des recherches négligées du fait de leur manque d'intérêt pour le « marché ». Ces sommes pourraient être allouées aux agences des Nations unies dont on sait qu'elles sont notoirement sous-financées. Ces agences pourraient alors d'autant mieux jouer le rôle de régulation de la recherche au niveau planétaire qu'on attend d'elles, rôle que le marché laissé à lui-même est bien incapable de remplir.

Depuis 1995, les droits de propriété accordés sur les créations intellectuelles font l'objet d'un accord planétaire dans le cadre de l'Organisation mondiale du commerce.

Les pays industrialisés contraignent les pays du Sud à adopter des législations protectrices similaires aux leurs, et à sanctionner les pratiques de contrefaçon.

L'Inde, le Brésil et l'Afrique du Sud, entre autres, terriblement touchés par le sida *, le paludisme et la lèpre, disposent de laboratoires capables de reproduire les médicaments mis au point par les grandes multinationales. Mais pas question pour les lobbies pharmaceutiques de laisser tomber dans le domaine public le produit d'années de recherche.

De son côté, l'OMS * a fini par appuyer les pays ayant recours aux « licences obligatoires », mais elle demeure très en retrait des nécessités. Elle reste prisonnière d'un mode de fonctionnement opaque et d'une conception dépassée de ses missions. Ce qui entrave ses capacités d'innovation pour construire de nouvelles ambitions sanitaires à l'échelle de la planète. Bien sûr, le manque de ressources financières est tout aussi crucial. Pourtant, il serait possible d'imaginer des campagnes d'urgence, mettant à la disposition des soignants des pays pauvres des médicaments à prix coûtant (et même au-dessous). La différence serait payée par les compagnies pharmaceutiques, par les gouvernements des pays concernés, par les Etats des pays développés. Après tout, un modèle de ce type fut adopté dans les années 1950 et 1960 pour lutter contre la variole, maladie éradiquée de la planète depuis 1977.

Mais voilà, les industries pharmaceutiques ne semblent guère prêtes à céder sur la propriété industrielle et à frayer des voies nouvelles.

Or, non seulement les compagnies pharmaceutiques imposent leurs prix et sélectionnent les seuls marchés qui feront monter leurs cours en Bourse, mais elles combattent toute initiative prise sans leur consentement. En Thaïlande, pour faire face à la méningite à cryptocoque, une maladie mortelle souvent liée au sida, il n'existait, jusqu'au premier semestre 1998, qu'un seul médicament, le fluconazole, produit sur place par le laboratoire américain Pfizer sous le nom de Triflucan. Efficace mais hors de prix. Pour un malade en début de traitement, cela représentait un coût mensuel de 15 000 baths, une fois et demie le salaire d'un cadre. Deux entreprises thaïlandaises réussirent finalement à commercialiser un produit équivalent au prix de 4 000 à 4 500 baths la boîte. Trop cher encore pour une grande partie de la population, mais nettement plus abordable que le Triflucan. Six mois plus tard, les ventes étaient interdites : alerté par Pfizer, le gouvernement des Etats-Unis avait menacé les autorités thaïlandaises de taxer leurs principales exportations (bois, bijoux, microprocesseurs...) si elles ne renonçaient pas à produire le fluconazole.

L'Afrique du Sud a failli connaître le même sort. En 1997, le gouvernement adoptait des lois sanitaires autorisant les entreprises locales à produire des traitements contre le sida, ou à les importer, sans passer par les brevets des grandes compagnies. Immédiatement, les grandes compagnies pharmaceutiques américaines – dont certaines ont des filiales au Cap – portaient plainte, puis poussaient leur gouvernement à prendre des mesures de rétorsion de même type que celles infligées à la Thaïlande.

« Le véritable ennemi n'est pas la prudence financière, explique l'économiste et prix Nobel Amartya Sen, mais l'utilisation des deniers publics à des fins dont l'intérêt social est loin d'être évident, comme par exemple les dépenses militaires massives dans de nombreux pays pauvres [...]. Il est révélateur du monde fou dans lequel nous vivons que le médecin, le maître d'école ou l'infirmière se sentent davantage menacés par le conservatisme financier que ne le sont un général ou un commandant de l'armée de l'air. » Et d'ajouter : « Le prix à payer pour l'inaction et l'apathie, ce peut être la maladie et la mort. »

A LIRE : Sabine Hargous, « Bio-piraterie dans les Andes », *Les Temps modernes*, n° 607.

L'Industrie pharmaceutique : réalités économiques 1999, édité par le Syndicat national de l'industrie pharmaceutique (SNIP), 88, rue de la Faisanderie, Paris.

German Velasquez, Sarah Benett et Jonathan D. Quick, *Rôles des secteurs public et privé dans le domaine pharmaceutique*, OMS, Genève, 1997.

Amartya Sen, *Santé et développement*, allocution prononcée devant la 52e Assemblée mondiale de la santé, Genève, mai 1999.

R

Régimes globalitaires : On appelait naguère « régimes totalitaires » ces systèmes à parti unique qui n'admettaient aucune opposition organisée, négligeant les droits de la personne humaine au nom de la raison d'Etat, et dans lesquels le pouvoir politique dirigeait souverainement la totalité des activités de la société dominée.

A ces régimes, caractéristiques des années 1930, succède, en cette fin de siècle, un autre type de totalitarisme, celui des « régimes globalitaires ». Reposant sur les dogmes de la mondialisation * et de la pensée unique, ils n'admettent aucune autre politique économique, négligent les droits sociaux du citoyen au nom de la raison compétitive, et abandonnent aux marchés financiers la direction totale des activités de la société dominée. Dans notre monde désorienté, les gens n'ignorent pas la puissance de ce nouveau totalitarisme. Selon une récente enquête d'opinion, 64 % des personnes interrogées estimaient que « ce sont les marchés financiers qui ont le plus de pouvoir aujourd'hui en France », devant les hommes politiques (52 %) et

les médias (50 %). Après l'économie agraire, qui a prévalu pendant des millénaires, après l'économie industrielle qui a marqué les XIXe et XXe siècles, nous sommes entrés dans l'ère de l'économie financière globale.
La mondialisation a tué le marché national qui est l'un des fondements du pouvoir de l'Etat nation. En l'annulant, elle a modifié le capitalisme national et diminué le rôle des pouvoirs publics. Les Etats n'ont plus les moyens de s'opposer aux marchés. Les banques centrales étant devenues indépendantes, les Etats ne disposent plus que de leurs réserves de changes pour contrer éventuellement un mouvement de devise hostile. Or, le volume de ces réserves est ridiculement faible face à la force de frappe des marchés.
Les Etats sont dépourvus de moyens pour freiner les flux formidables de capitaux, ou pour contrer l'action des marchés contre leurs intérêts et ceux de leurs citoyens. Les gouvernants acceptent de respecter les consignes générales de politique économique que définissent des organismes mondiaux comme le FMI *, la Banque mondiale *, ou l'OMC *. Si des dirigeants affirment encore croire en l'autonomie du politique, leur volonté de résistance ressemble fort à du bluff puisqu'ils réclament, avec une véhémente insistance, des « efforts d'adaptation » à cette situation. Or, en de telles circonstances, qu'est-ce que s'adapter ? Tout simplement admettre la suprématie des marchés et l'impuissance des hommes politiques, ou, pour le dire autrement, accepter d'« être pieds et poings liés dans un monde qui s'impose à tous ».

Autour de soi, chacun sent bien que l'alibi de la modernité sert à tout faire ployer sous l'implacable niveau d'une stérile uniformité. Un pareil style de vie s'impose d'un bout à l'autre de la planète, répandu par les médias et prescrit par le matraquage de la culture de masse. De La Paz à Ouagadougou, de Kyoto à Saint-Pétersbourg, d'Oran à Amsterdam, mêmes films, mêmes séries télévisées, mêmes informations, mêmes chansons, mêmes slogans publicitaires, mêmes objets, mêmes vêtements, mêmes voitures, même urbanisme, même architecture, même type d'appartements souvent meublés et décorés d'identique manière... Dans les quartiers aisés des grandes villes du monde, l'agrément de la diversité cède le pas devant la foudroyante offensive de la standardisation, de l'homogénéisation, de l'uniformisation. Partout triomphe la culture globale.

Est-il étonnant que, en réaction à ce nivellement, se multiplient les sursauts identitaires et les crispations traditionalistes ? Partout, intégrismes et fondamentalismes rejettent une conception abstraite de la modernité réclamant un enracinement dans le texte fondateur ; les nationalismes resurgissent, exaltant les passions autour de quelques traits culturels fétichisés. Mais que peuvent ces réactions (souvent obscurantistes, passéistes, archaïques) contre la puissance d'un mouvement que stimule très fortement la mondialisation de l'économie ?

L'« entreprise globale » d'aujourd'hui n'a plus de centre, elle est un organisme sans corps et sans cœur, elle n'est qu'un réseau constitué de différents éléments complémentaires, éparpillés à travers la planète, et qui s'articulent les uns aux autres selon une pure rationalité économique, obéissant à deux maîtres mots : rentabilité et productivité. Ainsi, une entreprise française peut emprunter en Suisse, installer ses centres de recherche en Allemagne, acheter ses machines en Corée du Sud, baser ses usines en Chine, élaborer sa campagne de marketing et de publicité en Italie, vendre aux Etats-Unis et avoir des sociétés à capitaux mixtes en Pologne, au Maroc et au Mexique.

Les salariés des pays d'origine de la firme sont intégrés malgré eux dans le marché international du travail. Le nivellement se faisant par le bas, les faibles salaires et la moindre protection sociale l'emportent. Les mises en garde du Bureau international du travail (BIT) n'y peuvent rien. L'entreprise globale recherche, par les délocalisations et l'augmentation incessante de la productivité, le profit maximal ; cette obsession la conduit à produire là où les coûts salariaux sont les plus faibles et à vendre là où les niveaux de vie sont les plus élevés. Au sud, les délocalisations d'usines visent à exploiter et à tirer profit d'une main-d'œuvre très bon marché. Au nord, automatisation, robotisation et nouvelle organisation du travail entraînent des licenciements massifs (*downsizing*) qui traumatisent profondément les sociétés démocratiques développées, d'autant que la destruction de millions d'emplois n'est point compensée par des créations dans d'autres secteurs.

Ces entreprises, loin d'être mondiales, interviennent essentiellement dans les trois pôles dominant l'économie du monde : Amérique du Nord, Europe occidentale et zone Asie-Pacifique. L'économie globale provoque ainsi, paradoxalement, une cassure de la planète entre ces trois pôles de plus en plus intégrés et le reste des pays (en particulier, l'Afrique noire) de plus en plus pauvres, marginalisés, exclus du commerce mondial et de la modernisation technologique.

Parfois, les investissements spéculatifs se concentrent sur un « marché émergent » du Sud parce que la Bourse locale offre des perspectives de gains faciles et importants, et parce que les autorités promettent aux capitaux flottants des taux d'intérêt fort alléchants. Mais cela ne garantit nullement un quelconque décollage économique. Car plus rapidement qu'ils sont venus, les capitaux peuvent s'enfuir. D'une seconde à l'autre. Comme le Mexique en fit l'amère expérience en 1994.

A quel degré d'absurdité est parvenu le système financier international ? Il obéit, désormais, au chacun pour soi. Nul n'arbitre un jeu que nulle règle n'organise, hormis celle de la recherche du profit maximal. Aux yeux de tous, cette crise aura révélé qui sont les nouveaux maîtres de la géofinance : les gestionnaires des fonds de pension et des fonds communs de placement. Ce sont eux que, en langage expert, la presse économique appelle « les marchés ». On connaissait l'importance astronomique des sommes mobilisées par ces gestionnaires (les seuls fonds de pension américains représentent 6 000 milliards d'euros...), et on prévoyait que leur déplacement brutal provoquerait un jour des dégâts importants. Le Mexique, le premier, en a éprouvé le choc. Il y a laissé une part de sa souveraineté nationale.

Tout comme au cours du XIXe siècle les grandes banques dictèrent leur attitude à de nombreux pays, ou comme les entreprises multinationales le firent entre les années 1960 et 1980, les fonds privés des marchés financiers tiennent désormais en leur pouvoir le destin de beaucoup de nations. Et, dans une certaine mesure, le sort économique du monde. Qu'ils cessent d'avoir confiance demain en la Chine (où les investissements étrangers directs ont atteint, en 2002, 35 milliards de dollars), et, tels des dominos, les pays les plus exposés (Hongrie, Brésil, Turquie, Thaïlande, Indonésie...) verraient les capitaux se retirer sous le coup de la panique, provoquant leur faillite et la faillite du système.

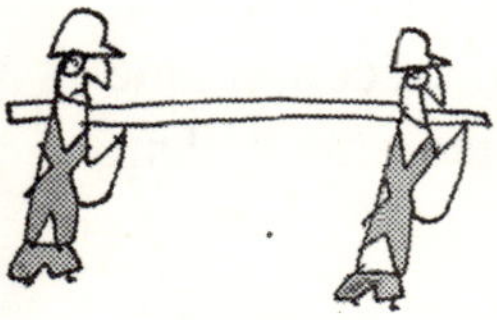

La chute de la banque britannique Barings, en 1995, a confirmé d'ailleurs que, contrairement au mythe colporté par la pensée unique, les « marchés ouverts » ne fonctionnent pas à la perfection et que le capital privé n'a pas le monopole de la sagesse. Réputés infaillibles, les marchés se sont encore lourdement trompés. Et – grâce à l'aide apportée par les Etats sur fonds publics – ils n'ont pas été sanctionnés ; ce qui constitue une entorse au dogme libéral, que les libéraux se sont bien gardés de dénoncer tant il est vrai qu'une autre règle d'or non proclamée s'est une fois de plus vérifiée : au capital les rendements les plus fabuleux, et à la collectivité les pertes. Dans une économie globale, ni le capital, ni le travail, ni les matières premières ne constituent, en soi, le facteur économique déterminant. L'important c'est la relation optimale entre ces trois facteurs. Pour établir cette relation, la « firme globale » ne tient compte ni des frontières ni des réglementations, mais seulement de l'exploitation intelligente qu'elle peut faire de l'information, de l'organisation du travail et de la révolution de la gestion. Cela entraîne souvent une fracture des solidarités au sein d'un même pays : « L'ingénieur en logiciel américain, lié à son réseau mondial par des ordinateurs et des fax, écrit Robert Reich, est plus dépendant d'ingénieurs de Kuala Lumpur, de fabricants de Taiwan, de banquiers de Tokyo et de Bonn, et de spécialistes des ventes et du marketing de Paris et de Milan que de travailleurs routiniers exerçant leur activité dans une usine située de l'autre côté de la ville. » On en arrive ainsi au divorce entre l'intérêt de l'entreprise et l'intérêt de la collectivité, entre la logique du marché et celle de la démocratie.

Les firmes globales ne se sentent, en la matière, nullement concernées ; elles sous-traitent et vendent dans le monde entier ; et revendiquent un caractère supranational qui leur permet d'agir avec une grande liberté puisqu'il n'existe pas, pour ainsi dire, d'institutions internationales à caractère politique, économique ou juridique en mesure de réglementer efficacement leur comportement.

Le « big bang » (informatisation) des Bourses et la déréglementation à grande échelle permettent aux flux de capitaux de se déplacer à la vitesse de la lumière, vingt-quatre heures sur vingt-quatre, stimulant une formidable spéculation financière.

Les transactions financières s'effectuent en continu, les opérateurs pouvant intervenir, en temps réel, sur les marchés de

Tokyo, Londres ou New York. Le volume des transactions financières est dix fois supérieur à celui des échanges commerciaux. L'économie financière l'emporte, de loin, sur l'économie réelle. Le mouvement perpétuel des monnaies et des taux d'intérêt apparaît comme un facteur d'instabilité, d'autant plus dangereux qu'il est autonome et de plus en plus déconnecté du pouvoir politique.

Tel est le résultat final prévisible, mais déjà fortement présent, de la combinaison des trois dynamiques qui convergent de manière explosive sur l'humanité de cette fin de siècle : la mondialisation de l'économie, ultime avatar de la modernité occidentale datant de l'expansion de l'Europe sur le monde au XVe siècle ; la remise en cause de l'Etat providence et de l'Etat tout court, qui pourrait sonner le glas du politique et de la société ; la destruction généralisée des cultures, au nord comme au sud, par le rouleau compresseur de la communication, de la mercantilisation et de la technologie.

Les principaux fondements théoriques de cette vision à la fois consensuelle et désespérante empruntent au marxisme (mais en les retournant) certains de ses postulats : prétention naïve à la scientificité (le « cercle de la raison »), évocation eschatologique d'un « avenir radieux », et indifférence à l'égard de ses propres échecs.

Le plus grave, dans cette instrumentalisation idéologique de la mondialisation, c'est évidemment de condamner par avance – au nom du « réalisme » – toute velléité de résistance ou même de dissidence. Sont ainsi frappés d'opprobre ou définis comme « populistes » tous sursauts républicains, toutes recherches d'alternatives, toutes tentatives de régulation démocratique, toutes critiques du marché. La mondialisation n'est ni une fatalité incontournable ni un « accident » de l'histoire. Elle constitue un grand défi à relever, une sauvagerie potentielle à réguler, c'est-à-dire, au bout du compte, à civiliser.

C'est politiquement qu'il s'agit de résister à cette obscure dissolution de la politique elle-même dans la résignation ou la désespérance.

Ce n'est pas le moindre paradoxe de cette mondialisation que de dissimuler, derrière l'apparence d'une modernité post-industrielle et informatisée – la fascination Internet –, une évolution politiquement « réactionnaire » au sens strict de terme. C'est-à-dire un démantèlement progressif des conquêtes démocratiques, un abandon du contrat social européen, un retour – sous couvert d'« adaptation » et de « compétitivité » – au capitalisme primitif du XIXe siècle.

On a la confirmation de cela chaque année lorsque, au cœur de l'hiver, les principaux responsables de la planète – chefs d'Etat, banquiers, financiers, patrons des grandes entreprises transnationales – se retrouvent à Davos *, petite ville suisse, pour faire le point sur les avancées de l'économie de marché, du libre-échange et de la déréglementation.

Rendez-vous des nouveaux maîtres du monde, le Forum économique * de Davos est devenu la Mecque de l'hyperlibéralisme, la capitale de la mondialisation et le foyer central de la pensée unique.

Dans leur grande majorité, les deux mille *global leaders* y confirment, rituellement, qu'il faut combattre l'inflation, réduire les déficits budgétaires, poursuivre une politique monétaire restrictive, encourager la flexibilité du travail, démanteler l'Etat providence et stimuler sans relâche le libre-échange. Ils vantent l'ouverture croissante des pays au commerce mondial ; les efforts des gouvernements pour réduire les déficits, les dépenses et les impôts ; applaudissent aux privatisations. Selon eux, il n'y a plus d'alternative politique ou économique ; acquis au marché et dopé par Internet, le monde vit en quelque sorte la fin de l'histoire.

Les accents triomphalistes ne manquent pas. Pourtant, dès 1999, sur cet aréopage des élites mondiales, on a senti planer le sentiment qu'une période d'euphorie s'achevait. A cet égard, la révolte des salariés français de décembre 1995, les manifestations de Seattle et le Forum social * de Porto Alegre ont sans doute servi de tocsin.

C'est une sacrée tache dans le tableau. Le Pr Klaus Schwab, fondateur du Forum de Davos, a lui-même formulé la première mise en garde : « La mondialisation est entrée dans une phase très critique. Le retour de bâton se fait de plus en plus sentir. On peut craindre qu'il ait un impact fort néfaste sur l'activité économique et la stabilité politique de nombreux pays. »

Cette inquiétude se répand même dans les milieux les plus acquis au libéralisme *. C'est pourquoi l'hebdomadaire américain *Newsweek* n'a pas hésité à dénoncer le *killer capitalism* (capitalisme tueur), clouant au pilori les douze grands patrons qui, ces dernières années, ont licencié à eux seuls plus de 363 000 salariés ! « Il fut un temps où licencier en masse était une honte, une infamie. Aujourd'hui, plus les licenciés sont nombreux plus la Bourse est contente... », accuse ce journal qui, lui aussi, redoute un violent retour de bâton contre la mondialisation.

Telle est la logique de ces régimes globalitaires. En favorisant, au cours des deux dernières décennies, le monétarisme, la déréglementation, le libre-échange commercial, le libre flux de capitaux et les privatisations massives, des responsables politiques ont permis le transfert de décisions capitales (en matière d'investissement, d'emploi, de santé, d'éducation, de culture, de protection de l'environnement *) de la sphère publique à la sphère privée.

La réalité du nouveau pouvoir mondial échappe largement aux Etats. La mondialisation et la déréglementation de l'économie favorisent l'émergence de pouvoirs nouveaux qui, avec l'aide des technologies modernes, débordent et transgressent en permanence les structures étatiques.

Le mécanisme qui peut arrêter cette course au désastre, dans la phase de glaciation mondialisatrice à laquelle nous sommes parvenus, est celui d'une dissidence impliquant progressivement une masse critique de citoyens décidés à faire prévaloir leurs droits élémentaires et à favoriser l'avènement d'une vraie société politique.

A LIRE : André Gorz, *L'Immatériel. Connaissance, valeur et capital*, Galilée, Paris, 2003.

Dominique Plihon, *Le Nouveau Capitalisme*, Flammarion, Paris, 2002.

Denis Duclos, *Société-Monde, le temps des ruptures*, La Découverte, Paris, 2002.

Michael Hardt et Toni Negri, *Empire*, Exils, Paris, 2000.

S

Sans-Terre : Le Brésil, géant de l'Amérique du Sud (8 511 965 km^2 et 168 millions d'habitants), considéré comme la neuvième puissance économique mondiale, n'est pas un pays, mais une énorme désillusion. Cette phrase, attribuée à un anonyme, probablement chanteur de samba, parle des paradoxes du Brésil. Et si un jour l'écrivain autrichien Stefan Zweig a pu dire que le Brésil était une terre d'avenir, le présent se montre plus avare : ce pays a le triste privilège de figurer parmi les Etats où règne la plus grande inégalité sociale.

L'image du Brésil s'identifie chaque jour davantage au visage du travailleur rural sans terre : regard dur, desséché par le vent, à la limite de la détermination et du désespoir. Les chiffres ne permettent aucune erreur sur l'analyse de la situation.

Cette inégalité fait que le Brésil demeure le plus grand latifundium du monde, où quelque 1 % des propriétaires possèdent environ 46 % des terres, tandis que 90 % s'en partagent 20 %. Avec comme facteur aggravant le fait qu'un peu plus de la moitié des terres cultivables restent improductives. Une réforme agraire est certes en marche, mais elle est trop timide et, de toute façon, elle est la conséquence de la pression du Mouvement des sans-terre (MST), conduit par l'économiste chrétien João Pedro Stédile et soutenu par le Parti des travailleurs au pouvoir à Brasilia depuis janvier 2003, l'Eglise catholique progressiste, la Centrale unique des travailleurs, et tous les mouvements sociaux tournés vers une nouvelle répartition de la richesse au Brésil.

De façon continue, de la colonie à l'empire en passant par les gouvernements républicains, les élites ont toujours été vigilantes face à la possibilité qu'une telle quantité de terres disponibles ne facilite la transformation rapide de l'esclave ou de l'ouvrier agricole en petit propriétaire rural. C'est ainsi que furent prises les mesures pour empêcher leur accès à la terre, tout en favorisant une accumulation limitée aux cercles du pouvoir.

Le travailleur agricole est, historiquement, le plus pénalisé de tous les travailleurs brésiliens. Il a été maintenu à l'écart quand la main-d'œuvre urbaine a vu ses droits reconnus par une loi, à partir de 1930. Même la modernisation de l'agriculture, mise en œuvre dans les années 1950, et qui, selon les techniciens de l'époque, devait avoir comme résultat naturel l'amélioration de la qualité de la vie pour les populations rurales, ne contribua en rien à la résolution du problème agraire. Elle ne fut pas plus efficace en ce qui concerne l'exploitation rationnelle du potentiel agricole du pays.

Comprise comme l'assimilation des nouvelles technologies et l'augmentation de la productivité, la modernisation agricole tenta, en particulier pendant les gouvernements militaires, de se confondre avec le développement rural. Mais elle a été responsable, entre autres, de l'exacerbation des différences régionales. En ce qui concerne les structures, elle créa, d'un côté, un secteur extrêmement moderne composé d'environ 500 000 entreprises qui assurent la majeure partie des exportations agricoles et de l'emploi rural. D'un autre côté, elle généra un secteur arriéré, composé de près de 5 millions d'unités agraires de tailles

diverses, opérant à des niveaux de productivité très bas, mais assurant une part considérable de la production d'aliments. En outre, les données sur la violence révèlent que les conflits sociaux agraires et leurs conséquences souvent dramatiques sont justement plus importants dans les régions de grande concentration de la terre ; celles-ci sont également les zones de plus faible indice de développement humain du pays.

Le président Fernando Henrique Cardoso, dont le mandat s'est achevé fin décembre 2002, était, lui aussi, un gros latifundiste. Le 24 mars 2002, 500 paysans occupent la propriété de sa famille. Quelques jours plus tard, dans le Para, 14 humbles Brésiliens liés au MST sont enfin libérés, après soixante jours de prison, pour avoir occupé, eux aussi, une propriété appartenant à l'ex-président du Sénat, poursuivi pour diverses affaires politico-financières. Le 23 mai, le major José Maria Oliveira est condamné à cent cinquante-huit ans de prison pour sa responsabilité dans la mort de 19 paysans assassinés par la police militaire à Eldorado dos Carajas, le 17 avril 1996. Comme le colonel Mario Pantoja, autre officier inculpé, et malgré des preuves accablantes, il reste en liberté, leurs avocats ayant demandé l'annulation des deux jugements. En trois événements, la situation du problème agraire à la fin du mandat de M. Cardoso est ainsi résumée. Les 20 plus grandes propriétés accaparent à elles seules la même surface que 3,3 millions de petits producteurs. Dans le même temps, au moins 3,5 millions de familles paysannes attendent une réforme agraire.

Alors que le Brésil importe des milliards de dollars de produits agricoles, des millions de travailleurs des campagnes se voient refuser l'accès à la terre, qui continue à n'être un droit que pour une minorité. Du fait de l'exode rural, des centaines de milliers d'entre eux viennent s'agglutiner chaque année dans les favelas des grandes villes. Mais à la demande d'une réforme agraire n'ont répondu que les atermoiements des précédents gouvernements et, à la mobilisation des paysans sans terre, la répression.

Politiquement et idéologiquement, les grands domaines ruraux « modernisateurs » ont eu pour objectif de « légitimer » le latifundium en rendant productif un certain pourcentage de la terre. Contrastant avec ces grandes propriétés foncières implantées surtout dans le sud du pays, une fragile agriculture de type familial tente de survivre. Sans l'appui technique et financier de l'Etat, elle ne résistera pas à la dynamique de concentration. Se déplaçant également vers le nord-est du territoire national, la domination du grand latifundium y exploite à outrance et y opprime la population rurale.

Etroitement lié à ce qu'on appelle la « question agraire », on a donc affaire à un grave problème de caractère structurel. La concentration des propriétés foncières a produit un tissu de relations économiques, sociales, culturelles et politiques qui provoquent la stagnation de toutes les sphères de la vie rurale et affectent même l'exercice de la démocratie dans le pays. Ce tissu crée un cercle vicieux aux effets pervers : des systèmes agricoles peu productifs, qui dévastent la nature, ont une faible rentabilité et entraînent la pauvreté ; exode rural, clientélisme, violence et analphabétisme. Pour les plus pauvres et pour l'agriculture en général, il fait obstacle à toute possibilité de développement équilibré.

L'augmentation de la pauvreté dans les campagnes et le manque de perspectives multiplient les mobilisations et les révoltes, les gouvernements recourant aux méthodes du régime militaire pour réprimer le fer de lance des luttes, le Mouvement des sans-terre [1].

Plutôt que de traiter les mouvements sociaux des campagnes, des indigènes, des petits agriculteurs et des sans-terre comme un problème de police, le gouvernement du président Lula, qui dirige le pays depuis janvier 2003, sait qu'ils sont ses alliés pour la promotion du développement rural. Il retrouve auprès d'eux la sagesse, le sens d'une relation correcte avec la terre : plus qu'un lopin à exploiter, elle est aussi l'espace de la convivialité des hommes et des femmes, le lieu de la diversité biologique et culturelle, de la production, de la création, de la démocratie et d'une vie sociale harmonieuse.

Réaliser la réforme agraire implique d'affronter ce qu'il y a de plus arriéré dans le système social brésilien. Les obstacles que devra affronter Lula ne se limitent pas aux pressions des grandes propriétés foncières improductives. Une nouvelle option agricole aura des répercussions sur les intérêts de l'élite brésilienne associée aux entreprises étrangères, une tradition depuis la période coloniale. Elle implique de peser sur la politique d'exportation, de garantir la souveraineté alimentaire de la nation, de contrarier les intérêts des multinationales et des promoteurs des semences génétiquement modifiées, de contrôler le territoire amazonien, de revoir les accords internationaux sur les brevets. De plus, il s'agit de suspendre les négociations pour l'implantation de la Zone de libre-échange des Amériques (ZLEA *) qui propose des clauses étouffant toute possibilité pour le pays de développer une politique alimentaire autonome.

C'est en réaction à cette douloureuse injustice qu'est né, sous la bannière de la réforme agraire, le Mouvement des travailleurs ruraux sans terre, plus communément appelé le Mouvement des sans-terre (MST). Si 1984 marque la naissance officielle du mouvement, il est difficile de dater avec précision son appari-

1. Entre 1985 et 2001, 1 237 petits paysans et défenseurs de paysans ont été assassinés, généralement par des tueurs à gages à la solde des grands propriétaires terriens, parfois par la police militaire. Commission pastorale de la terre (CPT), « Assassinatos no campo Brasil », Goiania, décembre 2001.

tion, dans la mesure où il n'est que l'expression actuelle – mais avec une puissance et une combativité profondément nouvelles – des luttes que le mouvement paysan brésilien a menées tout au long de son histoire. Ce qui faisait dire à Celso Furtado, un des intellectuels brésiliens les plus lucides, que le MST est « le mouvement le plus beau et le plus important du pays ». Avec le MST est apparue une nouvelle forme d'organisation visant à une occupation massive aux quatre coins du pays de terres, productives et improductives, avec la certitude inébranlable de la victoire contre le latifundium. Et apparemment ce type d'occupation est parvenu à se pérenniser. Vaille que vaille, ce qui existe en terme de réforme agraire au Brésil, on le doit à ces occupations de terres.

A LIRE : Maurice Lemoine, *La Dette*, Editions Atalante, Nantes, 2001.
Jean-Yves Martin, *Les Sans-Terre du Brésil. Géographie d'un mouvement socio-territorial*, L'Harmattan, Paris, 2001.
Lucio Costa, *Travail, famille, mondialisation. Récits de la vie ouvrière*, São Paulo, Brésil.
Au pays des Sans-Terre Publications de l'université de Saint-Etienne, 2002, 320 p. avec photos. Coordination Jean-Loup Hébert.

A CONSULTER : http://www.sanet.com.br/semterra

Sida : C'est un cadeau de la mondialisation à tous les pauvres de la planète. Avant que l'Afrique soit tenue pour son berceau et que certains pays exigent le dépistage du VIH pour la délivrance de visas d'entrée, les Etats-Unis avaient stigmatisé les Haïtiens comme un groupe particulièrement exposé. Après son explosion aux Etats-Unis, la maladie a été recherchée et démasquée dans le monde entier ; c'est en Afrique subsaharienne que la situation s'est révélée la plus tragique : un nombre

égal d'hommes et de femmes atteints de sida et, en milieu urbain, un taux de séropositivité supérieur à 10 % dans la tranche d'âge des 15-49 ans qui regroupe les adultes actifs sur les plans économique et sexuel, mais proche de zéro chez les sujets plus âgés, illustrant la propagation récente du virus.

En 1993, les experts de la Banque mondiale * estimaient qu'il faudrait compter 26 millions de personnes infectées par le VIH dans le monde en l'an 2000 et que, à cette date, le virus tuerait, chaque année, 1,8 million de malades. On considérait ces chiffres comme trop pessimistes. Mais on constate aujourd'hui, à la lecture des rapports de l'OMS *, que ces prévisions étaient malheureusement en deçà de la réalité et que l'épidémie du sida s'est répandue plus vite et de façon plus meurtrière que prévu. Tous les chercheurs confirment que les pays du tiers-monde concentrent l'écrasante majorité des personnes infectées par le VIH. Et cette proportion va sans doute s'accroître, au fur et à mesure de l'augmentation du taux d'infection dans les pays où la pauvreté et l'insuffisance des systèmes de santé et de ressources destinées à la prévision et aux soins entretiennent la propagation du virus.

Les grandes épidémies ont toujours été ressenties comme une agression venue d'ailleurs. L'émergence du sida ne fait pas exception. Dans les pays du Sud, où il fut nié dans un premier temps, le sida a connu diverses représentations : celle d'un virus échappé des laboratoires américains et destiné à décimer les populations autochtones; puis, face à la croissance du drame, celle d'un victimaire spécifique à l'Afrique subsaharienne. L'Inde a également occulté, plusieurs années durant, la menace du sida.

Environ 95 % des nouvelles infections surviennent chez des habitants du tiers-monde ne disposant d'aucun moyen pour enrayer la maladie. Ce qui laisse présager que le nombre de décès va croître au cours des années à venir.

Pour la seule année 2002, on estime le nombre des nouveaux infectés à 5,6 millions de personnes, dont 570 000 enfants de moins de quinze ans ; ce qui équivaut à environ 15 000 contaminations chaque jour...

A mesure que la maladie s'étend, elle absorbe les ressources publiques et privées, elle déstabilise la production économique, épuise l'épargne, aggrave la pauvreté et dissémine la misère. On estime qu'au Kenya, par exemple, en 2005, la production économique aura chuté de 14,50 % à cause des effets de l'épidémie. A cette même date, l'Ethiopie devra consacrer 33 % de son budget au traitement et aux soins de ses malades du sida. Le Kenya environ 50 %. Et le Zimbabwe plus de 66 % !

Face à un tel constat, la solidarité internationale apparaît dérisoire, voire inexistante. Rien, en pratique, n'est réellement mis en place pour organiser une lutte commune. Une lutte dans laquelle l'argent et le savoir-faire en matière de diagnostic et de thérapeutique des pays industrialisés viendraient au secours des malades les plus démunis de la planète. Le rêve d'une mondialisation de la lutte contre le sida ne risque pas de devenir réalité. Qui, dans les pays développés, se mobilisera pour enrayer une épidémie qui frappe, à 95 %, des habitants du tiers-monde ?

Car face au sida, comme pour le reste, à l'heure de la mondialisation, tout le monde n'est pas égal. Les riches et les pauvres n'ont pas accès aux mêmes types de soins. Pour la plupart, les seconds continuent de mourir alors que les premiers bénéficient d'un répit salvateur. Même si les perspectives de la mise au point d'un vaccin préventif semblent de plus en plus lointaines, le contexte a changé depuis 1996. La mise à la disposition des patients de nouvelles molécules inhibitrices de la protéase du virus, associées aux inhibiteurs de la transcriptase

inverse, a fait chuter dans certains pays du Nord la mortalité de 60 % en quatre ans.

Début mai 2000, un rapport de la CIA identifiait, pour la première fois, l'épidémie mondiale de sida comme une « menace pour la sécurité nationale des Etats-Unis ». C'est alors seulement que la présidence décidait de consacrer 254 millions de dollars à l'aide pour la lutte contre ce fléau. Cynisme, diront certains : ne s'agit-il pas, avant tout, d'une menace pour les pays les plus touchés ? Si l'on admet toutefois que les décisions des Etats répondent à leur intérêt bien compris, cet exemple invite à réfléchir sur les incitations économiques qui peuvent les conduire à coopérer pour le bien de l'humanité.

Puisque mondialisation il y a, pourquoi l'accès aux médicaments n'est-il pas mondialisé ? Devant le risque de maladie infectieuse, comme dans l'accès aux soins, les inégalités sont flagrantes.

Sur ce point, le directeur général de l'OMC *, Supachai Panitchpakdi, a expliqué, lors de la conférence de Montréal (juillet 2003), que les Etats-Unis demandent davantage de garanties « sur la définition » des pays en développement pouvant être exemptés des droits protégeant les brevets industriels afin qu'ils puissent importer des médicaments génériques bon marché. Washington et les laboratoires américains estiment que le dernier projet d'accord permet à des pays comme l'Inde et le Brésil de produire des médicaments génériques n'ayant rien à voir avec les maladies infectieuses ravageant les pays pauvres. Ils craignent de voir les pays producteurs inonder les marchés.

Mais surtout, et on le dit moins, le ravage épidémique est un effet de l'inégalité elle-même. Devant l'urgence, qu'attend-on pour déclarer biens publics les médicaments antiviraux ? Tous les pays qui souhaitent et peuvent les produire – comme le Brésil, Cuba, l'Afrique du Sud ou la Thaïlande – devraient être encouragés à le faire. Et les pays riches peuvent en produire pour les mettre, avec la logistique nécessaire, à la disposition des plus pauvres.

La découverte de la trithérapie, l'efficacité des nouvelles combinaisons de traitements antirétroviraux, en plus des mesures de prévention, ont permis de stopper l'expansion de la maladie dans les pays développés. En Europe occidentale, le nombre de nouveaux cas annuels de sida s'était régulièrement accru jusqu'en 1994, où il avoisinait les 25 000 ; depuis, grâce à l'efficacité des nouveaux soins, il recule régulièrement et est repassé sous la barre des 15 000 dès 1997. Et le nombre de décès dus au sida a chuté de 80 % en quatre ans grâce à l'introduction de la polythérapie. Aux Etats-Unis, ce recul est également spectaculaire : les statistiques estiment à 80 % la réduction du nombre de décès dus au sida entre 1996 et 2002. Tous les indicateurs épidémiologiques en témoignent, le sida est devenu, dans les pays industrialisés, une maladie virale évoluant sur un mode chronique mais peu mortelle.

Alors que le reflux de la maladie s'amorce dans les pays riches, la marée épidémique continue de submerger les pays en voie de développement. Car les taux d'infection et de mortalité augmentent rapidement dans la plupart des pays d'Europe orientale, d'Asie, d'Afrique centrale et australe, ainsi que dans certains pays d'Amérique latine (Pérou, Venezuela, Colombie, Argentine et Chili).

Le coût des traitements les rend inaccessibles au plus grand nombre. Ainsi, par exemple, en Thaïlande, le coût mensuel d'une trithérapie est de 675 dollars alors qu'un employé du secteur tertiaire gagne le plus souvent 120 dollars par mois. Au Kenya, le coût des deux premières semaines de traitement d'une méningite venant compliquer l'infection par le virus du sida est de 800 euros, alors que le salaire moyen ne dépasse pas les 130 euros.

Quoi de plus urgent donc, alors que le sida emporte huit mille vies chaque jour, que de vaincre le blocage de l'accès aux traitements ? De mois en mois, l'épidémie progresse, l'espérance de vie recule et les souffrances augmentent. Comment justifier que des impératifs commerciaux persistent à interdire aux pays du Sud de se procurer des médicaments ?

A LIRE : Josef Decosas, « Fighting AIDS or responding to the epidemic : can public health find its way ? » *The Lancet*, Londres, 7 mai 1994.
Dave Haran, « Africa : do health reforms recognize challenge of HIV ? » *The Lancet*, juin 1997, Supplément III.
Basil Donovan, Michael W. Ross, « Preventing AIDS : determinants of sexual behaviour », *The Lancet,* 27 mai 2000.

Société civile : La définition de la société civile a grandement varié selon les époques, les lieux, les perspectives théoriques et les convictions politiques. La société civile d'un universitaire prussien du début du XIXe siècle comme Hegel était bien différente de celle d'un étudiant de la Sorbonne au début du XXIe siècle. Nous avons donc moins besoin d'un commentaire formel que de comprendre ce que la société civile apporte comme perspectives politiques réelles dans le monde d'aujourd'hui. On applique l'adjectif « mondial » à beaucoup de termes et on l'emploie de plus en plus pour qualifier la société civile. Les plus enthousiastes ont vu dans la société civile mondiale * le meilleur instrument pour promouvoir la solidarité, l'équité et la démocratie dans le monde contemporain. La réalisation d'une telle promesse demande néanmoins encore de grands efforts. Le vocabulaire politique est désormais jonché d'expressions comme « société civile », « mouvements sociaux », « organisations non gouvernementales », « associations sans but lucratif », « organisations de bénévoles ».

La société civile, issue de la pensée politique anglaise du XVIe, est la plus ancienne de ces notions. La prolifération contemporaine de termes plus ou moins liés reflète l'incertitude, la confusion et le désaccord qui règnent sur le sens de ce vieux concept. La société civile n'est pas l'Etat : elle n'appartient ni à la sphère officielle ni à la sphère gouvernementale. Doit-on en exclure les partis politiques ? Dans quelle mesure la société civile peut-elle assurer des fonctions régulatrices officielles ? Quelles sont les limites précises des activités non gouvernementales ?
C'est à partir de Thomas Hobbes, et surtout de Friedrich Hegel, que l'Etat est défini comme une structure institutionnelle distincte de la société civile. Cette dernière est supposée permettre la perpétuation du lien communautaire dans des sociétés modernes de type individualiste. Hegel a redéfini la société civile en la distinguant de l'Etat, mais aussi de la communauté par excellence qui est la famille.
L'ambition secrète de la mondialisation, c'est la destruction du collectif et l'appropriation par le marché et le privé des sphères publique et sociale dans le but de construire une société où l'individu sera enfin privatisé. Et où s'épanouira l'hyperbourgeoisie naissante. Pour contrecarrer un tel projet, un embryon de société civile internationale se met en place.

Cela fait maintenant plus de vingt ans que le terme de société civile a émergé publiquement, plus de dix ans qu'il est devenu commun (à la suite des rencontres internationales sur l'environnement à Rio en 1992) et utilisé largement par les journalistes, les universitaires (notamment les économistes ou les politologues), les militants et professionnels de l'aide au tiers-monde, mais aussi les diplomates et responsables d'instances internationales (ONU, Banque mondiale *, banques pour le développement, etc.). La définition la plus couramment admise, et défendue par ces mêmes instances internationales, est simple : la société civile, qu'elle soit nationale ou transnationale (certains disent mondiale), est le regroupement des Organisations non gouvernementales (ONG *), Eglises et autres *non-profit organizations,* développées de manière spectaculaire depuis une trentaine d'années. Cette définition suppose en arrière-plan une conception de l'organisation interne des sociétés où sont censées interagir trois sphères distinctes : une sphère étatique (englobant ou pas les syndicats et partis politiques), une sphère du marché (englobant ou pas les secteurs de l'économie sociale), et la sphère de la société civile (englobant ou pas les syndicats et l'économie sociale, selon les auteurs).

Pour la plupart des analystes et commentateurs de la scène internationale, il ne fait aucun doute que les années 1990 ont constitué le moment d'émergence d'une véritable force de contestation et de proposition sociale à l'échelle mondiale. On compte aujourd'hui plus de 15 000 ONG internationales dont 2 000 accréditées auprès de l'ONU. A ces organisations transnationales, mais souvent basées dans les pays occidentaux d'où est issu le mouvement, s'ajoutent plus de 7 000 ONG nationales et locales, qui vont de la communauté paysanne de base aux associations confessionnelles ou entrepreneuriales diverses. Les ONG, notamment les plus grandes, sont organisées en réseaux. Leurs activités vont de la défense de la paix ou de la démocratie à l'aide humanitaire, au planning familial, aux interventions pour le développement local ou à la mise en place de microcrédits et de commerces équitables *, ou encore à la protestation contre la déforestation ou pour la sauvegarde de la biosphère. Elles n'interviennent pas seulement dans les secteurs de l'aide et de la charité des pays riches envers les pays pauvres. On compte de nombreuses asso-

ciations, quels que soient les pays, qui interviennent dans leur propre société : c'est même, et de loin, la part la plus importante de l'activité des ONG.

Si l'on adopte une vision très large de la société civile, comme le fait le programme économique et social de l'ONU en y incluant toute organisation qui n'est pas directement étatique ou régie par le profit (par exemple l'école privée française, les associations culturelles ou les centres médicaux associatifs ou religieux partout dans le monde), on constate un poids très important des secteurs associatifs ou bénévoles dans les sociétés. En Europe, ils représentent 10 % de l'activité culturelle, près de 30 % de l'éducation, plus de 20 % de la santé et 27 % des services sociaux. Culture, éducation, santé, services sociaux constituent d'ailleurs les quatre secteurs principaux des sociétés civiles nationales selon l'ONU. Hors d'Europe, les situations sont évidemment différentes. En Amérique latine par exemple, l'éducation comporte de larges secteurs associatifs (religieux), qui sont même dominants comme au Pérou, alors que la proportion d'associations et d'ONG dans les secteurs de la santé ou des services sociaux, eux-mêmes peu développés, est faible. Cependant, de manière générale, le rapport de l'ONU signale que les organisations de la société civile réalisent de « profondes contributions au financement et à la mise en place de services sociaux dans le monde ». Non seulement dans les quatre secteurs fondamentaux cités précédemment, mais également dans les secteurs de l'environnement * ou de services divers.

Une telle expansion de la société civile mondiale répond à la dégradation partielle de la position de l'Etat face à la mondialisation *. Celle-ci ne concerne pas seulement les mouvements économiques, mais aussi l'organisation du savoir et des techniques, celle des flux migratoires *, la configuration de l'espace public, la nature du pouvoir, l'émergence de la supraterritorialité. Cela ne signifie en rien la disparition de l'Etat, mais une nouvelle géographie s'est installée qui marque la fin du monopole étatique sur une gouvernance * développée sur des bases territoriales. De nombreux citoyens ont raisonnablement conclu que des élections centrées sur l'appareil d'Etat ne constituaient plus par elles-mêmes une bonne expression de la citoyenneté et de la démocratie. Certaines agences multilatérales publiques comme le FMI *, où les législateurs élus n'ont que peu d'influence directe, produisent des régulations substantielles.

La plupart de ses attributs ont été acquis par la société civile mondiale depuis les années 1960. Moins de 10 % des associations transfrontalières actives en 1998 avaient plus de quarante ans. Cette prolifération s'inscrit dans un mouvement plus large de mondialisation et a été mise en route par les mêmes forces : c'est-à-dire une pensée globale, autorisant les gens à imaginer le monde comme un lieu unique ; le développement capitaliste sur une échelle mondiale ; des innovations technologiques en matière de communications et de traitement de l'information ; des évolutions en termes de régulation, comme la libéralisation et la standardisation, créant un cadre juridique favorable à la mondialisation. Enfin, beaucoup de gouvernements ont récemment réécrit des lois afin de favoriser les groupements citoyens. Les pays anciennement socialistes en transition en fournissent l'exemple le plus patent.

Les organisations de la société civile poursuivent des objectifs conformistes, réformistes ou radicaux.

Les conformistes cherchent à maintenir et renforcer les règles existantes. Beaucoup de lobbies d'entrepreneurs, d'associations professionnelles, certains *think tanks* et certaines fondations adoptent des positions conformistes.

Les réformistes espèrent corriger ce qu'ils estiment mauvais dans les régimes existants, en conservant intactes les structures

sociales qui les soutiennent. Les groupes sociaux-démocrates, les institutions de recherches, les consommateurs, les défenseurs des Droits de l'homme, les organisations humanitaires et les syndicats ont un agenda réformiste.
Les radicaux veulent transformer l'ordre social. Ils sont souvent désignés comme « mouvements sociaux » et recouvrent anarchistes, environnementalistes, fascistes, radicaux, féministes pacifistes, comme des mouvements de renouveau religieux. Chacun en opposition implacable à l'Etat, à l'industrialisme, aux valeurs libérales, au patriarcat, au militarisme et au séculier. Ces dernières décennies, les gouvernements ont été soumis à de multiples pressions pour réduire les impôts et les coûts du travail au nom de l'amélioration de la compétitivité nationale. Dans ces circonstances, les Etats comme les agences multilatérales ont utilisé les associations civiques transfrontalières pour fournir à moindre coût l'aide au développement ou l'aide d'urgence. Dans les pays sous ajustement structurel néolibéral, les ONG et les groupes de base se sont infiltrés dans la brèche en fournissant les services sociaux abandonnés par l'Etat.
Dans ce contexte, la société civile mondiale * existe lorsque les groupes civiques s'occupent de questions transfrontalières; utilisent des modes de communication transnationaux; disposent d'une organisation mondiale et/ou partagent comme prémices une solidarité transfrontalière. Ces quatre attributs vont souvent ensemble, mais certains groupes citoyens peuvent n'être globaux que selon une ou plusieurs de ces dimensions. Un groupe localisé qui fait campagne sur une question supraterritoriale comme le changement climatique peut être considéré comme faisant partie de la société civile mondiale. A l'inverse, des réseaux mondiaux peuvent se mobiliser sur un problème très localisé, comme sur le génocide rwandais.
Nous considérons comme faisant partie des activités de la société civile les efforts d'asso-

ciations non lucratives et non officielles pour peser sur les politiques, les normes et/ou de plus profondes structures sociales. En un mot, la société civile existe quand les gens mènent des efforts concertés visant à transformer les règles par le biais d'associations bénévoles. La société civile désigne un collectif alors que les groupes civiques en sont les éléments individualisés.

La société civile n'est pas le marché : elle appartient à la sphère non marchande. Mais cette distinction n'a rien d'absolu. Certaines entreprises créent et financent des organismes non lucratifs, dont des fondations qui portent le nom de sociétés commerciales. Par ailleurs, les lobbies commerciaux – les chambres de commerce, les associations de banques – défendent des intérêts marchands, même si ces organisations elles-mêmes ne produisent ni biens ni commerce. Greenpeace * a songé à créer une marque. Mais hormis ces cas limites, les opérations de la société civile restent en dehors du secteur privé de l'économie de marché.

Par ailleurs, la société mondiale s'est engagée directement dans la formulation et la mise en œuvre de régulations. Beaucoup d'agences officielles ont demandé à des associations civiques d'aider à la mise en œuvre de politiques, et tout particulièrement de programmes sociaux. En pénétrant les canaux officiels de la formulation des politiques, les organisations de la société civile ont un peu plus troublé la division privé/public dans le domaine de la gouvernance *. En Australie ou en Nouvelle-Zélande, les ONG ont accepté de faire partie des délégations nationales officielles aux conférences des Nations unies. Dans les années 1990, plusieurs propositions ont demandé la création d'une « Assemblée des peuples », réunissant des représentants des sociétés civiles aux Nations unies, à la manière de l'assemblée générale des Etats. Certains critiques se sont alors inquiétés de ce qu'une telle incorporation dans la gouvernance officielle ne limite le potentiel critique et créatif de la société civile.

A LIRE : M. Haubert, « L'Idéologie de la société civile », *in* M. Haubert et P.P. Rey, *Les Sociétés civiles face au marché. Le changement social dans le monde post-colonial,* Karthala, Paris, 2000.

Société civile mondiale : Le discours sur la société civile mondiale a émergé dans les années 1990 comme un élément d'une perception plus large de ce qu'est la mondialité (la condition de ce qui est mondial) et la mondialisation * (la tendance à une mondialité croissante). Notre conception de la société civile mondiale, ou globale, correspond donc à celle que nous nous faisons plus généralement du monde. Sa caractéristique principale pourrait être sa tendance à la déterritorialisation. La territorialité demeure, bien sûr, mais la mondialisation a introduit une dimension supraterritoriale à la géographie sociale.

A LIRE : B. Pouligny, présentation du dossier *Une société civile internationale* ? in *Critique internationale*, n° 13, Presses de Sciences-Po, Paris, octobre 2001.

F. Houart, *Vers une société civile mondiale : celle d'en haut ou celle d'en bas*, Contre-Temps, n° 2, septembre 2001, Textuel.

A. Fiorini (dir.), *The Third Force, the Rise of Transnational Civil Society,* Carnegie Endowment for International Peace, 2000.

S. Charnovitz, *Les ONG, deux siècles et demi de mobilisation*, L'Economie politique, éditions Alternatives économiques, 1er trimestre 2002.

Sommet de la Terre : Du 3 au 14 juin 1992 s'est tenue à Rio de Janeiro une conférence sur la Terre. Elle réunissait les représentants de 178 pays (dont 117 chefs d'Etat) et plus de 20 000 participants. Préparée par deux ans de travaux préliminaires, cette conférence reste un événement historique. Elle a mis en évidence le caractère indissociable de la protection de l'environnement * et du développement, elle a fait prendre

conscience de la nécessité d'un partenariat à l'échelon mondial et d'un engagement politique au plus haut niveau.
L'idée est devenue populaire dans le monde, mais les résultats sont mitigés. Dix ans plus tard, en août 2002, le Sommet mondial du développement durable *, à Johannesburg, a confirmé l'objectif, mais n'a pas réussi à orienter l'action internationale en faveur d'une plus grande équité mondiale au sein d'une biosphère limitée. Au contraire, c'est l'agenda du libre-échange qui a prévalu : les buts du développement durable et de la démocratie restent largement inféodés à celui de construire un espace économique transnational débarrassé de la politique. Il faut avouer que cette réunion a mis en lumière les limites de ce concept de développement durable. Lancé en grande pompe, le sommet n'a pas débouché sur des mesures contraignantes. En effet, de telles décisions nécessiteraient une remise en cause de la mondialisation * libérale. Déjà, au sommet de Kyoto * en 1997, la pression des grandes firmes et des Etats les plus pollueurs – tels les Etats-Unis – avait vidé de toute efficacité les objectifs de réduction des émissions de gaz à effet de serre. De plus en plus détourné des buts affichés, le développement durable ne serait-il qu'un alibi pour maintenir une croissance par nature destructrice de l'environnement ?

Malgré tous les discours sur les besoins vitaux et la lutte contre la pauvreté – et en dépit de plusieurs décennies officiellement consacrées au développement –, le nombre de personnes qui vivent dans un dénuement extrême continue d'augmenter. La notion de « durabilité » est devenue une pieuse incantation au lieu d'inciter à une action urgente et concrète.
Le monde consomme plus de ressources que la nature ne peut en régénérer. Les activités humaines ont dépassé la capacité de sustentation de la biosphère dès le milieu des années 1970. Depuis,

la marque distinctive de l'histoire humaine est d'avoir outrepassé les limites écologiques. Si, par exemple, la moyenne actuelle d'émissions de carbone par personne dans le monde industrialisé était généralisée à l'ensemble des pays du globe, l'atmosphère devrait absorber cinq fois plus d'émissions qu'elle n'en a la capacité – et cela sans même tenir compte de l'augmentation prévisible de la population. En d'autres termes, il faudrait cinq planètes pour permettre l'absorption du carbone requis par le développement conventionnel. Pour cette raison, il ne peut y avoir d'équité dans le monde sans écologie.

L'humanité a pris conscience des limites imposées au développement économique par la biosphère. Des phénomènes comme la surpopulation dans les agglomérations géantes, la désertification, l'aggravation de la pollution de l'air et de l'eau ont modifié l'approche du développement économique et social. En collaboration avec les sciences de la nature, les études en la matière cherchent désormais un nouvel équilibre entre les pays, les individus et leur environnement. Sans quoi, la biosphère sera précipitée dans des turbulences. Ni toutes les nations ni tous les citoyens ne bénéficient de parts égales. Au contraire, l'espace environnemental est divisé de façon extrêmement inéquitable. Il est toujours vrai que 20 % de la population mondiale consomme 70 à 80 % des ressources mondiales. Ces 20 % mangent 45 % de toute la viande et du poisson, consomment 68 % de toute l'électricité, 84 % du papier et possèdent 87 % des voitures. Surtout, ce sont les pays industrialisés qui exploitent l'héritage naturel de façon excessive : ils puisent dans les ressources de l'environnement bien au-delà de leurs frontières nationales. Leur empreinte écologique est plus grande et, dans certains cas, beaucoup plus importante que leurs propres territoires, gaspillant un grand nombre de ressources en provenance d'autres pays.

La notion de développement durable a émergé aux Etats-Unis à la faveur du mouvement écologiste. Reconnaissant la légitimité du développement économique et social, celui-ci a cherché à concilier les exigences de ce développement avec celles de la protection des ressources et des milieux naturels. Aux objectifs écologiques et économiques initiaux s'étaient ajoutés à Rio des objectifs sociaux, politiques et géopolitiques, voire culturels. Cet élargissement multiplie les points de vue possibles sur la notion de durabilité. Mais le développement – même durable – n'est qu'un mot clé et un mot d'ordre de plus. Il est d'autant plus redoutable qu'il permet la poursuite de la mission « civilisatrice » des puissances coloniales, mais, cette fois, avec l'appui et la complicité des élites locales qui, à leur tour, leurrent et assujettissent leurs propres peuples. La mondialisation libérale est le cadre logique de cette imposture. Ses échecs et ses ravages ne nous découragent pas, même quand une voix aussi autorisée que celle de Joseph Stiglitz, ancien économiste en chef de la Banque mondiale * et prix Nobel d'économie, nous dit que, « aujourd'hui, la mondialisation, ça ne marche pas pour les pauvres du monde. Ça ne marche pas pour l'environnement. Ça ne marche pas pour la stabilité de l'économie mondiale ».

Le chemin est encore long qui conduira à la prise en compte des coûts de l'homme et des contraintes du milieu naturel. Aux pays riches qui leur réclament le respect des forêts ou de la biodiversité, les pays du Sud rappellent la nécessité de l'industrialisation pour lutter contre la pauvreté, ainsi que les obstacles rencontrés pour accéder aux techniques qui préservent l'environnement. Ils soulignent également leur manque de moyens financiers et le gaspillage des ressources qui est le fait des pays développés. Le développement est ainsi devenu un enjeu éthique. Le Nord saura-t-il modifier son mode de vie, ses financements et ses technologies pour aider le Sud à sortir d'un sous-développement durable et à créer une Terre qui préserve la vie de ses enfants ? Car la Terre va mal, très mal. La réalité est là : 80 pays ont un

revenu par tête inférieur à celui d'il y a dix ans ; le nombre de personnes qui vivent avec moins de 1 euro par jour ne diminue décidément pas (1,2 milliard), tandis que celui des individus qui gagnent moins de 2 euros par jour avoisine les 3 milliards. Il faudrait ainsi cent neuf ans de labeur à un pauvre pour obtenir ce que le joueur de football français Zinedine Zidane peut gagner en un jour !

L'indifférence à l'égard des millions de personnes affectées, surtout dans les pays du Sud, par l'épidémie du sida est caractéristique des égoïsmes actuels que stimule la mondialisation. Elle n'est pas la seule. La même indifférence se perçoit à l'égard de l'environnement et de la destruction de la nature. Car la mondialisation, c'est le saccage écologique de la planète. Une destruction qui entraîne des conséquences en chaîne. Du Mozambique au Venezuela, de la Chine à la Turquie, du Mexique à l'Inde ou à l'Algérie : des catastrophes et des cataclysmes, des inondations ou des tremblements de terre se sont succédé dernièrement, comme on en avait rarement connu. Des morts par milliers, des dégâts par milliards, et des dévastations écologiques (forêts détruites, faune décimée, récoltes ravagées, eaux polluées, terres arables emportées...) impossibles à chiffrer.

Dans les pays développés – mieux protégés d'ordinaire contre les calamités dites « naturelles » –, les dérèglements climatiques se font aussi dramatiquement sentir. Que l'on songe simplement à l'Europe de l'Ouest qui aura connu, en décembre 1999, deux véritables ouragans, ayant fait des centaines de morts, et des ravages colossaux qui ont laissé, dans certaines régions, la population sous le choc. Et l'été 2003, une canicule qui a causé en France environ 15 000 morts !

Il y a eu, dans ces mêmes pays développés qui se croient parfois à l'abri des désastres du Sud, une interminable succession de nouveaux désordres écologiques qui commencent à semer une sérieuse panique. En premier lieu, la criminelle marée noire survenue en décembre 2002, sur la côte de la Galice, causée par le naufrage du pétrolier *Prestige* qui a provoqué la mort de milliers d'oiseaux, la ruine de centaines d'entreprises, la dégradation de plusieurs des plus belles régions du pays, et une contamination cancérigène de tous les volontaires ayant participé à l'enlèvement du mazout des plages...

Mais il y a eu également tous les problèmes liés à la pollution alimentaire : révélations sur l'emploi d'excréments humains pour l'élaboration de farines animales servant à l'alimentation des animaux de boucherie et aux poissons d'élevage; nouveaux cas de « vache folle »; poulets à la dioxine; contamination de canettes de Coca-Cola; prolifération des Organismes génétiquement modifiés (OGM *); bouteilles d'eau minérale polluées; multiplication de cas mortels à cause de la présence de listéria dans des fromages ou des charcuteries; etc.

Au nom d'une conception erronée du développement, la plupart des Etats du Nord poursuivent ainsi une frénétique politique hyperproductiviste, surconsommatrice de pesticides et de polluants au détriment d'une agriculture paysanne et biologique. Tandis que, au Sud, de nombreux Etats continuent, inconscients ou impuissants, la destruction systématique des milieux naturels.

Partout, les prédations et les saccages en tout genre se succèdent, infligés aux sols, aux eaux, à l'atmosphère et à la santé des êtres humains. Urbanisation galopante, déforestation tropicale, pollution des mers et des fleuves, réchauffement du climat, appauvrissement de la couche d'ozone, pluies acides, etc. Les pollutions, en raison de leur démesure, mettent désormais en péril l'avenir de l'humanité.

La Terre accueille actuellement 6,3 milliards d'individus. Ils seront 7,6 milliards dans un quart de siècle, et peut-être 10 milliards en 2050. Si tous les êtres humains avaient le niveau de vie et de consommation des citoyens européens ou américains, la planète pourrait à peine subvenir aux besoins de 700 millions de per-

sonnes. Si, au contraire, ils acceptaient de vivre comme des paysans du Mali, de 18 à 20 milliards de personnes pourraient subsister...
Six millions d'hectares de terres cultivables disparaissent chaque année du fait de la désertification. Partout, à cause de la surexploitation, l'érosion grignote à un rythme accéléré la superficie des terres cultivables. Les équilibres écologiques sont fondamentalement fragilisés par la pollution industrielle des pays du Nord et par la pauvreté des pays du Sud. Des conditions économiques et politiques absurdes font que, chaque année, 30 millions d'êtres humains meurent encore de faim ; et on estime que, annuellement, 800 millions de personnes souffrent de malnutrition.

En 2010, la couverture forestière du globe aura diminué de plus de 40 % par rapport à 1990. En 2040, l'accumulation des gaz à effet de serre pourrait entraîner un réchauffement de 1 à 2 degrés de la température moyenne de la planète et une élévation de 0,2 à 1,5 mètre du niveau des océans. Ce n'est pas sûr, mais si on attend d'avoir acquis des certitudes scientifiques, il sera trop tard pour agir. L'élévation du niveau des océans aura déjà occasionné des dommages irréparables.
Toutes confondues, les forêts couvrent 4 milliards d'hectares, soit un peu moins du tiers des terres émergées.
Entre 10 et 17 millions d'hectares disparaissent chaque année. Quatre fois la Suisse.
La déforestation détruit un patrimoine biologique unique : les forêts tropicales humides hébergent en effet 70 % des espèces recensées. Chaque année, quelque 6 000 d'entre elles sont rayées de la planète. Selon l'Union internationale pour la conservation de la nature (UICN), la plupart des espèces existantes sont menacées.

Les forêts les plus touchées sont les forêts tropicales. Ainsi, en Indonésie, près de 80 % de la forêt humide de l'île de Sumatra a

disparu depuis les années 1970. Et à Bornéo, le nombre d'arbres abattus a presque quintuplé en seize ans. Ces destructions ont certes pour origine la croissance rapide de la population qui utilise le bois comme combustible et les terres pour l'agriculture ; mais, surtout, l'exploitation forestière à destination des pays riches.

La principale raison de la déforestation massive est l'application d'un modèle de croissance hyperproductiviste, spéculatif et suicidaire.

Au début du XIXe siècle, à peine 3 % de la population mondiale était urbanisée ; en 2005, plus de la moitié de l'humanité s'entassera dans des villes. Et le phénomène concerne autant le Nord que le Sud où les villes ont littéralement explosé.

Une explosion urbaine aussi fulgurante est un phénomène inédit. Londres a mis cent trente ans pour passer de 1 million d'habitants à 8 millions. Tandis que Lagos (Nigeria), qui n'en avait que 300 000 en 1950, en comptera 25 millions dès 2015. Brasilia, capitale artificielle, créée *ex nihilo* en 1960, dépasse déjà les 4 millions d'habitants. Dès à présent, plus de 600 millions d'êtres humains – la moitié des habitants des villes du Sud – vivent dans des conditions épouvantables, dans des bidonvilles (il y en a 3 000 à Calcutta), sans égouts, sans hygiène, sans assistance publique.

Des multitudes, fuyant la détresse rurale ou les guerres, continuent pourtant de venir s'entasser autour de centres urbains fondés souvent par les anciennes puissances coloniales (il s'agit presque toujours de ports côtiers) et où se concentrent les investissements étrangers.

La mondialisation libérale fait planer une lourde menace sur les villes. Sous sa pression, l'Etat, un peu partout, est actuellement en train de se désengager de la politique de la ville. Là encore, il voudrait laisser agir le marché qui est précisément incapable de gérer les villes.

Avec l'accélération de la mondialisation, le « schéma de consommation et de production non viable » s'est même renforcé. Les inégalités ont atteint des niveaux jamais connus depuis le temps des pharaons. La fortune des trois individus les plus riches du monde dépasse la richesse cumulée des habitants des 48 pays les plus pauvres... La souillure écologique du monde riche sur la biosphère s'est aussi accentuée. Alors que la trentaine de pays les plus développés représentent 20 % de la population mondiale, ils produisent et consomment 85 % des produits chimiques synthétiques, 80 % de l'énergie non renouvelable, 40 % de l'eau douce. Et leurs émissions de gaz à effet de serre par habitant, comparées à celles des pays du Sud, sont dix fois plus élevées.

Au cours de la décennie écoulée, les rejets de gaz carbonique (CO_2), cause principale du réchauffement climatique, ont augmenté de 9 %... Ceux des Etats-Unis, premier pollueur de la planète, ont crû, durant la même période, de 18 % ! Plus de 1 milliard de personnes continuent à ne pas disposer d'eau potable, et près de 3 milliards (la moitié de l'humanité) consomment une eau de piètre qualité. A cause de l'ingestion de cette eau polluée, 30 000 personnes meurent quotidiennement. Soit plus de dix fois – chaque jour ! – le nombre de victimes des odieux attentats du 11 septembre 2001...

A LIRE : Edouard Goldsmith, *Le Tao de l'écologie. Une vision écologique du monde*, Editions du Rocher, Monaco, 2002.

« Environnement et développement. Le défi du XXIe siècle », *Alternatives économiques*, juillet-août 2002.

State of the World 2002, World Watch Institute, Washington, 2002.

Jean-Marie Harribey, *L'Economie économe. Le développement soutenable par la réduction du temps de travail*, L'Harmattan, coll. « Logiques économiques », Paris, 1998.

A CONSULTER : Site officiel de l'ONU sur le sommet de Johannesburg : www.un.org/french/events/wssd/

Soros, George : L'homme qui contribua à faire chuter la livre sterling en 1992, avant de spéculer contre le franc, faisant trembler plus d'un ministre des Finances, est aux marchés ce que Bill Gates est à l'informatique.
Bien que condamné en France pour délit d'initiés dans le dossier de la Société Générale, ce financier américain d'origine hongroise est devenu en une dizaine d'années une légende vivante sur les marchés financiers du monde entier.
George Soros est né en 1930 à Budapest. Il a émigré en 1947 en Angleterre et y a effectué des études à la London School of Economics. En 1956, il s'installe aux Etats-Unis où il a amassé sa fortune en fondant et gérant un fonds d'investissement international. Avant de se transformer en investisseur philanthropique, George Soros, dont la fortune est estimée à environ 4 milliards d'euros, n'a pas connu que des succès. Il a essuyé des pertes cuisantes lors du krach boursier de 1987, a été frappé par la crise russe de 1998 ou la bulle Internet en 2001. M. Soros, qui a quitté la Hongrie en 1956 au moment où les chars soviétiques écrasaient le soulèvement de Budapest, aurait consacré plus de 300 millions d'euros à des fondations présentes dans plus de trente pays.

Il a choisi de dédier plus de temps dorénavant à ses activités philanthropiques et à ses écrits qu'à la gestion de son fonds d'investissement alternatif, *Quantum Fund.*

Ses fondations (Open Society Fund en 1979 et Eastern European Foundation en 1984) œuvrent pour la reconstruction des économies en transition et pour maintenir et développer des infrastructures dans les pays émergents.
Non content d'avoir été le principal donateur privé des ex-pays communistes, il multiple aussi les initiatives aux Etats-Unis. Il a fait scandale en aidant financièrement ceux qui ont fait adopter la dépénalisation de la marijuana dans deux Etats américains, et

a également offert 50 millions de dollars pour venir en aide aux immigrés illégaux, privés d'aide sociale par l'ancien président William Clinton.

Plus récemment, M. Soros s'est impliqué dans la critique de la mondialisation * par une proposition toute personnelle, *The crisis of Global Capitalism* (1998), comportant deux volets, qui visent à empêcher les pertes de confiance du système financier (*run*) : il propose la création d'une société publique qui assurerait les investisseurs contre le risque de défaut des emprunteurs. Cette « agence d'assurance des crédits internationaux » fonctionnerait à l'instar des dispositifs de fonds de garantie des dépôts bancaires : en offrant une protection aux prêteurs, cette assurance des crédits permettrait de prévenir les mouvements de panique susceptibles de dégénérer en crise systémique.

Le financier reconnaît s'être trompé en annonçant la fin du capitalisme (il avait prédit dans son livre de 1998 « la désintégration du système capitaliste global »), mais il maintient son appel à un encadrement social des marchés.

Il se déclare également favorable à un changement radical du système financier international, « incapable de s'autogérer », et plaide pour une augmentation des crédits au profit des pays pauvres et pour la création d'un impôt sur les flux financiers. « On a la TVA pour les biens, alors pourquoi pas une taxe Tobin * sur les transactions financières », indique-t-il. L'ancien gourou de Wall Street, qui dénonce désormais la mondialisation « déshumanisante », se définit lui-même comme le représentant d'une nouvelle gauche. Provocateur, il assène que « la poursuite effrénée de l'intérêt personnel » risque d'abattre les démocraties et que la « menace du laisser-faire » est plus réelle que celles des idéologies totalitaires.

A LIRE : Anne-Marie Rocco, *L'Incroyable Histoire de George Soros, milliardaire, spéculateur et mécène*, Assouline, Paris, 1999.
George Soros, *La Crise du capitalisme mondial*, Plon, Paris, 1998.

Sport chimique : Il titube. Il s'écroule en plein centre du Stade de France. On croit à une chute, il a dû trébucher. Les secondes passent, il ne se relève pas. Inanimé, mâchoires serrées. Les yeux révulsés. Très rapidement, les joueurs lèvent les bras pour appeler les secours. On le transporte sur une civière, le bras ballant effleurant la pelouse. Entre les bancs des entraîneurs des deux équipes, membres de la FIFA (Fédération internationale de football association) et joueurs s'affairent autour du brancard. Au bout de plusieurs dizaines de secondes, il cesse de respirer. Marc-Vivien Foé, vingt-huit ans, père de trois enfants, est décédé.

L'écrivain Eduardo Galeano se souvient : il y a cinquante ans, l'Uruguay battait au football le Brésil au stade de Maracana, à Rio de Janeiro, et était consacré, contre tout pronostic, contre toute évidence et contre toute logique, champion du monde de football. L'acteur principal de cet exploit impossible s'appelait Obdulio Varela. Il se dopait au vin rouge. On le traitait d'aviné... C'était une autre époque.

Les résultats de l'autopsie effectuée sur Marc-Vivien Foé n'ayant révélé « aucun élément déterminant sur l'origine de la mort », rien ne permet d'évoquer le dopage. Mais une phrase sibylline du procureur de la République sème le doute : « On a fait faire des examens complémentaires d'anatomie-pathologie et toxicologiques. »

C'est que le dopage à l'ancienne, les corticoïdes et autres amphétamines de papa, ont fait place à de nouveaux produits, plus sournois et plus dangereux. Le sport, qui se mondialise, est passé au doping.

En novembre 1998, la police marseillaise arrête quatre trafiquants en possession de quatre mille pilules d'anabolisants emballées dans des boîtes portant des inscriptions en russe. Les quatre délinquants, dont l'un se présentait comme un chimiste ukrainien, écoulaient leur marchandise dans les salles de sport de la cité phocéenne. Selon le commissaire Deluc, « nous avons eu plusieurs affaires de ce type ces derniers mois. Chaque fois, des ressortissants des pays de l'Est sont impliqués, une véritable mafia ». Le marché est lucratif pour les laboratoires, les médecins et les trafiquants. « Il y a des médecins qui proposent leurs services rétribués en rapport aux points gagnés », poursuit un sportif. La spirale est infernale. Les coureurs connaissent le ravage causé par le dopage, les risques de thrombose vasculaire et autres séquelles.

L'usage sportif des anabolisants est déjà relativement ancien, et, une fois n'est pas coutume, ce ne sont pas les cyclistes mais les athlètes qui se trouvent en première ligne, ainsi que les pratiquants de disciplines où la force physique est prédominante : l'haltérophilie, par exemple. Mais, par dérapage du phénomène, on a vu leur usage s'étendre à de nombreux sports, dont la natation. En poussant à l'extrême le principe actif des anabolisants, on aboutit à augmenter l'assimilation des protéines, donc le poids du sujet traité. L'effet de rétention d'eau joue également un rôle important dans cette prise de poids. Ce développement musculaire possède un double avantage a priori : accroître la puissance pure, mais également augmenter le volume d'entraînement. Le premier avantage concerne directement les athlètes de lancer (poids, javelot, disque, marteau), les spécialistes d'épreuves combinées (décathlon et heptathlon), les haltérophiles.

Tout est venu d'Italie, au début des années 1990, lorsque quelques médecins ont trouvé le « produit miracle », utilisé pour le traitement de certaines maladies et en vente libre dans certains pays comme la Suisse. Les transalpins, alors, dominèrent outrageusement les courses. « On s'est retrouvés largués », lâche un ancien coureur qui souhaite garder l'anonymat.

Trop longtemps, les officiels ont fermé les yeux sur ces pratiques, feignant de croire que c'était l'affaire d'une minorité de brebis galeuses. Les enjeux économiques du sport spectacle sont d'une telle envergure qu'ils favorisent l'essor d'une véritable industrie du dopage dont le chiffre d'affaires atteindrait les 50 milliards de francs...

Le dopage atteint même les disciplines sportives les plus singulières. Il y a deux ans, deux cavaliers qui s'affrontaient, à Sienne, lors du fameux « Palio », sont tombés raides morts en pleine course. L'un deux, « Plume blanche », était le champion de cette fête célébrée depuis le Moyen Age sur la place principale de la ville, en Toscane, Italie. Selon la presse, les cavaliers sont morts d'une... overdose d'amphétamines.

Dans une autre région d'Italie, au même moment, étaient emprisonnés vingt propriétaires de dangereux molosses, des pitbulls, stars des combats de chiens clandestins. Les chiens lutteurs étaient dopés. Leur musculature et leur énergie avaient été décuplées par des substances anabolisantes...

A la même époque, le juge Raphaël Guarinello faisait asseoir sur le banc des accusés des clubs de football de première, deuxième et troisième divisions. Il les accusait d'avoir administré, à des fins supposées thérapeutiques, des « médicaments » à plus d'une centaine de joueurs. On s'est aperçu que les contrôles antidopage étaient mal faits ou encore que les échantillons de sang ou d'urine disparaissaient miraculeusement. Un an auparavant, à la mi-1998, le directeur technique du club AS Roma, Zdenek Zeman, avait déjà dénoncé l'usage fréquent de drogues dans le football italien.

Au moment où ces nouvelles étaient rendues publiques, dans le Tour de France, les coureurs avançaient en esquivant les seringues. João Havelange, monarque retraité de la Fédération internationale du football, n'a pas hésité à déclarer : « Tous les cyclistes se dopent. En revanche, au football, c'est très rare.

Qu'on fiche la paix au football. » Ce n'est pas l'avis d'Emmanuel Petit et Franck Lebœuf, deux piliers de l'équipe de France, championne du monde. Le premier a en effet reconnu : « On joue un match tous les trois jours. Aucun athlète ne peut supporter un tel effort. Je ne souhaite pas que les drogues deviennent systématiques dans le football; mais cela risque de devenir la norme. » Et Franck Lebœuf d'ajouter : « Aujourd'hui les joueurs sont vite usés. Ce sont les jeunes qui me préoccupent. A ce rythme-là, ils ne vont pas tenir plus de cinq ou six ans. » Quelques années auparavant, le célèbre gardien de but allemand Toni Schumacher avait été accusé de « trahison à la patrie », après avoir révélé que les joueurs de l'équipe de son pays étaient de véritables « pharmacies ambulantes », et qu'on pouvait se demander s'ils représentaient l'Allemagne ou l'industrie pharmaceutique germanique. De l'autre côté de l'Océan, Luis Artime, un des meilleurs joueurs de tous les temps, avait avoué : « La drogue est un commerce dans tous les sports, y compris dans le football. Le football argentin ne m'inspire pas du dégoût, mais de la peine. »

Les drogues se moquent des contrôles. Durant les jeux Olympiques de Sydney, en 2000, un nombre infime d'athlètes a été déclaré positif lors des tests antidopage. Jacques Rogge, un des dirigeants du Comité international olympique (CIO), l'explique ainsi : « Ils ont été découverts stupidement, parce qu'ils se dopaient pour leur propre compte ou parce qu'ils venaient de pays pauvres. Les pays riches ont un système sophistiqué de dopage très onéreux, avec des drogues chères, un encadrement spécialisé et des tests secrets. Les pauvres ne peuvent se l'offrir. C'est aussi simple que cela. »

Le CIO a consacré le sportif américain Carl Lewis « athlète du siècle ». A Sydney, lors de la cérémonie, le roi de la vitesse et du saut en longueur a donné son opinion, légèrement différente : « Tous les dirigeants mentent, a-t-il déclaré, les contrôles antidopage ne fonctionnent pas. Les dirigeants ont le pouvoir de contrôler, mais ils ne le font pas. Le sport est sale. »

Selon des enquêtes publiées dans les revues *Scientific American* et *New Scientist*, tout cela n'est rien, comparé à ce qui nous attend. D'ici dix ans, on nous promet des athlètes génétiquement modifiés. A un prix : l'hypothèque du corps. Car rien n'est gratuit dans ce monde. Le dopage de gènes artificiels fera, en une seule injection, des merveilles pour la vitesse et la force des sportifs ; et il sera impossible de le déceler dans le sang ou les urines.

Nous avons appris que, en Finlande, l'arbitre ne sort pas seulement un carton jaune, en guise d'avertissement, et un carton rouge pour signifier une expulsion, mais aussi un carton vert pour récompenser le joueur qui aide un adversaire à se relever, ou qui fait des excuses lorsqu'il l'a frappé, ou encore qui reconnaît une faute commise.

Dans le football professionnel, tel qu'il se pratique, ce système du carton vert paraîtrait ridicule et se révélerait sans doute inutile. Selon la loi du marché, une rentabilité élevée exige une productivité élevée, et, pour y parvenir, tous les moyens sont bons : la déloyauté, la tricherie ou la drogue. Cette dernière fait partie du trucage d'un jeu qui ne joue plus le jeu.

Dans le football, comme ailleurs, le sport professionnel est plus dopé que les sportifs eux-mêmes. C'est lui, grand intoxiqué, converti en grande entreprise de l'industrie du spectacle, qui accélère toujours plus le rythme de travail des athlètes et les pousse à ravaler leurs scrupules pour atteindre des rendements de surhommes. L'obligation de gagner est ennemie du plaisir de jouer, du sens de l'honneur et tout simplement de la santé. C'est l'impératif de gagner à tout prix, mot d'ordre néolibéral par excellence, qui oblige à consommer les drogues de la réussite.

A LIRE : P. Laure, *Le Dopage*, PUF, Paris, 1995.

C. Louveau, M. Augustini, P. Duret, P. Irlinger, A. Marcellini, *Dopage et Performance sportive*, INSEP Publications, Paris, 1995.

J.P. Mondenard, *Dictionnaire des substances et procédés dopants en pratique sportive*, Masson, Paris, 1991.

T

Taxe Tobin : L'économiste James Tobin, professeur d'économie à l'université de Yale, prix Nobel d'économie en 1979, décédé en 2002, proposa, dans l'esprit des idées de Keynes, la création d'une taxe sur les opérations boursières. Il avait formulé, en 1978, l'idée d'un impôt qui serait prélevé sur la circulation internationale des capitaux pour décourager la spéculation financière en la rendant trop onéreuse. Cette imposition, jamais appliquée, concernerait surtout les transactions à but spéculatif. Elle représenterait entre 0,01 % et 0,025 % du capital investi et serait destinée à financer la dette des pays pauvres. Relancée en France en 1997 par Ignacio Ramonet et *Le Monde diplomatique*, cette idée est à la base de la création de l'association Attac *.

Hérésie pour les uns, Saint Graal pour les autres, l'idée de Tobin cristallise nombre de débats passionnés entre acteurs financiers, économistes, leaders politiques et certaines associations.
On ne peut manquer de s'interroger sur l'origine d'un tel succès. Faut-il en particulier y voir le signe d'une idée géniale, presque révolutionnaire ? Vraisemblablement pas : modeste (de l'aveu même de James Tobin) autant que technique, son impôt était conçu pour restaurer une fraction de l'autonomie de la politique monétaire menacée par la mobilité croissante des capitaux. Elle fut largement ignorée à ses débuts et raillée par certains !
Alors que ce point ne fut jamais au cœur de l'argumentation de James Tobin, il est tout d'abord apparu qu'il s'agissait d'un moyen formidable pour engendrer, au moindre coût, une manne financière : 200, 300, 700 milliards d'euros par an, les estimations les plus audacieuses alimentent le mythe d'une nouvelle corne d'abondance pouvant aussi bien résoudre le problème de la dette externe des pays en développement apparu au début des années 1980 que financer, à l'échelle planétaire, des programmes de lutte contre le sida *. Ce projet est d'ailleurs d'autant plus séduisant qu'il pénalise des spéculateurs traditionnellement peu taxés et souvent mal perçus par le grand public qui les assimile à des joueurs de casino réalisant des gains considérables, fondés sur une économie virtuelle. Il n'est alors pas surprenant qu'en France, par exemple, cette proposition ait reçu de la plupart des partis politiques un accueil favorable, et qu'elle soit même devenue un sujet récurrent des campagnes électorales.

La taxe Tobin est censée également réduire les transactions internationales à court terme et par conséquent la volatilité des taux de change et des produits connexes. L'application d'une telle taxe augmenterait le coût relatif des transactions du court terme par rapport à celles de long terme. Nul ne peut l'ignorer : d'un taux faible proche de 0,1 % et prélevée sur les opérations

d'achat et de vente de devises, cette taxe a pour objectif principal d'atténuer les fluctuations des taux de change. Par ailleurs, elle inciterait les opérateurs à opter pour les capitaux de long terme qui assurent un financement plus stable de la croissance, et réduisent ainsi la volatilité des changes.
En outre, cette taxe assurerait des recettes fiscales relativement faciles à recouvrer, car elle reposerait sur des flux enregistrés et sur un nombre limité de redevables qui n'opèrent que sur quelques sites. Etant donné la large assiette que représentent les transactions sur les marchés des changes, un taux faible suffit à dégager de substantielles recettes fiscales. Si on estime à 1 600 milliards de dollars le chiffre d'affaires net quotidien des marchés des changes (comptant, terme et produits dérivés), alors une estimation purement statistique établit à 16 milliards de dollars la recette fiscale par jour (pour un taux de 1 %), soit environ 4 300 milliards de dollars par an...
Un réel problème empêche sa mise en place : pour être efficace elle devrait s'appliquer simultanément dans tous les pays. Un « passager clandestin » bénéficierait de l'arrivée massive de capitaux dans son pays, au détriment des autres soumis à la taxe. Force est de constater, pour ne citer que quelques exemples, que les nouvelles orientations du président américain George W. Bush et l'évolution récente de la politique économique britannique ne laissent guère envisager sa mise en place prochaine.

Les auteurs défendent néanmoins la valeur fortement symbolique de la taxe Tobin. Et confirment l'idée qu'aujourd'hui cet impôt résulte plus d'une volonté politique que d'une logique économique.

A LIRE : Mahbub Ul Haq, Inge Kaul, Isabelle Grunberg, *The Tobin Tax*, Oxford University Press, Oxford, 1996.
François Chesnais, *Tobin or not Tobin ? Une taxe internationale sur le capital*, L'Esprit frappeur, Paris, 1999.
Bernard Cassen, « Vive la taxe Tobin ! » *Le Monde diplomatique*, août 1999.

Terrorisme : Acte de révolte individuelle au XIXe siècle, institutionnalisé par les Etats totalitaires au XXe siècle, avant de devenir, avec Al-Qaida *, un acteur majeur du système international au début du XXIe siècle, le terrorisme en tant que tel n'est certes pas un phénomène récent. Les indépendantistes irlandais, poursuivant leur grève de la faim jusqu'à ce que mort s'ensuive, ne préludaient-ils pas en quelque sorte au phénomène kamikaze dont les occupants des tours de Manhattan allaient être les victimes ? Chacun sait, depuis l'attentat de Sarajevo de l'été 1914, que les terroristes peuvent faire l'histoire : l'Irlande où s'affrontent catholiques et protestants, le Pays basque espagnol au sein duquel l'ETA poursuit ses actions, la Corse où une minorité d'indépendantistes en sont, parmi d'autres, l'illustration toujours bruyante et parfois sanglante ; mais depuis le 11 septembre 2001, chacun doit comprendre qu'ils n'ont plus besoin des Etats pour la faire. Ces terrorismes-là se déroulaient sur des territoires bien localisés, à l'intérieur des nations, et reposaient sur des revendications précises. Ce qui est nouveau, dans l'attentat du 11 septembre 2001, à part sa dimension mondiale, c'est le caractère diffus autant qu'insaisissable du phénomène. Ses auteurs se situaient peut-être en Afghanistan où le régime taliban leur fournissait asile, bases et protection. Mais on savait que le réseau Al-Qaida * étendait ses ramifications et possédait des centres d'entraînement dans plusieurs pays, disséminés sur l'ensemble de la planète. En cela, ce terrorisme n'est rien d'autre que l'application à la violence radicale des principes de la mondialisation * : internationalisation, désétatisation, révolution technologique, dérégulation caractéristiques du capitalisme.

Il ne fait pas de doute que le terrorisme islamiste représente une nouvelle menace globale, et pas seulement pour les Etats-Unis. Al-Qaida, et son appel à une violence illimitée contre les valeurs et les sociétés libérales, catalyse les peurs, les frustrations, les inégalités du développement. Les mouvements terroristes des années 1970 cherchaient la publicité et l'éclat, mais n'avaient pas pour objectif le crime de masse. La première indication préoccupante de ce nouveau terrorisme mondialisé date de 1993, quand la première attaque contre le World Trade Center a échoué. L'ambition des auteurs, révélée au moment du procès, était de tuer 25 000 personnes dans un jeu de dominos, en faisant tomber la première tour sur la seconde puis toutes deux sur Wall Street. Deux ans plus tard, un projet d'attentat envisageait de faire exploser au même moment dix avions au-dessus de l'océan Pacifique. En août 1998, plus de deux cents morts sont retirés des décombres des ambassades américaines en Tanzanie et au Kenya. Enfin, en 1999, un individu est arrêté par la police américaine à la frontière canadienne en possession d'explosifs destinés aux cérémonies du Millenium à Los Angeles.

La lutte contre le terrorisme n'est pas et ne peut pas être un combat contre des civilisations, ou bien un combat de celles-ci entre elles. Dans le monde multiforme d'aujourd'hui, toutes les civilisations et les grandes religions respectent la dignité et la vie de l'homme. Tuer des gens – « coupables » ou « innocents » – est partout un égarement.

Dans la pratique, il n'y a pas de meilleure définition de la mondialisation du terrorisme que les attaques du 11 septembre 2001. Les tours jumelles sont tombées, tuant des milliers de civils sous le regard de millions de téléspectateurs, à la suite d'une action préparée en Asie centrale, réalisée à New York et à Washington par des terroristes saoudiens et égyptiens qui avaient fait leurs études en Europe. Les conséquences immédiates se sont étendues sur l'Afghanistan, l'Inde et le Pakistan, et l'ensemble du monde musulman – du Maroc aux Philippines. Elles ont eu des répercussions dans les rapports russo-américains et la politique de défense japonaise. Plus significatif encore, la cible majeure de l'attaque, le World Trade Center, constituait le symbole même de la mondialisation, dans un pays qui, plus que tout autre, porte le drapeau de la concentration économique. A l'ère de la mondialisation néolibérale, le terrorisme lui-même venait de se mondialiser ; un terrorisme à vocation planétaire, conduit par les partisans du djihad armé contre l'impérialisme occidental (Etats-Unis en tête), et contre les « ennemis » de la communauté musulmane (l'*Umma*), était devenu réalité.

Paradoxalement, ces épouvantables attentats n'ont pas déclenché, dans de nombreuses régions du monde, des débordements de sympathie à l'égard des Etats-Unis. Au point que le président George W. Bush en est venu à déclarer : « Je suis impressionné qu'il y ait une telle incompréhension de ce qu'est notre pays et que des gens puissent nous détester. Je suis comme la plupart des Américains, je ne peux pas le croire, car je sais que nous sommes bons. » En effet, à travers le monde, et en particulier dans les pays du Sud, le sentiment le plus souvent exprimé par les opinions publiques, à l'occasion de ces condamnables attentats, a été : « Ce qui leur arrive est bien triste, mais ils ne l'ont pas volé ! »

Pour comprendre une telle réaction, il n'est peut-être pas inutile de rappeler que, tout au long de la guerre froide (1948-1989), les Etats-Unis s'étaient déjà lancés dans une « croisade » contre le communisme. Qui prit parfois des allures de guerre d'extermination : des milliers de communistes liquidés en Iran, deux cent mille opposants de gauche supprimés au Guatemala, plus d'un demi-million de communistes anéantis en Indonésie... Les pages les plus atroces du livre noir de l'impérialisme américain furent écrites au cours de ces années, marquées également par les horreurs de la guerre du Viêtnam (1962-1975).

C'était déjà « le Bien contre le Mal ». Mais à

l'époque, selon Washington, soutenir des terroristes n'était pas forcément immoral. Par le biais de la CIA, les Etats-Unis préconisèrent des attentats dans des lieux publics, des détournements d'avions, des sabotages et des assassinats. A Cuba contre le régime de Fidel Castro ; au Nicaragua contre les sandinistes ; ou en Afghanistan contre les Soviétiques. C'est là, en Afghanistan, avec le soutien de deux Etats très peu démocratiques, l'Arabie Saoudite et le Pakistan, que Washington encouragea, dans les années 1980, la création de brigades islamistes recrutées dans le monde arabo-musulman et composées de ce que les médias appelaient alors les *freedom fighters*, les combattants de la liberté ! C'est dans ces circonstances, on le sait, que la CIA engagea et forma le désormais célèbre Oussama Ben Laden *.
Combattre le terrorisme n'est pas suffisant. Il ne faut pas méconnaître qu'il est le reflet d'une série de problèmes du monde moderne, un phénomène qui pèse lourdement sur toutes les sociétés. Il faudra y faire face aussi à long terme. Il est impératif d'éliminer les racines sociales, politiques et autres à partir desquelles le mal se propage, c'est-à-dire supprimer les injustices, les oppressions, les inégalités et les discriminations.
La mondialisation exige une réponse globale, à l'échelle mondiale. Celle-ci commence par la responsabilité de chaque Etat. Même à l'intérieur de leurs frontières, les Etats ne peuvent plus, au nom de leur souveraineté, commettre des actes arbitraires qui vont à l'encontre des valeurs du monde démocratique et menacer en cela la sécurité des autres Etats et de la communauté internationale. Dorénavant, aucun Etat ne peut ignorer de telles actions et se barricader derrière la sécurité virtuelle de ses frontières.

Pour l'heure, les conditions d'une lutte efficace contre le terrorisme sont très loin de se trouver réunies. La divergence accélérée entre l'activisme militaire aveugle des Etats-Unis, d'une part, la rivalité économique entre ce pays et une partie de l'Europe (déguisée en pacifisme) d'autre part, ruine la solidarité occidentale, ouvrant un large espace politique et stratégique au terrorisme. La militarisation à outrance de la politique extérieure américaine et la confusion abusivement entretenue entre Al-Qaida et le régime irakien ont décrédibilisé la lutte contre l'islamisme, détournée au service d'intérêts de puissance ou des enjeux pétroliers. La dérive des Etats-Unis est servie par la passivité de l'Europe où l'immigration constitue l'un des terreaux les plus fertiles et l'une des bases de recrutement majeures du terrorisme islamiste. Il est plus que temps d'effectuer l'indispensable effort en matière de politiques d'intégration.

Dans le siècle qui commence, les guerres entre Etats sont en passe de devenir anachroniques. Et les écrasantes victoires dans les conflits du Golfe, en 1991, contre l'Afghanistan en 2001 et contre l'Irak en 2003, se révèlent trompeuses. « Notre offensive dans le Golfe a été victorieuse, reconnaît le général des Marines Anthony Zinni, parce que nous avons eu la chance de trouver le seul méchant au monde assez stupide pour accepter d'affronter les Etats-Unis dans un combat symétrique. » L'OTAN pourrait dire la même chose de M. Milosevic, lors de la guerre du Kosovo en 1999. Car les conflits asymétriques de nouveau type sont plus faciles à commencer qu'à terminer. Et l'emploi, même massif, de moyens militaires ne permet pas forcément d'atteindre les buts recherchés. Il suffit de se souvenir de l'échec en Somalie en 1994 et de la résistance actuelle des Irakiens à l'occupation de leur pays.

Le terrorisme d'aujourd'hui est mobile et nomade par excellence, prompt à utiliser toutes les ressources offertes par l'Internet et par les nouvelles technologies. Enfin, le terrorisme islamiste est en prise directe sur le capitalisme dérégulé qui lui fournit à la fois sa principale source de financement (notamment sur la place de Londres) et des cibles privilégiées (le cœur de la finance mondiale avec Wall Street, le tourisme de masse à Bali ou Djerba...).

Le terme « terrorisme » est très imprécis. Depuis deux siècles, il a été utilisé pour désigner indistinctement tous ceux qui recourent, à tort ou à raison, à la violence pour tenter de changer l'ordre politique. Alors que l'expérience montre que, dans certains cas, cette violence était nécessaire. De nombreux anciens « terroristes » ne sont-ils pas devenus des hommes d'Etat respectés ? Par exemple, et pour ne pas citer ceux issus de la Résistance française : Menahem Begin, ancien chef de l'Irgoun, devenu Premier ministre d'Israël ; Abdelaziz Bouteflika, ancien « fellagha », devenu président de l'Algérie ; ou Nelson Mandela, ancien chef de l'ANC, devenu président de l'Afrique du Sud et prix Nobel de la paix.

La guerre et la propagande actuelles peuvent laisser croire qu'il n'est de terrorisme qu'islamiste. C'est évidemment faux. Au moment même où se déroule ce conflit, d'autres terrorismes sont à l'œuvre, un peu partout dans le monde non musulman : celui de l'ETA en Espagne, celui des FARC et des paramilitaires en Colombie, celui des Tigres tamouls au Sri Lanka, etc. Hier encore, celui de l'IRA et des loyalistes en Irlande du Nord.

Comme principe d'action, le terrorisme a été revendiqué, au gré des circonstances, par presque toutes les familles politiques. Le premier théoricien à proposer, dès 1848, une doctrine du terrorisme, est l'Allemand Karl Heinzen dans son essai *Der Mord* (« Le Meurtre ») dans lequel il estime que tous les moyens sont bons pour hâter l'avènement de... la démocratie ! En tant que démocrate radical, Heinzen écrit : « Si vous devez faire sauter la moitié d'un continent et répandre un bain de sang pour détruire le parti des barbares, n'ayez aucun scrupule de conscience. Celui qui ne sacrifierait pas joyeusement sa vie pour avoir la satisfaction d'exterminer un million de barbares n'est pas un véritable républicain. »

Par l'absurde, cet exemple montre que même les meilleures fins ne justifient pas les méthodes. Les citoyens ont tout à craindre d'une république – laïque ou religieuse – bâtie sur un bain de sang.

A LIRE : Alain Gresh, *Israël, Palestine. Vérités sur un conflit,* Fayard, Paris, 2001.

Thierry Vareilles : *Encyclopédie du terrorisme international*, L'Harmattan, 2001, 550 p.

Ahmed Rashid, *L'Ombre des talibans*, Autrement, coll. « Frontières », Paris, 2001, 288 p.

Gilles Dorronsoro, *La Révolution afghane*, Karthala, Paris, 2000, 350 p.

Claude Meyer, *L'Arme chimique*, Ellipses, coll. « Perspectives stratégiques », Paris, 2001, 448 p.

Jean-Luc Marret, *Techniques du terrorisme : méthodes et pratiques du métier terroriste*, PUF, coll. « Défense et défis nouveaux », Paris, 2002, 180 p.

A CONSULTER : « World Trade Center : premières questions sur une tragédie », dossier électronique du *Monde diplomatique*, 14 septembre 2001. http://www.monde-diplomatique.fr/dossiers/wtc/

Transports maritimes : Le commerce mondial des biens s'est accru d'une manière spectaculaire depuis cinquante ans. L'augmentation du trafic maritime international en est le moyen et le reflet. Ce secteur économique utilise environ 38 000 navires de plus de 300 tonneaux et occupe 930 000 marins. Sur la durée, on constate cependant que les exportations ont augmenté beaucoup plus vite que la production mondiale. Libre-échange accru, transports intra-firmes des transnationales (un tiers des échanges mondiaux) expliquent le gonflement de cette bulle commerciale. Ces échanges effrénés ne peuvent être intéressants pour les transnationales qu'en abaissant toujours davantage le coût du transport maritime (intermédiaire obligé pour 80 % des produits). Des navires de quinze à vingt ans, déjà amortis, offrent la rentabilité maximale. Il ne faut donc pas être surpris si, en 2002, 60 % de la flotte mondiale avait une moyenne d'âge supérieure à quinze ans... Mais si l'on sait que 80 % des naufrages concernent ces bateaux, on se demande comment une telle prise de risque a pu devenir la norme.

Ainsi, depuis plus de deux décennies se multiplient les naufrages de navires chargés de pétrole brut, de fioul lourd ou de produits chimiques divers. Des pollutions sévères se produisent, provoquant atteintes à l'environnement * et crises dans les activités économiques liées à la mer et aux côtes : pêche, ostréiculture, tourisme.

Sur les côtes de l'Atlantique et de la Manche, le phénomène s'est produit trois fois en trois ans : *Erika*, *Iévoli Sun*, *Prestige*, pour ne retenir que les catastrophes les plus importantes. Sur l'ensemble de la planète, il se produit en moyenne un naufrage tous les trois jours, 1 600 disparitions de marins en mer par an; plus de 6 000 navires répertoriés comme dangereux circulent sur les océans malgré des multitudes de lois et conventions internationales. Comment en est-on arrivé là?

Vers 1985, plusieurs éléments entraînent une nouvelle donne. La vente des produits pétroliers au marché *spot* (au coup par coup) se développe. Le *trader* (courtier) devient un personnage clé du monde maritime. Informé rapidement, payé au pourcentage, il incite à toutes les spéculations, et une cargaison pourra être achetée et revendue plusieurs fois en cours de trajet! Les compagnies pétrolières qui, jusque-là, pratiquaient des activités intégrées du « puits à la pompe », et qui possédaient de grandes flottes, vont de plus en plus souvent faire appel à des armateurs indépendants qui offrent plus de souplesse dans ce marché *spot*. Egalement, le repli de la construction navale. Lié à une surproduction spéculative des années 1970 et aux incertitudes des cours pétroliers (choc de 1979, contre-choc de 1983-1985), il entraîne l'utilisation de bateaux vieillis. Juste au moment où, suite au naufrage de l'*Amoco Cadiz*, des contraintes accrues pour améliorer la sécurité maritime se mettent en place (Mémorandum de Paris de 1982). Le propriétaire du bateau étant responsable, les majors pétrolières vont fuir peu à peu leur responsabilité en externalisant leur flotte. La libre circulation des capitaux qui se développe à ce moment-là va permettre la généralisation d'un système qui fera d'une pierre trois coups : souplesse, irresponsabilité, profits.

Les paradis fiscaux * offrent une domiciliation, et souvent une protection judiciaire à des sociétés fictives intégrées dans des montages complexes que des juristes financiers mettent tout à fait légalement en place. Achat et gestion des bateaux échappent ainsi à l'impôt. De même que les profits ! La plupart des activités du transport maritime sont segmentées dans un entrelacs de sociétés écrans dont on ne sait plus qui possède l'autre, ce qui permet de contourner efficacement les réglementations.

La libre immatriculation dans des Etats complaisants offre un triple avantage : diminuer de 30 % à 50 % les frais d'enregistrement ; diminuer souvent de plus de 60 % les frais d'équipage ; ces pays n'exigent ni protection sociale ni conventions collectives. C'est la porte ouverte au recrutement d'équipages plurinationaux, sous-payés et travaillant aux limites de leurs forces, d'où de graves risques pour la sécurité. La libre immatriculation permet également d'échapper à de nombreux règlements internationaux (devenus contraignants et coûteux), ces pays ne les ayant pas ratifiés. De plus, l'immatriculation d'un bateau s'obtient en quelques heures, en présentant des certificats de classification et des contrats d'assurances obtenus... par correspondance souvent.

Enfin, la montée en puissance des lobbies d'armateurs et des lobbies financiers et le contournement des lois. La complaisance, qui représentait 5 % du tonnage brut mondial en 1945, en représentait 30 % en 1980, 44,5 % en 1989, et 64 % aujourd'hui ! Après le naufrage de l'*Exxon Valdez* en 1989, Exxon, reconnue fautive, dut supporter d'énormes réparations. Les majors se débarrassèrent alors quasiment de leur flotte. Les armateurs « indépendants » des pays riches, sur lesquels s'exerçait la pression évidente des groupes pétroliers affréteurs

(40 % du trafic mondial), ont été les véritables acteurs de ce « nouveau transport maritime ».
En fait, ce sont les armateurs européens qui possèdent et contrôlent 45 % de la flotte mondiale ! La première flotte du monde appartient aux armateurs grecs qui, par exemple, utilisent 70 % des immatriculations de Chypre, 63 % de celles de Malte... Le Japon utilise 43 % de la flotte du Panamá, en apparence première flotte mondiale.
Loin de s'opposer à ces phénomènes, les anciens grands Etats maritimes les ont accompagnés et même imités en créant des pavillons « bis ». Pour la France, le pavillon des Kerguelen (1987) permet aux armateurs de réduire les charges sociales de 50 % en employant des équipages plurinationaux et en s'affranchissant des normes sociales françaises. Le travail précaire devient la règle pour presque tous les marins du globe.
Il ne faudrait pas négliger le rôle accru des banques : le transport maritime met en jeu des sommes énormes (exemple : la cargaison d'un pétrolier de 250 000 tonnes peut valoir plus de 57 millions d'euros, la construction d'un bateau plus de 300 millions d'euros). Les banques jouent un rôle de financement, mais aussi de pression quand la demande d'affrètement est forte (taux de profit de 25 % espéré...). C'est le cas actuellement : en 2001, toutes les capacités de transport disponibles étaient utilisées. Pour répondre à la demande, le marché des vieux bateaux rafistolés, voire maquillés, se développe et permet des spéculations juteuses : l'achat et la revente deviennent plus intéressants que l'exploitation du bateau lui-même...

C'est la « mauvaise complaisance » qui augmente les risques de catastrophes.
Dans la navigation dangereuse sont admis des fictions juridiques et des complaisances à tous les échelons, comme celle de la *one ship company*. Grâce à un montage financier *off-shore* (Luxembourg, Suisse, Gibraltar, Panamá...), une société peut se créer pour l'achat d'un seul bateau : s'il fait naufrage, la société pro-

priétaire, légalement responsable, fait faillite ou disparaît, et ne peut donc rien payer aux victimes ! Ce fut le cas pour l'*Erika*. C'est encore le cas pour le *Prestige*. Il faut alors un procès (une dizaine d'années...) pour retrouver éventuellement les véritables responsables, car les Etats complaisants ne mettent pas en place les moyens de contrôle nécessaires pour établir les certificats réglementaires de navigabilité, dont l'attribution leur incombe. Des sociétés transnationales de classification technique sont alors mandatées pour le faire. Mais, sans contrôle supplémentaire, par un tour de passe-passe que beaucoup admettent, une certification technique devient un certificat de navigabilité ! Placées sous la contrainte de la concurrence, ces sociétés privées, à la fois juges et parties, ne font que satisfaire les attentes de leurs clients : les grands armateurs, mais aussi peu à peu des armateurs amateurs seulement guidés par le profit, et des mafieux blanchisseurs d'argent sale qui s'insinuent tout à fait légalement dans ce système hypocrite.
Placées dans la même logique de collusion, les compagnies d'assurances accordent des contrats sans réserve au simple vu de ces certificats complaisants... Tous poussent ainsi le risque au plus haut point, le considèrent comme normal et porteur de profits. Comment, dès lors, faire face à ces dérives ?

A LIRE : François Lille, *Pourquoi l'Erika a coulé. Les paradis de complaisance*, L'Esprit frappeur, Paris, 2000.
Patrick Benquet et Thomas Laurenceau, *Pétroliers de la honte, la loi du silence*, Editions N° 1, Paris, 2000.

Tute Bianche : « Nous entrons dans la zone rouge avec la seule arme de nos corps », proclame inlassablement Luca Casaroni, porte-parole de ce mouvement, pour déclarer leur refus de la violence. Très peu connu en France, Tute Bianche est issu des « centres sociaux », ces lieux occupés qui ont fleuri dans la plupart des villes italiennes à la fin de 1980. La société officielle n'en parle que rarement, et pour les caricaturer. Cependant, les « Combinaisons blanches » ont démontré leur capacité de mobilisation, en agrégeant autour d'eux les organisations de jeunesse de Rifondazione communista, Sud Ribella (surtout napolitain, issu du mouvement des chômeurs et de l'autonomie), pas mal d'étrangers (Reclaim the street, Basques, et beaucoup de petits groupes, dont la cinquantaine de membres de No Pasarán...).

Ils ont le sens de la médiatisation, le goût de la formule, un esthétisme certain dans la protestation. Ce groupe s'est fait remarquer depuis quelques années par ses actions coup de poing et son sens de l'innovation. Pas un jour sans que de petites délégations de journalistes soient conviées (avant les réunions du G8 * ou autres) à assister à leurs séances d'entraînement, au cours desquelles ils se préparent à bloquer et à pénétrer dans les « zones rouges », ce large périmètre d'accès interdit aux manifestants. En combinaison blanche jetable, pour « évoquer la précarité du peuple des invisibles », plutôt que les battes de base-ball ou les cocktails Molotov, ces adeptes du sous-commandant Marcos * ont opté pour le caoutchouc. Ils défilent derrière des *gomoni*, de vieilles chambres à air de camions reliées entre elles par des cordages qui forment un gigantesque matelas pneumatique de protection. Boucliers en plexiglas et casques sortent dans les grandes occasions. Fin juin 2001, ils n'ont pas hésité à organiser un défilé anti-G8 avec des stars du porno italien.

Pour autant, les Combinaisons blanches ne font pas l'unanimité dans la mouvance « altermondialiste » italienne. Les « centres sociaux » les plus radicaux – ceux de Turin, de Naples, de Rome et de la Toscane – critiquent leur « opportunisme » – ils dénoncent notamment leur participation aux élections municipales (sous l'étiquette des Verts ou Rifondazione communiste) – et leur « hégémonie ».

A LIRE : Samizdat.net, *Gênes (19-20-21 juillet 2001). Multitudes en marche contre l'empire*, Editions Reflex, Paris, 2002.

Maud Barlow et Tony Clarke, *La Bataille de Seattle. Sociétés civiles contre mondialisation marchande*, Fayard, Paris, 2002.

V

Via Campesina : Dénonçant un développement agricole inégal, cumulatif pour les uns, de crise et d'exclusion pour les autres, et qui aboutit à la concentration croissante des ressources productives dans les mains de l'industrie agroalimentaire, des coordinations paysannes transnationales se sont organisées peu à peu, d'abord en Amérique latine.

Rafael Alegría, le secrétaire général de Via Campesina, ne possède pas l'aura médiatique de son ami José Bové *. Pourtant, ce petit homme trapu aux traits épais et à la peau burinée par le soleil est à la tête d'une des organisations les plus représentatives et combatives du mouvement.

Réforme agraire et commerce mondial, sécurité alimentaire et agriculture paysanne soutenable, lutte contre les organismes génétiquement modifiés * et pour la biodiversité, mais aussi pour le droit des femmes – qui représentent plus de la moitié de ses effectifs –, les thèmes défendus par Via Campesina depuis bientôt dix ans dépassent largement le cadre des intérêts agricoles.

A La Havane, en septembre 2001, Via Campesina organise le premier Forum mondial consacré à la question de la souveraineté alimentaire. A Paris, début janvier de l'année suivante, elle réunit une vingtaine de délégués régionaux afin de préparer une campagne contre la Zone de libre-échange des Amériques (ZLEA *). Mais c'est à Tegucigalpa, la capitale du Honduras, pays où est né Rafael Alegría, qu'elle a installé son secrétariat et unique organe de représentation.

Via Campesina a été officiellement créée à Mons (Belgique) en 1993, « pour défendre un modèle rural plus humain et, en particulier, le principe de la souveraineté alimentaire et le droit de chaque nation de maintenir et d'élaborer sa propre capacité à produire ses propres aliments de base, dans le respect de la diversité culturelle et productive ». Ce qui revient à rejeter explicitement la règle la plus importante de l'accord sur l'agriculture de l'OMC * : le droit d'exporter. Revendiquant son implantation dans une soixantaine de pays (paysans sans terre du Brésil, petits producteurs thaïlandais, communauté indigène au Chili ou Confédération paysanne * en France), Via Campesina a réussi à s'imposer en défendant l'idée que seule une « alliance des peuples » autour des mouvements sociaux peut donner la réplique aux institutions et aux multinationales dans la gestion des affaires de la planète.

Sans Via Campesina, José Bové ne serait pas devenu l'effigie mondiale des petits paysans. Quand il fait le tour de la planète pour défendre l'agriculture paysanne contre l'agrobusiness, il s'appuie presque toujours sur le réseau de Via Campesina. Sans ce mouvement qui compte plus de cinquante millions de producteurs à travers une soixantaine de pays, le leader du Larzac * ne pourrait pas monter ses opérations spectaculaires, comme le fauchage d'un champ expérimental de soja transgénique appartenant à l'entreprise américaine Monsanto *.

Via Campesina, tout comme la Confédération paysanne, dénonce les subventions aux exportations et toute autre forme de dumping qui permettent d'écouler à bas prix des produits sur les marchés tiers. La lutte contre les OGM et le brevetage des nouvelles semences qui contraint les paysans à acheter ce qui, jusqu'alors, faisait partie d'un patrimoine commun, sont aussi des causes partagées entre José Bové et Rafael Alegría.

A LIRE : *Via Campesina, une alternative paysanne à la mondialisation libérale*, Ouvrage collectif, Edition du CETIM, Genève, 2002.
Luc Guyau, *Le Défi paysan*, Le Cherche-Midi éditeur, Paris, 2000.

A CONSULTER : www.viacampesina.org

W

Walt Disney : « Si vous n'êtes pas content, je m'en vais. » Telle est la menace que brandissent les sociétés multinationales face aux revendications des ouvriers des entreprises sous-traitantes du textile ou du jouet. Une menace qu'elles mettent parfois à exécution, en prétextant appliquer leurs codes de conduite. Disney est coutumier du fait. L'« ami public numéro 1 » est connu pour déplacer ses sites de production au gré des revendications qui émergent dans tous les pays. Dernier cas connu : au Bangladesh, Disney a rompu un contrat avec une usine après que les ouvrières eurent établi un cahier de requêtes. Initialement centrée sur le secteur du divertissement, cette multinationale américaine intervient dans différents secteurs : les parcs à thème, le cinéma, mais aussi la production de biens de consommation dérivés comme les jouets, les produits textiles ou certains types d'accessoires.

En 2000, l'ensemble généré par toutes ces activités s'élevait à environ 25 milliards d'euros, avec un revenu net de près de 4 milliards d'euros.

Ces diverses activités commerciales sont interdépendantes les unes des autres : les biens de consommation vendus sous l'étiquette Disney sont directement liés aux activités de divertissement de la multinationale.
Ces produits dérivés représentent une part importante des revenus de la société. Ils sont distribués dans les magasins spécialisés dans la grande distribution, par les fameux magasins Disney, et bien entendu dans tous les parcs d'attraction Disney.
De manière à réduire ses coûts de production et à augmenter toujours plus ses profits, l'essentiel de la production des biens de consommation Disney a été progressivement déplacé des pays du Nord aux pays du Sud dans les années 1990, à l'instar de nombreuses autres multinationales.
Disney ne possède aucune usine de fabrication. Les étiquettes de ses produits portent le plus souvent la mention « Made in China » ou en Indonésie, en Thaïlande, au Sri Lanka, pays du Sud où les coûts de production sont parmi les plus bas.
La multinationale compte plus de 7 800 contractants dans le monde (3 800 détiennent une licence Disney, 2 000 sont des fabricants qui produisent pour les entreprises ayant une licence et 2 000 sont des sous-traitants de Disney. Chacun de ces contractants entretient des relations commerciales et passe des contrats avec d'autres entreprises et sites de production. On peut ainsi estimer à plus de 50 000 le nombre d'usines produisant des bien de consommation Disney.
Ce système d'octroi de licence présente de multiples avantages pour la multinationale : il lui permet de continuer à bénéficier de la véritable manne que représentent ces produits dérivés tant sur le plan financier que sur celui de l'image, sans pour autant avoir à supporter les responsabilités directes habituelles d'un fabricant ou d'un donneur d'ordres, et tout en gardant par ailleurs le contrôle sur la qualité et l'image de ses produits.

En prenant l'exemple d'une chemise *Winnie l'Ourson* fabriquée au Bangladesh, on constate que le salaire d'une ouvrière représente moins de 0,7 % du prix final de la chemise payée à Disney par le consommateur (environ 18 euros). Pour vendre cette chemise, Disney dépense au total 25 fois plus en publicité qu'en salaire pour l'ouvrière : Disney dépense 1,28 euro par chemise *Winnie l'Ourson* pour la publicité (voir Naomi Klein *). La même ouvrière devrait travailler deux cent dix ans pour gagner ce que Michael Eisner, président de Disney, gagne en une heure : de 1997 à 2001, Eisner a perçu 580 millions d'euros en salaire et compensations, ce qui représente un salaire de 55 000 euros de l'heure. Ce qui est légèrement disproportionné, étant donné que le budget de Disney n'est que quatre fois et demi plus important que celui du Bangladesh.

Les conditions de travail sont particulièrement dures pour les ouvrières : jusqu'à cent deux heures par semaine, sans un jour de repos, pour des salaires oscillant entre 4 et 8 euros par semaine, dans un silence imposé; une pression des contremaîtres allant parfois jusqu'à des violences physiques.

A LIRE : Hongkong Christian Industrial Committee, « BOM ! ! Beware of Mickey. Disney Sweatshops In South China », janvier 2001, et « How Hasbro, Mattel, McDonald's and Disney manufacture their toys ? » décembre 2001.

Y

Ya Basta! : « Nous sommes une armée de rêveurs, c'est pour cela que nous sommes invincibles », proclament-ils, qui prônent la désobéissance civile et la lutte politique non violente. Cela les distingue des autonomes des années 1970, ainsi que des centres sociaux autogérés, plus portés sur l'affrontement. Atomisés, rompus aux techniques de l'Internet, les collectifs Ya Basta ! (Ça suffit !) sont capables de mobiliser leurs sympathisants en un clin d'œil lorsque l'actualité l'exige, et prennent un grand plaisir à déjouer les mesures de sécurité de la police. Que ce soit à Amsterdam, à Gênes ou à Prague, à chaque grande réunion européenne, sommet de la Banque mondiale * ou du FMI *, les Ya Basta ! (et les Tute Bianche *) répondent présents. L'année 1996, le Chiapas a suscité une importante mobilisation de l'opinion internationale. A Paris, et dans d'autres capitales européennes, naissait le collectif de soutien au Chiapas Ya Basta ! Un slogan scandé en décembre 2000 lors du sommet européen de Nice : les militants altermondialistes en provenance d'Italie qui furent bloqués par les autorités à la frontière française faisaient partie de Ya Basta! Depuis 1996, le collectif a constitué un réseau au Chiapas. Il a établi des liens avec les communautés indiennes, les zapatistes, le gouvernement mexicain, et travaille en collaboration avec les ONG * locales. Régulièrement, des bénévoles parisiens partent vivre dans les communautés indiennes du Chiapas pour un minimum de quinze jours. De tels déplacements ne sont pas sans risques. Mais, dans l'ensemble, les consignes du gouvernement sont strictes : pas de bavures. Cela ferait mauvaise presse au Mexique où le tourisme est une source de revenus non négligeable. Les Ya Basta! sont connus, s'annoncent auprès de l'ambassade, n'hésitent pas à rendre visite aux responsables politiques mexicains, et servent même parfois de bouclier humain entre l'armée et les Indiens dans les communautés.

A LIRE : EZLN, *Ya Basta!* Dagorno, Paris, 1994 et 1996.

A CONSULTER : http://www.yabasta.fr.fm/ (E-mail : yabasta@zapata.com).

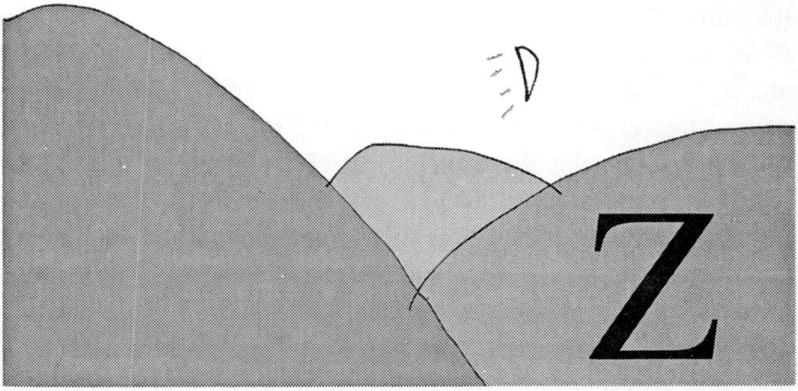

Zapatisme · L'Armée zapatiste de libération nationale (EZLN) est née en 1983, dans un coin perdu de la forêt dans l'Etat du Chiapas, au sud du Mexique. Elle reprend le drapeau d'Emiliano Zapata, principal héros de la révolution mexicaine de 1910, à un moment où le PRI (Parti révolutionnaire institutionnel), qui a détourné l'héritage révolutionnaire et gouverne le pays sans partage depuis des décennies, amorce un virage néolibéral. Elle relance le projet d'une guérilla à un moment où le modèle guévariste est décrié. « Ces premières années, 1983-1985, sont des années de grande solitude Nous apprenons à vivre dans la montagne, à combattre et attendre qu'un jour la

révolution éclate au Mexique. [...] C'était l'île de Robinson Crusoé, ici, mais il n'y avait personne à qui lancer des bouteilles, pas de Vendredi, rien. Cette guérilla était seule [1] (RZ, 123-125). »
La solitude augmente avec la chute du mur de Berlin, la défaite électorale des sandinistes, la fin des guérillas centraméricaines, les difficultés du régime cubain. « Pour nous, ça voulait dire le désert total. On était dans la montagne, en pleine solitude. [..] On n'avait plus aucun point d'appui, même moralement. [...] Mais le pire c'était ce qui venait après, les murs que le capitalisme mondial édifiait sur les ruines de celui-là : le monde unipolaire, globalisé, les frontières qui se diluent pour le capitalisme et les marchandises et se multiplient pour les êtres humains (RZ, 267-268). »
Pourtant la mobilisation se renforce à partir de 1989, en réaction aux agressions de l'économie de marché et du pouvoir néolibéral. « Maintenant, avec le recul, je me rends compte que cela coïncidait avec des événements extérieurs dont on n'avait pas idée. Ça aurait dû nous intriguer que notre projet de lutte armée, de changement social, même sans connotation socialiste, acquière un tel écho, quand tout semblait démontrer que la lutte armée n'avait plus aucun sens. [...] Il y a aussi la chute des prix du café et l'apparition d'épidémies très graves dans la selva... des centaines d'enfants sont morts en quelques semaines [...] Ce n'était pas nous qui convainquions les gens, en réalité ce qui les a surtout décidés, c'est la réforme Salinas à l'article 27 : arrêt définitif de la répartition des terres, transformation de toutes les terres, même celles des ejidos, en marchandises, à vendre ou à acheter [2]. Il ne restait plus que la lutte armée (RZ, 150). »
Ce qui a assuré la croissance du mouvement, c'est sa rencontre avec des communautés indiennes, avec des fractions dissidentes

1. Yvon Le Bot, *Sous-commandant Marcos. Le rêve zapatiste*, Le Seuil, Paris, 1997, p. 123-125. Dans la suite du texte, les citations de Marcos marquées RZ sont empruntées au même ouvrage.

2. Le gouvernement du président Salinas fait promulguer en 1992 une révision de l'article 27 de la Constitution, clé de voûte de la réforme agraire depuis la révolution mexicaine.

des communautés, des Indiens qui relèvent la tête après cinq siècles de soumission, de résistance silencieuse et de rébellions écrasées. La révolte zapatiste s'inscrit dans le mouvement continental contre la célébration de la « première mondialisation », inaugurée par Christophe Colomb. « En 1992, c'est la célébration du cinquième centenaire de la Découverte de l'Amérique, avec de grandes fêtes officielles. Nous n'avions pas encore compris à quel point la Conquête reste importante et chargée de sens pour les communautés indiennes. Au sein du mouvement indien local, sans doute aussi national, on observe une espèce de fermentation, un besoin de s'exprimer que nous mettons du temps à percevoir. Ils décident qu'il faut commémorer les cinq cents ans en rappelant la réalité, la leur : cinq siècles de résistance contre la domination (RZ, 158). »

L'Accord de libre-échange nord-américain (ALENA *), unissant Etats-Unis, Canada et Mexique, entre en vigueur le 1er janvier 1994. Pour le gouvernement Salinas, c'est la consécration d'une politique d'insertion du pays dans l'économie de marché, le pas décisif pour son entrée dans le premier monde. C'est le jour que choisissent les zapatistes pour se soulever. Les combats durent douze jours et font quelques centaines de morts. Mais ces guérilleros ont pris les armes pour prendre la parole et non le pouvoir.

Au pouvoir qui s'efforce de réduire le mouvement à un soulèvement indien local en 1996, limité à quelques communautés du Chiapas, ils opposent une volonté de combiner dignité indienne et lutte pour la démocratie au Mexique, une demande de respect des identités dans l'égalité. Leur voix porte bien au-delà des frontières. « Nous sommes tous égaux parce que nous sommes différents », déclare l'Indienne Ana María dans son discours de bienvenue aux « frères et sœurs d'Asie, d'Afrique, d'Océanie, d'Europe et d'Amérique » qui, répondant à l'invitation zapatiste, affluent au Chiapas en juillet 1996 pour participer à la « pre-

mière rencontre intercontinentale pour l'humanité et contre le néolibéralisme », appelée aussi « rencontre intergalactique ». Ce qui était déjà présent dans le soulèvement du 1er janvier 1994 devient alors explicite : le mouvement est la première insurrection déclarée contre la mondialisation * néolibérale.
« L'écho de cette voix rebelle », « le réseau de voix qui naissent en résistant et qui reproduisent cette résistance à travers d'autres voix, jusqu'alors muettes et solitaires », que Marcos * appelait de ses vœux dans le discours de clôture de la rencontre de 1996, ont pris une étonnante ampleur, quelques années plus tard, avec les rassemblements de Seattle, Porto Alegre, Prague, Gênes, Barcelone, Florence, Evian, Cancún, Saint-Denis...
Les zapatistes, cependant, ne sont pas directement présents dans ces mobilisations. Soumis eux-mêmes à une guerre d'usure et de harcèlement par le régime finissant du PRI (l'expression la plus sanglante en fut le massacre d'Acteal en décembre 1997), ils analysent la mondialisation néolibérale comme une « quatrième guerre mondiale » (la troisième ayant été la guerre froide), celle que livre le capitalisme financier à l'humanité entière. Ils tentent de résister. « Nous ne sommes ni les meilleurs ni les seuls : il y a aussi les Indiens de l'Equateur et du Chili, les manifestations à Seattle et à Washington (et celles qui suivront) [1]. » Mais ils parviennent de plus en plus difficilement à briser l'encerclement.

La défaite du PRI aux élections présidentielles de juillet 2000 et l'offre du nouveau président, Vicente Fox, de relancer les pourparlers de paix suspendus depuis quatre ans, permettent aux

1. *Cf.* « Sept pièces éparses du casse-tête mondial » et « Oxymoron », publiés en français dans *Le Monde diplomatique* sous les titres « La quatrième guerre mondiale a commencé » (août 1997) et « La droite intellectuelle et le fascisme libéral » (août 2000). Lire aussi les conversations d'Ignacio Ramonet avec le sous-commandant Marcos : *Marcos, la dignité rebelle*, Galilée, Paris, 2001.

zapatistes de rebondir sur la scène nationale et mondiale avec l'initiative d'une « marche indienne pour la dignité ». La caravane pacifique qui se déploie depuis le Chiapas jusqu'à Mexico en février-mars 2001 consacre leur éloignement du guévarisme. Ils ont laissé les armes derrière eux, dans les communautés, et ils les ont remplacées par un feu roulant de paroles neuves. On pense à la marche sur Washington animée par Martin Luther King dans les années 1960, à ceci près que, plutôt que d'une marche pour les droits civiques, il s'agit d'une marche pour les droits culturels, refoulés par le jacobinisme à la mexicaine, et pour la diversité culturelle, menacée par la mondialisation néolibérale.

« Je suis zapatiste, mais cela n'importe pas en ce moment. Je suis indienne et je suis femme, et c'est la seule chose qui importe en ce moment. » Les paroles de la comandante Ester devant le Congrès de la nation constituent le point culminant de cette marche qui a remis, pendant quelque temps, la question indienne au cœur du débat national et lui a redonné un écho international. Des centaines de sympathisants, de nombreuses personnalités politiques et culturelles sont venues de l'étranger, d'Europe notamment, redire leur soutien [1]. Le zapatisme se prépare à prendre la place qui lui revient dans le mouvement altermondialiste.

Mais un mois après avoir reçu la délégation zapatiste, le Congrès vote une « loi indigène » qui dénature le projet qu'elle était venue défendre. Un ressort est cassé. Les porte-parole du

1. Mais c'est à des enfants de Belleville, membres de la compagnie de théâtre Tamèrantong ! invités eux aussi par Marcos, et aux représentations de *Zorro, el zapato*, une comédie musicale de leur création, que le public mexicain et les zapatistes réservent l'accueil le plus chaleureux et le plus émouvant. L'aventure a eu un prolongement en avril 2003 : avec des enfants de Mantes-la-Jolie, la même compagnie a donné des représentations de la pièce au Chiapas, et notamment dans la communauté zapatiste d'Oventic.

mouvement, retournés au Chiapas, s'enferment dans un long silence.
Marcos en sort maladroitement fin 2002 en proposant une rencontre entre les différents protagonistes du conflit basque en Espagne. Il dira plus tard qu'il s'agissait de sortir le zapatisme de l'impasse dans laquelle l'a plongé le rejet de ses demandes par les autorités mexicaines. L'initiative est un fiasco et, même si aucune déclaration, aucun texte ne permet de parler de soutien zapatiste à l'ETA, l'appui proclamé à la « noble cause basque » a créé un profond malaise que la cinglante fin de non-recevoir adressée à Marcos, renvoyé à son propre conflit du Chiapas par l'organisation militaire basque, n'a pas suffi à dissiper.
Les zapatistes ont toujours rejeté les accusations d'indépendantisme, ils ont tenu à se démarquer des communautarismes, des ethnonationalismes et des méthodes terroristes. A la veille de la marche sur Mexico, Marcos pointait les dangers de « la résistance de type fondamentaliste, qu'elle soit religieuse ou ultranationaliste. Ces résistances, précisait-il, s'opposent aussi à la mondialisation, mais en s'inspirant de bases ethniques, culturelles, linguistiques ou religieuses ». Ce fondamentalisme prétend construire un monde, mais un monde composé de petites îles, un archipel, où chaque seigneur local est un cacique, le roi de tout. « Je pense aux mouvements fondamentalistes religieux qui étaient naguère limités, semble-t-il, à l'Asie ou au Proche-Orient, mais qui maintenant s'étendent à l'Europe et aux Etats-Unis. On trouve, parmi eux, des mouvements ultranationalistes fanatiques, qui peuvent commettre des attentats meurtriers au nom de leurs valeurs et qui proposent une réponse à la globalisation tout aussi absurde, dogmatique et irrationnelle. Ces fanatiques affirment : ici, dans ce petit îlot, ne peuvent vivre que ceux qui sont comme moi. Et ce “ qui sont comme moi ” signifie bien des choses, pas seulement une allusion à des traits physiques irrémédiables comme la couleur de la peau, des yeux et des cheveux, mais égale-

ment à l'origine ethnique, la langue, la religion, etc. Ce dogmatisme religieux ou nationaliste prétend parfois être une forme de résistance à la globalisation, quand, en réalité, il n'est qu'une manifestation d'intolérance, d'obscurantisme et de sectarisme [1]. »

Pourquoi, dans ces conditions, les zapatistes ont-ils, avec l'initiative basque, couru le risque d'être assimilés à une lutte et à des méthodes (celles, en particulier, de l'ETA) qui présentent les caractéristiques de ce qu'ils dénoncent et se situent aux antipodes des leurs ? Panne de sens, déprime, incident de parcours ? Le coup d'arrêt porté au mouvement après la marche de 2001 s'inscrit dans la perspective d'une inflexion générale de la situation mondiale consacrée, de manière spectaculaire, quelques mois plus tard, par les attentats de New York et de Washington. Depuis, contrairement à de nombreux pronostics, les zapatistes n'ont pas relancé la lutte armée, mais les raidissements sensibles dans leurs discours et leur conduite font écho aux crispations d'une scène internationale de plus en plus encombrée de logiques guerrières. A Washington, des stratèges évoquent à leur tour la « quatrième guerre mondiale », même s'il ne s'agit pas de celle dont parlait Marcos, mais de la guerre que mènent les Etats-Unis contre le terrorisme et au Proche-Orient. Au retour à la violence impérialiste correspondent des régressions, un regain des violences anti-impérialistes, dont les plus efficaces et les plus brutales relèvent de « cette autre résistance de type fondamentaliste, religieuse ou ultranationaliste ».

Dans le même temps cependant, des forums de Porto Alegre au « village intergalactique » d'Evian, on a vu se consolider le mouvement altermondialiste, et notamment des courants dont l'inspiration, les méthodes et les manifestations sont opposées à la logique de guerre et proches de celles des zapatistes. Le rêve

1. Conversations d'Ignacio Ramonet avec le sous-commandant Marcos, *op. cit.*, p. 45-46.

zapatiste est rêvé sur les cinq continents. L'ancrage social et la créativité culturelle dont, depuis le soulèvement de 1994 jusqu'à la marche de 2001, les zapatistes ont donné de multiples preuves, les mettent, plus que d'autres, en position d'apporter un contenu concret à ce rêve et à ce mouvement.

A LIRE : Danielle Mitterrand, *Ces hommes sont avant tout nos frères*, Ramsay, Paris, 1996.
Jérôme Baschet, *L'Etincelle zapatiste. Insurrection indienne et résistance planétaire*, Denoël, Paris, 2002.
EZLN et divers auteurs, *La Fragile Armada. La marche des zapatistes*, Métailié, Paris, 2001.
Yvon Le Bot, *Sous-commandant Marcos. Le rêve zapatiste*, Le Seuil, Paris, 1997.
Yvon Le Bot (sous la direction de), *Indiens. Chiapas Mexico Californie. Un monde fait de tous les mondes*, Harmonia Mundi, Paris, 2002.
Ignacio Ramonet, *Marcos, la dignité rebelle*, Galilée, Paris, 2001.

ZLEA : Zone de libre-échange des Amériques. L'élection de Vicente Fox au Mexique, en 2000, mettant un terme à soixante-dix ans de pouvoir du Parti révolutionnaire institutionnel (PRI) ; l'intromission américaine, à travers le Plan Colombie *, dans le pays du même nom ; la débandade de Alberto Fujimori au Pérou... ces événements occultent les négociations discrètement menées pour mettre en place, à partir de 2005, une Zone de libre-échange des Amériques (ZLEA, ou ALCA, de l'espagnol Area de Libre Comercio de Las Américas). L'objectif stratégique des Etats-Unis est de former le plus grand marché du monde, mais surtout d'asseoir leur hégémonie sur cette partie du monde.
Concentré des pires aspects du défunt AMI *, extension à l'ensemble du continent des règles de l'ALENA * – qui a déjà ruiné l'agriculture mexicaine –, ce projet, voulu par Washington, est si peu présentable aux sociétés du reste du continent que même leurs Parlements n'en ont pas eu connaissance.
Appelé au départ « Initiative pour les Amériques », il a été dévoilé par le président George Bush père en juin 1990, et

relancé à l'instigation du démocrate William Clinton qui convoqua un premier Sommet des Amériques à Miami en décembre 1994, onze mois après l'entrée en vigueur de l'ALENA.

Le projet prévoit l'approfondissement d'une intégration multiple, et pas seulement économique ou commerciale, entre 34 pays du continent dont le chef d'Etat ou de gouvernement doit être élu selon les règles des pays dits démocratiques, une exigence qui sert à exclure Cuba des discussions.

Celles-ci devraient être achevées en 2005. Washington estime que la ZLEA ouvrira une nouvelle ère de coopération en rapprochant, pour la première fois, les deux moitiés du continent autour d'un projet commun. Une partie des cadres dirigeants latino-américains partagent ce point de vue. Garantir l'accès à long terme au marché nord-américain et favoriser les investissements étrangers est un objectif clé pour les petits pays de la zone (sur 34 Etats, 24 sont considérés comme des économies de taille réduite).

Aussi surprenante qu'elle puisse paraître sur un continent où l'agressivité commerciale et l'hégémonie des Etats-Unis font des ravages, cette attitude s'explique par les difficultés accumulées. Echec du modèle antérieur de développement autocentré ; crise de la dette au début des années 1980, entraînant l'adoption d'une politique ultralibérale (dérégulation, privatisations, libéralisation des échanges) ; faible complémentarité des économies rendant plus difficile une stratégie de développement commune. Ce passif affaiblit la crédibilité d'un projet d'intégration proprement sud-américain.

Ce projet de zone de libre-échange n'est pas étranger aux préoccupations sécuritaires de Washington. Depuis la fin de la guerre froide, en 1991, il s'agit de maîtriser de nouvelles menaces : trafic de drogue, blanchiment de l'argent sale, migrations illégales, terrorisme, atteintes à l'environnement... Les mécanismes de contrôle policier, la surveillance aux frontières, plus généralement la sécurité du continent – et donc du commerce et des intérêts américains – sont partie prenante du plan d'action adopté. La lutte contre le narcotrafic est un excellent moyen de pression sur les gouvernements de la région et permet une présence américaine accrue. Les efforts de Washington pour impliquer le plus grand nombre de pays de la région dans le Plan Colombie – supposé destiné à lutter contre le trafic de drogue mais dirigé, en fait, contre la guérilla des Forces armées révolutionnaires de Colombie (FARC) – illustrent cette volonté. Le rôle de l'Organisation des Etats américains (OEA) est revalorisé. Sa charte, réformée par le Protocole de Washington en 1992, prévoit un « droit d'ingérence » à l'intérieur des frontières nationales en cas de crise politique ou d'interruption des évolutions démocratiques.

De leur côté, des organisations non gouvernementales (ONG *) américaines ou des groupes de défense de l'environnement * dénoncent les entreprises multinationales américaines et canadiennes qui voient l'Amérique latine comme une opportunité où l'on peut profiter des bas salaires et de règles moins contraignantes en matière d'environnement et de santé. Négociations discrètement menées pour mettre en place une zone de libre-échange dans le cadre du Plan Puebla-Panamá *. L'objectif stratégique des Etats-Unis est de former le plus grand marché du monde, mais surtout d'asseoir leur hégémonie sur le continent. La ZLEA vise à détruire l'appareil étatique en déréglant les secteurs tels que l'éducation, la santé, l'accès aux services sanitaires (eau, énergie). En les privatisant, elle rendrait vulnérables les secteurs plus pauvres. La négociation pour la construction de ce

marché unique a été confirmée à Santiago du Chili en 1998. Washington estime que la ZLEA ouvrira une nouvelle ère de coopération. D'après Washington, « les exportations [en direction de l'Amérique latine] ont triplé de 1990 à 1996. En 1996, elles ont augmenté deux fois plus que le commerce américain avec le reste du monde. Pour les Etats-Unis, l'Amérique latine est un marché plus important que l'Union européenne ». On comprend que l'objectif américain soit de libéraliser davantage les économies continentales où les marchés sont encore très protégés. « On peut comparer la ZLEA à une version adaptée au XXIe siècle de la doctrine de Monroe, affirment les Prs Victor Bulmer-Tomas et Sheila Page. Le succès des négociations [...] renforcerait indiscutablement les liens économiques puis politiques entre les pays d'Amérique latine et les Etats-Unis et affaiblirait les échanges commerciaux avec l'Union européenne. »
C'est donc au nom de l'établissement d'une « bonne gouvernance * régionale », prônée par les institutions financières internationales, que Washington propose de démanteler les barrières commerciales dans l'ensemble du continent. En fait, il s'agit de conforter un projet économique planétaire, dont l'Amérique latine n'est qu'un des éléments, afin de faire progresser un programme commercial plus adapté aux firmes multinationales. En effet, si le point de vue américain prévaut, « la ZLEA peut être vue comme un effort pionnier destiné à façonner la prochaine génération des accords de l'Organisation mondiale du commerce ».
Une fois mis en place, ce gigantesque marché continental pourrait faire des Amériques « un espace économique totalement ouvert à la libre circulation des marchandises et des capitaux, et donner à cet espace le cadre normatif d'un nouveau modèle d'intégration ».

Pourtant, l'expérience du Mexique depuis l'Accord de libre-échange nord-américain (ALENA) montre que l'ouverture commerciale vis-à-vis d'un pays ayant un niveau de développement très supérieur provoque une désindustrialisation, la liquidation de pans entiers de l'agriculture traditionnelle et un accroissement des inégalités sociales. Etant entendu, par ailleurs, qu'il ne saurait être question de la libre circulation des personnes.

A LIRE : Christian Deblock, Dorval Brunelle, *Le Projet de zone de libre-échange des Amériques, un régionalisme en trois dimensions*, in *Amérique latine*. La Documentation française, Paris, 2000.
Ouvrage collectif, *Les Dessous de l'ALCA*, L'Harmattan, Paris, 2003.

Remerciements

Ce livre n'aurait pas été écrit sans l'apport précieux et documenté de :

Pierre Abramovici, Alejandro Arzola, Sylvie Audoly, Ignacio Ayestarán, Eric Beaumatin, Laure Bellot, Christian de Brie, Dorval Brunelle, Jacques Capdevielle, Bernard Cassen, Pierre Charasse, François Chesnais, Noam Chomsky, Steven C. Clemons, Mireille Delmas-Marty, Carla Ferreira, Susan George, Philip Golub, Jeanette Habel, François Houtart, Philippe Jérôme, Alain Joxe, Pierre Kalfon, Anne Kruegger, Daniel Lazare, Yvon Le Bot, Maurice Lemoine, Gilles Luneau, J.-P. Maréchal, Gustave Massiah, Armand Mattelard, Philippe Merlan, Charles-Albert Michalet, Danielle Mitterrand, Paul Moreira, Braulio Moro, René Passet, Riccardo Petrella, Philippe Quéau, Nira Reyes, Jacques Robin, Catherine Samary, Dante Sanjurjo, Franck Seuret, Juan Somavia, Alain Swietlik, Cécile Winter, Jean Ziegler.

Services de documentation et bibliothèque de Radio France et Radio France Internationale, Courrier de l'UNESCO, *Dictionnaire des relations internationales au XXe siècle* (Payot), *Encyclopaedia Universalis, Manière de voir*, *Le Monde diplomatique*, Réseau Voltaire, IndyMedia.

Documentalistes : Maria Ierardi, Delphine Jeammet, Olivier Pironet.

A tous, les trois auteurs expriment leur reconnaissance la plus profonde.

Liste des entrées

Cet ouvrage a été composé et imprimé par la
SOCIÉTÉ NOUVELLE FIRMIN-DIDOT
Mesnil-sur-l'Estrée
pour le compte des Éditions Plon
76, rue Bonaparte
Paris 6e
en février 2004

Imprimé en France
Dépôt légal : novembre 2003
N° d'édition : 13696 - N° d'impression : 67168